服务经济译丛

服务经济译丛

主　编　江小涓　薛　澜
总校译　许德金

Globalization of Services
Some Implications for Theory and Practice

服务业全球化
理论与实践启示

[以]耶尔·阿哈罗尼
[英]里拉齐·纳查姆　主编
康昕昱　译　　康慕谊　校译

格致出版社　　上海人民出版社

服务经济理论的引进借鉴和创新发展

——对"服务经济译丛"的几点说明

"服务经济译丛"即将出版。现将出版宗旨、选书标准和丛书主要内容简介如下。

从经济理论研究的角度观察,"服务"与"商品"的性质有很大差异。服务的定义和测度方法,服务业的劳动分工、规模经济和生产率变化等都有独特性,服务业还广泛涉及一些超经济、非经济的问题。服务业加快发展的含义及其对增长、就业、物价、收入分配和国民福利的影响,比物质产品为主的时期更复杂。理解服务经济,找到适宜的研究思路和分析方法,需要长期理论研究的积累和支撑。

与经济学其他领域相比,我国服务经济理论研究相对滞后。导致这种状况的一个重要原因,是对国外服务经济理论的引入和借鉴不足。发达国家服务业发展较早,已经成为国民经济的主要部门,因而服务经济理论研究也发展较早,相对成熟。翻译一批国外经典文献,是促进我国服务经济理论发展的一项基础性工作。

丛书首批译著共有15本书,其中服务经济理论有6本,服务行业研究有6本,服务全球化研究有3本。下面分三个方面,对各本译著的主要内容做一概要介绍,并就理解服务经济特殊性的角度和思路做一些探讨。

一、服务经济理论及相关测度和统计问题

研究服务经济时,最先碰到的困惑往往是服务的独特性质、服务体系的构成和服务业中不同行业的性质差异。服务的本质特点是非物质性,即服务的结果不是有形产品。服务业既包括传统"纯劳务"型的家庭服务、保安服务等,也包括资金、技术高度密集的信息服务和知识含量很高的研发、创意服务等,还包括教育、文化、卫生以及社会管理和政府部门等公共属性很强,市场失灵比较突出的各种服务。不同类型服务业的经济性质很不相同。传统劳务型服务业缺乏规模经济,技术含量低,劳动生产率提高缓慢;而信息服务等现代服务业却具备了技术含量高、规模经济显著、劳动生产率提高快的特征。其中电信网络服务等更具有网络外部性等独特的市场特征。

服务经济的上述特征给理论研究带来不少难题,也导致了一些易误易谬的问题。举几个典型

例子。一是对服务业比重上升的多重含义理解不足。在不少服务业特别是以提供劳务为主的服务业中，劳动生产率上涨缓慢甚至"停滞"，劳动成本的上涨直接传递为服务价格的上涨，此时服务业在国民经济中比重的上升并不是服务量的实质增长，而只是服务价格上升相对较快的结果，这就是所谓的"成本病模型"，已经成为服务经济研究基本出发点之一。但是，国内许多方面包括不少研究者对其理解不足，在主张服务业加快发展的同时，却对"非生产加工环节"在产品价值链中比重上升、服务价格持续较快上涨等现象难以接受。然而，服务业比重上升这种宏观趋势的微观表现，就是产品价值链中服务环节所占比重的上升，不可能只有前者而没有后者。二是对精神和心理需求在服务业发展中的重要性理解不足。在实物经济为主的时期，人们追求食品、服装、汽车、住宅等"物品"，推动了经济发展。而服务经济比重上升，意味着未来的经济增长取决于精神和心理消费在消费总额中比例的上升。如果认为"商品"与"服务"在经济发展中同等重要，就要承认物质和非物质两种消费行为同样重要：爱迪生发明的电灯满足了人们的物质消费需求，任天堂的游戏和迪斯尼的米老鼠满足了人们的娱乐消费需求，然而这种理念远未形成共识。三是服务业的"共性"难以概括，服务业各个行业性质和特点差异大，反映服务业一般特征的普适分析框架不易构造。四是服务业测度和统计困难，服务业统计中存在的缺口和缺陷相对较多。在各国经济统计中，服务经济都是遗漏较多的部门，我国也不例外。

　　本译丛中主要讨论上述服务经济基本问题的有 6 本著作。《服务经济思想史——三个世纪的争论》(*Services in Economic Thought : Three Centuries of Debate*)是关于服务业经济理论演进的经典综述。作者对三个世纪以来服务经济思想的发展作了梳理，引述了近百位学者的观点，并对各种理论观点进行比较分析。在结尾部分，作者提出了需要继续研究的问题，今天来看，大部分仍然是服务经济理论研究中最有挑战和最有意义的问题。《服务部门产出的测算》(*Ouput Measurement in the Service Sectors*)是一本论文集，涉及服务业核算中的根本性、基础性问题。内容包括：使用修正过的数据测算服务部门的产出，服务行业的生产率测算，6 个特定服务行业产出的测算等。此外，还从服务业与制造业的关系、服务业的微观基础、服务业的国际比较以及公共部门四个角度，讨论服务部门的统计测算及其影响。《服务业的增长——成本激增与持久需求之间的悖论》（*The Growth of Service Industries：The Paradox of Exploding Costs and Persistent Demand*）是一本论文集，作者使用多种方法对服务业生产率进行重新测算，探讨服务业成本病是否依然存在、服务业真实产出份额是否下降、服务外包对生产率的影响等问题。建立"成本病模型"的鲍莫尔教授是本书第一章的作者，他根据新的数据，进一步证实了服务业成本病的存在。《服务业——生产率与增长》（*The Service Sector：Productivity and Growth*）也是一本论文集，焦点集中在与服务业增长和生产率有关的问题上，包括生产性服务业在经济增长过程中的作用，服务业对国民经济其他行业生产率的影响，服务业增长与通货膨胀之间的关系，服务业较低的技术变化速度和持续的通货膨胀压力之间的关系等。《生产率——信息技术与美国经济复苏》（*Productivity Information Technology and the American Growth Resurgence*）一书，阐述了自1995年以来，信息技术对美国及全球经济体系所带来的影响，追溯美国经济复苏性增长的源头。作者使用数量分析方法，评估1989—2004年间信息技术对经济发展的贡献。作者在书中所用的方法，已成为生产力测算的国际标准，这项研究也成为分析信息技术与经济增长之间关系的一个范本。《服务业的生产率、创新与知识——新经济与社会经济方法》（*Productivity，Innovation and Knowledge in Services：New Economic and Socio-Economic Approaches*）是一本论文集，鲍莫尔为此书作序并撰写了其中一章。书中论文聚焦于服务业和整体经济增长的关系，讨论的内容包括服务业增长滞后的真实性问题，生产率概念在服务业中的误用问题等。书中还有若干章研究服务业的创新问题，包括知识性服务业的增长和生产率，知识密集型服务业在创新中的作用等。

二、若干服务行业研究

服务部门行业繁多，不同行业性质差异很大。译丛首批选择了6本研究特定行业的著作，重点是国内从经济角度特别是服务业这个角度关注不足的行业，如教育、医疗、体育等行业。这些行业以往主要被归为"社会事业"领域,对其经济性质重视不够。随着收入水平的提高,愈来愈多的消费者愿意增加教育、文化、卫生等消费支出,使得这些"社会事业"的经济性质明显增强。因此,需要增加经济学的视角,更完整地理解这些行业的多种性质,特别是作为服务产业的性质。这里举两个例子。一是通过市场配置部分资源的必要性。需要看到,由政府提供公共服务并不是真正的免费,而是居民以纳税方式集体付费,以这种方式提供的服务内容,既需要有高度的社会共识,也需要有比较完善的提供网络以保证低收入者也能够平等地分享以保障社会公平正义,例如义务教育、公共卫生和公共文化服务等。而许多非基本公共服务消费需求分布不均匀,愈是中高端消费和新拓展的领域,往往较高收入居民消费较多。例如,城市青年接受高等教育的比例高出农村青年,如果高等教育免费或者财政大幅度补贴,就相当于补贴那些相对高收入家庭的学生。当然,孩子在任何阶段都不应因为家庭贫困而不能接受教育,但解决问题的办法不是所有阶段的教育都免费,而是通过助学体系的建立和完善。二是借鉴经济学分析方法的必要性。例如从前些年某项社会事业投入的平均收益率很高这个现实,就认为今后继续增加投入就会获得同样高的回报率,这种方法在社会事业领域的分析中较常见到,但从经济学的角度看,却是用平均收益率取代边际收益率的不当方法。儿童接受义务教育,提高全面素质,肯定有较高的个人和社会回报,继续接受高中教育和大学教育也可能总体上有正的回报。但是,如果没有跟经济社会发展的趋势有机结合,如果没有能够跟受教育者未来的职业发展需求很好地结合,这种教育服务的投资就有可能回报极低甚至是负回报了。

丛书中有关行业性研究的几本译著,从经济学的角度出发,权衡不同的利益关切,统筹考虑公共资源和市场资源的合理配置问题。《教育与培训经济学》(*The Economics of Education and Training*)是一本论文集,对教育经济学基本研究方法有新的扩展与延伸,反映了教育经济学的新进展。研究内容包括各类资源对学生的成绩的影响,对不同年龄段学生进行政策干预的效果,哪些因素影响教育的经济和社会回报等。书中还研究了与职业培训相关的问题。《要钱还是要命——给美国医疗体制的一剂强药》(*Your Money or Your Life*:*Strong Medicine for America's Health*

Care System）一书，介绍了美国医疗体系发展的历史和存在的问题，以及各国医疗体制发展改革中的若干共性问题，讨论的内容涉及如何公平而有效地分配稀缺的医疗资源，如何建立符合本国国情的卫生服务及医疗融资体制，如何在保证国民健康水平的前提下控制快速增长的医疗开销等问题。书的前半部分回顾了美国近一个世纪以来医疗卫生领域的发展成果和存在的缺陷，后半部分通过经济学的视角，为如何解决医疗融资、保险覆盖、支付手段以及成本与质量控制等方面的问题提供了独到的建议。《旅游和休闲业——塑造未来》(*The Tourism and Leisure Industry：Shaping the Future*)是一本论文集。作者认为，面对经济社会新的重大变化，需要研究这些变化对未来休闲行为的影响。文集的主要内容包括：人口统计变化和休闲时间的变化，生活步伐放缓的要求与全球化加快发展之间的冲突，文化性休闲行为，生活方式的变化，信息和通讯技术的发展等，以及这些因素对未来休闲和旅游产业的影响。《体育经济学》(*The Business of Sports*)第一卷和第二卷是两本研究体育经济的论文集，涉及的经济视角包括产业组织、团队所有权、投入产出关系、组织价值和市场供求关系、融资和设施建设、市场化及非市场化收益等。前一本文集的内容包括：美国体育产业概况，体育团队盈利能力，大型赛事对举办地区经济社会的影响，职业运动的收益，数字和网络技术的发展对体育转播和内容销售方式等方面影响，大学体育发展等。书中有一章专门分析了中国体育产业的发展状况。后一本文集的内容包括：比赛中的奖金分配问题，体育联盟问题，职业体育中的成本和产出的关系，政府行为和体育活动产生的非市场化收益问题，体育场馆设备的融资问题等。《世界电信经济学》(*World Telecommunications Economics*)是一本关于电信经济学理论和政策问题的概论性著作，可分为电信产业简介、电信经济学理论、管制政策及企业运营四个部分。内容包括：电信业务的供给和需求，电信市场结构及其变化，电信业务运营成本，电信业务价格的确定，电信产业所有权，电信产业的管制政策，电信产业的普遍服务，电信产业经济绩效及服务质量的衡量方法等。

三、服务全球化和服务贸易、服务外包研究

研究服务全球化问题有一些理论特点和现实难点。首先是定义和统计问题。"服务贸易"与

"商品贸易"的含义相差甚远,商品贸易主要的形式是商品的跨境交易,服务贸易却包括服务本身、生产要素、服务提供者或服务消费者中任何一项的跨境移动。服务贸易可分为四种类型:一是过境贸易,即服务产品跨境交易,例如出口影视产品贸易和软件贸易等;二是当地贸易,即服务消费者跨境消费,例如入境旅游、留学生教育等;三是商业存在,即服务供应商跨境提供服务,例如设立外资服务企业;四是自然人过境服务,即服务供应者跨境提供服务,例如从国外聘请教师、医生护士等。由此可见服务贸易定义的宽泛及统计方面的困难。第二,服务外包这种独特贸易形式产生的问题。服务外包影响到国际贸易理论中的一些重要结论,例如贸易双方的距离已经不是贸易流向的决定因素,对贸易区域分布理论产生影响;例如劳动力"虚拟跨境流动"的现象,即不必发生人员跨境流动,却能向境外提供劳务,减弱了距离、文化差异和各国移民政策等因素对劳动力流动限制所产生的影响,而这些影响在传统贸易理论中地位重要。第三,人力资本在服务贸易中的特殊地位。制造业可以以资本和设备为主要载体实现跨国转移,而服务的生产和消费过程都需要人直接参与,人的流动是多种类型服务跨境转移最重要的载体。第四,部分服务业具有社会和政治敏感性。对进入诸如文化、传媒、通信、网络等具有"战略意义"的行业,无论是东道国还是投资方,都要考虑"非经济因素"影响,东道国政府对开放这些行业也相对谨慎,需要权衡利弊,在经济利益和社会成本之间、在开放获益和控制风险之间寻求平衡。

丛书中关于服务全球化方面的译著有 3 本。《国际服务贸易手册》(*A Handbook of International Trade in Services*)对服务贸易做了全面介绍。前半部分包括服务贸易相关理论问题的概述,《服务与贸易总协定》及其影响,服务贸易的基本原理以及不同形态服务贸易的统计方法等。后半部分是若干服务行业的研究,包括金融服务贸易问题,贸易政策对运输服务的影响和作用,国际电信和信息服务贸易协定的谈判,健康服务和健康政策的制定,电子商务的经济规模和监管问题等。《服务业全球化——理论与实践启示》(*Globalization of Services: Some Implications for Theory and Practice*)是一本论文集,除总论外共分三个部分。第一部分阐述服务业外商投资产生的背景,包括紧随客户、市场营销发展、服务可交易性等。第二部分阐述服务业全球化的理论基础和服务业国际化竞争力的决定因素,包括地理位置、公司竞争力、声誉、专业服务、创造和传播知识的能力等。第三部分介绍几类服务行业的国际化发展案例,包括航空服务、快递服务、酒店服务等。《21 世纪的外包与离岸外包——一个社会经济学视角》(*Outsourcing and Offshoring in the 21ˢᵗ Century：A Socio-Economic Perspective*)也是一本论文集,分为三个部分。第一部分是离岸外包的理论和实践,包括外包的分类、外包方式选择、外包与降低风险和不确定性、电子商务离岸外包等。第二部分是外包决策和风险控制,包括外包决策的分析、外包对风险投资的影响、开放源代码和软件外包问题等。第三部分是印度、德国、西班牙等国别案例分析。书中还有一章专门分析了大型 IT 外包项目"失败"的案例及应该吸取的教训。

最后对丛书的译校者团队作一点简介。

丛书的主编对这套丛书的翻译出版已经准备了数年,从近百本备选文献中挑选出 20 本著作,因版权等方面的原因,最后选定了 15 本作为译丛首批著作。本书翻译团队的成员大多数是长期研究服务经济问题、具有高级职称的著名学者,分别来自中国社会科学院、清华大学、北京大学、复旦大学、北京师范大学、上海交通大学、中央财经大学、对外经贸大学、人民日报社等机构。总校对许德金教授负责组织了以对外经贸大学教师为主的校对团队。为了体现丛书的性质并确保译著质量,翻译工作开始前,译者和校者团队举行过数次工作会议,商议各种细节,形成了丛书统一的规范要求。每本书都经过了三次校对,译者和校者都有过多次沟通,反复修改。总校对除了制订校对的总体方案,还同时承担了所有译著的三校工作,对每本译著均亲自阅读过目,提出具体的意见与建议。我们共同的愿望是,每本译著都能做到意思准确、用语规范、文字流畅。

清华大学公共管理学院产业发展与环境治理研究中心(CIDEG)为丛书的出版提供了资助,CIDEG 的部分学术委员组成了丛书的编委会,对丛书的选择、翻译和出版工作提供学术指导。上海世纪出版集团陈昕总裁长期以来大力支持学术性著作的出版,对这套丛书的出版予以了积极支持,提出了做好翻译出版工作的具体要求。上海世纪出版集团旗下的格致出版社负责具体的出版工作，何元龙社长、王炜先生及忻雁翔女士深度参与了这项工作，在译校工作全过程中提出了许多重要建议，各本书的责任编辑耐心细致地编辑每一本书，为丛书的质量把好了最后一关。

衷心感谢所有为丛书的翻译和出版而努力工作的同仁和朋友。

这套丛书还将努力做下去，译介服务经济领域更多的国外经典和前沿文献，推动我国服务经济理论发展和创新，促进服务业加快发展。

江小涓　薛　澜

目录

1 导言：背景介绍

耶尔·阿哈罗尼(Yair Aharoni)

本书在 21 世纪初就问世了。上个世纪我们取得了巨大的技术进步，而今，我们走进了新千年。据称，全球经济发展的速度、幅度和方向将加速改变。管理者必须发挥人力资源优势并增强员工适应变化的能力以适应快速变化的步伐，必须探索新知识、保护新知识、促进新知识的产生并完善知识传播系统使新知识在公司内部迅速传播。公司信誉将有可能代替有形资产成为公司竞争力的主要来源。并且，公司将代替国家成为国际经济研究者们的关注焦点。

21 世纪初，生产要素(劳动力除外)在国与国之间自由流动。各国通过计算机网络、高速电信、传真和其他手段相互连接，促进了生产要素的自由流动。在竞争益发激烈的动态的国际环境中，任一公司要想拥有所有的能力来打赢这场竞争力的战斗几乎已成为不可能。公司日益被卷入战略合作和联合经营中。公司之间的关系变得至少跟公司内部的组织结构同样重要。

国际经济不断变化的一个表现是，无论是在发达国家还是在发展中国家，服务业在 GNP 中所占比重都在大幅增长。1980 年到 1997 年间，120 个国家中只有 21 个国家的服务业在国民生产总值中所占比重下降(世界银行，1999a)。在所有的低收入国家中，比重从 38％增长到 42％。在中等收入的国家中,比重从 40％增长到 50％。至于发达国家,在美国,比重从 1960 年的 58.3％增长到 1980 年的 64％再到 1997 年的 71％;在荷兰,比重从 1980 年的 60％增长到 1997 年的 70％;在英国,比重从 1980 年的 64％增长到 1997 年的 71％(世界银行,1999b)。

另一个发展是许多大型跨国服务公司开始在一些曾经被认为无法交易的行业里开始提供服务。技术进步的确增加了服务的可交易性。这些大型跨国公司似乎从它们的无形资产优势中受益,例如,组织技巧、技术知识、组织能力、横向传播知识的特有能力等。这些优势在大型跨国公司内部从一个国家传播到另一个国家,而不是在公司之间传播。事实上,国际劳动力分工已经从基于产品的国家之间的分工变成公司内部的劳动力分工。开展跨国服务业的公司可以在一个国家完成技术密集运营,而在另一个国家进行技术含量低、劳动力密集的运作(Gereffi and Korzeniewicz, 1994)。创造知识、积累知识、传播知识和保护知识已经成为企业竞争优势的主要来源。

服务必须在消费者身边开展,因此曾在很长一段时间内被认为是不可交易的。并且,服务要求供应商与消费者之间紧密互动,消费者的费用不仅包括服务购买费用,还包括学习费用及其他费用。有些费用在互动阶段产生,而另外一些费用则独立产生(Hirsch, 1989)。同时,服务是无形的并且不可储存,因此不能跨越国界转移。服务必须在消费的当时当地生产出来。因此,要在其他国家开展服务,必须在这个国家设立代表机构,一般来说是通过外商直接投资。

长期以来,服务业被认为是非生产性的行业,涉及神秘的经济活动;且服务业的雇佣不受欢迎。20 世纪 90 年代早期,服务业变成了全球研究人员和政策制定者关注的焦点。乌拉圭回合贸易谈判第一次对服务业的跨国交易制定了多边规则,形成了《服务贸易总协定》(GATS)。协定签约国承诺在很多服务种类的市场准入和国家政策方面遵守协定。世界贸易组织(WTO)成立后就开始负责服务业贸易和投资方面的谈判和监督。

随着服务业变得日益重要,研究者的注意力从对单一国家服务业的分析转移到了对服务业的国际贸易与投资的审视。热情曾一度集中在寻求更好地理解公司走向国际舞台的原因:公司扩张动力何在? 公司何时国际化,怎样国际化? 20 世纪 80 年代以来,一些问题受到了广泛的关注,比如:跨国公司组织、管理和传播知识最好和最有效的方式是什么? 最好的行动是什么? 过去曾被认为是至理名言的一些概念却变成了陈词滥调。从采矿公司和制造公司中总结出来的经验适用于服务业公司的程度受到了质疑。总而言之,商品经济正在逐步转变为服务经济进而转变为新的知识型商品和服务的经济。这些转变暗示着某些基本原理以及政策许可。

1.1 本书内容的简短介绍

本书主编拜访了研究服务业的主要学者并向他们约稿。这些稿件被分成三类。第一部分的两章概述了服务业的外商投资和交易发生的制度环境。第 2 章的作者是联合国贸易及发展会议（UNCTAD）的高级经济学家帕德玛·马兰帕里（Padma Mallampally）和齐布尼维·齐姆尼（Zbigniew Zimney）。他们在第 2 章中概述了服务业外商直接投资（FDI）的趋势和模式、分析了服务业全球化的内在原因。两位作者提到了服务业外商直接投资份额的快速增长，即从 1970 年初占总投资的 25％到 1995 年占到总投资的一半。外商直接投资向服务业倾斜的趋势在发展中国家尤其明显。在发展中国家的外商投资总额中，对服务业的投资份额从 20％增长到了 41％。美国、德国和英国三个国家服务业中各个行业的相关数据之间有很大的不同。其中一个主要原因是服务行业的构成不同。由于 FDI 数据不包括特许经营和管理合同，因此，FDI 数据大大低估了服务行业和公司的全球化。

两位作者认为，尽管服务业的外商直接投资快速助长了服务业公司的全球化，但是，服务业的外商直接投资数额仍然落后于制造业的外商直接投资数额。他们提出，原因之一可能是服务业对外商直接投资开放还没有多久，比采矿业和制造业晚得多。另外，服务业的外商直接投资来自于工业企业。服务业的外商直接投资主要集中在与金融和贸易相关的服务业，且绝大部分流入了非服务业企业的金融和市场开发分支机构。制造业企业认为它们的相对优势集中在产品开发和市场营销上。第三种可能的解释是非外商直接投资组织形式在服务业中占主要地位。请注意卡林·弗莱德莫尔-林德奎斯特（Karin Fladmoe-Lindquist）在第 9 章中对特许经营增长作出的分析，以及孔切莱特（Contractor）和孔都（Kundu）对酒店管理合同增加和特许经营增长作出的分析。

服务业的对外直接投资来自许多发达国家并主要流向其他发达国家；而对内投资约有 1/5 流向美国，这个比率之后增长到 30％。另一个重要的地区是西欧。而日本的服务业外商直接投资总额很小。20 世纪 90 年代，对内投资在发展中国家出现了大幅增长。

两位作者指出，服务业跨国公司全球扩张的第一波紧随其他跨国公司全球扩张之后，服务业公司追随它们的客户向海外延伸。他们还指出，服务业不断发展，服务业中的某些行业比如电信业已经变得非常复杂。他们提到，原因之一是产品的市场营销变得越来越依赖于对服务投资的增加；二是一些服务业公司竞争力增强；三是政府政策的改变和不断开放的服务业市场；四是由于技术进步比如电子商务等，服务业可交易性增强。

第 3 章作者是戴尔·洪尼克（Dale Honeck），他对专业服务工作组（WPPS）的工作作了关键性概述。WPPS 制定了《相互承认协议之指导方针》（Guidelines for Mutual Recognition Agreements）以及《会计部门内部规则》（Disciplines on Domestic Regulation in the Accountancy Sector）。洪尼克曾在 WTO 秘书处任职，对各方面的情况有深入的了解，完全有能力全面描述各个谈判的动机、问题及成果。他讲述了 WTO 在制定专业服务规则、会计部门相互承认措施以及内部规则方面所起的作用。

由于商业企业和消费者深受政府服务业法规影响,因此,全面理解 WTO 制定规则的过程很重要。在导言中,我不会详细描述这个过程的积极方面和消极方面,而将只强调一些要点。

为了全面规范竞争和诚信、保护公共利益,必须要制定一些规则来约束专业商业服务。GATS 的第 4 条要求避免作出对服务贸易过度限制的规定。所作规定必须基于透明的、客观的标准。第 4 条提到了三类规范:授权要求、质量要求及过程和技术标准。GATS 的其他条款主要涉及市场准入和各国国内的处理方式。作者指出,绝大多数发展中国家不愿谈及市场准入;并且,谈判过程艰难而耗时。迄今为止,有关技术标准的规则制定发展最为缓慢。如果将各方在相关规定上达成一致的过程看作一个学习过程,那么这个学习过程将可能会缩短在其他专业服务上制定类似规定所需的时间。尽管只有政府才能直接参与 WTO 活动,但是,如果国际专业机构肯提供技术支持,这一过程就可能会加速。根据以往的经验能够得出的结论是,WTO 有限的资源和 WTO 秘书处都可能是制定规定的障碍。

本书的第二部分介绍了服务业的理论基础。本书合编者里拉齐·纳查姆(Lilach Nachum)撰写了第 4 章,分析了外商直接投资以及跨国公司发源国地理位置与公司竞争力之间的关系。纳查姆指出,来自不同国家的跨国公司往往都在某一特定领域有独特的优势,而这恰恰反映了该国某种资源的丰富。跨国公司使用这些与地理位置有关的优势在他国市场上取得竞争优势。由于跨国公司各分部不断创造新知识,以及总部过去拥有的主导地位的逐渐消失,跨国公司在他国市场的运营削弱了发源国资源优势与跨国公司在这些资源上的优势之间的传统联系。跨国公司各个国家的分部都各自从其所在国家的资源中创造新知识,跨国公司所有分部创造新知识的能力使得跨国公司的竞争力不断增强。纳查姆指出,即使在上述情况下,发源国仍然在影响跨国公司的竞争力,但是这种影响与跨国公司通过出口获得市场,或者通过从总部到分部的单向知识流动、集中的组织结构在他国运营这些情况之下发源国对跨国公司竞争力的影响相比弱得多。如果跨国公司由于发源国而拥有的优势减弱,那么,当地公司就可以通过外商投资保持竞争力;但也许当地公司不利用外商投资,失去行业主导地位。如果跨国公司能够维持由于发源国而拥有的优势,那么当地公司就会对跨国公司进入当地设置障碍;但也许跨国公司会在更有优势的国家投资从而获得类似的优势。作者通过分析下列五种专业服务业验证了以上几种可能性:广告、管理咨询、工程咨询、会计、法律。

纳查姆提出了几种情况,及在这几种情况下外商直接投资是如何影响专业服务公司与发源国以及与公司竞争力之间的关系。跨国公司在他国市场运营,使得它们能够取得与发源国毫无联系或无直接联系的多种优势。因此,对外的外商直接投资增强了跨国公司获得与发源国无关的优势,而对内的外商直接投资使得当地公司能够获得本国没有的资源、依靠他国的优势提高竞争力。因此,外商直接投资削弱了发源国优势与公司优势之间的联系。而对于只在发源国国内或主要在发源国国内运营的公司来说,这种联系很紧密。

在第5章中,大卫·库珀(David Cooper)等人重点分析了五大会计师事务所的国际化进程和全球结构。他们指出,如果劳伦斯和洛尔奇(Lawrence and Lorsch,1967)或汤普森(Thompson,1967)提出的权变理论适用的话,那么,相似环境中的公司将表现出相似的组织机制以取得一体化和差异化。但实际上,这些公司没有表现出相似的组织机制。对于同一类的环境条件,出现了多于一种的成功模式或组织形式。他们指出,模式的选择取决于公司的早期历史。更具体地说,公司早期对于管理、招聘等制定的政策导致了如今结构上的差异。对五大会计师事务所中的毕马威会计师事务所(KPMG)和安达信会计师事务所(Arthur Andersen)的发展历史丰富而详细的介绍,以及对它们差异性的分析论证了以上观点。同时,文章指出,早期形成的合伙结构妨碍了对扩张的集中控制。作者的分析中又引出了一个古老的问题——是领袖创造了历史,还是事件决定了历史?作者认为,历史是"在间断中连续的过程"。

我本人撰写了第6章,阐述信誉的作用。该章的主要论点是,专业商业服务的本质是信誉。因此,消费者在选择服务提供商的时候,会觉得很难评估他们认为重要的因素,比如质量、能力、可靠性等。同时,更换服务提供商的费用非常巨大,若是选择了"错误的"服务提供商,后果将不堪设想。因此,消费者寻求评价服务质量的方式。在聘用个人或小公司时,可信度可以根据人际关系、更容易被评价出来。在国际环境中,跨国公司努力为公司而不是为个别专家赢得信誉。这章从专业服务公司以及消费者的视角,分析了在国际环境中如何建立声誉。

职业化服务公司努力提升能力、建立声誉。它们向消费者突出它们的服务,证明它们与竞争者不同,可以提供更好的服务。但是,消费者通常从其他方面,比如公司大小、成立年限,或者其主要客户的名气来评价质量。因此,大公司由于它们的规模获得很强的竞争力。本特·罗文达尔(Bente Løwendahl 曾强调伦理标准,与之相对比,该章认为客户无法直接评价服务质量,但是在这样的情况下,我们可以使用其他变量,并用 ELM 模型来进行预测。这不是说伦理标准不重要,而是强调伦理标准不因公司不同而不同,因此不能用来评价专业服务的质量。

本特·罗文达尔撰写了第7章。在该章中,她把专业商业服务公司的全球化与传统的制造业跨国公司的全球化进行了比较和对比。一开始,作者概述了专业商业公司与其他知识密集型服务公司的主要不同之处。她强调了在对客户进行详尽的、道德的专业评价之后作出的为客户提供量身定做的服务的承诺。她指出,这种承诺是专业服务公司和其他知识密集型公司比如银行之间的主要不同之处。高道德标准是必要的,因为消费者通常不具备足够的知识、不能准确判断所提供服务的质量。而且,专家的酌情判断和个人评价对服务的提供有很大的影响。

该章主要依据波特（Porter）在1986年提出的原理。波特从两个方面讨论了全球化，一是市场特性，二是公司价值创造活动的特性。罗文达尔认为，波特提出的价值链不能用于对专业服务公司价值创造活动的分析。她指出，价值创造活动以下列三个核心过程为基础：

- 推销"承诺的可靠性"；

- 提供所承诺的服务；

- 在提供服务的过程中学习如何在未来的项目中提高效率、提升效果。

作者指出，专业服务公司并不角逐价格和花费，并且，在把有形的投入转化为产出的过程中也不创造价值。专业服务公司国际化是因为它们认为公司规模和国际化水平是质量和声誉的代名词。它们可能得为跨国公司客户在不同地点提供连续的服务，或为当地客户解决全球化问题。它们可能会采取全球战略用来赢得信誉，或用来从大量不同项目中学习。在某些情形下，全球化的原因可能更庸俗、更奇特，比如对于合作伙伴的个人偏好。专业服务公司的组织结构从根本上取决于目的客户公司行为的组织结构。价值创造在与客户的互动中产生，而波特强调的物流花费和交通开销非常不同。是否要在当地设立分公司取决于客户需求的时长和频率，而非当地分公司运转的开销。

在第8章中，马丁·克莱施莫尔（Martin Kretschmer）等人描述并分析了音乐领域知识产权上资金来源的决定因素。音乐产业很有趣，因为音乐产业知识产权问题重重。音乐知识产权的确认不仅要考虑发行，而且要考虑音乐表演，甚至音乐与新情境的结合。音乐知识产权的全球确认很困难，比其他任何行业都困难。近期的技术进步，主要是数字化和音乐网络销售，加剧了音乐行业管制不利的状态，并且使得对音乐知识产权的保护更加复杂。

作者指出，"音乐知识产权的分配本质上是在'把音乐推向市场'的过程中各种力量讨价还价的结果"。他们指出，音乐行业核心有四种主要倾向：

- 商品化（把音乐变成产品）；

- 国际化（音乐知识产权全球开发）；

- 交付（将音乐产品交付消费者）；

- 版权管理（控制资源、监管二次使用）。

作者认为，目前权力的分配是历史偶然事件的结果。新技术和管制变化将会导致不同的权力分配。一个萌芽中的变化使得在日本，知识产权由制作公司和媒体共同享有。作者简要讨论了可能发生的变化情况，包括网络零售的发展。

服务业公司全球扩张的一个重要机制是授予特许经营协议。卡林·弗莱德莫尔-林德奎斯特（Karin Fladmoe-Lindquist）撰写的第9章全面分析了跨国特许经营。她指出，特许经营是进行国际业务扩张的非常有效的方式。并且,她提出,特许经营的主要贡献是创造联系和网状关系。她将外商直接投资看作一个关系体系,通过这个关系体系能够获取通过其他途径无法获取的资源。她的这种看法强调了特许经营的相互依赖性——某方面的表现不佳将会影响所有其他方面。这种相互依赖性意味着需要在各方之间发展正式的和非正式的关系。

卡林·弗莱德莫尔-林德奎斯特详细讨论了对于理解国际外商直接投资很重要的四个特定因素。这四个特定因素为:

- 各个特许经营单位之间身份的一致性、企业信誉提高、未来机会更好;
- 共同学习,横跨整个系统内部的共同学习,特许经营单位之间的知识传递;
- 特许经营单位能够掺入其他政治或经济环境:因此与其他政治或经济环境中的特许经营单位之间的联系很重要;
- 特许经营文化以及制定共同的信念、规范和语言对自主行为进行约束。

总的说来,该章分析了跨国经济行为中的特许经营,重点指出外商直接投资可以看做资源的来源,另外还阐释了一些关系和历程的发展过程。

在第 10 章中,罗伯特·格罗索(Robert Grosse)分析了创造知识和传播知识的作用。他认为,服务公司的全球化甚至是生存能力都依赖于创造、传播向消费者提供服务所用知识的能力,以及使这些知识不被竞争对手发现、对这些知识的保密能力。仅通过法律手段比如专利权和版权有时候起不到保护知识的作用。格罗索和他的学生们调查了 3 个以公司而不是最终消费者为目标客户的行业中的 110 名经理。这 3 个行业分别是管理咨询、广告和商业银行。110 名经理中,72 名经理在拉丁美洲工作,38 名在发达国家——法国、日本、西班牙和英国——工作。研究者发现,跨国服务公司在发源国以外任一国家的客户中,一半以上是跨国公司而不是当地公司。它们竞争力的卖点是对这些跨国公司客户的了解以及与它们已经建立的业务关系。跨国服务公司同时强调了它们的全球业务网络、对该服务业市场的了解、管理技巧、专业技术知识,以及与客户的关系。公司人员掌握着这些知识;公司强调维持关键人员忠诚度的重要性、以保护公司的知识基础。格罗索强调,划分小组是保护知识以及在公司内部水平传播知识的一种方式。其他传播知识的方式更具技术性,比如,电子邮件、电话、传真以及培训。

第三部分包括对几种服务行业国际化的案例研究。谭金生(Seng)和恩德威克(Enderwick)分析了飞机维护、修理和大修服务(MRO)的国际竞争。作者指出,在 MRO 行业中,产品和服务质量已经成为竞争的主要因素。该行业已经国际化、已经发展成熟,并且从全球来看,行业生产能力相对过剩。由于管制放宽和私有化,航空业竞争日益激烈,航空公司必须削减经费降低价格。这导致了 MRO 业务的外包服务。

MRO 行业内的服务公司主要有三种:航空公司附属公司,独立运营商(很多独立运营商都是通过一系列的合并而来),还有不断吞并前两种公司的、在该领域占主导地位的第三种公司——原始设备制造商(OEM)。航空业衰退使得发动机制造商的竞争更加激烈。制造商竞相获得新的订单,提供全球范围内的发动机保养维修服务,收购转包的航空公司维修服务业务以及独立运营商。OEM 更加注重售后服务,被认为是 MRO 行业的主要力量。谭金生和恩德威克在第 11 章中分析了一个航空公司附属公司、一个独立运营商和三个机器制造商的活动。有趣的是,这个航空公司附属公司和独立运营商都已被发动机制造商收购。发动机制造商日益从提供维修服务的传统角色向 MRO 行业扩张。

在第 12 章中,汉努·塞里斯托(Hannu Seristö)分析了航空公司的跨国战略联盟。因此,该章进一步补充了谭金生和恩德威克在第 11 章中的分析。他回答了两个相关问题:航空公司跨国联盟的动因是什么? 目的是什么? 作者一开始便描述了航空业的变化。这些变化要求大多数航空公司必须发展占领更大的市场。航空公司也在努力降低运营费用。同时,政府对航空业的管制使得联盟成为进入他国市场唯一可行的方式——兼并被严格控制,并且,由于政府间的双边协议,外商独资被限制且问题重重。作者分析了几个航空公司的发展历史,并且,根据他的研究,建立了航空联盟目标模型。

跨国联盟的动因似乎是占据广阔市场的需求、更好地利用资源的压力,以及相关管制。联盟的目标包括占据市场、逃避管制、学习资源利用和制约竞争对手。该章最后一节中,作者提出四个主要变量以供其他服务行业参照学习:

- 竞争性质;
- 差异化可能性;
- 成本结构;
- 成功的关键因素。

第 13 章中,迈克尔·考斯特奇(Michel Kostecki)描述了最大的快递公司——敦豪(DHL)全球快递在面临中欧和东欧管理不善的海关时是怎样解决困难的。最后发现,延迟送达的主要外部原因是效率低下的海关监管和程序。考斯特奇指出,尽管中欧国家私营部门的银行运营、物流链和贸易相关的服务有了很多改善,但是国营部门尤其是海关服务部门效率低下,阻碍了中欧国家的经济发展。在快速变化的贸易环境中,电子交易和准时供应获得发展。作者建议重新思考海关的角色,呼吁对海关进行彻底改革,纠正海关的拖延症结,解决海关的欺诈贿赂和不法行为。

连锁酒店在跨国经营上有着悠久的历史。有些酒店甚至在一百年前就已经开始了跨国经营。有些连锁酒店国际化程度很高。酒店的国际化经营是第 14 章和第 15 章的主题。

法罗克·孔切莱特(Farok Contractor)和萨米特·孔都(Sumit Kundu)撰写的第 14 章主要分析了酒店的全球化经营。作者主要分析了三个研究问题:第一,为什么发源国以外在房间比例上有很大不同(比例从 3％到 96％)? 第二,决定依赖公司内部合作而不是股本投资的因素是什么? 对一项特定的酒店财产,怎样选择最优的组织模式? 第三,是什么促进了特许经营的发展? 特许经营覆盖面广的原因是什么? 两套变量可以用来回答这三个问题:公司特性(包括公司特征和战略因素)和国家特定变量。

作者通过逐步回归法验证了国际经营程度不同的各种解释。最相关的变量是规模、国际经验,以及与他国市场的地理临近度。令人惊讶的是,规模有负面的影响。全球预定系统等因素与连锁酒店国际化程度并没有很强的数据上的联系,这一点与之前的研究不同。

非股权模式在全球占据了跨国经营 65％以上的份额。特许经营在北美更常见。而股权模式在亚洲更常见。研究发现非股权模式在高收入国家和高风险环境中更为常见。特许经营由公司特性和市场条件决定。因此,国际经验与特许经营倾向负相关。研究发现唯一有重要影响的国家特性是人均 GDP。特许经营倾向与经济发展水平正相关。而且,有经验的连锁酒店更倾向股权模式,更加注重日常管理控制的经理也更倾向股权模式。全球预定系统使得公司能够建立和控制合同联盟网络。

孔切莱特和孔都发现公司特性、国家特性和战略因素在解释连锁酒店国际化程度、组织形式,以及位置模式方面的大量重叠。作者总结了研究结果,尤其是有关连锁酒店对合同关系倾向性的研究结果,以供其他国际化行业的公司参考。

在第 15 章中,苏珊·塞格尔·霍思(Susan Segal-Horn)对法国一家连锁酒店——诺福特(Novotel)做了案例分析。这个案例分析说明了这家全球闻名的连锁酒店是如何发展和培植核心竞争力的。该章分析了在诺福特内部确立、建设和重建竞争力的过程。分析阐释了确立和发展核心竞争力,以及在该跨国服务公司内部传递核心竞争力的内部机制。分析表明了核心竞争力是如何在过程中实现的,以及公司的历史是如何成就目前拥有的竞争力的。核心竞争力的形成过程建立在组织学习的复杂过程之上,而组织学习的过程则建立在更早期的学习、投资和发展过程之上。

1.2 概括与启示

本书各章节对于服务业的全球化在原理上和实践经验上做了详细的总结。因此,本书对于跨国公司的理论和实际运营,以及政府和国际机构的政策都具有十分重要的启发意义。

1.2.1 理论启示

跨国公司标准理论认为外商投资取决于公司优势。自海默(Hymer，1960，1976)的启蒙研究以来，人们认为公司必须具有某些独有的优势，使公司能够在支付跨国经营的更高成本之后仍然具有竞争力。另一流派认为外商投资过程是通过实践学习的过程。一个例子就是我早期的作品(Aharoni，1966)，另一个是约翰森和凡纳尔(Johanson and Vahlne，1977)的作品。这两部作品都强调了决策过程。这一过程是逐步获取知识到逐步掌握资源的过程。最初的投资是在物质上接近、心理上感觉接近的国家。随着经验的积累，知识和自信心随之增长，从而追加更多的投资。本书的几个章节中还提出了第三个重要的变量：早期历史。换句话说，经验学习过程深受公司历史和公司开始跨国经营的早期行为影响。因此，库珀(Cooper)等人通过对比毕马威会计师事务所和安达信会计师事务所的发展历程阐释了历史的重要性。卡林强调了具有统一身份、共同学习、对成员公司的政治体制和联盟文化产生影响的联盟的重要性。塞格尔·霍恩强调了历史对于企业创造核心竞争力的意义。

早期研究认为，对于冶金和制造业公司，竞争力往往掌握在大规模公司手中，或通过昂贵的国际分销网络取得。但在 21 世纪初，商品经济转型为知识经济。在知识经济中，公司被作为知识加工这一根本问题的解决办法(例如，Alchian and Demsetz，1972；Casson，1997)。并且，公司可以通过掌握知识，在公司内部传播知识而获得竞争优势。考古特和詹得尔(Kogut and Zander，1992，1993)指出，跨国公司能够传递不能通过"较高层次组织原则"完全经济化的知识。古普塔和戈文达拉杨(Gupta and Govindarajan，1991，1993)指出，分公司之间相互依赖的程度取决于分公司掌握的知识有多少存在于该分公司内部，有多少要从其他分公司或公司的其他部分获得，有多少要提供给其他分公司。因此，了解知识产生的地点和传递方式很重要。服务的不可触摸性以及某些服务种类对知识的严重依赖性使知识对公司具有十分重要的价值。这一点在格罗索提供的数据中清晰地反映了出来。在他给出的例子中，服务业公司所有主要的竞争优势都与知识有关。

而且，跨国公司可以在发源国以外其他国的分公司创造新知识。很多跨国公司在硅谷或其他科技园区设立研发中心，就是很明显的例子。会计师事务所将一些专家集中在一个地点，或者所有咨询师们通过电子邮件传递知识是有可能的。在上述情况下，知识不是在公司总部创造的，也不必非得在公司总部积累。跨国公司在公司内部横跨许多国家和文化传递知识的能力已经成为跨国公司特定优势的主要组成部分。

跨国公司已经成为一个强有力的知识库，一个有效的创造新知识、传递旧知识的媒介。跨国公司的这种新作用使得跨国公司的优势不再像过去那样与发源国紧密联系。胡(Hu，1992)指出，跨国公司实际上是开展国际经营的国内公司，这一点他说对了。不管是通过标准化，还是通过资源、能力和创新的结合,总之,国内环境成就了公司优势。纳查姆指出,跨国公司的竞争力对发源国优势的依赖性不断减弱,因此,越来越不能用发源国优势解释国际竞争模式。这种变化在服务业尤其明显,因为某些服务业特别需要满足当地需求,从而使总部创造的知识价值降低、子公司的自主性显著增强。从这种意义上来说,跨国公司不断学习,并且不被历史所束缚,或至少不完全被历史束缚。正如克莱施莫尔等,谭金生,恩德威克和塞里斯托所说,这些公司被不断变化的环境所影响。

服务业尤其是某些专业服务业的全球化为国际商业活动带来了新的组织形式,而这些新的组织形式在制造业中并不存在。在商品生产中,跨国公司是受不同国家法律制约的许多公司的集合,而这些公司或者全资或者部分隶属于同一个母公司。相比之下,专业服务跨国公司常常通过独立的合作公司向新市场扩张。每一个合作公司都放弃一些自治权以取得最低程度的一般标准,以赢得更好的声誉,获取利润。这些组织形式是专业服务跨国公司独有的特征,对于国际竞争中优势产生的方式,以及优势在跨国公司内部传播的方式有重要的意义。库珀等人描述了跨国会计师事务所中的部分进程。

关于组织网络,有很多其他例子。信用卡的持有者可以到全球各个国家旅行。因此,如果信用卡可以在全球各个国家使用,信用卡的价值就提高了。信用卡公司建立全球的网络并维持这个网络使信用卡可以到处使用。各大银行都拥有一个全球范围内的自动取款机网络。在酒店、零售和食品批发业,特许经营很重要,联盟也很常见。跨国公司销售管理诀窍和市场营销技巧:维持服务、洁净度和食品制备的一般标准。这些价值观被灌输给每一个特许经营公司,这些公司因此享有更高声誉并进入国际体系,从而最终受益。这些跨国公司只要在一个国家质量下降,就会影响到该公司在全世界各个国家的声誉。也就是说,在声誉上有一个重要的外部效应问题。总之,不同的服务公司为了某一特定目的通过疏松的结构联合起来,而在其他方面彼此竞争,这一趋势越来越明显。本书中弗莱德莫尔-林德奎斯特分析了特许经营联盟的优势,孔切莱特和孔都分析了酒店的联盟。我所撰写的章节分析了声誉的作用。塞里斯托分析了航空业的战略联盟。所有这些分析中,跨国经营的优势都不基于所有权。

服务也可以通过商品传递,或者被赋予商品中。因此,官方数据低估了服务的作用。商品操作越复杂,商品中包含的服务成分就越高,消费者基于商品制造前服务比如研发或市场调查,以及被认为不可缺少的特定售后服务比如维修保养(主要因素)这些因素购买商品的可能性就更高。吉尔瓦尼(Giarini, 1994)指出,大多数产品的纯制造成本很少有高于最终价格 20% 到 30% 的。产品最终价格的 70% 到 80% 以上代表了产品制造前服务价格比如研发、计划和维护,制造后服务价格比如分销,以及与产品利用有关的服务价格比如维修。正如吉尔瓦尼所说,价值不再由实体存在的产品决定,而由产品的性能和其中包含的服务决定。

总之,在将来,跨国公司尤其是服务业跨国公司可能会从早期研究认为重要的资源之外的其他资源中获得竞争优势。这引发了一个有趣的问题:早期的理论研究在多大程度上仍然相关? 李嘉图(Ricardo)不曾知晓会出现计算机甚至网络,因此也不能预见公司会成为知识库。更概括来说,公司在一定的技术和制度环境中运营。环境变化使创造竞争优势的因素改变,正如考斯特奇和克莱施莫尔等在本书中的论述一样。

　　一个相关的理论问题是决定性的程度。读者们也许会注意到强调服务业或者某公司具有特殊性质的论点与强调知识一般性的论点之间有多大的不同。许多理论指出事件之间有一个线性的关系。因此,许多经济原理指出公司竞争力取决于完成某些任务的能力。公司可能因行业的国际化而国际化。波特于1986年提出关键行为,指出每一关键行为应在什么地点实施,强调了交通和协调的费用。其他理论强调了公司优势,开发和保持某些资源的能力,不断利用他国创造知识的能力,领导者的作用,学习的重要性,以及管理传统的特殊贡献。塞格尔·霍恩强调了核心竞争力。纳查姆试图将二者联系起来,但仍认为国家资源有利于创作所有权优势。当然,原因可能与需求有关,而不是资源。因此,可能是由于美国对管理咨询的需求导致了管理咨询领先公司都集中在美国,与之相对比,工程服务业则分散在不同的国家。注意劳伦斯和洛尔奇在1967年提出偶然性原理,正是在人们厌倦了对经典理论的概括之后,而库珀等人则发现用这些偶然性来描述会计行业并不精确。这引起了一个根本问题:跨国公司能出现在任何国家吗? 某些发达国家一定有位置优势吗?

　　一个更加根本的问题是,从采矿业和制造业中概括出的原理是否适用于跨国服务公司,以及不同服务之间相似度有多大。常常有人指出,对在制造业跨国公司经验基础上得出的很多原理和模型,需要重新评估它们对新环境的适用性以及它们的概括性。因此,巴特莱特和古绍尔(Bartlett and Ghoshal)于1989年指出,公司必须成为跨国公司;许多作者都在质疑根据制造业跨国公司的经验得出的概论对于服务业跨国公司的适用性。举个例子来说,对于跨国公司经营的大多数研究都认为公司任务是无形的、重复的、可测量的,并已被制造者规定。以上所有这些特点都不适用于专业性商业服务公司。专业性商业服务公司所提供的无形服务基本上是为客户量身定做的,并且基于服务提供者与客户的紧密互动之上。有时候,制造业跨国公司在发展成为国际大型经济体之后就比仅在一国国内的公司更有竞争力。而一些专业性商业服务跨国公司能够全球运营的原因就很不同。对服务比如法律咨询、猎头服务和管理咨询的提供深深依赖于个人技术,与公司经济规模几乎无关,并且标准化可能性很小。在以上每个领域都有一些公司成为成功的全球运营者(尽管仍有几千家公司将经营局限于一国或某一地区之内)。这些公司肯定拥有一些更微妙的公司优势,这些优势来自于对特定知识的掌握以及能为客户带来利益的竞争力。这些优势很难被竞争对手效仿,更难被拆散。

并不是所有作者都赞同制造业和服务业差异的重要性。事实上,本书各章节在这个问题上的观点都有明确的和暗含的差异。格罗索将标准的增值链应用于广告业。他探索了制造业和服务业公司走出国门的动机的相似性——寻求资源和市场。纳查姆认为专业服务可以作为现有原理下的一个特例来分析,并不需要新的原理。她指出,专业服务业与某些制造业之间有很大的相似之处,比专业服务业与某些其他服务业间的相似程度更高。相比之下,罗文达尔反对将根据制造业得出的原理应用于专业商务服务公司,认为专业商务服务公司独一无二,即便与知识型服务业相比也很独特。库珀等人也强调了制造业基础上的理论框架的不足之处。其他作者也在强调不同之处。总起来说,经济学家倾向于寻找共同之处而研究人员在战略上倾向于强调独有的特点。然而,我们需要在概括和具体独特的案例之间寻求最佳的平衡。

这些作者们分析了很多服务行业,这些服务行业有的在客户性质上(是最终消费者还是其他业务)不同,有的在产品上(在酒店和航空服务业上为有形产品和无形产品的结合,而在专业服务业上只有无形产品)不同。这些不同之处在作者们对各种行业他国活动的性质进行抽象化时具有十分重要的意义。

尽管对于外商直接投资我们尚未发现一般原理,但有四点是肯定的。首先,无论对于服务业跨国公司还是制造业跨国公司,公司优势都是基于服务之上的。公司优势来源于像研发、市场营销、获取信息和有效利用信息的能力这些服务。在大型医药跨国公司,药物的直接制造费用与销售价格相比几乎微乎其微。价值在服务活动包括研发、监管机构进行的临床验证,以及分销系统中不断增加。唯一与服务无关的公司优势是公司规模和经营范围。

第二,数据强调了内在化作为跨国公司优势的原因的重要性——倘若内在化不是跨国公司优势的唯一原因的话(Rugman,1980)。内在化概念以及衍生出来的降低跨国经营费用问题似乎在策略研究者那里失去了吸引力。越来越多的专家们建议将公司中除核心活动以外的所有其他活动都外包出去。奎因(Quinn)等人指出,"相比公司内部所能提供的服务,外部的服务公司常常能够为具体的杂项服务提供更大的经济规模、更好的灵活度和更高的专业水平"(1990:81)。外包服务即指出了紧随制造业跨国公司的服务业跨国公司的机会。这些论点指出了内在化的不足之处——不一定是市场的效力问题,而是联盟的优势问题。

第三,关于进入国际市场的许多种不同模式,已经有了很多相关的文章。很多服务公司并未遵循约翰森和凡纳尔在 1997 年提出的经典过程。相反,它们从建立独立运营商网络和战略联盟中开始了国际化进程。孔切莱特和孔都在本书中分析了这种行为的原因。

第四,具体的知识形式,以及更重要的、将具体知识跨国传播的能力已经替代了最初的竞争优势,成为了竞争力的主要来源。的确,知识以及积累和传播知识的重要理论已经成为外商直接投资原理的主要基石。正如巴特莱特和古绍尔于1989年提出的理论——公司跨国经营成功的一个原因是,它们能够从联盟网络的各个公司中不断地学习。罗文达尔甚至提出了一个极端的论点,他指出,有些跨国公司可能是因为想要从很多不同项目中学习而国际化,它们国际化的原因并不是由于国际客户的需要。总之,知识和学习已经成为国际商业原理的基石。

显然,某些因素在某些类型的服务公司中比在其他类型的服务公司中更为重要。因此,对银行来说,经济资源是主要因素,对于它们并购其他银行以维持国际竞争力很重要。而对某些类型的跨国公司来说,保持一致性很重要。审计公司提供的服务由第三方来使用,因此必须使用统一的规范。律师和医生服务于客户,并且只服务于客户。因此对于律师和医生来说,一致性就没有那么重要。这使得制定一套统一的政策、程序和行为标准成为必要。这同时导致了对所提供服务进行差异化处理的不同能力。例如,审计就被认为与商品的接近程度高于与信息服务咨询的接近程度。

最后,公司的运营环境也是一个重要的变量。航空公司采取战略联盟的方式是因为他们在开发所有权的过程中局限于政府的管制。

1.2.2　对跨国公司和政府的启发

一个主要的变化是日益激烈的竞争使得所有的专业商务服务公司跨越国界、侵占其他公司的地盘。会计公司希望增加战略咨询的市场份额,工程咨询公司希望向管理咨询进军,律师们给出管理方面的建议,而管理顾问对兼并给出建议或致力于猎头服务。大公司希望通过雇佣不同方面的专家或通过兼并擅长不同领域的小公司而变得更大。但是,创立"无所不包的公司"的努力常常不能收到很好的效果,并且,很多人提出道德上的理由反对这种做法。因此,《金融时报》曾经报道,曾有人提议允许律师与不是律师的人发展多学科合作伙伴关系(MDP)且共享酬劳而在业内引起了广泛讨论。一些人认为专业服务公司必须提供"一站式服务",使客户能够同时获得会计、税收、地产、管理、信息和法律方面的建议。另一些人对此提出强烈抗议,认为这样的合作关系使得法律建议的独立性大打折扣。美国律师协会(American Bar Association)将对这一问题的投票推迟到了2000年。然而,这样的行为在欧洲已经很普遍。事实上,会计师事务所是目前法律服务的最大提供商之一。安信达会计师事务所是三个最大的法律服务提供商之一,总共在34个国家雇佣了2 400名律师。会计师已经在提供许多不同的服务;审计师和管理顾问之间的冲突也在日益增长(Eagle-sham,1999)。

在信息时代,专业服务公司将会发现很多新的商业机会。从某种程度上说,这些机会预示着强烈的重组公司的需要,或者不时重组公司本来就是专业服务公司的基本价值观。另一个重要的问题是合作这种形式是否会因为公司重组而被废弃。通过发售股票而获得大笔投资的诱惑力很强烈！即便合作关系被保留，合作伙伴是否将继续持有相同的道德标准这一点很重要。关于这些问题，我已经在另一本书中详细讨论过(Aharoni，1999)。

另外，公司们发现，它们未来的增长取决于它们对发展中国家市场的占有情况。中国和印度，这两个世界上人口最多的国家，不能被忽视。在成熟的发达市场，增长率很低；主要的增长(和机会)将会出现在目前人均收入仍很低的发展中国家。这些国家中服务的市场营销存在很多困难。公司们必须学习在巨大的文化差距中、完全不同的法律体系下和似乎无法跨越的文化差异下如何运营。一些公司尤其是一些美国公司在多文化社会中的运营经验将使它们拥有更强的竞争力。

最后，专业商业服务跨国公司必须仔细聆听并理解消费者的需求和思考方式。我所撰写的关于声誉的内容似乎说明，试图说服消费者他们将获得更好的服务可能不如兼并其他公司增大公司规模重要。然而，服务质量和专业竞争力也很重要。这些内容同时更抽象地暗示了经济活动的重心正在迅速向知识、思想和信息密集型服务转变。公司的组织方式和管理方式是多种多样的。

全球化不断发展说明政府必须加大合作力度，主要是更有效地管制跨国资金流动，在相互承认的规则上达成一致，并创造新的规则，同时使商品的跨国流动更加合理。考斯特奇撰写的章节分析了数十年前制定的规则如今在多大程度上限制了商品和服务的自由流动。洪尼克撰写的章节说明了如何制定管制服务和控制许可的最基本的规则。这两章都说明了我们距离(Marshall McLuhan)预想的地球村是多么遥远，以及机构、法规、规则和惯例对于促进生产要素全球自由流动是多么重要。克莱施莫尔等人认为知识产权的分配取决于所涉及的各方之间的讨价还价。他们认为，这种讨价还价的效力将会增长，而知识产权确认和收款协会的处境岌岌可危，因为对知识产权使用的监管只涉及很小的金额。当然，音乐产业并非唯一面临迅速的科技变化和管理日益放宽等变化的产业。克莱施莫尔等人所做的很多总结同样适用于其他产业。塞里斯托讨论了对于航空业的指导意义。

政府在规范服务业方面所起的作用最近发生了重要变革。政策变化，尤其是管理放宽为市场准入创造了新的机会，促进了国际经营。很多情况下，保护性的政策使市场变得支离破碎，而对国际竞争开放这些市场已经为那些最初被放松管制的公司带来了巨大的优势。而且，管理放松会立即导致被放松管制的行业的重大重组(Mahini and Turcq，1994)。在很多情况下，管制放松成就了一些巨型国际公司的统治地位。

马兰帕里和齐姆尼强调了政府政策是服务业外商直接投资扩张的主要原因，这一点很正确。就在几十年前，发达国家和发展中国家的政府都紧紧保护着服务行业，密切限制来自他国的竞争。一些行业比如电信业都被本国垄断，而银行、广告、教育和医疗行业被认为无论从政策上、政治上还是文化上都是敏感行业。尤其是在拉美经济开放，东欧社会主义国家转型，对市场的解放改变了这一切，使得更多的国际竞争被引入，服务业跨国公司得到了巩固。

1.3 结论

导言仅简略涉及了本书中各个作者所提出的许多吸引人的新思想。如果本书所有章节中存在一个共同的主题，那似乎就是在科技、政府政策，以及带来公司竞争优势的核心竞争力上的日新月异的变化。

参考文献

Aharoni, Y. (1966) *The Foreign Investment Decision Process*, Boston: Harvard Business School Press.

—— (1999) 'Internationalization of Professional Services: Implications for Accounting Firms', in D. Brock, C. R. Hinings and M. Powell (eds) *Restructuring the Professional Organization: Accounting, Health and Law*, London:Routledge.

Alchian, A. and Demsetz, H. (1972) 'Production, Information Costs and Economic Organization', *American Economic Review* 62: 777–95.

Bartlett, C. and Ghosal, S.(1989) *Managing Across Borders: The Transnational Solution*, Boston: Harvard Business School Press.

Casson, M. (1997) *Information and Organization: A New Perspective on the Theory of the Firm*, Oxford: Clarendon.

Eaglesham, J. (1999) 'Massed Ranks of Accountants Throw Lawyers Defences into Disarray', *Financial Times*, 11 August.

Gereffi, G. and Korzeniewicz, M. (eds) (1994) *Commodity Chains and Global Capitalism*, London: Greenwood.

Giarini, O. (1994) 'The Service Economy: Challenges and Opportunities in Business Firms', in M. M. Kostecki (ed.) *Marketing Strategies for Services*, 23–40, London: Pergamon.

Gupta, A. K., and Govindarajan, V. (1991) 'Knowledge Flows and the Structure of Control Within Multinational Corporations', *Academy of Management Review* 16: 768–92.

—— (1993) 'Coalignment Between Knowledge Flows Patterns and Strategic Systems and Processes Within MNCs', in P. Lorange, B. Chakravarthy, J. Roos, and A. Van de Ven (eds) *Implementing Strategic Processes: Change, Learning and Co-operation*, Oxford: Blackwell, 329–46.

Hirsch, S. (1989) 'Services and Service Intensity in International Trade', *Weltwirtschaftliches Archiv* 125: 45–60.

Hu, Y. S. (1992) 'Global Stateless Corporations Are National Firms with International Operations', *California Management Review* 34 (2) (winter): 107–26.

Hymer, S. H. (1960, 1976) *The International Operation of National Firms: a Study of Direct Investment*, PhD thesis, MIT, published by the MIT Press.

Johanson J. and Vahlne, J. (1977) 'The Internationalization Process of the Firm – a Model of Knowledge Development and Increasing Foreign Market Commitments', *Journal of International Business Studies* 8: 23–32.

Kogut, B. and Zander, U. (1992) 'Knowledge of the Firm, Combinative Capabilities and the Replication of Technology', *Organization Science* 3: 383–87.

—— (1993) 'Knowledge of the Firm and the Evolutionary Theory of the

Multinational Corporation', *Journal of International Business* 24: 625–45.

Lawrence, J. and Lorsch, L. (1967) *Organization and Environment*, George, Ontario: Irwin-Dorsey.

Mahini, A. and Turcq, D. (1994) 'The Three Faces of European Deregulation', *The McKinsey Quarterly* 3: 143–58.

Porter, M. E. (ed.) (1986) *Competition in Global Industries*, 15–60, Cambridge, Mass: Harvard Business School Press.

Quinn, J. B., Doorley, T. and Paquette, P. (1990) 'Beyond Products: Services-Based Strategy', *Harvard Business Review*, March/April, 58–67.

Quinn, J. B. and Paquette, P. (1990) 'Technology in Services: Creating Organizational Revolutions', *Sloan Management Review* 31 (2) (winter.): 81–95.

Rugman, A. M. (1980) 'Internationalization as a General Theory of Foreign Direct Investment: a Re-Appraisal of the Literature', *Weltwirtschaftliches Archiv*, Band 115, Heft 2.

Thompson, J. D. (1967) *Organisations in Action*, New York: McGraw Hill.

World Bank (1999a) *World Development Report*, Oxford: Oxford University Press.

World Bank (1999b) *World Development Indicators*, Oxford: Oxford University Press.

第一部分

服务行业的全球化

2 服务业外商直接投资的模式和趋势

帕德玛·马兰帕里(Padma Mallampally)　齐布尼维·齐姆尼(Zbigniew Zimny)

2.1 引言

本章主要目的是分析服务业外商直接投资的模式和趋势及其内在原因,以求通过这些内容阐明涉及外商直接投资的服务业的全球化。全球化涉及公司通过贸易、外商直接投资和其他进入市场的模式、获得资源和资产的模式以及降低费用的模式(比如颁发许可证、分包或特许经营)进行的国际扩张等。外商直接投资在最近几十年中增长迅速,外商分公司的销售额已经超过了商品面向国际市场的出口额(UNCTAD,1998:2)。外商直接投资已经成为国际科技转移的主要渠道之一。

外商直接投资在服务行业中作为全球化工具的重要性比在制造业中更高,因为许多服务不可交易,而建立外商分公司常常是进入国际市场的唯一方式。而且,某些因素使得必须在他国市场设立外商分公司,比如,为了更接近客户以进行更有效的营销,或者因为法规要求必须设立当地分公司,这些原因在服务业中和商品业中都很常见,但在服务业中更为重要。由于许多服务业的可交易性不高,因此,与可通过网络交易的信息密集型服务的外商直接投资相比,很多服务业的跨国公司在成本降低、资产和资源上可寻求的空间很小。

2.2　服务业外商直接投资的类型和发展

外商直接投资的迅猛增速比制造业和贸易业的增速更高,已经成为国际化的主要推动力之一。而外商直接投资的增长事实上是由服务业外商直接投资所推动的。因此,全球外商直接投资已经开始向服务业倾斜。19 世纪 50 年代,外商直接投资集中在第一产业和以资源为基础的制造业(UNCTC,1989:8)。如今外商直接投资主要集中在服务业和制造业。在 19 世纪 70 年代、80 年代和 90 年代,外商直接投资向服务业的转变十分平稳:1970 年年初,服务业外商直接投资在所有主要国家的对内和对外外商直接投资总额中还占不到 1/4,而在 1985 年占到 40%,在 1995 年增长到大约一半(图 2.1)。

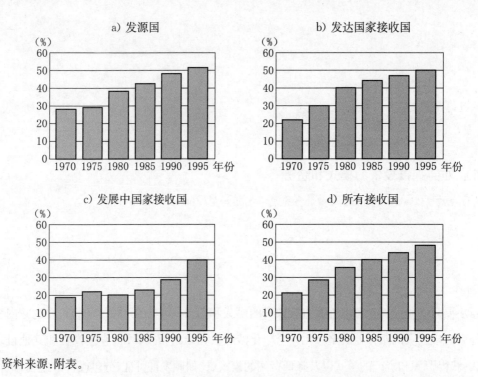

资料来源:附表。

图 2.1　1970—1995 年主要发源国和接收国服务业外商直接投资额占外商投资总额的百分比

服务业外商直接投资持续的动态增长暗示了服务业通过外商直接投资进行国际化的各种类型。这些类型包括:

(1)服务业跨国公司的全球化,以及他们所代表的服务业的全球化,这种全球化在某种服务业母公司在同行业中进行外商直接投资时发生;

(2)第一和第二产业的公司服务业务的全球化,这种全球化在公司内部服务转移给海外分公司经营时发生;

(3)服务业跨国公司的服务业务的全球化,这种全球化在服务业跨国公司为了在公司内开展其他服务(比如,数据服务)或为了开展多样化经营对海外其他服务行业的分公司进行投资时发生(Hood and Peters,1997);

(4) 第一、第二和第三产业的母公司为了对母公司或公司联盟起到某方面的作用而非为了开展服务业务在海外设立分公司。比如,为了避税而设立的财务分公司等就属于这种类型。服务业外商直接投资数据一般包括在海外开展服务或不开展服务的控股公司。从公司的角度看,控股子公司可以开展管理服务(因此在某些国家,这些子公司被划分到"资产管理"类别中);[1]

(5) 不属于上述任何一种情况的服务业外商投资分公司,比如房地产行业的外商直接投资。

由于数据可用性的限制,无法通过系统的或综合的方式确定这些不同类型的服务业外商直接投资的相对重要性。只有少数国家按服务行业的不同发布外商直接投资的数据,更少的国家发布关于服务行业外商直接投资在多大程度上是由服务行业国际化(也就是说,服务行业母公司在同行业或其他服务行业内开展外商直接投资)和处于商品行业的母公司的服务业务的国际化而导致的这一方面的数据。美国、德国的数据可用,在一定程度内,英国的数据也可用(图2.2)。美国的数据显示,到20世纪90年代中期,服务业外商直接投资总额中不到一半来自服务业跨国公司,一半以上来自第一、第二产业的公司;这个数据自从1977年以来没有改变过。美国的数据中不包括控股公司的数据,但对这个比例没有多大影响。在德国和英国,最高有80%的服务业外商直接投资来自服务业跨国公司。在德国,剔除掉控股分公司的数据将使比例更接近美国的比例,即服务业跨国公司仅控制60%的服务业外商直接投资。

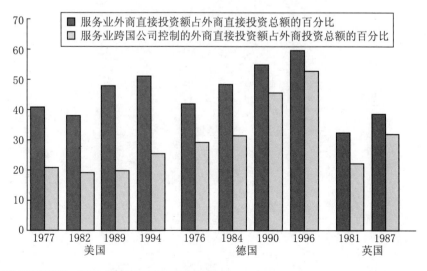

资料来源:UNCTAT,1993;作者基于各国数据的计算。

图2.2 不同年份中服务业对外外商直接投资额,以及来自美国、德国和英国的服务业母公司的对外外商直接投资额(百分比)

服务行业内的分解数据更有指导意义[2]。贸易和金融行业的跨国公司对于各自行业国际化的影响是最小的,而在银行和保险业情况并不是这样,第一、第二产业跨国公司对于各自行业国际化的影响是最大的。尤其是,这些服务行业的外商直接投资总额比第一、第二产业的母公司控制的服务业的外商直接投资总额大好几倍:在20世纪90年代中期,在对外外商直接投资上,在德国是大6倍,而在美国是大3倍。如果对于后面的数据进而细分到批发和零售贸易,这个比例是6倍和1倍,这暗示了在服务行业内部,外商直接投资的来源在批发业比在零售业更典型[3]。1985—1996年德国可用的数据显示这个比例没有多大变化。在德国,这个比例在其他金融服务行业要高得多——1996年,其他金融服务业的外商直接投资总额比除银行和金融之外的金融服务业的跨国公司控制的外商直接投资总额高23倍——是1985年的12倍水平的2倍。在美国,1994年该比例高于3倍(表2.1)。

■表2.1 德国和美国分行业外向型对外直接投资

行　　业	1996年德国			1994年美国		
	外商直接投资额,德国马克(亿)			外商直接投资额,美元(亿)		
	母公司	分公司	比例	母公司	分公司	比例
	10	20	3＝2∶1	10	20	3＝2∶1
贸易	122	698	57	202	692	34
金融行业						
服务	684	1 280	19	875	1 141	13
银行	504	455	9	346	259	7
保险	154	247	16	341	271	8
其他金融行业	25	569	228	188	611	33
控股公司	1 456	266	2	67	1 017	152
交通	38	33	9	29	45	16
通信	32	19	6	179	68	4
建筑	22	18	8	29	10	3
公共事业	44	24	5	56	25	4
备注						
制造业	1 867	1 271	7	3 477	2 018	6
第一产业	37	61	16	953	758	8

注:美国的第一产业包括石油工业。
资料来源:作者基于各国数据的计算。

在其他服务行业(不包括控股分公司),这些比例是第一位的,一般比在贸易和其他金融服务业低。在美国诸如广告、计算机、数据处理服务、租赁、健康服务以及酒店等行业中,这个比例是1∶8。在德国的保险业,这个比例是1∶6。第二,对于一些服务行业比如银行、通信、建筑,以及公共事业,这个比例小于1,意味着这些行业的母公司对与自身不同的行业进行了外商直接投资。例如,银行业母公司拥有其他金融服务业的子公司,电信业母公司拥有数据服务业和制造业子公司。在美国,相应的投资至少是其他国家同行业的2倍。在两个国家里关于控股分公司的数据显示了不同的比例:在美国,控股分公司中外商直接投资的数额比母公司控制的数额大15倍多,在德国,这个比例仅是1/5。正如有人指出的那样,既然控股分公司一般包括在服务业的总数据中,它们会扭曲整个服务业的平均数。

外商直接投资数据在两方面低估了服务行业和服务业公司的国际化。首先,由于这些数据是根据最低股本权益(一般高于10%)在定义基础上获得的,因此,这些数据不能通过非股本数据分析全球化,而这种非股本数据在很多服务行业对于公司的全球扩张起着比股本形式更重要的作用。国际饭店联盟尤其是快餐连锁、汽车租赁,以及零售贸易联盟常常基于特许经营模式。酒店业常常使用管理合同(与资本形式一起),而商业服务比如商业顾问、工程或法律服务常常采用合作伙伴关系而不是产权模式。第二,服务业外商直接投资数据不能反映在非服务业——比如制造业或采矿业——进行外商直接投资的服务业跨国公司的国际化。尽管这种情况相比制造业跨国公司向服务业比如贸易和金融服务行业扩张的可能性小得多,但还是存在,正如上面指出的例子所表明的那样。

尽管服务业外商直接投资迅速扩张,根据服务业公司自身全球化程度测算出的服务业的全球化程度(表2.2),或者通过外商直接投资测算出的目标国服务行业的全球化程度(表2.3)都落后于制造业。扩张是双面的。首先,这点也是本章稍后将会讨论到的内容,国家经济中服务行业的增长,以及服务业公司建立起竞争力都是相对新近的现象。因此,服务业公司历来都很小且为国内公司。正如上面指出的那样,很大一部分的服务业外商直接投资是由制造业公司完成的,其并不能反映服务业本身——服务业母公司与服务业子公司的关系。(尽管,当然,制造业公司建立服务业分公司作为制造业公司价值增长链的一部分在某种意义上也代表了服务业的国际化)这就是为什么很多服务业外商直接投资发生在金融和贸易行业。第二,相比采矿业和制造业来说,直到最近各国才稍微放开了服务业的外商直接投资。因此,服务业外商直接投资的扩张历史相对较短——尽管外商直接投资的相对重要性在增长,但关于接收国(和发源国)的服务行业和服务业公司的行为,服务业外商直接投资仍需要更多的时间来赶上制造业。[4]

■表2.2 美国跨国公司的国际化水平(百分比)

母公司行业	跨国公司总资产中外商分公司的份额				跨国公司销售总额中外商分公司的份额			
	1982年	1989年	1994年	1996年	1982年	1989年	1994年	1996年
所有行业	26	24	28	—	29	29	31	—
除去银行业之外的所有行业	22	22	26	28	28	29	31	33
制造业	27	27	33	35	30	34	37	39
服务业								
银行	36	28	34	—	43	30	31	—
金融、保险和房地产	10	13	20	20	15	19	21	22
金融	—	12	31	34	18	14	21	22
保险	—	11	10	9	12	17	12	12
贸易	16	16	15	24	19	19	14	
批发	25	19	20	31	25	21	17	26
零售	11	14	12	15	13	18	11	
交通运输,通信和公共事业	5	10	13	16	6	7	13	14
交通运输	—	4	10	9	—	4	9	10
通信	—	14	16	19	—	9	17	17
公共事业	—	—	9	15	—	—	6	10
建筑	24	29	39	49	27	20	27	32
商业和其他服务业	15	20	19	23	16	19	20	26
所有服务业	24	21	24	—	20	19	18	—
除去银行业外的服务业	10	14	18	20	15	17	17	23

注:"—"意味着没有相关数据。

资料来源: United States Department of Commerce, *United States Direct Investment Abroad*, Benchmark Surveys等。

■表2.3 某些接收国(或地区)服务业的国际化水平(百分比)

接收国(或地区)	年 份	外商分公司所占百分数	
		服务业*	制造业
a) 增值			
芬 兰	1996	3.6	13.3
日 本	1995	0.4	2.5
瑞 典	1994	3.4	18.0
美 国	1996	3.1	8.7
中国大陆	1996	0.5	19.1
印 度	1991	0.5	12.2
墨西哥	1993	1.6	64.0
中国台湾	1995	21.5	37.3

接收国(或地区)	年 份	外商分公司所占百分数	
		服务业 *	制造业
b) 雇佣情况			
奥地利	1996	6.3	19.8
芬 兰	1997	5.1	12.5
德 国	1996	2.5	13.0
日 本	1995	0.2	1.2
瑞 典	1996	4.4	18.0
美 国	1996	2.6	10.8
巴 西	1995	1.2	13.4
中国香港	1994	14.3	16.0
印度尼西亚	1996	0.4	4.7
墨西哥	1993	0.7	17.9
斯里兰卡	1996	5.7	54.4
中国台湾	1995	7.6	21.1
越 南	1995	1.5	14.9

注:"＊"表示服务业数据是指非制造业,即包括第一产业和第三产业。由于表中大多数国家第一产业的外商直接投资可以忽略不计,因此表中数据可以反映服务行业的国际化水平。

资料来源:UNCTAD FDI/TNC 数据库。

2.3 行业和国家模式

2.3.1 行业

在服务行业内,与金融和贸易相关的活动支配着大多数发源国和接收国的服务业外商直接投资——在 20 世纪 90 年代,这些活动一直占据着主要发源国的外商直接投资的 2/3,而在主要发达国家接收国,由于金融服务的不断增长,对内外商直接投资的份额已经从 1990 年的 2/3 增长到了 1995 年的 3/4(表 2.4)。不仅是在发达国家,而且包括发展中国家接收国,似乎这个份额在 20 世纪 80 年代中期更高,在很多国家超过了 80%(UNCTC, 1989:167—9)。这种支配并不奇怪,因为金融业跨国公司(银行和保险公司)和贸易公司(例如,日本综合贸易公司(Sogo Shosha)和韩国企业集团(Chaebols))都是最突出的跨国服务业公司,并且,正如以上提到的那样,石油公司和制造业公司在批发和市场营销的分公司上投资巨大,三大产业的跨国公司都想要建立它们自己的金融业的海外分公司[5]。还有一点,尽管不久之前大多数服务行业,包括像零售商和贸易中间商之类的独立公司开展的银行、保险和贸易服务等的金融服务行业仍受到严格管制且通常不向外商开放,但是内在化的金融和贸易功能并未受到同样方式的管制。这是因为这种内在化的金融和贸易功能并不直接威胁到接收国国内的服务行业,还因为行使这种功能支持贸易或外商直接投资的外商分公司被认为是对于做生意所必要的。另外,由于不与其他服务公司直接竞争,而是服务于它们自身公司联盟的一部分,这些分公司无需表现出比接收国服务业公司更强的公司优势。

■表2.4　1990—1995年主要发源国和接收国*服务业外商直接投资构成情况(美元:亿)(百分比)

行　　业	1990	1991	1992	1993	1994	1995
a) 对外投资			数值			
第三产业总值	6 860	7 750	8 170	9 130	10 130	11 600
金融	3 320	3 570	3 990	4 680	5 100	5 750
贸易	1 250	1 400	1 470	1 570	1 690	1 840
其他	2 300	2 790	2 720	2 880	3 340	4 010
			百分比			
第三产业全部	100	100	100	100	100	100
金融	48	46	49	51	50	50
贸易	18	18	18	17	17	16
其他	34	36	33	32	33	35
b) 对内投资			数值			
第三产业总值	4 780	5 210	5 120	5 720	6 360	7 230
金融	1 620	1 780	1 800	2 360	2 490	3 340
贸易	1 540	1 700	1 690	1 820	2 030	2 010
其他	1 620	1 740	1 630	1 540	1 830	1 880
			构成情况			
第三产业全部	100	100	100	100	100	100
金融	34	34	35	41	39	46
贸易	32	33	33	32	32	28
其他	34	33	32	27	29	26

注:"*"表示澳大利亚、法国、德国、意大利、荷兰、英国和美国包括对外投资和对内投资的数额,而加拿大和日本只有对外投资的数额。数据经过合并,以上情况在总数中反映。
资料来源:作者基于各国数据的计算。

非金融业公司比如贸易公司、制造业公司、石油公司、银行和保险公司建立的金融业分公司的主要任务是:通过促进资金在不同实体间流动提高公司体系中金融管理的效率;向消费者提供信誉以促进销售(比如汽车);投资剩余资金以求获得最大利润;在当地集资;以及利用避税国提供的种种便利。保险公司在主要的金融中心设立金融分公司,以将母公司的资金投资在海外证券中。控股子公司的增长促进了与金融相关的服务业的增长。对所有类型的跨国公司来说,控股子公司都是外商直接投资的重要渠道。控股子公司通常都是为了避税而设立的。一般来说,这些控股子公司统一负责整个跨国公司内部的金融管理或行政管理的一部分,为整个跨国公司提供购买、会计或管理服务。由于这些控股子公司的资产来自服务业跨国公司和非服务业跨国公司两个方面,因此,如果将这些控股子公司加入与金融相关的服务这一类别中来,那么将在一定程度上扩大这一类别

（UNCTC，1989：20—1）。

正如之前阐明的那样，贸易服务的外商直接投资主要来自制造业母公司设立的市场营销分公司，而非跨国贸易公司设立的分公司。制造业公司投资贸易分公司印证了公司逐步的、连续的国际扩张进程原理；在海外设立贸易分公司是其中一步，这一阶段在贸易出口阶段之后、在外商直接投资阶段之前（Johanson and Vahnle，1993；UNCTAD，1996）。在设立产品生产上的分公司之后，没有必要解散贸易分公司——甚至可以扩大贸易分公司，还可以设立新的贸易分公司用来销售分公司生产出的产品以代替从母公司进口产品。因此，不管从支撑国际贸易上来说，还是从制造业外商直接投资上来说，贸易分公司都很有必要。并且，国际贸易和制造业外商直接投资不断发展，导致了贸易公司的扩张和贸易行业外商直接投资的增长。在 20 世纪 80 年代和 90 年代期间，市场营销分公司和独立贸易公司之间的平衡似乎已经变得向前者倾斜，这是因为，商品贸易商的重要性不断降低，并且，"越来越多的主要制造商似乎日益认为重点在于分销、产品开发、市场营销以及其他类似的活动"（UNCTC，1989：25—6）。为了使交易费用和制造商在产品具体知识上拥有的优势内部化，整合分销和市场营销活动已经成为被生产差异化和市场型产品的大型制造商们广泛采用的策略。对商标、品牌和国际市场营销策略的考量已经成为设立市场营销分公司的决定性因素。由于商标和品牌名称与专利和版权不同，注册后的有效期一般为永久有效，因此，这一点促使了这种趋势的发展。在一些行业，比如石油、办公用品、计算机、药品、食品和饮料行业，主要的跨国公司已经设立了很多市场营销分公司，建立了国际营销网络。

尽管，如上所示，服务业跨国公司和工业跨国公司（比如交通运输业和数据服务业）也可以进行其他服务行业的外商直接投资，但是，工业跨国公司对其他服务业的投资份额不如对贸易和其他金融服务的投资份额大。总的来说，其他服务行业的外商直接投资反映了服务业跨国公司的国际扩张。然而，在最初，服务业跨国公司的扩张涉及的范围很广，因为第一、第二产业通过贸易和外商直接投资的全球扩张不仅依赖于可以由本公司开展的服务业，（比如贸易或金融，这一点导致了非服务业公司对服务业的外商直接投资），而且依赖于由发源国内独立公司提供的其他服务，比如会计、商业咨询服务、广告、法律和银行服务。因此，服务业跨国公司国际扩张的第一波发生在它们追随客户——第一和第二产业的跨国公司——进行国际扩张时。它们的公司优势在于它们对于客户需要的深刻了解，而且它们能够保证在世界上任一地方向客户所提供服务的质量（Nachum，1999：77—9）。在这个过程中，服务业跨国公司获得了经验，发现了国际化经营的好处，它们继而利用这些经验和好处发现新的消费者、进入新的市场。结果，在 20 世纪 80 年代初，许多追随客户国际化的服务业公司得到了扩展，开始向更多的公司提供服务，成为依靠自身力量的跨国公司。

从 20 世纪 80 年代末到 90 年代，开展外商直接投资的服务行业在数量上大规模增加了（见本章后面）。这本应引起服务业外商直接投资在工业组成上更多样化，包含更多的服务业、更少的贸易和金融服务业。然而，令人惊奇的是，最大的发源国和接收国的外商直接投资数据并没有显示有这样的情况（表2.4）。这些国家除了金融和贸易服务，其他服务业的对外投资总额占服务业对外投资总额的比例一直很稳定，大约为1/3；在对内投资总额上，这个比例甚至从1990年的1/3降到了1995年的1/4。因此，某些变化显然是发生在了个别的服务行业而不是整个服务行业。

来自服务业外商直接投资最大的发源国和接收国美国的数据显示了美国在这方面的趋势，也显示了其他发源国在美国的投资。从1990年到1997年的外商直接投资的数据来看，公共事业外商直接投资增长最快，其对外外商直接投资增长了10倍以上，之后是通信业的对外外商直接投资增长了5倍，汽车租赁业和商业服务行业的外商直接投资各增长了4倍。尽管电信业和公共事业都是资本密集型行业且公司规模一般较大，它们的外商直接投资增长却没有显著改变服务业外商直接投资的组成情况，这是因为这种增长是从一个很低的水平出发的。（这两个行业的外商直接投资额在对外外商直接投资总额中所占比例增长了3倍，从1％增长到了3％。）在金融服务行业中，增长最快的不是保险业也不是银行业，这一点很有意思——前者比所有行业的平均数据稍高，而后者还不到所有行业的平均数据。我们参考美国的对内外商直接投资数据，因为该数据同时反映了其他国家主要是西欧和日本的外商直接投资情况，可以看出，增长最快的是医疗卫生业（10倍），之后是电信业（5倍），其他金融行业（4倍多），商业服务业包括会计、研发、管理和公共关系服务（4倍），以及公共事业（3倍）。在美国，除了其他金融行业在1997年占所有对内投资总额的10％，1997年其他快速增长的类别所占比例不超过2％。银行业的外商直接投资增长率稍稍高于所有外商直接投资增长的平均值，而保险业的外商直接投资增长率相对较高，结果，保险业外商直接投资额在美国服务业外商直接投资总额中所占比例从1990年的14％增长到了1997年的19％（表2.5）。

■ 表2.5　1990—1997年美国服务行业外商直接投资增长迅速（百分比）

行　　业	1997年外商直接投资指数 （1990＝100）	服务业外商直接投资额所占比例	
		1990	1997
a）对外投资			
公共事业	1 064	1	3
通信	520	1	3
汽车租赁	451	0	1
商业服务①	411	3	4
除去银行业之外的金融业	356	11	17
其他②	305	1	1
交通	242	1	1
管理	240	1	1

行　业	1997年外商直接投资指数 （1990＝100）	服务业外商直接投资额所占比例	
		1990	1997
与石油相关的服务业	234	5	5
控股公司	234	31	31
保险	229	9	8
酒店	207	1	1
建筑	195	0	0
零售贸易	178	3	2
银行	166	10	7
批发贸易	158	21	14
工程和建筑服务	157	0	0
电影、电视等	127	1	1
房地产	64	1	0
医疗服务	36	0	0
备注			
服务业外商直接投资额	236	100	100
所有行业外商直接投资总额	200		
b）对内投资			
医疗服务	1 003	0	1
通信	526	1	2
除银行业外其他金融行业	421	4	10
会计、研究和管理服务	402	0	1
控股分公司	318	1	2
公共事业	299	1	2
其他③	283	1	2
保险	255	14	19
商务服务①	288	3	4
交通运输	255	1	1
银行	201	9	10
石油行业相关服务	178	4	4
零售贸易	174	5	4
批发贸易	172	26	24
房地产	98	18	9
酒店	97	5	3
电影、电视等	70	5	2
建筑	60	2	1
工程等	56	1	0
备注			
服务业外商直接投资额	183	100	100
所有行业外商直接投资总额	173		

注："①"表示广告；除汽车和电脑外的机器租赁；电脑和数据加工服务；其他商务服务比如对建筑物的服务等；

"②"表示汽车停车服务；文娱服务；法律、教育和会计服务；研发服务；商业基础上的维修和其他服务；

"③"表示汽车租赁和停车服务；维修服务；文娱服务；法律和教育服务；商业基础上的其他服务。

资料来源：United States，Department of Commerce，Bureau of Economic Analysis，Survey of Current Business等。

虽然其他国家没有这样详细的外商直接投资数据,但美国的数据足以显示其他国家外商直接投资服务业的多样性。这些服务业包括电信业、公共事业、商务服务业,以及除银行和保险之外的金融服务业。对于很多发源国和接收国来说,可能还包括银行业和保险业(在德国和法国等国家,这两个行业在以超平均速率增长)。现在西欧和其他一些国家正在开始放松对航空运输业的管制,这一行业已经成为外商直接投资未来动态增长的另一领域。

2.3.2 国家

长期以来,外商直接投资在服务行业的不断发展几乎都发生在发达国家。1995 年,9 个主要发源国的服务业外商直接投资额在外商直接投资总额中所占比重高于 1985 年及之前的年份,在英国达到了 40%,在意大利和日本达到了 65%(见附表)。这其中的 4 个国家,在 1990 年就已经达到了最高比例,并在 20 世纪 90 年代停止了进一步增长。除了这点之外,服务业外商直接投资发源国模式上最大的变化是美国主导地位的消失,西欧和日本作为服务业外商直接投资主要发源国的崛起。美国在 1970 年就已经拥有了成熟的服务业经济,远远超过了其他发达国家,在 9 个主要发源国中主宰着服务业对外外商直接投资,几乎占了 2/3。但是到 1990 年,这一比例降为 29%(尽管美国服务业外商直接投资在迅速增长),之后在 1995 年又增长到 32%。在 1970 年,美国之后的五大服务业外商直接投资发源国(日本、德国、英国、法国和荷兰)的对外外商直接投资总额仅占美国总额的 40%,在 1985 年增长到 111%,1990 年增长到 213%,之后在 1995 年降低为 174%。

服务业外商直接投资是迅速增长的日本对外外商直接投资中最活跃的成分,尤其是在 20 世纪 80 年代。在这十年中,除了日本综合贸易公司——的扩张之外,日本银行业和证券业向海外市场大规模扩张,保险业公司也开始谨慎地向海外扩张。这种扩张有着坚实的资本基础,这些资本来自日本的高储蓄率、强势货币、大量的收支盈余以及巨大的、有利可图的国内市场。日本其他快速扩张的行业包括房地产(尤其是在美国,来自日本的外商直接投资从 1985 年到 1990 年增长了 15 倍,从 10 亿美元增长到了 150 亿美元)、广告业、数据服务业和快餐业。正如 15 到 20 年前美国服务业跨国公司的扩张一样,日本服务业跨国公司的扩张受到了第二产业跨国公司——它们主要的国内客户——迅速扩张的拉动。在 20 世纪 90 年代,由于日本外商直接投资的接收国普遍发生经济衰退(这点导致日本失去了很多在美国房地产上的投资)、日本国内经济减缓和金融危机,日本跨国公司在服务业的外商直接投资增速减缓,但日本仍是美国之后第二大服务业外商直接投资发源国。

在 20 世纪 80 年代,西欧的跨国公司在很多重要的服务行业比如银行业、保险业、再保险业、出版业、航空业和其他交通运输业已经发展起来。这些公司在批发贸易中与日本跨国公司相抗衡。西欧跨国公司的海外扩张主要是由欧共体(欧盟)推出的单一市场计划所促进,这一计划于 20 世纪

80 年代中期宣布，80 年代后期和 90 年代早期实施。之后，在 80 年代中期和 90 年代早期，很多服务行业进行重组，加速了欧盟内部外商直接投资在服务业的流动(UNCTC，1991:19—20)。西欧服务业外商直接投资扩张的另一个地方是美国市场：部分是为了支持制造业快速发展的外商直接投资，部分也反映了西欧服务业跨国公司为了从巨大却竞争激烈的美国市场中受益，也为了响应美国跨国服务业公司在西欧市场上的扩张而进行的自身的扩张。这种扩张也受到西欧货币对美元增长的促进。

发达国家跨国公司在服务业外商直接投资上的扩张主要发生在其他发达国家。与对外的外商直接投资的增长相似，对内的服务业外商直接投资在所有主要发达国家也有显著增长(图 2.1)。但对内的外商直接投资的模式不同。首先，美国从未在对内的外商直接投资上占过主导地位，尽管自从 1975 年以来，美国一直是服务业外商直接投资上最大的接收国[6]。20 世纪 70 年代，美国对内服务业外商直接投资额占主要发达国家和发展中国家接收国总额的 1/5，90 年代，这个比例增长到 30％以上。第二，在对内服务业外商直接投资这幅全景图中，几乎找不到日本的影子。日本外商直接投资总额很小，服务业外商直接投资虽在快速增长，但仍然很小。因此，对内外商直接投资的扩张主要发生在美国和西欧，而且从 20 世纪 80 年代后期开始，还包括了发展中国家。直到那时，发展中国家针对允许外商直接投资在它们的经济中所进入的程度，将政策集中在制造业外商直接投资，服务业的份额仍然相对较低——只占对内外商直接投资总额的 1/5。而服务业的外商直接投资可能大多数集中在与货物和贸易相关的服务业中以及金融服务业中。在发展中国家为了增加竞争力，开始放开外商直接投资之后，尤其是放开制造商服务业之后，服务业对内外商直接投资总额才开始迅速增长，从 1990 年的 30％增长到 1995 年的 40％多。1990 年到 1995 年期间，当主要发达国家对内的服务业外商直接投资受到 90 年代初期金融危机的影响只增长了 40％时，在发展中国家则增长了 3 倍，因此促进了 90 年代服务业外商直接投资的增长。过渡中的国家们也在寻求吸引外商直接投资作为过渡进程的一部分，这些国家作为一群新的接收国，其服务业外商直接投资正在迅速增长，但是相比世界范围内的数据，仍处在很低的水平(UNCTAD，1998:274)。

2.4 影响因素

服务业外商直接投资的增长趋势和服务行业通过外商直接投资所形成的国际化模式反映了影响公司关于其服务活动的国际化作出决策的一些因素之间的相互作用。从折中理论的框架看(Dunning，1989)，主要影响因素涉及国家优势和服务业跨国公司的优势。由于经济发展导致供求发生变化，进而导致的经济结构的转变大大增加了服务业在国内经济中的重要性，并且大大扩展了服务业市场的规模。由于大多数服务都是无形且难以保存的，因此不能运输，不能跨越国界交易，所以,除非能够通过消费者跨越国界的移动(比如旅游或教育),或者通过提供服务的个人(比如,专家顾问、音乐家、家政服务者)或服务提供商和设备(在交通运输中的特殊情况下)在一定时期内跨越国界的移动等来完成服务的实施,将这些服务提供给海外市场是不可能的,除非在海外市场设立分公司。因此,国内服务市场的扩张表明,区域性的优势将刺激服务业外商直接投资。

同时,为了使公司能够通过外商直接投资获得海外市场,在竞争力上至少要比国内提供同种服务的其他公司高出一定程度。因此,第二个影响服务业外商直接投资的趋势和模式的因素是不同国家不同行业的公司能够在哪种程度上建立起和加强它们投资海外的竞争优势以及它们关于国际化所采取的策略。而且,由于只有在没有严重障碍、外国公司能够进入他国市场并开展运营的情况下,外商直接投资才能发生,所以,服务行业政策的改变和针对外国服务提供商的法规的改变是第三个影响服务业外商直接投资的趋势和模式的因素。最后,电信业和数据科技的迅速发展以及它们在信息密集型服务的跨国运营上的应用不仅为公司进行外商直接投资以向海外市场提供服务提供了方便、降低了成本,而且使得服务能够跨越距离进行交易。这降低了公司依赖外商直接投资提供服务和开发当地资源的必要性,也在同时使得跨国公司能够根据效率利用信息密集型低成本的位置优势向海外销售它们的服务。服务产品可贸易性的增强对于服务业外商直接投资及其模式的影响才刚刚开始。

2.4.1 服务业市场的增长和结构的改变

在最近几十年里,本来已经十分重要的服务业在世界上大多数国家变得更加重要。人均实际收入的增长增加了消费者对服务的需求,特别是在在发达国家但同时也在很多发展中国家。同时,技术的进步增加了许多服务行业作为生产其他产品的必要投入的重要性。在工业化国家,服务产量的增长速度超过了商品产量的增长速度,虽然只比制造业产量的增长速度稍快[7]。不管是在发达国家还是在发展中国家,服务业在 GDP 中所占比重都增加了。比如,根据对 13 个发达国家和 41 个发展中国家的对比数据来看,在 1985 年,发达国家的服务业比重平均为 65%,相比来说在 1965 年该比重为 55%。发展中国家 1985 年和 1965 年服务业在 GDP 中的平均比重分别为 47% 和 42% (Dunning, 1989:5)。特别是发达国家,在 20 世纪 90 年代,服务业在 GDP 中所占比重已经超过了 60%,基本上成为了服务经济体[8]。

如果没有过去二三十年中许多服务业在质量上的深刻变化,服务业需求和供给的扩张将不可能达到以上提到的程度。技术、信息和知识在许多服务业中所占比重已经大大地增长了。在金融服务、交通运输、电信、旅游和专业商业服务中已经发生了革命性的变化。例如,直到不久以前还依赖于简单的机电方式、是一种相对不重要的行业的电信业已经变成了为家庭和公司所需要的复杂行为的集合体。而曾被认为主要是簿记的会计业已经发展成为了公司有效管理的基础和对所有国家的公司都很重要的复杂的活动。在服务业生产和多样化过程中中间商服务和制造商服务——尤其是以信息为基础的服务——日益增长的重要性已经成为了这种质变过程的一部分。

服务业在经济上日益增长的重要性是由于商品的技术已经变得日益复杂、且服务在国内和国际市场上销售的竞争环境已经比一二十年前更激烈。因此,商品的最终价值包含越来越多的不同类型的服务以在市场上取得竞争优势。例如,在复印机、飞机和电力设备等产品的价值中,市场营销、分销、售后服务和维修服务都是非常重要的因素。

所有这些都增加了服务业在国内市场的规模,为服务业外商直接投资和国内投资的增长提供了契机。由于外商直接投资是将不可交易的服务销售到海外市场的最便利的方式,而许多服务业对于出口产品所依赖的资源可用性、成本和效率等的依赖性很低,对于服务业外商直接投资,市场大小已经成为了主要的区域性优势。因此,在许多服务行业,只要他国允许且公司拥有能够与海外服务供应商相匹敌的竞争力,那么,外商直接投资的增长就是市场增长的自然结果。并且,在服务业外商直接投资一直追随的商品生产行业,日益增长的国际贸易和外商直接投资继续对服务业跨国公司的外商直接投资提供动力。

2.4.2　跨国公司的竞争优势和国际策略的改变

直到二三十年前,在许多服务行业中寻求设立当地分公司或在当地运营的外国公司的竞争优势还不足以弥补开拓外国市场的额外成本(Dunning,1989:37)。这意味着服务业外商直接投资深深局限于交易支持、客户售后服务、专业服务或特定服务业中。正如本章第一部分所指出的那样,投资贸易和财务分公司以支持发源国、贸易中涉及的其他公司以及第一和第二产业的分公司已经成为(并将继续作为)服务业跨国公司活动的主要领域。

然而在最近这些年,服务行业已经发生了质的变化。服务产品中增加的知识和信息含量,与通信业和信息技术的变革一起,重新定义了公司对外商直接投资决策的决定因素。它们创造了公司优势的模式,使得处在变化前沿的公司更有优势,也使得他们在海外投资更容易成功。而且,通过在海外市场上获得的经验,通过从多国性中获得的更大的灵活性(Dunning,1993:81),这些跨国公司已经给它们的最初优势加码。由于电信业和信息服务业的进步,在政策制定和管理上跨越国界合作成本得以降低,这进一步加强了服务业跨国公司的竞争优势。而且,跨国公司为了满足跨国客户和其他客户的需要将它们的服务业活动全球化,因此,许多跨国公司建立了特有的品质形象,这种品质形象通常来自它们的声誉,使得它们的竞争优势更加公司具体化。

许多促进外商直接投资及其发展的公司竞争优势取决于知识,包括科技、管理、金融、市场营销和组织上的知识(Dunning,1989：chapter Ⅳ)。信息和人力资源密集型的服务比如银行、金融、远程信息处理、商业和专业服务体现了内部的、系统的知识,即各个公司所特有的"软技术",还体现了人力资源和人事的集合。这些信息密集型生产商服务业中大型服务公司的知识密集度和咨询含量赋予了它们竞争优势,这种竞争优势与它们的名称紧密相连,暗示着它们的质量标准和技术能力,为它们的外商直接投资的增长提供基础。公司在知识上所拥有的优势与管理行为以及为满足认准商标和品牌的消费者的需求所提供的服务有关。公司知识优势同时也解释了消费者服务业比如酒店、快餐连锁店、汽车租赁和零售商店等跨国公司的行为。在一些行业(比如股票经纪、外汇兑换、证券交易、商业咨询、商品经济、数据加工、数据供给和数据传递)中,机器设备上体现的技术、信息收集和加工的能力已经成为竞争力的主要来源。而且,在一些行业比如保险业、国际贸易、银行、专业商业服务以及零售业中,具有一定经营规模和范围的公司(经营与知识创造不同)形成了跨国公司竞争优势的基础,尽管这些公司在适用范围上有所限制[9]。某些公司一定规模的形成与知识创造、信息收集、加工和传递有关,也与一些常规资源比如专门化和差异化采购以及金融成本有关。这些公司要形成一定规模,常常进行兼并和收购,这已经成为跨国公司进入接收国市场尤其是发达国家市场的一种流行的方式。在1996年和1997年,服务行业的跨国兼并和收购的价值分别为1 550亿美元和1 130亿美元,而在制造业中的价值分别是960亿美元和1 170亿美元(UNCTAD,1998：423)。

前面我们已经提到,服务业公司要向市场扩张,可以采用的国际化模式常常仅包括外商直接投资和其他跨国生产的模式,因为许多服务业不能跨越边界进行交易。既然对服务业的需求在增长,服务行业公司要建立竞争优势的机会在增长,人们自然会认为外商直接投资将会迅速扩张,比国际贸易在服务业中的扩张更为迅速,而事实上,也确实是这样的情况[10]。然而,本章之前的数据显示,从外商直接投资的所有者模式和行业模式上看,服务业跨国公司竞争力的新源头的作用还不清楚。正如已经讨论过的那样,原因有很多,其中包括在服务业公司全球扩张中非股份形式投资所起的作用。非股份形式占主导地位的行业包括那些在母公司的控制下,工作行为可以被清楚罗列、知识能够与财务或资本成分完全分开的行业。各个行业采取的非股份形式不同,酒店业采用管理合同(Contractor and Kundu,1998),在最低质量和消费者喜好定位方面一致且享有共同名称的公司采取联盟形式,而一些专业服务业公司采用共同所有形式(Aharoni,1993)。从服务业整体来看,在过去几十年中,曾经有促进内部国际化模式的因素也有起相反作用的因素。

而且,除了为了寻求市场和追随客户而设立海外分公司的类型之外,为了创造资产而在海外投资这一类型的重要性正在日益增长,正在逐渐成为服务业外商直接投资的另一基础。在一些服务行业,比如旅游酒店、金融机构(这些行业需要充分的当地设施、受过教育的人力资源以及更加接近消费者和供应商的条件)等,目标接收国自然资源及(或)人力资源的可用性对于外商直接投资决策十分重要。最近,由于信息密集型服务提供的计算机交流使得服务的可交易性增强,为了国内市场和海外销售、使用所创造的资产——主要是通过合理的价格购买有技能和才能的人力资源——来生产服务的方便性对于某些信息和知识密集型服务来说正在日益变得重要。像电子工程和汽车等制造行业的跨国公司一样,服务业跨国公司包括计算机系统、银行、保险和航空运输等也开始采用全球一体化生产策略——价值链各个环节的活动比如计算机编程、财务建议、售后服务以及会计等都在海外分公司完成,最后与在其他分公司或母公司完成的其他活动垂直合成。

在一些服务行业,竞争压力使得大型跨国公司必须追随其他公司设立海外分公司,这一策略促使了跨国公司为了在主要竞争对手之间增强各自国际市场地位而在重要市场上日益增加的外商直接投资(Dunning, 1989:38—9)。受这种策略严重影响的行业主要是银行业和其他金融业,以及在一些特定地点还包括其他服务业比如管理咨询、广告、航空运输和酒店业等。这种策略以及以上谈及的其他竞争因素日益增长的重要性成就了本章开始讨论的不久之前美国仍占主导地位的服务业外商直接投资的发源国的多样化。

2.4.3 政策变化

在过去 20 年中对服务业国际化最显著的影响是政府对于服务行业政策的修订(UNCTAD 和世界银行,1994)。直到二三十年前,发达国家和发展中国家的政府还都严格限制外商(通常还包括国内的私营企业)进入政府认为在策略上、政治上和文化上敏感的主要服务业包括电信业、交通运输业、银行业和广告业以及公共服务业包括教育、医疗和公共事业等的形式和程度。之前提到的某些服务行业上质的变化加上不时遇到的影响国有服务业公司的金融限制,政府管理者们被迫开始重新审视它们的保护主义政策,开始对国内和国际上服务行业的生产和销售逐渐开放。国内和国际竞争越来越被视为增加服务业效率和生产率的工具,而服务业也被认为对总体的经济发展至关重要。向外商直接投资开放也被当作增加和保持竞争的重要方式,尤其是对于某些垄断的服务行业市场来说。

毫无疑问,发达国家市场的开放成为促进跨国公司通过外商直接投资增加竞争优势的主要因素。尤其是欧洲单一市场的形成有力地刺激了欧共体内部和外部的跨国公司在欧共体国家的服务行业进行投资。这并不奇怪,因为事实上单一市场主要针对的是服务业——30 年前欧共体就开始拆除商品贸易和商品行业外商直接投资上的障碍,而服务业贸易和服务业外商直接投资直到 1992年单一市场计划开始实施时仍丝毫未动。单一市场计划的主要目的不仅是移除欧共体内部商品流通的障碍,同时也要移除人(包括深受管制行业的专家)、服务和公司自由流通的障碍。这一计划通过对服务业的放开,通过解除国际货物和服务的边界障碍以及国内管制,还通过放开欧共体内部对众多服务行业的管制,使得欧共体成立以来第一次开放了服务行业市场。服务业公司在欧洲内部获得了可供扩张的巨大的地理范围,但同时也开始受到来自其他国家的公司的竞争压力。仅单一市场的宣布和20世纪80年代后期开始的障碍清除活动就导致了欧共体内部服务行业的大规模重组,同时通过将来自主要发源国的跨国公司置于整个庞大的、活跃的欧洲市场,为这些跨国公司创造了巨大的利益。

由于私有化活动等原因,发展中国家尤其是南美洲也开始大规模放开外商直接投资政策。这使得服务业外商直接投资开始大规模增加,反映在一些国家像阿根廷、巴西和墨西哥的服务行业份额的增长上。尽管不同发展中国家和不同行业在服务业开放的程度和步伐上有较大不同,但总起来说,服务行业整体和行业内部都在开放外商直接投资政策(UNCTAD and WB,1994:20—30)。这种开放一定程度上是由于经济危机和金融压力导致的。乌拉圭回合谈判的完成和《服务贸易总协定》(GATS)的采用无疑为发展中国家对服务业外商直接投资在政策上进一步开放提供了潜在的可能。基础电信业和金融服务业对GATS协议的采用也很可能会在很大程度上影响发展中国家在这两个主要服务行业上的外商直接投资政策。

2.4.4 服务业可交易性增加的影响

过去20年中在电信、计算机技术和计算机通信上的技术进步大大提高了跨越较长地理范围进行信息加工和运输的能力。计算机通信通过使信息密集型服务或其中某些部分能够不经过当地分公司而直接进行跨国销售,从而增加了信息密集型服务的跨国可交易性。

服务行业可交易性增加对于服务业外商直接投资的形式和程度有重要影响。但是这些影响并不直接,也不能对所有服务行业一概而论。从总体上来说,根据外商直接投资和贸易互补的程度(二者的流通趋势可以表明),服务行业可交易性增加可能会增加外商直接投资。另一方面,如果某种服务业之前必须要设立海外分公司才可以向海外销售服务,而现在由于跨国信息交流的方便性和低成本可以不通过海外分公司而直接进行海外销售,那么,这种服务业的外商直接投资可能会降低。

计算机通信系统的技术进步导致的可交易性增加和实际贸易(或电子贸易)的出现可能在不同服务行业上有很大变化。比如,在银行业,尽管计算机手段和远程信息手段的使用已经使得大多数的银行服务产品在技术上可被传递,但是与跨国公司的银行产品相比,只有极小数量银行服务零售产品向海外市场销售(UNCTAD,1994:122)。在保险业,有迹象显示信息技术还没有被广泛应用于保险贸易,而是被应用于增加深深依赖于外商直接投资的国际保险业务现有结构的效率(UN-TCMD,1993)。然而,随着某些服务产品变得可交易,服务业外商直接投资的模式和性质可能会受到影响。一个主要的影响可能是价值链的打碎,进而开展出口导向模式的外商直接投资,以及服务业的国际集成生产,就如同制造业中发生的过程一样。尤其是劳动力或人力资源密集型服务业可由服务业跨国公司和制造业跨国公司的分公司生产,或者由这些公司与人力资源丰富的国家的当地公司进行非股份制合作,并结合其他地方的资本密集型和技术密集型服务和其他产品来共同生产。在某些服务业比如计算机软件、会计和数据加工行业,这一趋势正在发生并且相当显著[11]。对于接收国来说,有好处也有代价。它为吸引外商直接投资创造了条件。同时,由于外商直接投资是为了利用接收国低生产成本的优势,所以,外商直接投资为了获得相当的生产力,复制发源国各种机制的可能性将随生产成本的降低而降低。

2.5　结论

服务业外商直接投资,对于作为全球化进程重要推动力的国际生产,以及对于外商直接投资本身的迅速增长来说,均起到了重要作用。在过去 30 年中,国际外商直接投资的行业组成在稳步向服务业倾斜。外商直接投资在服务业的强劲增长和服务业在外商直接投资中日益增长的份额,反映了服务业公司和其他产业公司进行服务业外商直接投资的各种方式,以及服务业外商直接投资在发源国和接收国的多样化。现有数据显示,很大一部分服务业外商直接投资来自其他类产业公司。服务行业内部分解数据显示,在服务行业内部,服务业外商直接投资主要来自贸易服务公司和除银行和保险业之外的金融服务公司。但是,如果将服务业作为整体来看,尽管外商直接投资在服务业迅速增长,服务行业的国际化程度(从服务行业公司自身的国际化来衡量,或者从接收国的服务行业的国际化来衡量)落后于制造业。因为与制造业相比,服务业外商直接投资扩张的历史仍相对较短。

服务行业通过外商直接投资实现其国际化已在全球蔚然成风,并在此过程中产生一些不同的外商直接投资形式。与此同时,存在许多相互影响的因素对服务行业企业的决策施加影响,从而导致这些服务业公司趋向于开拓国际化市场。公司所在国原来具有的潜在区位优势正在发生变化,加上与对手在国外竞争时公司所具有的控股权优势等,均对服务行业的外商直接投资增加起到推波助澜的作用。更重要的是,海外服务业市场已因经济增长和结构改变而大大扩张,海外国家的市场更加自由化,已然允许外资进入其国内市场;与此同时,服务类企业服务水平发生着质的变化,强化了当其投资到国外时与当地同类企业展开竞争的有利地位。另外,服务行业内信息集约化程度的提高,以及国际间交流便利程度的增加,都促进着那些通过提高效率而不是通过扩大市场来获得更大收益的资本以外商直接投资形式向服务行业倾斜,从而促使服务业在海外不断扩张。总之,这些因素将仍会支撑外商直接投资向服务业方面倾斜,促使服务业在经济活动全球化过程中扮演更重要的角色,并从而对所涉及国家的产业格局、经济增长和区域发展等产生巨大的潜在影响。

注释

本章内容和观点纯属作者所有,与相关组织无关。

[1] 控股公司可以仅是"信箱"公司,在生产价值链中不起任何作用,在避税国家注册,或者在金融市场设立用来为整个公司系统进入这些市场提供方便(Eurostat, 1998)。显然,制造业跨国公司在海外设立控股分公司。例如,1996年,在法国,制造业跨国公司对外外商直接投资份额在化工业控股公司是1%,而机械行业控股公司是1/4(Dreyfus, 1998:146)。

[2] 由于服务业母公司可能拥有商品生产分公司(但是这种情况比第二产业公司拥有服务业分公司少见得多),以及上面已经提到的、服务业数据体现出的控股公司的重要性不同,整合的数据可能会被扭曲。

[3] 然而,零售业比例可能不来自同种行业投资而来自行业内部平衡投资,也就是说,控制制造业分公司的零售业跨国公司(为了供给产品)与制造业公司控制的零售业分公司的规模相同。

[4] 历史上,某些服务行业的外商直接投资很重要——房地产贸易、银行和保险行业曾是第一批设立海外分公司的行业。19世纪70年代,工业公司海外扩张的第一波就伴随着铁路和公共事业的外商直接投资,尤其是在殖民地上。在战争时期,美国对拉丁美洲的外商直接投资主要是在交通运输业、通讯业和公共事业(Whichard, 1981:39—56;Lipsey, 1999:8)。

[5] 另一原因可能是这些行业和这些行业的公司规模相对较大,因此导致了海外分公司的平均外商直接投资较高——贸易和金融服务业比广告和商业咨询业大几倍。在其他拥有较大规模公司的资本密集型服务行业比如电信业和公共事业,直到不久之前,许多国家对它们的外商直接投资的限制程度超过了对贸易和金融行业的限制。

[6] 在1970年,加拿大的外商直接投资总额以及服务业外商直接投资额都高于美国。

[7] 见Jacques Nusbaumer(1987:10—11)等。见世界银行(1998:212—3)对于各国1980年和1997年GDP中服务业和其他产业的数据。

[8] 除去建筑业和公共事业(水、电、气),在1988—1990年,服务业在发达国家的总附加值中占62%,在发展中国家中占49%。如果算上建筑业和公共事业,这个比例将分别是72%和58%(UNCTAD and WB, 1994:7)。

[9] 保险业被认为是大型跨国公司尤其可能受益的一个行业。最近一项调查发现,保险业跨国公司在达到一定规模后不再增长,国际化程度最高的保险公司正在承担经营管理失当的后果(Katrishen and Scordis 1998:305—23)。

[10] 例如,自从1987年以来,每年美国公司的拥有多数股权的分公司销售到海外的服务的价值比美国的消费者服务业的海外销售额增长的速率都要高(BEA, 1998, Oct)。

[11] 例子请见UNCTAD(1993:第二部分)。

参考文献

Aharoni, Y. (1993) 'Ownerships, Networks and Coalitions', in Yair Aharoni (ed.) *Coalitions and Competitions: The Globalization of Professional Business Services*, 121–42, London: Routlege.

Contractor, F. J. and Kundu, S. K. (1998) 'Modal Choices in a World of Alliances: Analyzing Organizational Forms in the International Hotel Sector', *Journal of International Business Studies*, vol.29, no.2, second quarter: 325–57.

Deutsche Bundesbank (1998) *International Capital Links*. Special Statistical Publication 10, Frankfurt am Main: Deutsche Bundesbank.

Dreyfus, A. (1998) 'Stock des investissements direct francais a l'etranger au 31 decembre 1996', *Bulletin de la Banque de France*, no. 52, April 1998, Paris: Banque de France.

Dunning, J. H. (1989) *Transnational Corporations and the Growth of Services: Some Theoretical and Empirical Issues*, UNCTC Current Studies, series A, no. 9,New York: United Nations.

—— (1993) *Multinational Enterprises and the Global Economy*, Wokingham, England: Addison-Wesley.

Dunning, J. H. and J.A. Cantwell (1987) *The IRM Directory of Statistics of International Investment and Production*, London: Macmillan.

Eurostat (1998) *European Union Direct Investment Data*, Luxembourg: European Commission.

O'Farrell, P. N. (1995) 'Manufacturing demand for business services', *Cambridge*

Journal of Economics 19: 523–34.

Hood, N. and Peters, E. (1997) 'Globalization, corporate strategies and service industry development', mimeo.

Johanson, J. and Vahnle, J. E. (1993) 'The internationalization of the firm: four Swedish cases', in P. J. Buckley and P. Ghauri (eds) *The Internationalization of the Firm*, London: Academic Press.

Katrishen, F. K. and Scordis, N. A. (1998) 'Economies of Scale in Services: a Study of Multinational Insurers', *Journal of International Business Studies*, vol. 29, no. 2, second quarter: 305–23.

Lipsey, R. E. (1999) 'The role of foreign direct investment in international capital flows', National Bureau of Economic Research, working paper 7094, Cambridge, MA: NBER.

Nachum, L. (1999) *The Origins of the International Competitiveness of Firms: the Impact of Location and Ownership in Professional Service Industries*, Cheltenham: Edward Elgar.

Nusbaumer, J. (1987) *Services in the Global Economy*, Boston: Kluwer International.

OECD (1998) *International Direct Investment Statistics Yearbook*, Paris: OECD.

UN-TCMD (United Nations, Transnational Corporations and Management Division), Department of Economic and Social Development (1993) *International Tradability in Insurance Services: Implications for Foreign Direct Investment in Services*, New York: United Nations.

UNCTAD (United Nations Conference on Trade and Development) (1993) *World Investment Report 1993: Transnational Corporations and Integrated International Production*, New York: United Nations.

—— (1994a) *The Tradability of Banking Services: Impact and Implications*, Geneva: United Nations.

—— (1994b) *World Investment Directory. Vol. IV: Latin America and the Caribbean*, New York: United Nations.

—— (1996) *World Investment Report 1996: Investment, Trade and International Policy Arrangements*, New York and Geneva: United Nations.

—— (1998) *World Investment Report 1998: Trends and Determinants*, New York and Geneva: United Nations.

UNCTAD and The World Bank (1994) *Liberalizing International Transactions in Services: a Handbook*, New York and Geneva: United Nations.

United Nations (1978) *Transnational Corporations in World Development: a Re-examination*, New York: United Nations.

—— (1993) *World Investment Directory 1992. Vol. III: Developed Countries*, New York: United Nations.

UNCTC (United Nations Centre on Transnational Corporations) (1989) *Foreign Direct Investment and Transnational Corporations in Services*, New York: United Nations.

—— (1991) *World Investment Report 1991: the Triad in Foreign Direct Investment*, New York: United Nations.

—— (1992) *World Investment Directory 1992. Vol. I: Asia and the Pacific*, New York: United Nations.

United States, Department of Commerce (1998) *US Direct Investment Abroad. 1994 Benchmark Survey, Final Results*, Washington, D.C.: United States Department of Commerce.

United States, Department of Commerce, Bureau of Economic Analysis (1998) 'U.S. International Sales and Purchases of Private Services: U.S. Cross-Border Transactions in 1997 and Sales by Affiliates in 1996', *Survey of Current Business*, October.

Whichard, O. G. (1981) 'Trends in the United States direct investment position abroad, 1950–1979', *Survey of Current Business*, vol. 61 (February 1981): 39–56.

World Bank (1998) *World Development Report 1998/1999: Knowledge for Development*, New York: Oxford University Press.

■ 附表：1970—1995 年主要发源国和接收国(地区)的服务业外商直接投资额(美元:亿)(百分比)

	1970 外商直接投资总额	1970 服务业外商直接投资额	1970 服务业所占百分比	1975 外商直接投资总额	1975 服务业外商直接投资额	1975 服务业所占百分比	1980 外商直接投资总额	1980 服务业外商直接投资额	1980 服务业所占百分比	1985 外商直接投资总额	1985 服务业外商直接投资额	1985 服务业所占百分比	1990 外商直接投资总额	1990 服务业外商直接投资额	1990 服务业所占百分比	1995 外商直接投资总额	1995 服务业外商直接投资额	1995 服务业所占百分比
A. 发源国																		
美国①	755	246	33	1 242	356	29	2 202	857	39	2 510	1 031	41	4 232	2 001	47	7 116	3 748	53
日本①	36	14	39	106	41	39	196	85	43	439	243	55	2 014	1 365	68	3 068	1 991	65
德国③	73	11	15	208②	86②	41	431	207	48	600	314	52	1 551	909	59	2 622	1 446	55
英国③	218	51	23	316	85	27	859	311	36	876	305	35	2 293	961	42	3 028	1 207	40
法国	—	—	—	34	13	38	122	53	43	283	123	43	1 101	559	51	1 844	994	54
荷兰	156	21	13	199	29	15	421	80	19	496	168	34	1 077	469	44	1 785	883	49
意大利	33	16	48	33	13	39	69	21	30	141	75	53	561	317	57	970	629	65
加拿大	65	21	32	104	29	28	226	58	26	387	136	35	848	153	18	1 183	512	43
澳大利亚	6	2	33	11	4	36	23	10	43	67	33	49	298	161	54	367	184	50
总额	1 342	382	28	2 253	656	29	4 549	1 682	37	5 799	2 428	42	13 975	6 895	49	21 983	11 594	53
B. 接收国																		
发达国家																		
美国	133	41	31	277	101	36	830	371	45	1 846	948	51	4 037	2 007	50	5 600	3 006	54
英国③④	97	16	16	245	46	19	300	139	46	445	113	25	2 039	837	41	2 000	932	47
德国	92	17	18	269②	90②	33	366	147	40	369	184	50	934	594	64	1 620	921	57
法国	—	—	—	49	29	59	154	95	62	192	121	63	774	447	58	1 437	860	60
荷兰	73	20	27	98	27	28	192	76	40	251	116	46	724	331	46	921	518	56
澳大利亚	—	—	—	88	38	43	129	59	46	250	131	52	704	374	53	919	421	46
西班牙	—	—	—	24	5	21	51	13	25	89	28	31	419	193	46	844⑤	392⑤	46
意大利	62	19	31	91	26	29	89	28	31	190	71	37	580	338	58	634	371	59
加拿大①	261	58	22	368	90	24	516	129	24	624	181	29	1 080	354	33	1 228	333	27
日本①	10	1	10	15	3	20	33	7	21	47	13	28	99	36	36	335	150	45
总额	728	172	24	1 524	455	30	2 660	1 064	40	4 303	1 906	44	11 390	5 511	48	15 538	7 904	51

国家或地区	1970 外商直接投资总额	1970 服务业外商直接投资额	1970 服务业所占百分比	1975 外商直接投资总额	1975 服务业外商直接投资额	1975 服务业所占百分比	1980 外商直接投资总额	1980 服务业外商直接投资额	1980 服务业所占百分比	1985 外商直接投资总额	1985 服务业外商直接投资额	1985 服务业所占百分比	1990 外商直接投资总额	1990 服务业外商直接投资额	1990 服务业所占百分比	1995 外商直接投资总额	1995 服务业外商直接投资额	1995 服务业所占百分比
发展中国家或地区																		
中国大陆	—	—	—	—	—	—	47	6	13	108	46	43	209[6]	84[6]	40	1 312[1]	474[1]	36
新加坡	6	3	50	22	12	55	62	28	45	130	67	52	268[7]	154[7]	57	596	379	64
墨西哥	28	5[8]	18	46	8	17	85	15	18	146	29	20	303	76	25	411	209	51
巴西	29[8]	5	17	73	16	22	175	38	22	257	55	21	371	103	28	425	184	43
阿根廷	—	—	—	35[2]	9[2]	26	53	12	23	66	16	24	69[7]	34[7]	49	246	131	53
泰国	—	—	—	5	3	60	10	5	55	20	10	49	55[7]	27[7]	49	174	100	57
印度尼西亚	4	0.2	5	44	3	7	103	4	4	249	7	3	389	11	3	373	64	17
中国台湾	—	—	—	8	1	13	24	2	6	29	3	10	115	30	26	157[1]	49[1]	31
智利	—	—	—	0.4	0.1	25	9	2	22	23	7	30	62	19	31	147	38	26
韩国	1[8]	0.3[8]	21	7[2]	1[2]	14	11	4	36	18	6	33	40[6]	15[6]	38	96[9]	32[9]	33
委内瑞拉	—	—	—	13	4	31	16	5	31	15	3	20	39	6	15	68	27	40
哥伦比亚	5	1.3	26	6.3	1.8	29	11	3	23	22	4	18	35	4	11	121	23	19
菲律宾	—	—	—	3.6	1.6	45	12	4	33	13	3	23	16[7]	3[7]	19	61	17	28
总计	73	14.8	20	263.3	60.5	23	618	127	21	1 096	256	23	1 971	566	29	4 187	1 727	41
全部总计	801	186.8	23	1 787.3	515.5	29	3 278	1 191	36	5 399	2 162	40	3 361	6 077	45	9 725	9 631	49

注：表中所列国家（地区）为 1995 年占有以下比例的国家（地区）：表中列出的发源国（地区）1995 年占据了世界外商直接投资总额的 79%，接收国（地区）1995 年占据中国家占世界接收国总额的 76%。发达国家（地区）接收国占世界接收国总额的 81%，发展中国家（地区）接收国占发展中国家（地区）接收总额的 67%。表中所列国家（地区）顺序为 1995 年服务业外商直接投资数额从大到小的顺序。

"①"表示服务业数据是根据许可的外商直接投资总额占百分比计算得到的数据。"②"表示数据来自 Dunning(1987)。

"③"表示数据来自 1971、1974、1981、1984 年，而不是表中所列年份。"④"表示太小得不到百分比的数据。

"⑤"表示将流动数据加入 1990 年数据中得到的相关数据。

"⑥"表示数据来自 1988 年。

"⑦"表示数据来自 1989 年。

"⑧"表示数据来自 1971 年。

"⑨"表示数据来自 1994 年。

资料来源：作者根据 OECD, *International Direct Investment Statistics Yearbook*；United Nations, *World Investment Directory*；UNCTAD 外商直接投资 / 跨国公司数据；United Nations、1978；以及各国国内的资料编辑而成。

3 促进专业化服务业的规范化：世界贸易组织的作用

戴尔·B. 洪尼克(Dale B. Honeck)

3.1 引言

乌拉圭回合谈判创立了世界贸易组织(WTO)，第一次对服务贸易设立了多边规则[1]。在《服务贸易总协定》(GATS)的背景下，乌拉圭回合谈判的一个主要成就，是各国政府对于很多服务行业包括专业服务业的市场准入和国内管理作出了法律上的有效承诺。考虑到各国国内管理措施可能会附加诸多限制，WTO成员国同意制定具体规则保证政府不对贸易过分限制。协商的结果便是GATS 的第 VI 条第 4 款，该条款提出了三类管理规范(许可证、资格和程序，以及技术标准)，并且明确 WTO 为此将制定和设立"任何必要的规则"。

当认识到政府法规已渗透到专业服务的各方面，实施 GATS 第 VI 条第 4 款的第一步，就是制定出《专业服务的部长级会议决定》，并设立了专业服务工作组(WPPS)。在经过几年的艰苦谈判之后，尤其是关于 GATS 第 VI 条对规定的市场准入和国内管理的第 XVI 条和第 XVII 条的覆盖面问题，WTO成员国最终达成了《各国相互承认协定或会计部门协定》，该协定在 1997 年 5 月发布。之后在 1998 年 12 月发布了《会计部门国内规则》。这两个协定在范围上涉及广泛，可以被应用于整个专业服务行业。

除导言外,本章主要分为四个部分。第一部分叙述 WPPS 的最初活动;第二部分详述对于国内规范的制定过程;第三部分分析在 GATS 环境下,未来制定规则的可能情况;第四部分是最终结论。这四个部分中的每一部分内容又再分为叙述性的和分析性的。本章首先将分析集中在会计业务方面,因为服务业中大部分的管理条例针对的都是这一行业。然而我们对条例所做的分析基本适用于所有的专业服务业,甚至可以说普适于贸易服务业[2]。

与简要介绍 WPPS 制定国内规则的相关工作一道,本章同时解释了为什么有必要制定多边规则,为什么 WTO 为制定这样的规则提供了一个适当的论坛,以及跨国贸易可能带来的影响。在此我们必须指出,跨国公司、当地公司和消费者不仅在具体服务行业的商业活动中,而且在所有公司对服务的各方面投入中,都深受政府服务业法规的影响。因此,WTO 有关国内相关规则的制定工作具有广泛的重要性。通过深入分析会计行业规则制定过程带来的积极影响和消极影响,将有可能更好地评价专业服务业和其他服务行业在未来制定规则时的需求,以及可能遇到的障碍。

3.2 WPPS 最初的工作

3.2.1 简要介绍

GATS 第 VI 条第 4 款内容:

> 为确保有关资格和程序、技术标准及许可证条件等法规不致成为服务贸易不必要的障碍,服务贸易理事会应经由其设立的适当机构制定必要的规范。该规范将确保各国的法规,除其他方面外,尤其应满足下列要求:
>
> (1) 基于客观和透明的标准,例如提供服务的资质水平和能力;
>
> (2) 除为确保服务质量外,不得有更苛刻的要求;
>
> (3) 许可证发放过程本身,不应成为提供服务的限制和束缚。

在乌拉圭回合谈判最后呈交和核准的部长级《有关专业服务的决定》,主要包括了三个方面:第一,该决定要求立即执行第 VI 条第 4 款的规定;第二,为了实施第 VI 条第 4 款,决定设立了专业服务工作组(WPPS);第三,决定指出优先制定会计行业的多边规则。之所以选择会计行业,主要是由于国际会计师标准联合会(IFAC)——私营会计行业的国际组织——(通过政府代表团)的游说[3]。关于会计行业的优先地位,WPPS 制定的《有关专业服务业的决定》主要包括三部分:

(1) (依照 GATS 第 VI 条第 4 款的要求,)制定国内规则;

(2) 集中使用国际标准;

(3) 制定资质确认的指导方针。

在选出工作组主席之后，WPPS的第一个任务就是确立工作计划。正如WPPS早期的会议记录（即WTO文件S/WPPS/M1—M10)指出的那样，WTO秘书处准备了两份文件以供工作组讨论。委员们随即提交了许多正式和非正式的书面意见[4]。

国际会计师标准联合会(IFAC)、国际会计准则委员会(IASC)、经济合作与发展组织(OECD)，以及联合国贸易和发展会议(UNCTAD)等，从1995年10月起开始讨论，并就有关专业服务和会计服务工作规范提交了他们详细的书面报告[5]。1996年1月，秘书处从代表们的发言和报告以及WPPS的讨论中整理出了8个"供讨论的议题"；主席邀请代表们陈述他们认为WPPS该如何解决这些问题。一些代表提出，成员国应遵守他们对于市场准入和国内管理做出的承诺，作为在第VI条第4款指导下对国内管理的谈判补充。要求秘书处就有关现有GATT条款的恰当性，准备一份背景材料，尤其是关于《技术性贸易壁垒协定》(TBT)以及《进口许可程序协议》。

一些成员国提出，来自发展中国家的规则和法规方面的信息还很匮乏，要求做出一份调查问卷。1996年2月16日，世贸组织发布了草拟的调查问卷，并迅速敲定了最终版本。WPPS认为各国可以在自愿的基础上参与调查问卷。没有填写过OECD、IFAC及其他机构之前发布的会计行业调查问卷的国家，被邀请填写WTO整份问卷，而其他成员国则可以只填之前的问卷中没有包含的新问题。总共有44个成员国(不包括15个欧共体成员国)参与了问卷调查，其中包括许多大型发展中国家。UNCTAD在1996年7月也提交了关于37个发展中国家的信息(S/WPPS/W/8)。

WTO秘书处随后根据1996年1月提出的供讨论的议题，对调查问卷结果做出总结。成员国还要求将总结针对GATS第VI条(国内法规)、第XVI条(市场准入)和第XVII条(国内管理)进行区分。最终的总结在1997年5月形成了文件S/WPPS/W/11。成员国指出，必须将第VI条第4款要求的措施从第XVI条和第XVII条要求的措施中实在地、有效地区分出来。同时，有关讨论的会议记录显示，代表们指出，"但是，这并不意味着工作组将不解决第XVI条和第XVII条的问题，而只是将对它们分别对待"(S/WPPS/M/9:2)。

关于WPPS工作的第二部分(即使用国际标准)，1996年7月IFAC、IASC和国际证监会组织(IOSCO)分别作了发言[6]。在非正式的文件记录中，一名委员指出，GATS不应将一些本来为非强制性的、自愿的标准变为强制性的指令。一些委员还根据GATS第VI条第5款，对IFAC、IASC是否是"具有代表性的组织"(即是否至少对所有WTO成员开放)提出了质疑。尽管出现了很多不同意见，1996年12月13日的新加坡部长会议宣言得出了这样的结论："我们支持并认为IFAC、IASC和IOSCO能圆满完成对会计部门的国际规则的制定。"

关于WPPS工作的第三部分(即制定资质确认的指导方针)，成员国提供了大量的信息。比起多边的程序，成员国关注的重点在于双边相互确认协议(MRAs)。但是，一名成员国就第VI条第6

款关于"基于资质和能力的评价"提交了非正式文件。WPPS 会议记录(S/WPPS/M/5)指出,"成员们关于应采取的措施更适合第 VI 条的第 6 款(国内管理)还是更适合第 VII 条(质量识别),存在不同意见"。WPPS 主席建议首先考虑第 VI 条的问题,然后再考虑第 VII 条的问题。但是代表们更倾向于先考虑第 VII 条的问题。之后委员们开始分析资质识别指导原则制定时所需的大量因素。一名 WTO 委员不断提出,他希望这些指导原则不具强制性(即在双边相互确认协议 MRAs 谈判中自愿使用)。

MRA 指导原则的最终版本于 1997 年 5 月发布,名称为《各国会计部门相互承认协议或约定指导原则》(1997 年 5 月 28 日 WTO 文件 S/L/38)。依照成员国的要求,这些指导原则是自愿的,不具强制性。MRA 指导原则导言中指出,"获得承认最简单的做法为通过双边协议"。指导原则进一步指出,"在教育水平、考试标准、经历要求、规则后效,以及许多其他问题上,(各成员国)都存在不同,所有这些不同都使得多边相互承认极其困难"。指导原则的核心内容是对 MRAs 的内容和形式提出的建议,还包括关于 GATS 的第 VII 条规定的通知要求之备忘录。指导原则指出,MRAs 必须明确:

(1) 当事双方;

(2) 协议目的;协议范围;

(3) 相互承认条款的细节,包括资质承认要求,以及适用于增补有关要求的具体细则;

(4) 实施机制;

(5) 进一步的许可证或其他相关要求;

(6) 协议修订的有关规定。

3.2.2 分析

GATS 第 VI 条第 4 款的产生,以及《关于专业服务业的决定》的制定的主要动因,是由于专业服务业贸易在此之前受到很多国家和地区法规的严重制约。秘书处关于背景情况的报告(S/WPPS/W/2:1)中指出,"显然,几乎所有的服务业都受到法规的限制,尤其是专业服务业;对公众利益的保护,要求世贸组织必须有足够的能力和诚信标准"。在此必须提到,GATS 的导言明确指出了政府管理的权利;但 GATS 同时也在第 VI 条和其他条款中做出了详细的规定,防止不当的贸易限制。

仔细读《关于专业服务业的决定》开头的几段,你会发现根据 GATS 第 VI 条第 4 款设立的多边规则不同于具体的承诺——在指出管理措施对贸易的影响之后,《决定》继续指出,贸易部长们希望"设立多边规则,但同时保证在做出具体承诺时,这些规则不会对专业服务的提供构成不必要的障碍"。但在制定会计业规则方面,《决定》却没有那么明确,它仅仅指出,工作组将致力于"制定有关市场准入的多边规则"(此处斜体强调为作者所加)。虽如此,后文不太可能与最初的声明相悖[7]。

在 1996 年 1 月的"供讨论的议题"中,没有将 GATS 第 VI 条措施(国内法规)与第 XVI 条措施(市场准入)和第 XVII 条措施(国内管理)进行区分。代表的一些非正式文件中也没有对这些问题进行区分。其他非正式文件尽管指出第 XVI 条和第 XVII 条主要针对市场准入和国内管理的问题,却提议由 WPPS 来解决这些问题。在提出这些问题之后,WTO 马上召开了 WPPS 第三次会议,其会议记录(S/WPPS/M/3:2)指出,"一些代表对工作组继续实施乌拉圭回合谈判中开始的放松对会计行业限制这一点的可行性和必要性提出了质疑"。

一些 WTO 成员国为启动 WPPS 有关市场准入和国内管理的谈判所做出的努力,在会议发言、书面文件以及最初对供讨论议题的选择上都有所体现。但现有的一个问题是,金融服务、电信以及其他一些后乌拉圭回合达成的讨论议题都涉及了市场以及国家待遇的问题,这使得这些协议变得令人费解。另外还有一个同样重要的问题需要解决,那就是 GATS 第 VI 条第 4 款并没有与第 VI 条和第 XVI/XVII 条相关措施严格区分开来。从程序上来说,如果他们愿意,成员国完全可以在 WPPS 工作的同时开展关于市场准入或国内管理的谈判。

这里产生了一个问题:为什么在 WPPS 会议上没有出现成员国之间就一些存在严重争议甚至是相反意见的有关议题展开大量正式讨论。例如,有一个由成员国在非正式文件中提出的问题,也是最重要的议题之一,但该议题却没有包括在 1 月份所提出的供讨论的议题之中,也没有对它进行大量的讨论。这个问题就是"脱钩"管理措施,即不再将外商的公民身份、居住身份或其他当地资格等作为允许其在当地投资和开展企业运营的先决条件。坊间有一种说法是,成员国们不情愿在 WPPS 中讨论具体的规定和措施,以防他们的国内法规被视为限制贸易的歧视性法规。

正如在一份非正式文件中所说,委员们关于国际标准最重要的意见,是 WPPS 应该及时了解国际会计业标准的最新发展。总体上来说,WPPS 更倾向于接受 IFAC 和 IASC 所做出的最新进展,而不鼓励将国际会计行业标准作为会计行业贸易的一部分,以及使用该国际会计行业标准。然而至少有一名委员认为,WPPS 应为促进最新修改的会计行业标准的浮现,并保证被公司优先使用作出重要贡献。在最终的分析中应该指出,《决定》专门提到了对国际标准的使用(着重强调)。新加坡部长会议声明尽管可能对支持设立国际标准有帮助,但也有可能因此而被认为仅是完成实施 WPPS 指令的一个中间环节。

有关 MRA 指导方针,值得指出的是,《关于专业服务业的决定》事实上是为了根据第 VI 条第 6 款进行资质认可而设立的指导方针,而不是具体只为了 MRAs 设立指导方针。[8] 因此,可能会有人说,这些指导方针只是部分促进了《决定》中的条款。遗留的问题是,为什么委员们不对"适足的程序"作出进一步定义,以方便第 Ⅵ 条第 6 款所要求的对海外专业服务提供商的资质和能力识别。尽管指导方针对于加速目前会计行业双边相互确认协议迄今似乎没有产生什么作用(见尾注[12]),然而最终这些指导方针仍在促进政府和行业层面上制定双边相互确认协议方面作出了贡献。在根据指导方针制定出大量的双边相互确认协议之后,其通用模式的使用将会确保这些协议最终得到实施。

WPPS 的工作进程在最初阶段,至少在私营经济问题方面,进展缓慢。会议次数和工作节奏在委员们提交了草拟法规后增速显著(见下节)。客观来说,代表们和 WTO 秘书处在其他方面也有很多紧迫的工作,尤其是电信和金融服务上的 WTO 谈判。另一个影响工作进程的因素,无疑是谈判专家们需要时间去熟悉会计行业的规则;同时,很明显,会计行业的专家们对于根据 GATS 的规定来制定双边贸易协定感到困难和头疼。

之前已经提到,会计行业被选为 WPPS 最初的工作,这主要是由于 IFAC 之前的游说工作。一旦确定下来之后,显然 IFAC 应通过针对 WPPS 举办学术讨论会以及向 WPPS 提交详细的书面报告,以此成为 WPPS 工作进展的主要推动力。IFAC 为了推行其成员的观点,在内部甚至组织了"GATS 任务小组"。但是,会计行业专家关注的重点在于市场准入问题,而第 Ⅵ 条第 4 款涉及的问题则是其关注的第二大问题。

3.3　对于国内管理上多边协议的制定

3.3.1　简要介绍

WTO 委员提交了五份正式的会计行业国内管理规则,其中第一份是美国提交的,名称为"在制定会计行业专业服务规则时应着重强调的问题"(S/WPPS/W/15,1997 年 6 月 20 日)。这份报告指出会计行业应处于优先地位,并且,"许多问题(对其他服务行业类)有很广泛的适用性"。美国提出的规则,根据第 Ⅵ 条第 4 款的三项主要原则进行分类,这三项原则分别是:客观和透明化标准;除非必需,不得增加额外负担;除非必要,不应设置更多限制(针对许可证发放程序)。这份协议仅为规则草案的一部分,其中并没有提及国际标准。

第二份草案由四个拉美国家(巴西、智利、哥伦比亚和墨西哥)提出(S/WPPS/W/16,1997 年 6 月 24 日)。这份草案提议的规则根据第 Ⅵ 条第 4 款中的措施类型进行分类,这些措施类型具体为:许可证要件、资质认证、许可证发放程序,以及技术标准。草案中不含资质要件的相关衡量标准,因为这些标准被认为随各国的教育、法律和文化的不同而不同,很难界定。草案指出,制定规则必须要适当考虑合法的基本政策目标。就这一方面,草案表明,应适当考虑到为实施贸易上相对开放的措施而可能付出的额外成本。

欧共体针对多边协议,提交了第三份草案(S/WPPS/W/17,1997 年 6 月 25 日)。与前两份草案相同,欧共体提交的规则也没有依据 1996 年 1 月 WPPS 列出的主要问题,而是根据资质要件、许可证要件和程序进行了分类。与美国的草案一样,这份草案中没有提及技术标准。欧共体草案中关于资质认证程序的内容如下:"由于这些问题的复杂性和琐碎性,在该方面制定多边协议的可能性很小。两国之间订立的相互承认协议将对外国专业服务公司在本国的经营起到重要作用。"

草案指出,"国籍身份、公民身份以及准入这些问题,在目前阶段应作为与第 XVI 条、第 XVII 条以及关于自然人移动的附件相关的问题而被暂时搁置"。

澳大利亚提交的草案是提交的所有草案中最详细的一份(S/WPPS/W/18,1997 年 7 月 16 日),该草案包括范围、定义、基本透明性条款等。草案根据资质要件和程序、许可证要件、许可证发放程序以及许可证申请等进行了分类。该草案同样没有提到关于技术标准的规则。

印度提交了第五份也是最后一份草案(S/WPPS/W/19,1997 年 9 月 5 日)。这份草案不追求全面性,而是强调了分类的重点。除了关于范围和透明性的内容,草案建议根据资质要件和程序,许可证要件,许可证发放程序,以及国籍、公民及居住身份要件等,总共四个方面来分类。

印度草案中称"GATS 认可成员国在服务业贸易一般措施的基础上制定一定的国内政策,因此,有必要在落入成员国国内政策范围内的事务与落入多边规则范围内的事务之间划出一条界线"。接着,该草案在下一段中提出,"鉴于多边规则要求国内规则与其保持一致,行政机制必须到位,因此,应该允许发展中国家在遵守这些多边规则之前有足够的准备时间,即便他们在会计行业服务上已经做出特定承诺"。

对最初四份草案的非正式书面评论(由某发达国家做出)在 1997 年 7 月发布。该评论除了对各个草案分别作出评价之外,还指出 WPPS 应该针对落入成员国国内政策范围内的事务与落入多边规则范围内的事务划出清楚界线。评论还要求 WPPS 必须注意多边规则对成员国施加的行政负担。

在成员国提交草案之前,IFAC 就向 WPPS 主席提交了信件,主席随即于 1997 年 5 月将其作为非正式文件传阅。该文件中包括草拟的会计规则,主要涉及许可证要件和许可证发放程序等有关议题。第二封信件,增加了草拟的资格认证要件、资质认证程序和技术标准规则等,于 1997 年 9 月发布。IFAC 的这两份信件中,主要类别则根据第 VI 条第 4 款进一步细分,也就是说,衡量标准和措施应该是透明的;应基于客观标准;只保留必要的而除去额外的负担;许可证发放程序本身不应成为对服务贸易的限制。在所有提交的草案中,只有澳大利亚遵循了 IFAC 的分类和次一级分类标准,而美国的草案则完全基于次一级的分类标准。在内容上,IFAC 的草案最为详细,且涉及的范围最为宽阔和广泛。

在 1997 年 7 月,应 WTO 成员国要求,四份草案由秘书处合并成了单一的并列式非正式文件。文件根据主要类别(包括范围、定义,以及公民身份、国籍身份、居民身份和自然人口迁移等)分类。各份草案的详细内容在文件中独立列出。秘书处按照要求,将文件中重复的地方删除,并且增加了印度草案中的部分内容,以及与一些非正式的评论保持一致。1997 年 8 月 15 日,这份非正式的文件交由各成员国接受,作为谈判的起点。

之后,对该文件的任何修改(包括增添和删除)都是在完全同意、没有成员国提出反对意见的基础上做出。WPPS 当时的会议记录指出(S/WPPS/M/10—24),关于制定会计规则,当前面临的主要问题有:(代表们对)如何在草案中添加一般性条款;如何在草案中表述规则目标和衡量标准存在疑虑;对允许贸易伙伴参与自身国内规则的制定存在忧虑;以及一些国家反对在规则中加入市场准入措施和国内管理措施。

从 1997 年 10 月到 1998 年 7 月,经 WPPS(一般为非正式的)讨论后,WTO 秘书处受 WPPS 委托,共对草案推出了 10 份修订稿。修订版最重大的变化,是将 GATS 的透明性措施、承诺兑现日程等事项一起放到了一个独立的附件(因而不再出现在最后文件)中。其他的变化包括,将"基本条款"整合为一个分立的类别处理,将次一级分类类别及其定义删除(许多有关定义已被合并到正式文本中),以及将所有的透明性条款归置于同一个类别下。IFAC 也对草稿提出了一些修改意见,其中一些被 WTO 成员国在修改建议中采纳。

关于法律适用性问题,大多数成员国当即表示,并在之后不断强调,他们希望会计规则具有法律约束性。但一段时间过后,成员国决定这些规则只对那些在会计行业做出特定承诺的国家适用。这让人感觉如果这些规则只适用于做出了特定承诺的国家的话,成员国更愿意制定有更强约束力的规则。

确定会计规则的法律形式是 WPPS 的另一个主要任务。确定法律形式与之前的 GATS 关于金融服务和电信业等的谈判不同。之前的重点问题在于市场准入和国内管理,最后成员国被要求将谈判结果放到承诺日程上来,而确定会计规则的法律形式是 GATS 的一个先例(GATS 承诺日程表的详细信息参见 WTO 网站)。第 VI 条第 4 款却没有提及与规则制定有关的法律形式问题。

为了解决法律形式的问题,成员国要求秘书处提交可供选择的方案。秘书处最初提交的报告为 GATS 附件或"参考文件"(正如在电信业谈判中用到的),这份附件将被放入成员国日程表的其他承诺栏中。在非正式提议中提到了第三种方案,该方案包含了采纳《委员会关于服务贸易的决定》会计规则。在讨论法律形式问题时,成员国最初倾向于选用 GATS 附件。然而,国内立法批准上的困难使得成员国改变了初衷。之后几个月内,成员国都在参考文件和委员会关于服务贸易的决定之间犹豫不决(最后的折中办法将在下面提及)。

《会计部门国内管理规则》在 WPPS 内部达成一致之后,于 12 月 14 日提交服务贸易委员会通过,并于 1998 年 12 月 17 日以 WTO 文件 S/L/64 发表。这些规则简单明了,只有四页(加上附件 6 页),共 26 段。《规则》分 8 个部分:目标、基本条款、透明度问题(五项措施)、许可证要件(六项措施)、许可证程序(五项措施)、资格要件(三项措施)、资质审核程序(三项措施),以及技术标准(两项措施)。

这一会计规则与目前的第 VI 条第 4 款有关的主要成就,着重体现在其第一、二、五和六段中。比如,第一段明确说明了第 VI 条规则与第 XVI 条和第 XVII 条的不同。第二段是会计规则最重要的部分,它指出对所有适用的法规措施都需实施"必要性测试",也就是说,法规措施不能超出为达成某必须的特定法律目的而对贸易产生限制作用。规则提到的法规目的,包括保护消费者(包括所有的会计服务的使用者和社会公众)、服务质量、专业能力,以及专业诚信度。第五段要求成员国解释他们的会计规则的具体目标。最后,第六段要求为贸易对象提供机会来评价会计规则,之后各成员国要认真考虑这些评价。

《委员会关于服务贸易的决定》采用的这些会计规则,于 1998 年 12 月 15 日作为 WTO 文件 S/L/63 发布。针对上面指出的情况,该决定包括 3 个部分。第一部分阐明了委员会采纳的规则,以及这些规则对已将会计业的有关承诺提上日程的成员国的适用情况。第二部分指出成员国将继续在国内管理规则上开展各自的工作,力图为专业服务业制定出一般规则,并在有可能的情况下,制定部门规则。2000 年 1 月开始了新一轮的服务业谈判,在此谈判结束之前,WPPS 制定的所有规则都将并入 GATS,与此同时将具有法律约束力。然而后来的结果显示,会计规则并没有立刻产生法律效力。最后的第三部分是一项立即生效的"制止条款"。该部分规定,所有的 WTO 成员国,包括尚未在会计行业对 GATS 作出承诺的国家都同意,将不会在未来制定与这些会计规则相悖的其他措施。

3.3.2　分析

在进行会计行业谈判分析时,值得特别关注的一个现象是,一些非常活跃地参与谈判的发展中国家,还没有对会计行业作出承诺,因此他们不会直接受 WPPS 规则的影响。一个可能的原因是,这些国家对在 GATS 日程表中添加他们的会计行业承诺很感兴趣,但同时又不情愿放弃未来的谈判资本。如果是这样的情况,将会失去一个扩大和加速会计行业谈判的重要机会。

谈判过程的另外一个重要特点,是发达国家和发展中国家都深切关注实施这些规则的潜在成本和行政负担。成员国在谈判过程中的发言也同样暗示了一个普遍的倾向,就是大家都不愿为新制定的会计规则而改变现存的国内法律。可惜的是,对于在会计规则制定后可能获得的益处,讨论并不充分。就这一方面,国际会计服务业的主要用户,比如某些跨国公司及其所属的行业联合会,如果能够更加积极地参与谈判,并将制定规则会给各 WTO 成员国的会计业带去何种期望中的益处完全阐释清楚,将有可能引起这些成员国的更多注意。

在 WPPS 早期的工作中,有一些成员国最初试图将明显的市场准入和国内管理问题(以及这些规则可以规定的措施种类有哪些)包括在会计规则中。这显然耽误了制定规则的进程,其他成员国当然也予以坚决反对。大多数的发展中国家显然都不情愿讨论市场准入问题,这一点充分反映在拉美国家对于会计行业规则的提案中。一些国家甚至不情愿讨论制定第 VI 条第 4 款中除了透明度规则外的其他规则;这只能反映出这些发展中国家在先前缺乏机会和资源来确立其内部政策定位。另一方面,也反映了一些成员国试图保护其自身国家发展的政策。还有一些发展中国家,担心这些规则将推翻他们的 GATS 日程表。

同样,在 WPPS 早期工作中,尽管有过正式提议,但是有关专业服务业贸易方面的重要问题,正式讨论仍然很少。比如,美国曾提议说,"对公民身份和居住身份的要求,总体来说不客观,WPPS应对这些有关问题作出解释,以及为了达成同样目标可以采取哪些替代做法等,开展深入讨论"。在此应指出,发达国家已经在 OECD 指导下,对这类问题进行过广泛的讨论,而发展中国家到目前为止显然还没有在 UNCTAD 指导下或者在其他主要组织指导下进行过类似的讨论。

据说会计行业和一些 WTO 成员国对于规则的讨论结果都感到失望[9]。这主要是由于缺乏市场准入和国内管理方面的条款。上面已经提到,成员国一般都不情愿讨论这些问题以及在国内管理上的工作。除此之外,还可能是由于框架过于狭窄,导致各国缺乏政治交易的机会——谈判被限制在仅仅一个专业服务业方面(与第 VI 条第 4 款有关的问题)。有趣的是,成员国针对会计规则提出的五个方案作为最终会计规则制定的基础,有一个明显优势,即这五个方案作为秘书处方案总结的一部分,被自动包含在最初的草稿中。之后,只有在没有任何成员国反对的情况下,才能对方案做出修改。正因为这样,最初的提案中缺乏国际标准是其一个致命的缺点,这导致了其后再很难添加涉及敏感方面的重要内容。

如果比较最初的五个方案,美国所提交规则的结构令人迷惑,他们显然将 WPPS 对"公正性和透明性"的定义复杂化。美国所提议的很多措施都只是指导原则,而不是真正的规则。其中一些规则的条款复制了 GATS 的要求(例如透明性条款),而另一些条款则包括了与第 XVI 条和第 XVII条相关的涉及市场准入和国内管理的措施。

一个问题是,为什么澳大利亚提案和美国提案中都不包含有关技术标准的规则。简要地回答就是,这在当时显然存在太多争议。但是,以作者的观点来看,成员国至少应认识到会计方面国际标准的现状,即在各国国内,会计标准被(自动地)放入技术标准中[10]。

在审视会计行业(比如,IFAC)在会计规则制定方面所起的作用时,最初我们会发现,他们在如此漫长的过程中表现出良好的忍耐性。上面已经提到,会计行业鼓励 WTO 采取他们认为所需的规则。不过（自然而然地）IFAC狭隘地关注会计行业的需要；而WTO成员则有更广阔的视野，包括在制定会计行业规则的过程中，他们愿为将来进行其他行业规则制定的谈判埋下伏笔[11]。结果，为了符合GATS的法律条款，IFAC提议的措施最终都需要进行调整和修改。然而从会计行业的观点看，这种修改既不必要又过于复杂，也就是说，对GATS第VI条中的措施和第XVI条和第XVII条的措施所作的区分很生硬。然而，前面已经指出，部长们做出的《关于专业服务业的决定》，清楚地暗示了根据第VI条第4款所制定的规则与具体的承诺不同。并且，法律上的分离很重要，正如GATS的第VI条与第XVI条及第XVII条对成员国施加了不同的要求。

从第一眼来看，似乎目前的规则并不能够解决会计行业（和其他很多专业服务业）的主要贸易障碍，比如，执行本地认可需要有公司的所有权和管理权。而在许可证要件的规则中，根本没有提到这个问题。但是如果我们深入思考一下的话，会发现这些要件必须首先满足第二段提到的严格标准，即为了达成法律目标，管理措施不能限制贸易的进行。第五段指出，在被要求的情况下，成员国必须解释其法规的具体目的。尽管更加详细的规则可能更好，且在将来也有可能会重新考虑制定这样的详细规则，但目前的这两项原则确实提供了一个起点，要求成员国重新评估他们的国内法律条款是否会被贸易对象认为是过分限制的条款。

尽管目前的会计规则很简单，但他们确实打破了会计业（还包括某些专业服务业）贸易最根本的壁垒。从这个角度来说，这些规则成为其他服务类行业的指示标记，表明WTO有可能在未来某个时候也为这些服务行业清除贸易障碍。这些规则同时也为未来制定整个专业服务业（甚至整个服务业）适用的规则，以及制定各个行业的具体规则奠定了基础。

会计规则的法律形式采用委员会决议的方式。尽管这样做可能缺乏直接的法律约束力，但考虑到大多数成员国希望能够制定一个GATS附件，这种方式却可能是最好的方式。使用"参考文件"的办法对未来制定其他规则创造了一个负面先例，即只有被选出的成员国才需要履行这些规则，以及默认了通过"挑选"的方式确定适用国家。同时，在"参考文件"约束下，承诺日程表随国家不同而不同，这可能会阻碍之后对附件的制定。将制定附件的时间延迟到下一轮服务业谈判时，大大增加了活跃地参与规则制定却没有作出具体承诺的国家——印度、印度尼西亚和菲律宾等——今后当有新的会计规则生效时受到其法律约束的可能性，因为这些国家已对他们的GATS日程表作出了承诺。

3.4 未来的WTO谈判

3.4.1 简要介绍

1998年12月委员会有关会计业的决定指出，"工作组将致力于为专业服务业制定一般性规则，同时保留制定和修正部门性规则的可能余地"。与此同时,成员国讨论了将制定的会计规则和 MRA 指导原则提交给其他行业以供讨论和考虑的事宜。1998 年底 WPPS 会议上,还提到了设计新的调查问卷等可选事项。

WTO 成员国随即着手根据第 VI 条第 4 款制定规则。新西兰之前提交的一份正式文件(S/C/W/66,1998 年 11 月 17 日)指出,委员会还没有针对第 VI 条第 4 款开展广泛的讨论,并催促将讨论作为优先事项进行安排。文件建议,作为一项初步措施,秘书处应准备一份背景资料报告,以审视相关问题。该建议被采纳之后,一些委员指出,WPPS 的工作不应过分强调针对第 VI 条第 4 款问题的工作。秘书处准备了两份报告,即"GATS 的第 VI 条第 4 款:适用于所有服务业的国内管理规定"(S/C/W/96)以及"服务业国际规范倡议"(S/C/W/97)。这两份报告于 1999 年 3 月 1 日发布。

服务业贸易委员会于 1999 年 4 月 26 日采纳了《关于国内规则的决议》(WTO 文件 S/L/70)。《决议》规定由一个新的工作组接替 WPPS 在国内管理上的工作。新的工作组被要求制定一般适用的规则,也可以制定为单一行业和一些行业(包括专业服务业在内)所适用的规则。在秘书处拟定了背景资料之后,新工作组的第一步就是审视会计行业规则(以及会计行业规则中所体现的原则)对于所有的 GATS 行业的潜在适用性。之后还期待 GATS 成员就规则本身以及其他 WTO 国的国内管理措施进行概括和综览,同时期望对其他论坛目前为止所开展的工作也作一番回顾。

新一轮服务业的谈判(包括对豁免情况的审视)计划于 2000 年开始。鉴于会计业措施的概括性以及有可能适用于大多数其他专业服务业的潜在可能性,人们有理由认为,在专业服务业上,将有可能根据第 VI 条第 4 款迅速制定出总体适用的规则。之前的乌拉圭回合谈判中,对专业服务业的讨论重点集中在设立分公司上,而未来谈判的重点很可能会集中在自然人(即服务提供商个人)的移动和法规问题上。

有关专业服务业的市场准入和国内管理方面的谈判很有可能会分行业进行,而不是采取"公式化的"、对所有的专业服务业一概而论的方式。依作者来看,未来分行业的规则谈判可能会出现在下轮谈判的最后阶段,也就是说以分行业的市场准入和国内管理谈判作为总结。

3.4.2　分析

很多发展中国家应美国和其他发达国家要求,将依照会计业谈判的结果作出相应改变,这主要是因为这些发展中国家对自身出口利益,尤其是模式 4(自然人的移动)下出口利益的重视。由于服务业谈判必然会引起立法变更,未来对国内规则的谈判应该着重解决在会计行业谈判中普遍表现出来的、不情愿为制定新的规则而改变国内现存法规的态度。这种改变还有一个潜在的好处:它为各方在未来谈判中达成协议创造了更大更多的机会,这一点无论是未来根据第 VI 条第 4 款对横向适用的规则进行谈判,还是未来针对市场准入和国内管理的谈判,均是如此。

上面已经提到,由于对新的领域各方面都须谨慎,针对会计行业的谈判开展得即艰难又耗时。但是,既然已经有了一定的经验,未来的谈判完全可以更快完成。比如,成员国已经从 WPPS 的谈判中获得了与第 XVI 条和第 XVII 条相关事项的经验和背景情况,而且《关于专业服务业的决议》没有为未来的专业服务业谈判规定特定的"重点领域"。

关于对法规的横向普适性的讨论,一个重要问题是,会计行业规则在多大程度上适用于专业服务业?以及在多大程度上普遍适用于整个服务类行业?会计行业规则的普遍适用性暗示了这些规则能够顺畅地被用于更广泛的范围。会计行业规则体现的原则所涉及的主要问题(比如必要的测试和透明度等问题)显然也是其他所有服务行业的常见问题。

成员国在审视会计行业规则的普遍适用性问题时,也能从对 WPPS 提出的主要问题的全面讨论中获益,比如对公司所有权和管理权这些资格要件的替代资格的讨论。每种替代选项的成本效益及其他利益都需要被仔细审核,以便在成员国之间达成共识。市场准入和国内管理问题,比如对国籍身份和永久居民身份的要求也应详细讨论。

关于相互承认程序,还有其他方面的工作要做。MRA 指导原则的导言中指出,"获得承认最常见的方式是制定双边协议"。但是问题在于,在会计行业以及整个专业服务业,为什么关于承认程序的相关工作少之又少[12]?WTO 成员国应该对这一问题进行全面的讨论,并寻求专家和学者的意见和建议。关于制定普遍适用的规则,首先要进行的一项工作应是讨论第 VI 条第 6 款所要求的"适足的程序",并且应规定这些程序所应包含的内容。成员国还应考虑双边 MRAs 的替代协议,并且应在下一轮谈判中考虑制定某些专业服务业的多边协议[13]。

使用 GATS 附件作为根据 GATS 第 VI 条第 4 款所制定规则的法律形式,正是大多数成员国所希望的。上面已经提到,附件可能是保证成员国最广泛参与,以及在不作选择地更改或删除的情况下直接采用规则的最好方式。在乌拉圭回合谈判中,将专业服务业添加到 GATS 的附件中的提议,经成员国审查之后被驳回(见 S/WPPS/W/1:1)。然而在那之后人们的态度也发生了转变。这里必须指出的是,GATS 中唯一提到专业服务业的地方是第 VI 条第 6 款(见尾注[8])。如果说根据第 VI 条第 4 款制定的适用于所有服务行业的规则讨论取得了很大进展,那么就没有什么能够阻止就国内管理体制制定一个整体性 GATS 附件,或许也没有理由针对专业服务业的特殊规则再另辟一个章节。

3.5 基本结论

为专业服务业制定管理规则,其价值类似于为各国的市场准入和国内管理承诺提供和安排日程表:这些规则促使适用于贸易伙伴和国内制造商的政策具有更大的透明度、更高的可预测性以及不可逆转性。它还使得国内用户能够以国际上相对较低的价格享受到世界级的服务,从而促进国内生产力和效率,提高当地可用的服务范围和品质。国内和海外的服务提供商都能够从日益增长的业务规模中受益,这会为客户提供便利,也将为国家经济作出贡献。

制定整个专业服务业适用的政策与制定仅针对某一行业的政策相比,其中的一个优势是对所有相关各方,包括管理者、服务提供商和消费者等,都具有简练性和透明性。制定规则所需的时间应大大缩短。通过商业联盟、消费者团体和其他与专业服务业以及整个服务业相关的团体的活动,将可以成就"规模经济"。而从行业来看,某些奉行保护主义的贸易团体和管理者在制定规则时,紧紧盯住自身困难,而看不到大多数方的利益这种现象,将可以被有效制止。针对某特定行业进行谈判的优势是,能够着眼于这些行业所仅有的、不适用于整个专业服务业的特殊性质解决问题。因此,在进行针对整个专业服务业的谈判完成之后,还可以分别对各个具体行业进行谈判。

对于发达国家和发展中国家的中小企业来说,这些规则将能够帮助它们进行(和扩展)跨国贸易。这些公司将能够更方便地在邻国开展经营以及形成地区网络。这样,这些小型公司就拓展了它们活动的范围和效率,(至少在当地)提高了与大型跨国公司竞争的能力。发展中国家也因此能够拓展某些特定行业的出口。同时,国内规则的制定也有可能会促进国际规则的和谐。

除了以上提到的保护主义,在服务行业法规制定上的障碍还包括某些国家的"幼稚行业"和"战略行业"[14]。允许外商经营某些服务业可能还存在一些民族上和文化上的敏感性问题,有时候甚至难以弄清楚政府和专家是否真正支持贸易自由化。一些政府还对制定目前由非政府组织制定的具有国际约束力的技术标准表示担心。针对这一问题,一种解决方案是提高政府在制定国际标准过程中的作用。

WTO在制定规则过程中还存在一些障碍,尽管不那么明显,却也会产生负面的影响。那就是代表们和WTO秘书处有限的资源。发展中国家以及发达国家的代表都不断抱怨越来越大的工作量使他们不堪重负。WTO秘书处的资源同样有限(WTO服务贸易部只有不到12名专家)。因此,成员国必须为WTO提供更多的资源,或者派驻更多的代表。比如,它们可以任命国际专业组织和其他组织自愿做一些初步工作,包括提出草案,或者做一些实验。除此以外,那些发展中国家也需要得到更多得技术支持。

在制定规则方面,WTO的价值在于能够实施强制性措施。如果这些措施由其他贸易或专业组织监管进行,那么他们将只可能停留在各国自愿的层次上。从这方面来说,尽管WTO有自己的不足之处,制定政策的过程还不尽完善,但显然还没有任何政府层面上的国际组织能够针对专业服务业的国际贸易制定有法律约束力的规则。WTO谈判能够克服个别政府不愿做出单边改变的问题,甚至能够在一些情况下对一个国家国内的情况进行监督。

国际专业组织能够弥补 WTO 的不足,为代表和秘书处提供他们无法从别处获得的技术支持和实际经验。更重要的是,非政府组织一般能够为开展谈判提供最初的原动力,从而使整个制定规则的过程启动起来,并一直关注着该制定过程的动向,直至最终各方达成结论。正如之前提到的,国际组织还能够为制定和实施新的促进服务贸易的规则和措施起到"实验场所"的作用。事实上,可以说而新规则在未经国际组织全面讨论之前,不应提交给 WTO。

最后应指出,只有政府才能直接参与 WTO 活动。因此,非政府组织只能通过游说政府发挥其影响力,同时要清楚的是,政府会为社会的整体利益行事,而不会仅仅为了某一个特定行业服务[15]。有鉴于此,为了确保谈判成功,在某些情况下,需要一些国际组织去说服各国政府间进行集体通力合作。国际上的贸易和专业化服务组织对代表其各自行业在世界范围内的利益非常有帮助,然而其自身又不大可能有足够的力量去制定出服务业规范和规则。因此,无疑这些组织应积极行动起来,督促和说服自己所属的政府去积极参与制定规则的行动。

注释

本文中所表达的观点仅为作者本人对一些相关事件的看法,并不是 WTO 及其成员国的观点。作者尤其要感谢下列这些人对本文提出的评述:Rolf Adlung, Maria Alejandra Aristeguieta de Alvarez, Julian Arkell, Bernard Ascher, David Hartridge, Juan Marchetti, Rhonda Piggott, Ann-Mary Redmond, Vincent Sacchetti, Michael Stone, Claude Trolliet, Peter Walton 和 John Williams。

[1] 关于 WTO 和乌拉圭回合谈判的其他信息,包括本章中提到的大多数文件,均可以在 WTO 网站(http://www. wto. org)上查询得到。

[2] 还开展了有关电信业上的规则谈判。

[3] 而且,正如 WTO 秘书处在其背景资料《专业服务工作组在会计行业上的职能》(S/WPPS/W/1,1995 年 6 月 27 日)中所说,"与大多数其他行业相比,该行业国际一致性的水平更高,尤其是在国内主要规则的结构上;会计服务的国际贸易显示了很大的增长潜力。"(p. 1)

[4] WTO 成员国可以提交正式文件,也可以提交非正式文件。非正式文件(也叫"无文件")没有 WTO 文件编号,并且可能永远不会公开。正式文件有 WTO 编号,之后会向公众发布。本文中只引用了向公众发布的正式文件。

[5] 由于 OECD 和 UNCTAD 是 WTO 观察员,因此他们的文件都被作为正式文件发布。非政府组织的 IFAC 和 IASC 的文件都是非正式文件,被作为非正式文件发布。非正式的 WTO 会议一般不保留书面记录。

[6] 关于 IFAC 活动和组织结构的详细信息可以在 IFAC 网站(http://www. ifac. org)查阅。IASC(http://www. iasc. org. uk)和 IOSCO(http://www. iosco. org)的相关信息可以分别在其网站上查阅。

[7] 1995 年秘书处的背景文件(S/WPPS/W/1)提到,"GATS 第 Ⅵ:4 条的目的在于:制定关于资格要件、技术标准和许可证要件的服务业法规,不应对服务贸易本身构成不必要的障碍。一般来说,这些措施都被从第 ⅩⅥ 条和第 ⅩⅦ 条规定的市场准入和国内管理措施中区分开来"(pp. 1—2)。但可惜的是,这一点在当时似乎并未引起充分的讨论。

[8] WPPS 规定的作用在于"促进协议第 Ⅵ 条第六段的有效实施"。第 Ⅵ:6 条指出"在已经做出具体承诺的具体专业服务业行业,所有的成员国都应该采取足够的程序来保证其他成员国跨国公司的竞争力"。

[9] 比如,见 1998 年 3 月 11 日《金融时报》(给编辑的信)中提到,"会计业规则将有可能成为世界贸易战场"。比较 IFAC 提案和最终的规则版本,将可以发现 IFAC 的大多数提议都被采纳了。然而这些提议主要涉及了透明度问题,却忽略了其他更具争议的问题。

[10] IFAC 的第二封信建议应该鼓励国际标准的出台,此外还提出了另一措施,指出制定国际标准的组织应该在被要求

的情况下,解释国内标准和国际标准不同的原因。

[11] 由于只有政府才能够向 WTO 提交文件供正式讨论,会计业面临的第一个障碍是说服成员国将 IFAC 建议并入 WPPS 提案。虽然代表们通常不了解会计行业的专门技术和术语,却有时候在行动上忽视了专业组织的重大作用。

[12] 在最近一份 WTO 秘书处关于会计行业的背景资料(S/C/W/73,1998 年 12 月 3 日)中称,WTO 收到的提到会计行业的相互承认的协议数量很少(p. 10)。

[13] 这里应该提醒,GATS 的第 VII 条是从整体上针对承认程序,并不仅仅只关注双边 MRAs。

[14] 然而,从这方面来说,市场准入问题和国内管理问题可能会起到更大的作用。

[15] 这里应该提醒,在某些情况下,政府应该拒绝某些工业联合会和其他游说团体的行业保护主义的倾向。

第二部分

理 论 启 示

4 外商直接投资，国家区位优势与跨国公司竞争力：专业化服务行业中的美国外商直接投资

里拉齐·纳查姆(Lilach Nachum)

4.1 引言

不同国家参与国际经济活动的不同模式表明，特定国家的企业擅长参与特定的经济活动。这些活动从一定程度上能够反映出该国在哪些方面具有丰富资源。这意味着企业所属国的特征是企业能否创造所有权优势以及企业能否利用其所有权优势在国际市场竞争中取得领先地位的决定因素。实证研究表明，企业所属国对于企业竞争力的影响是无可比拟的(Porter，1990；Dunning，1996；Pauly and Reich，1997；Nachum and Rolle，1999a，1999b；Nachum，1999)。

当企业生产全部或主要在本国进行，或企业生产以向国外市场出口为主时，企业所属国特征与企业竞争力之间的联系表现得尤为密切。这种情况下，拥有区位优势的国家更容易成为具有国际竞争力的企业的发源地。相反，国家不具有区位优势时，该国企业也相应地会失去所有权优势。

然而，当企业将大量增值活动移至国外时，其所有权优势与国家特征之间的联系会被削弱(Cantwell，1989，1990)。这一现象在跨国公司里十分常见，尤其是当企业有组织地进行国际投资

时,削弱程度会更明显。跨国公司给予其分支机构或子公司较大的自主经营权利,同时这些分支机构或子公司又共同承担跨国公司的知识增长责任(Bartlett and Ghoshal,1989;Doz and Prahald,1991;Nohira and Ghoshal,1997)。在这种模式下,企业所属国对于本国企业所拥有的跨国公司竞争力的影响,相对于其他公司而言作用有限。当企业所属国的区位优势发生改变时,这些跨国公司的竞争力不一定会相应地发生改变。更确切些,当企业所属国在某产业中失去区位优势时,跨国公司通过对外投资,可以保持其所有权优势以及在该产业中的地位不致被削弱。同样道理,本地企业并非一个国家区位优势的唯一受益者,其他国家的公司通过对外投资,一样可以成为该国区位优势的受益者,进而获得所有权优势。

本章主要通过分析企业在海外的活动,来研究企业所属国区位优势与企业竞争力之间的联系。下文将讨论的问题有:一旦企业所属国失去区位优势,企业如何通过对外投资而保持在其所处产业中的领先地位? 当企业所属国的区位优势扩大时,企业如何在其所处产业中取得主导地位? 企业怎样从其他具有区位优势的国家获得利益,以及能够谋求到何种程度的利益,以及这些利益是否只为本国企业才能享有?

本章将研究职业化服务这一行业。在该领域,绝大多数具有国际竞争力的企业集中起源于少数几个国家。近几十年来,该领域中大量的国际直接投资使其成为研究的热点。我们将通过研究,探讨上段所述的几个问题。

4.2 企业优势和国家之间的关系以及国际直接投资

国际直接投资理论表明,企业所有权优势以企业所属国具有的优势资源为基础。所以,处在一个有区位优势的国家,企业会具有更大的所有权优势。这种优势使企业在国际竞争中处于有利地位。[1]海默(Hymer,1960,1976)曾经探讨过国际经营所必须具备的优势,含蓄地暗示了这些优势的由来。他指出,这些优势的获得离不开企业对所属国优势资源的使用。外国企业通常很难获得这些资源的使用权利,因而在竞争中处于不利的地位。之后的研究者(Vernon,1966)认为,企业运用自然及人力资源的能力决定了它所具有的所有权优势,特别是它们开拓创新的能力。唐宁认为企业所有权优势能反映企业所属国具有哪些丰富的资源以及该国的制度框架。所以,不同国家的资源配置可以解释不同国家企业在进行对外活动时的不同表现(Dunning,1979,1988,1993)。近些年来,伴随着经济全球化的进程,经济学家们对于研究企业优势与企业所属国之间的联系又产生了兴趣。研究表明,全球化的进程并没有削弱本地企业从其所属国获得的利益及优势。研究过程中,波特(Porter,1990)提出了钻石模型,而之后一些学者将又这一模型进行了扩展(Rugman and D'Cruz,1993;Hadgetts,1993;Cartwright,1993;Jense et al.,1994)。实证研究表明,起源于同一国家的企业具有相似性,起源于不同国家的企业具有相异性。这些研究试图将差异的产生归结于不同公司所处的不同环境(Kogut,1993;Schroath et al.,1993;Shane,1994;Dunning,1996;Yip et al.,1997;Zaheer and Zaheer,1997;Nachum,1999)。

国际直接投资理论认为,所有权优势决定了企业在国际市场中的地位。具有所有权优势的企业可以创造自己独特的经营方式,使自己在竞争中脱颖而出。此外,所有权优势能够帮助企业更好地抢占市场,确保企业在所属产业中以高于平均增长率的速度迅速发展。以 Hymer(1960,1976)的研究为基础,其他一些经济学家进行过拓展研究。他们认为,所有权优势决定了企业是否适合在其他国家运营,以及企业在国际市场竞争中所处的地位(Dunning,1993;Lass,1980;Cantwell,1990)。

图 4.1 说明了企业所属国区位优势和企业所有权优势的改变对于企业竞争力影响的各种可能性,并且展示了企业所属国区位优势和企业所有权优势之间的联系,以及企业所有权优势与企业竞争能力之间的联系。[2]

所属国区位优势

	下降	维持		
	企业通过海外投资保持竞争优势。由于企业的优势来源具有非独占性,所以企业与该行业中其他国家的企业分享主导地位	本国企业有足够的能力创造市场进入壁垒,并阻碍其他的国家企业获得相应资源,因而保有其在所处产业中的优势地位	维持	企业所有权优势
	企业经营面向本国市场,因而失去在其所处产业中的相应竞争优势和领先地位	外国企业通过跨国投资获得与本地企业相似的所有权优势。相比较而言,这种投资行为削弱了本地企业获取本国资源的优势	下降	

图 4.1　国际直接投资,公司与国家的优势,以及公司的国际竞争力

在一个企业运营主要集中在本国,并以出口为途径,服务于外国市场的经济体系中,企业所有权优势能够反映出企业所属国具有的区位优势。如图 4.1 右上部分所示,具有区位优势的国家之企业拥有更多的所有权优势,也更容易在市场竞争中生存。图 4.1 左下部分表明,一旦企业所属国失去区位优势,该国企业也会相应地失去其所有权优势。图 4.1 的左上和右下部分说明,企业在其他国家的活动会使企业所有权优势主要受被投资国影响,此时,企业所属国的区位优势对于企业所有权的优势会变得有限。

当一个曾经在某一领域具有区位优势,并因此造就了一批具有竞争力企业的国家失去原本的区位优势时,该国企业可以通过国际直接投资来保持企业竞争力(如图 4.1 左上所示)。这种方式使得起源于旧时代强盛国家的企业现今依然能够在所处行业中占有主导地位(Cantwell,1990)。日本的制造业正是这种发展模式一个很好的例子。当日本国内的人工成本随经济发展而上涨时,日本企业便将它们的生产转移到其他国家进行。通过国际直接投资,它们成功地保有了所有权优势。然而,通过

对其他国家进行投资建立的所有权优势不如企业从所属国获得的所有权优势那样稳固（Hu，1992）。这种优势不具有排他性，即任何跨国公司都可以通过对外投资获得相似的所有权优势。更值得注意的是，被投资国本地的企业相比跨国公司拥有更多的资源。它们更加熟悉本国的国情，同时也享有更多的政府优惠政策。所以，通过跨国投资获取所有权优势不能保证企业在所处产业中一定占据有利竞争地位。相反，它们还面临与来自其他国家的企业共享这种所有权优势的挑战。

企业所属国失去区位优势可能导致的另一种结果是该国企业失去所有权优势（图 4.1 左上）。当企业活动主要在本国进行，并以对外出口为主时，一旦企业所属国失去区位优势，企业将因无法继续从所属国获得资源而失去所有权优势。同时，企业在所处产业中的地位也会遭到削弱。同样的结果还可能是企业无法将其他国家的资源变为自己所用而造成的。这样的先例也有很多，比如英国的汽车制造业。

当一个国家具有强大并且稳定的区位优势时，就容易吸引外国企业前来投资。外来投资带来的结果，取决于本地企业与外国企业谁更具有所有权优势。第一种结果，如图 4.1 右下所示，当外国企业有足够强大的实力与本国企业竞争时，它们会创造类似于本国企业的所有权优势，因而在竞争中争取到有利地位。一些日本企业在美国的投资正好反映了这一点。这些日本跨国公司在美国某些领域的投资，使得它们拥有了和美国企业相类似的所有权优势，并且威胁到了美国企业在该行业中的领先地位。英国广告公司于 20 世纪 80 年代在美国进行的投资是另一个典型的例子。通过投资，英国广告公司不但扩大了规模，而且获得了组织经营大规模国际网络的经验。这为它们近些年来的强盛打下了基础。在这种模式下，被投资国能够维持其区位优势，甚至将它发扬光大。但是本国企业的所有权优势则会被渐渐削弱，同时，这种模式随着社会发展也已经不多见了（Cantwell，1990）。跨国公司的发展模式，取决于它们通过跨国投资能在何种程度上享受到被投资国区位优势带来的好处。有人认为（Porter，1990；Hu，1992），本国企业从其所属国获得的有利资源的数量，跨国公司是难以企及的。

如图 4.1 右上所示，跨国投资带来的另一种结果，是被投资国本地的企业为阻碍外国资本的进入而建立强大的市场壁垒。在这种情况下，外国企业很难在被投资国站稳脚跟，也无法与当地企业竞争。因此，当地企业得以维持其所有权优势。美国的计算机产业和管理顾问业就是很好的例子。尽管美国在这些产业中拥有区位优势，但这些产业中的外资比例却只占很少一部分。

接下来，本章将用图 4.1 所示的框架分析国际直接投资在美国广告业、管理咨询业、工程咨询业、会计行业、法律行业等五个领域中对企业竞争力的影响以及所带来的改变。

4.3 职业化服务行业的选择和这些产业的各国模式

在研究企业所属国对于企业优势的影响时，职业化服务行业是一个很有典型意义的行业。该行业中企业的优势往往基于无形的、活动的资产。这些无形资产与企业特殊的地理位置，以及企业所属的国家之间的联系并不明显。所以在该行业中，我们很难将企业的优势与该企业所属国的特征联系起来。职业化服务行业中的领头羊诞生于有限的几个国家。尽管近几十年来该行业中的国际化进程非常迅速，但这些企业仍然能够在竞争中维持自己的主导地位。对于这一现象，以传统的是否具有相对丰富的有形生产要素为基础的观点去看待此类企业，很难给出合理的解释。所以，这一行业为研究企业所属国对该国企业优势的影响提供了新的机会和视角。除此之外，企业在这样一个迅速发展的行业中，如何以自身所具有的无形资产为基础，不断开拓新的企业优势，也是值得深入研究的。

图 4.2 标明了职业化服务行业中大型跨国公司在各个国家的分布（按照跨国公司在全世界的总收入排名），该图列举了相应行业年出版物中所记录的顶尖公司。[3] 处理这些资料首先需要确定企业的所属国家，因为企业运营的核心大多在总部进行，所以这些出版物以企业总部所在国来代表该企业的所属国。然而，当这种方法应用在如会计、法律、企业管理咨询等以合伙企业为主导形式的行业中时，会出现某种程度的问题。这些企业的合伙人以合伙人网络的形式存在。合伙公司仅仅是将分散的合伙人聚集在一起，他们之间并不具有共同的股权分配。而且每个合伙人都有自己的一套管理结构和工作程序（Post，1996）。因此，对合伙企业的国籍划分，不能以对股份制公司的方式进行。通常来说，这些产业中的出版物会把合伙企业划分到其最大合伙人所属的国家。

企业活动的多样化，大大模糊了企业管理咨询业与法律之间的界限，这一点在八大会计师事务所（现在的六大会计师事务所）的活动中尤为明显。这种趋势并非近年来才出现，而是开始于 19 世纪末期（Kippings and Sauviat，1996）。只是在近几十年中，这种打破界限的趋势达到了巅峰，使得原本的企业管理咨询公司与律师事务所的地位岌岌可危。比如 1996 年，六大会计师事务所之一的安达信（Arthur Andersen）成为英国发展最快的公司（*The Economist*，1996）。从图 4.2 总结的名单中看出，这种趋势发展的结果，使一些顶尖企业出现在不止一个行业的名单当中。

图 4.2 表明，这些产业中的大型跨国公司在各个国家的分布存在着巨大的差异。某些产业中，占有主导地位的跨国公司诞生于一个或少数几个国家，比如美国的企业管理咨询业。而另一些产业中，占有主导地位的跨国公司诞生于很多不同国家，比如过去的工程咨询业。此外，在某些产业中，诞生于特定国家的企业更容易维持它们的地位，例如美国的企业管理咨询业。它们不但在该行业中具有领先地位，而且在过去几十年中，更将这一优势进一步扩大。相反，美国的广告业规模则在不断缩水，截至 1995 年，其规模只有 1980 年时的 2/3，而且市场份额也被其他国家的广告公司大大侵占。本文将在后续部分阐述企业在这些产业中的对外活动给予这些发展模式的影响，以及由此带来的改变。

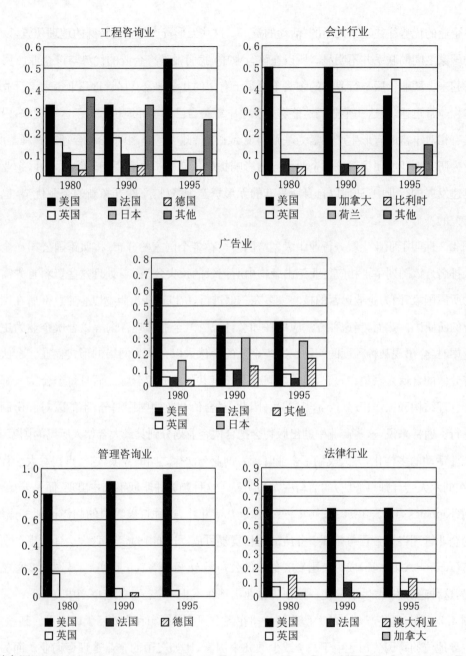

资料来源：*Advertising Age*，*Consultants News*，*Engineering News Record*（ENR），*International Financial Law Review*，*International Accounting Bulletin*。

图 4.2　不同行业中跨国企业的国际来源分布以及所占的市场份额（1980—1996 年）

4.4　一些统计测试

美国是唯一向公众发布职业化服务行业国际直接投资数据的国家，因此在研究前面涉及的问题时，本文仅选取美国的数据进行统计测试。表 4.1 列出的统计数据是过去 20 年来美国的区位优势、美国企业的所有权优势，以及职业化服务行业中的内向国际直接投资与外向国际直接投资。作者在其他地方(Nachum，1999：Chapter 3)已经发展了一个理论框架，论证过在职业化服务领域中，企业所属国区位优势与企业所有权优势的建立与使用，是衡量企业所属国区位优势的最好工具。同样，之前本文也阐述过这两者对于解释企业竞争力的功效。之所以选择进口/出口比值作为讨论指标，在于该比值的增加(或减少)意味着一个国家的区位优势，与其他与之相互竞争的国家相比，变得更具(或更无)吸引力(参见 Dunning，1988 对该比值类似的使用)。[4] 许多不同的指标都可以用来衡量企业所有权优势(参见 Dunning，1988；Cantwell，1989，1990)。在另一著作中(Nachum，1999：Chapter 4)，作者已论述过这些指标的理论基础，也揭示了这些指标与广告公司所有权优势之间的联系。正如已在图 4.1 中所示，表 4.1 中的数据可以用来研究国际直接投资对企业所属国区位优势、企业所有权优势，以及与之关联的企业竞争力之间造成的所有可能影响。

表 4.1 所列数据在不同产业以及不同年代中有很大的差异。数据包括了美国的区位优势、美国企业的所有权优势，以及美国的投资地位。这三个指标显示，美国的企业管理咨询业拥有强大的区位优势。同样，相比于其他国家的竞争者，美国的企业管理咨询公司也有强大的所有权优势。这使得它们有足够的能力阻止其他国家对美国进行内向国际直接投资，并使自己成为强大的外向投资者(表 4.1)。该情景对应着图 4.1 右上部分所示的状况，即拥有强大所有权的企业可以建立进入壁垒以阻碍外来投资者，使自己在竞争中脱颖而出。美国的企业管理咨询业因此得以长时间在市场中占据主导地位，并通过外向投资进一步强化其所有权优势。

同样的情况也发生于法律与会计行业中。在这些行业里，美国同样拥有区位优势并在过去的20 年中将其不断强化。尽管这些行业中美国企业的所有权优势遭到了一定程度的削弱，但它们仍有强大的生命力。(与其他职业化服务行业相比)法律与会计行业中有记录的国际直接投资活动处于中等规模。[5] 通过部分已知数据的分析结果和对于国际投资模式的日常观察(参见 Spar，1997，关于法律行业的描述；Post，1996，关于会计行业的描述)，可以得知，美国在这些行业中拥有巨额的外向国际直接投资以及中等程度的内向国际直接投资。美国企业凭借其强有力的所有权优势在国际法律与会计市场中占有巨大份额，并对寻求在美国投资的外国公司建立进入壁垒。[6] 与企业管理咨询行业相似，这两个行业同样印证图 4.1 右上角所示的情况：本国企业通过阻碍外国企业获得其所属国的优势资源而保持其在所处产业中的领先地位。

表 4.1 中的数据还显示，近些年来美国在工程咨询业中的区位优势有所增加，而美国企业在该行业中的所有权优势却略有下降，但总体而言，这些优势并不十分明显。这种一增一减的趋势吸引了大量外国投资者进入美国市场(表 4.1)。正如图 4.1 右下部分所示，外国企业对本国资源的分享会导致本国企业竞争力的相对下降，但却不会影响该国的区位优势。外国资本的进入打破了本国

表 4.1　美国的区位优势、美国企业的所有权优势，以及美国的内向国际直接投资与外向国际直接投资：职业化服务行业（1980—1995 年）

	广告业			管理咨询业			工程咨询业			合　计			法　律		
	1980	1990	1995	1980	1990	1995	1980	1990	1995	1980	1990	1995	1980	1990	1995
区位优势（相对区位优势（RLAs）和比例）															
高级雇员的充足度（RLAqe）①	n.a.	1.427	n.a.	n.a.	1.297	n.a.	n.a.	0.680	n.a.	n.a.	n.a.	n.a.	n.a.	1.051	n.a.
国内市场规模（RLAms）②	n.a.	n.a.	n.a.	n.a.	1.811	1.724	0.791	0.925	0.953	n.a.	n.a.	n.a.	n.a.	1.594	1.452
进口/出口比率③	0.819	1.869	1.286	0.196	0.381	0.368	0.396	0.196	0.119	1.380	0.478	0.836	0.412	0.246	0.270
所有权优势（美国抽样平均相对于某行业内各大跨国公司的拼组平均）④															
表现⑤	1.13	1.16	1.18	n.a.	1.05	1.03	n.a.	n.a.	1.11	(1.58)⑧	1.40	1.16	(1.03)⑨	1.12	1.05
增长⑥	—	0.57	1.07	—	n.a.	0.97	—	n.a.	n.a.	—	0.82	−0.28	—	1.40	0.00
多国性⑦	n.a.	n.a.	n.a.	n.a.	n.a.	n.a.	0.87	0.74	0.67	1.17	1.11	0.96	n.a.	1.03	0.82
国际直接投资（以百万美元为单位的非银行性企业分支机构销售额，以及内向国际直接投资与外向国际直接投资的比率）⑩															
内向国际直接投资	83	2 871	3 316	n.a.	526	1 262	594	3 897	6 253	0	0	2	n.a.	0	26
外向国际直接投资	1 738	5 006	6 470	1 847	n.a.	5 307	3 322	6 105	7 467	277	378	499	58	330	222
内向国际直接投资/外向国际直接投资	0.04	0.57	0.51	n.a.	n.a.	0.19	0.18	0.64	0.84	—	—	0.00	n.a.	—	0.11

注："①"表示计算公式如下：

$$RLAqe = \frac{i \text{ 领域中属于 } j \text{ 国的毕业生人数 } / j \text{ 国的总毕业生人数}}{i \text{ 领域中所有各国的毕业生人数 } / \text{ 所有各国的各毕业生人数}}$$

其中：RLA：相对区位优势。RLA 可以是从 0 到正无穷的一个任意值。当 0 < RLA < 1 时，该国相对来说不具有毕业生资源优势。qe：高级雇员。i：研究的行业，包括：广告业：大众传媒专业、艺术与应用美术专业毕业生；管理咨询业：工商管理学专业毕业生；工程咨询业：工程学专业毕业生；法律：法学专业毕业生。j：国家（特指有发达的职业化服务行业的国家）。

"②"表示计算公式如下：

$$RLAms = \frac{i\,行业中\,j\,国的雇员人数\,/\,j\,国的服务总就业}{i\,行业中所有各国的雇员人数\,/\,所有各国的服务总就业}$$

其中：RLA：相对区位优势（详细见注释①）。ms：市场规模。i：行业（本研究所包含的职业化服务性行业）。j：国家（有发达的职业化服务行业的国家，并且有该国的统计数据）。

"③"表示此比率越小（例如出口数超过进口数），美国就具有越大的区位优势，即该比率大于 1。

"④"表示当美国某一特定行业所有权优势的平均值大于整个样本平均值时，表示美国企业在该行业中拥有强大的所有权优势，即所有权优势以企业总收入来衡量。

"⑤"表示除法律行业外，其他行业以企业的表现以企业总收入来衡量。法律行业以企业合伙人数量来衡量。

"⑥"表示增长率的计算，基于企业当年总收入增加的平均数（年均收益增长）（法律行业以合伙人数量代替总收入来衡量）。含有 1990 的单元格为 1980—1990 年的增长数据，含有 1995 的单元格为 1990—1995 年的增长数据。

"⑦"表示多国性以美国以外的收入份额占总份额的比重衡量。由于缺乏数据，会计行业的多国性以一个企业（会计事务所）设立成员事务所开展业务的国家数的国家数来衡量，法律行业则以其开设的外国事务所数量衡量。

"⑧"表示这类数据的记录始于 1983 年。

"⑨"表示这类数据的记录始于 1988 年。

"⑩"表示（资金）流量比存额更能展示职业化服务行业中外国直接投资的活动，因其提供了业务活动规模与水平的更佳量度。

资料来源：

区位优势：UNESCO *Statistical Yearbook* (UNESCO, Paris)；European Commission, *Panorama of EU Industry* (Brussels, The European Commission)；FIDIC (the international association of engineering consulting), unpublished data；FEE (Federation of European Accountants), unpublished data；U. S. Dept. of Commerce, *Statistical Abstracts of the US 1996* (US Bureau of the Census, Washington D. C., 1996)；U. S. Bureau of Labour Statistics, *Monthly Labour Review* (US Bureau of Labour statistics, Washington D. C.)；UK Central Statistical Office, *Employment Gazette* (Harrington Kilbride, London)；OECD, *Labour Force Statistics 1974—1994* (OECD, Paris, 1996). Us Bureau of Commerce, Survey of Current Business (Washington D. C.).

所有权优势：与图 2 同。

国际直接投资：various issues of US Department of Commerce, *Inward FDI in the US and US Direct Investment Abroad* (Washington D. C.: Government Printing Office).

企业对于所属国丰富资源的垄断与独占。

美国广告业的进出口比率,反映出美国该行业中的所有权优势在 1980 年到 1990 年年间有所衰退,而在 20 世纪 90 年代之后开始复苏(表 4.1)。这种状况推动美国广告商向其他国家进行投资。这些投资使得它们在美国的区位优势衰退时仍能强化其所有权优势。正如图 4.1 左上所示,当企业所属国区位优势减少时,企业可以通过国际投资来维持其所有权优势以及市场主导地位。然而,通过对外投资获得的优势并不是独占,因此世界广告行业在 20 世纪 90 年代出现了不同国家企业一起分享市场的现象。

我们可以建立一个模型,以更加系统地分析国际直接投资对于跨国公司国际竞争力的影响。这个模型将跨国公司的竞争力作为因变量,而将另一些重要的因素作为潜在的自变量(解释变量)来表示。潜在自变量包括美国的区位优势、美国企业的所有权优势、内向国际直接投资与外向国际直接投资。其中内向国际直接投资与外向国际直接投资以各类职业化服务行业单独计量,并随时间变化。

整个模型可以表示为:

$$Cjt = f(Ljt; Ojt; IFjt; OFjt) + Ejt$$

其中:

C = 竞争力,以美国在世界领先跨国公司中所占比例来衡量。

L = 美国的区位优势,以进出口比率来衡量。

O = 美国企业的所有权优势,以美国跨国公司总收入增长速度相对于国际某行业顶级跨国公司总收入平均增长速度来衡量。[7]

IF = 内向国际直接投资,以除银行之外的外国企业分支机构在美国销售额来衡量。

OF = 外向国际直接投资,以美国企业在境外分支机构的销售额来衡量。

E = 随机误差。

j = 行业。$j = 1, 2, \cdots, 5$,分别为:广告业,企业管理咨询业,工程咨询业,会计业,法律业。

t = 时间($t = 1, 2, \cdots, 12$:1985—1996。)[8]

对模型进行多元回归分析评估的结果见表 4.2。

该模型从很大程度上阐释了不同职业化服务行业中美国竞争力的差异,且由于模型在两种场合下回归系数都十分显著(两处模型均有 $p = 0.000$),表明模型结果具有充分说服力。然而,当该模型包含国际直接投资变量时,其解释力下降,变量系数值变得不显著。具体来说,区位优势和所有权优势在模型中的说服力会被削弱,尽管它们仍然保有相似的数量级和同样的因果关系。该研

■表4.2 国际直接投资、企业优势和国家优势,以及企业竞争力①

	系　数	标准差	t统计量	p值
不包含国际直接投资的模型②				
区位优势(进口/出口)	0.123 0	0.119 9	1.03	0.324
所有权优势(增长)	0.628 9	0.124 1	5.07	0.000
校正后的相关系数平方 R^2	0.509 2			
p值	0.000			
包含国际直接投资的模型				
区位优势(进口/出口)	不显著③			
所有权优势(增长)	0.550 5	0.133 6	4.12	0.001
内向国际直接投资	−0.000 1	0.000 0	−1.49	0.161
外向国际直接投资	0.000 1	0.000 0	1.78	0.100
校正后的相关系数平方 R^2	0.505 8			
p值	0.000			
N(样本数量,两个模型皆适用)	57			

注:"①"表示缺失数据从已知的观察数据中通过建立全变量模型估计而来,并以该模型为准推测遗漏值;
"②"表示舍去拟合方程的截距后,模型均呈现出更理想的拟合效果;
"③"表示除去该变量后模型的整体拟合效果大为改观。

究结果还显示,国际直接投资从某种程度上削弱了美国的区位优势与美国职业化服务行业跨国公司之间的联系。国际直接投资并没有从正面对美国跨国公司造成明显影响,相反,它只是通过影响美国区位优势和美国企业的所有权优势,间接地影响美国跨国公司的竞争力。

两个模型中,企业所属国的区位优势均未呈现出显著的解释意义。这一研究结果至少从部分上反映,以贸易为基础的衡量标准在衡量职业化服务行业的区位优势时存在局限性。或许这可以归结为美国跨国公司具有良好的参与国际活动的能力;也或许正如之前一些研究所指出的那样,这种情况下企业所属国区位优势对企业竞争力的影响已不明显(Cantwell, 1990;Dunning, 1996;Nachum, 1999)。与之形成对照的是,所有权优势在这两个模型中很好地解释了企业之间竞争力的不同。因此,决定企业竞争力的关键,已从美国的区位优势转移至美国企业拥有的所有权优势,以及这些美国企业从其他国家获取资源的能力。

国际直接投资与企业竞争力之间的因果关系,以及它们之间谁是因变量这一问题非常值得研究。对于美国来说,外国企业的内向国际直接投资具有负效果(削弱美国企业的竞争力),而本地企业的外向国际直接投资具有正效果。这与图 4.1 所述的结论相吻合,即其他国家企业的内向国际直接投资可能威胁到本国企业的竞争力,它们通过这种方式获取投资所在国的资源并增强自身的竞争力。而本国企业的外向国际直接投资也可通过获取其他国家的资源来提升企业竞争力。然而需要引起注意的是,尽管国际直接投资对这些变量存在着影响,但这种影响并不十分显著。

4.5　概括与总结

通过分析,本文论述了不同环境中国际直接投资对于企业优势和企业所属国与企业竞争力之间联系的影响。企业的对外投资使自身获得更多的优势,但这些优势的产生与企业所属国的区位优势没有直接的联系。因此,企业的外向国际直接投资为其开发所有权优势提供了基础,并且使企业从所属国区位优势的影响中独立出来。同样,外国企业对投资国进行的内向国际直接投资也使它们获取了投资所在国的资源,并以这些资源为基础,强化了其所有权优势。所以,国际直接投资弱化了企业所属国区位优势与企业所有权优势之间的联系。如果企业仅在所属国运营和投资的话,那么企业所属国区位优势与企业所有权优势之间的联系会十分显著。

以上所述的国际直接投资的特点,正是美国广告业一直以来能够保有其很强的所有权优势的原因。即便美国在这一行业中渐渐失去区位优势,但它们的企业仍然具有很强的竞争力。美国工程咨询业中区位优势的增加,大大刺激了外国企业的内向型国际直接投资。而美国自己的跨国投资公司却并未因此得利。发生在以上两个行业中的事情表明,国际直接投资削弱了美国区位优势与美国企业竞争力之间的联系。而在前文所分析的其他三个行业(管理咨询业、会计行业、法律行业)中,美国的区位优势与美国公司的所有权优势有着密不可分的联系。

然而回归分析结果似乎表明,对于美国区位优势与美国职业化服务行业中跨国公司竞争力两者之间的联系来说,国际直接投资对其虽有影响但作用非常有限。考虑到美国企业的优势与美国本身的优势,不论是内向型还是外向型国际直接投资,都不能完整地表现美国跨国公司的竞争力。在模型中引入国际直接投资这一变量,在一定程度上削弱了模型的整体说明能力,同样也削弱了各单个变量的解释能力,但这种削弱改变并不十分显著。这暗示着国际直接投资本身不直接影响美国职业化服务公司的竞争力,只是改变了美国在这些行业中的区位优势以及美国企业的所有权优势。这些研究结果表明,企业的对外活动仅仅一定程度上影响到其竞争力。企业竞争力主要还是由企业所有权优势决定,而这些所有权优势大都以企业所属国的区位优势为基础。

职业化服务行业中企业在国外的活动,具有削弱企业总部与企业分公司之间联系,并减弱企业所属国对于该企业竞争力的影响作用的自然属性。具体来说:第一,相当多一部分职业化服务行业中的国际投资活动以开拓海外市场为目的。企业在海外的分公司全权包揽开发任务,因此它们很少会受到总公司的影响。第二,企业总部对于本地市场文化和顾客需求并不十分了解,使得其不可能对本地分公司的运营进行细致入微的规划与管理。第三,职业化服务行业中大量的合伙制企业结构(特别地,如会计行业、法律事务所,以及部分管理咨询业)进一步削弱了原本就不明确的网络式企业的所有权归属。这些特征使得企业分公司相对于总公司具有很大的独立性,也使得企业所属国对于企业优势的影响变得不那么显著。

　　未来的研究,可以试图着眼于将本处获得的有关美国职业化服务行业的研究结果拓展到其他行业或者其他国家的可能性。就国际直接投资对于企业竞争力的影响差异程度来说,服务业与制造业间并不存在明显的鸿沟,因而在这种场合下适当进行拓展是极有可能的。相比于与其他行业,职业化服务行业与制造业之间拥有更多的相似性。比如制造业中企业的竞争力越来越依靠企业本身具有的无形资产(如企业知识之于先进技术制造业)[9]。相反,职业化服务行业企业在某些重要性质方面有别于其他服务行业企业,如人力资本之于职业化服务行业,就完全不同于廉价劳动力之于消费服务业。企业对于无形资产日益增长的依赖性,会塑造企业的行为并影响到企业的竞争力(Stewart,1997;Skandia,1998)。这一现象使得本文研究的结果在许多行业领域中具有巨大的吸引力。

　　另外,美国的一些固有特征限制了本文的研究结果应用到其他国家的有效性。这些特征包括美国巨大的国土面积(市场规模、人口结构),以及美国跨国公司的悠久历史和成熟度。这些特殊性,很可能使企业优势与企业所属国之间产生独特的联系,并使国际直接投资在美国的效果变得与众不同。

注释

[1]　这一概念的形成基于如下假设:通常认为的因果关系是所属国的各种资源会向本国企业的所有权优势转移,至于后者对于前者的可能影响,一般均忽略不计。然而在许多情况下,国家固有特性与企业优势两者之间并不相互独立(Cantwell,1989),两者间呈闭式和渐进式的互为因果关系,似乎更能准确反映企业扩大其所有权优势的进程。至少在某些情况下,企业会塑造其所属国的活动和固定资源,反之这也会影响到企业的所有权优势。因此,上述资源优势仅从国家向企业转移的单向因果假设虽往往是适用的,但并不总是有效的(参见 Nachum,1999 有关该假设在一些特殊场合能够成立的讨论)。

[2]　图 4.1 是基于两种极端情况下的不同组合给出。显然,这些情况都是连续变化的。实际上,国家区位优势和企业所有权优势变动于包括这两类极端情况在内的整个谱系之间。

[3]　法律企业因无其年收入额具体数据,排名系基于其合伙事务所的数量进行。因于数据的可获得性,广告业、工程咨询业和法律业的排名由该行业的前 50 名跨国企业排行榜做出。另外,管理咨询业的排行榜基于前 40 名;会计行业在 1983 年和 1990 年基于前 30 名,而 1995 年则基于前 42 名。

[4]　也许会因职业化服务行业的低贸易度而对此比值的适用性提出疑问。然而,美国职业化服务行业的巨大贸易额增量表明,该行业正在发生经由贸易的相当规模的跨境交易。1996 年,商业性服务、职业化服务和技术性服务是美国服务性贸易额中增长最快的几块,其出口额和进口额分别达到 192 亿和 52 亿美元。两者在过去 10 年间的增长均超过 4 倍(《现代商业概览》,1997)。

[5]　造成此种情况的主要原因是法律和会计行业内通行的所有权结构形式。作为合伙企业,"子公司"往往由其所在国的合作伙伴所拥有,并不与其母公司存在所有权关系。因此,这些"子公司"的经营活动不宜注册为国际直接投资。

[6]　造成此种情况的主要原因是法律和会计行业内通行的所有权结构形式。作为合伙企业,"子公司"往往由其所在国的合作伙伴所拥有,并不与其母公司存在所有权关系。因此,这些"子公司"的经营活动不宜注册为国际直接投资。

[7]　更为通用的所有权优势指标(即测定公司国际活动情况的一些指标),用在此处衡量美国的跨国公司似不适宜,因与其他国家的跨国公司活动规模相比较,美国的国内市场通常占有更大的份额。

[8] 法律行业自 1988 年起开始计算,该年份的数据是目前能找到的用于计算因变量的最早期数据。

[9] 本方法途径与其他更为通行的看法形成某种程度的对照,通行的看法倾向于强调职业化服务行业与其他行业间的差别(参见本书中 Løwendhal 所撰写一章中的例子。同时参见 Maister, 1993)。职业化服务企业当然具有某些区别于其他行业,包括制造业和服务业中的企业特质,但是职业化服务行业企业最突出的特性,是其与其他行业企业之间共同拥有的一项典型特质—非常依赖于企业的无形资产,尤其是知识资产。例如在高科技制造企业中,企业为扩大无形资产不断进行投入与产出,随之而来企业会注重依靠掌握其无形资产的企业雇员等,这些均表明职业化服务企业与其他企业拥有此种共同的或类似的特质。

参考文献

Bartlett, C. A. and Ghoshal, S. (1989) *Managing Across Borders: the Transnational Solution,* Boston: Harvard Business School Press.

Cantwell, J. (1989) *Technological Innovation and Multinational Corporations,* Oxford: Basil Blackwell.

—— (1990) 'The Growing Internationalization of Industry: a Comparison of the Changing Structure of Company Activity in the Major Industrialised Countries', in A. Webster and J.H. Dunning (eds) (1990) *Structural Change in the World Economy,* London and New York: Routledge.

Cartwright, W. R. (1993) 'Multiple Linked "Diamonds" and the International Competitiveness of Export-dependent Industries: the New Zealand Experience', *Management International Review* 33 (2): 55–71.

Doz, Y. L. and Prahalad, C. K. (1991) 'Managing DMNCs: A Search for a New Paradigm', *Strategic Management Journal* 12, special issue, 145–64.

Dunning, J. H. (1979) 'Explaining Changing Patterns of International Production: in Defence of the Eclectic Theory', *Oxford Bulletin of Economics and Statistics,* November: 34–48.

—— (1988) *Multinationals, Technology and Competitiveness,* London: Allen and Unwin.

—— (1993) *Multinational Enterprises and the Global Economy,* Wokingham: Addison-Wesley.

—— (1996) 'The Geographical Sources of the Competitiveness of Firms: Some Results of a New Survey', *Transnational Corporations,* December, 5 (3): 1–30.

Economist (1996) 'The Globalisation of Corporate Law: Red Tape Around the World', 23 November: 81–2.

Hadgetts, R. M. (1993) 'Porter's Diamond Framework in a Mexican Context', *Management International Review* 33 (2): 41–55.

Hu, Y. S. (1992) 'Global or Stateless Corporations are National Firms with International Operations', *California Management Review,* winter: 107–26.

Hymer, S. H. (1960/1976) *The International Operation of National Firms: A Study of Direct Investment.* Ph.D. Thesis, MIT (published under the same title by the MIT Press in 1976).

Jense, N., Brouthers, K. and Nakos, G. (1994) 'Porter Diamond or Multiple Diamond: Competitive Advantage in Small European Countries', in Yamin, M., Burton, F., and Cross, A. R. (eds) *The Changing European Environment,* proceedings of the 21st annual conference of the UK Academy of International Business, Manchester.

Kipping, M. and Sauviat, C. (1996) 'Global Management Consultancies: Their Evolution and Structure', Reading University, discussion papers.

Kogut, B. (1993) *Country Competitiveness: Technology and the Organisation of Work,* Oxford: Oxford University Press.

Lall, S. (1980) 'Monopolistic Advantages and Foreign Involvement by US Manufacturing Industry', *Oxford Economic Papers,* March: 102–22.

Maister, D. (1993) *Managing the Professional Service Firm,* New York: Free Press.

Nachum, L. (1999) *The Origins of the International Competitiveness of Firms: the Impact of Location and Ownership in Professional Service Industries,* Aldershot and Brookfield: Edward Elgar.

Nachum, L. and Rolle, J. D. (1999a) 'Home Country and Firm-specific Ownership Advantages: a Study of US, UK and French Advertising Agencies', *International Business Review* 8 (5) Forthcoming.

—— (1999b) 'The National Origin of the Ownership Advantages of Firms: a Case Study of the Advertising Industry', *The Service Industries Journal* 19 (4).

Nohira, N. and Ghoshal, S. (1997) *The Differentiated Network: Organising Multinational Corporations for Value Creation,* San Francisco: Jossey-Bass.

Pauly, L. W. and Reich, S. (1997) 'National Structures and Multinational Corporate Behaviour: Enduring Differences in the Age of Globalisation', *International Organisation* 51 (1): 1–30.

Porter, M. (1990) *The Competitive Advantage of Nations,* New York: The Free Press.

Post, H. A. (1996) 'Internationalisation and Professionalization in Accounting Services', *International Studies of Management and Organisation* 26 (2): 80–103.

Rugman, A. M. and D'Cruz, J. R. (1993) 'The 'Double Diamond' Model of International Competitiveness: The Canadian Experience', *Management International Review* 33 (2): 17–41.

Skandia (1998) 'Human Capital in Transformation', Supplement to Skandia's 1998 Annual Report, Stockholm: Skandia.

Schroath, F. W., Hu, M. Y. and Chen, H. (1993) 'Country-of-origin Effects of Foreign Investments in the People's Republic of China', *Journal of International Business Studies* 24 (2): 277–90.

Shane, S. (1994) 'The Effect of National Culture on the Choice between Licensing and Direct Foreign Investment', *Strategic Management Journal* 15: 627–42.

Spar, D. (1997) 'Lawyers Abroad: the Internationalisation of Legal Practice', *California Management Review* 39 (3): 8–28.

Stewart, T. A. (1997) *Intellectual Capital: The New Wealth of Organisations,* London: Nicholas Brealey.

Survey of Current Business (1997) 'US International Sales and Purchases of Private Services', October: 95–111.

Vernon, R. (1966) 'International Investment and International Trade in the Product Cycle', *Quarterly Journal of Economics,* May: 190–207.

Yip, S. G., Johansson, K. J. and Roos, J. (1997) 'Effects of nationality on global strategy', *Management International Review* 37 (4): 365–85.

Zaheer, S. and Zaheer, A. (1997) 'Country Effects on Information Seeking in Global Electronic Networks', *Journal of International Business Studies* 28 (1): 77–100.

5 国际会计师事务所的历史性事件

大卫·库珀(David J. Cooper)　特蕾莎·罗斯(Teresa Rose)　罗伊斯顿·格林伍德(Royston Greenwood)
鲍勃·希宁斯(Bob Hinings)

长久以来,企业如何在国际市场中扩张以及企业在国际市场中扩张的意义一直是研究的焦点所在。近些年来的研究,着眼于如何更加有效地建立跨国公司(如 Bartlett and Ghoshal,1989;Evans,1993;Hedlund,1986,1994;Nohria and Ghoshal,1994,1997;Pralahad and Doz,1987)。本章将会阐述公司历史对于研究跨国公司组织现状的重要性,以及从过往到现在跨国公司组织结构的变革。我们还将通过解释历史的作用,来讨论决定性权变理论(contingency theory)是否可靠(Chandler,1977;Chandler and Daems,1979)。

尽管公众对于跨国公司的研究兴趣与日俱增,但这些研究主要针对制造业,很少有研究针对服务性行业。而且大部分的研究都以经济效益为导向,缺乏专注于跨国公司的组织与管理流程的研究。这一现状直到近些年才略有改观,人们逐渐开始研究职业化服务行业公司的国际化进程,国际化结构以及它们的管理措施(Aharoni,1993,1995;Greenwood et al.,1999;Løwendahl,1997;McKee and Garner,1996)。

忽略对于专业化服务业公司(包括会计、法律、建筑、工程、企业管理咨询等行业的公司)的研究是不利的,主要基于三点原因。其一,这些公司在社会及世界经济体系中扮演着越来越重要的角色。服务行业的发展为经济活动做出了巨大的贡献,这些贡献表现为它们在国内生产总值以及国际贸易中所占的巨大份额,也表现在它们所创造出的大量就业机会。研究表明,在发达国家当中,服务性行业大约占国内生产总值的 2/3,而在发展中国家大约占国内生产总值的一半(Aharoni,1993)。具体来说,1996 年服务性行业的市场总值高达 8 000 亿美元。这其中,六大会计师事务所的价值高达 437 亿美元。与此同时,六大巨头会计师事务所(现在的五大巨头)的利润是其他中型会计师事务所以及咨询公司的两倍(Aharoni,1999)。

麦吉尔与加纳对于六大巨头会计师事务所的重要性有过如下论述:

> 他们好比是国家范围内处于各种发展水平的经济活动的润滑剂……,甚至能够影响世界经济。六大巨头会计师事务所拥有的独特能力,可适应不同的司法环境。这种能力使得他们在世界经济体系中扮演了重要的角色,甚至让他们有能力对司法体系产生影响。

(McKee and Garner,1996:90)

此外,五大巨头会计师事务所的积极活动,使他们有更多的机会参与政府决策,例如,在私有化进程、政府重组以及政策建议等方面扮演重要角色。斯特兰奇(Strange,1996)还指出了五大巨头会计师事务所扮演的一些其他重要角色,包括大型企业并购的中间人,帮助大型企业进行税务咨询,以及管理公司财务。这些角色,进一步强化了五大巨头会计师事务所在世界经济体系中所占的重要地位。

其二,忽略对于职业化服务行业公司的研究对企业不利,因为企业面对环境变化时难以做出及时的正确调整。现如今,这些企业缺乏战略管理模型或者甚至是对企业当前决策有所帮助的历史账户资料(Løwendahl,1997),它们仍然通过评判分析自己的国际化结构和国际化管理来应对外部环境的变化。

其三,和一般理论上的跨国公司有所区别,职业化服务行业公司的历史起源以及结构特征有各自的特点,但不幸的是这一点往往也被研究人员所忽略。因此,我们需要建立一些更加具有概括性的跨国公司理论模型(Løwendahl,1997)。

5.1　目的

本章的基本目的有三个。第一,本章试图帮助读者更好地了解职业化服务行业公司的国际结构与管理过程;第二,本章将指出权变理论对于解释这些结构的不足之处;第三,本章将阐述企业历史对于企业现有组织结构和未来获取机遇能力的影响。特别地,我们将以五大巨头会计师事务所

（近期大多将他们称为五大咨询公司）的全球化进程、国际结构设置和管理过程为例，来阐述以上三个观点。

权变理论认为，依照（企业）各自环境条件的不同（Lawrence and Lorsch，1967），规模的不同（Pugh and Hickson，1976），目标的不同（Thompson，1967），似乎并不存在一种普适的方法可以有效地对企业进行组织。权变理论是否能作为最有效的企业组织理论，目前仍存在争议（Donaldson，1985、1995），但同时它又是现今国际管理工作的基础理论，如 Bartlett 和 Ghoshal（1989），Nohria 和 Ghoshal（1997）。劳伦斯和罗施（Lawrence and Lorsch，1967）指出，由于环境带来的不确定因素日益增长，企业需要有组织有计划地去区别对待，只有这样才能让企业组织的各个分部适应不同的环境方面。这样做的结果，使企业各个部门之间的相互依赖性加大，以避免不同部门之间出现不一致或被迫决策。由此，也需要企业建立起分工合作机制，以及某个适当水平上的整体性。劳伦斯和罗施特别指出："公司能否有效运转并从容应对外部环境的不确定性和多样化，取决于企业能否合理协调三方关系：组织分工程度、整体一致水平，以及成功应对冲突的方案"（Lawrence and Lorsch，1967：209）。

他们指出，企业需客观地整体安排其结构并建立合作机制去应对外部环境。汤普森（Thompson，1967）强调，公司的合作机制依赖于公司的核心技术本质，因此公司的主要任务之一就是保护自己的技术核心。对于任意一种环境，都存在一种相应的、最为合适的、可保护核心技术的公司结构去适应它。管理与机构设置的目标，是稳妥有效地安排部署机构、技术与环境之间的关系。因此将权变理论应用到职业化服务行业中，我们可以得到如下推论：有鉴于五大会计师事务所巨头所处的外部环境相似，所以它们应拥有相似的组织结构以及分工合作机制。

然而过去的研究表明，五大会计师事务所巨头中并不存在某种统一的组织结构（Greenwood et al.，1999）。每个会计师事务所都有自己独特的方式应对企业外部环境的变化。因此这些研究客观上表明，权变理论在职业化服务行业中具有局限性。本篇的一个前提是，探索其组织结构历史或许对于我们理解这五大会计师事务所巨头的国际组织结构特点有所帮助（Turley，1994）。阿伦和迈克德蒙特（Allen and McDermott，1993）认为，有足够的证据表明，五大会计师事务所巨头的不同历史对于他们各自产生了不同的影响。同样，巴特莱特和古绍尔（Bartlett and Ghoshal，1989）指出，公司的"行政传统"是塑造跨国公司国际架构的重要因素。他们认为：

> 一个国家的历史、基础结构和文化，会渗透到该国生活的各个层面，如规范准则、价值观念和行为方式等，甚至是影响到该国各公司的言行。这是因为国家文化对于企业"行为方式"的影响已经根植于企业内部，时时刻刻影响着企业的结构和决策。而企业的决策又影响着企业的产品、市场以及运营模式。这种影响可能包括对企业的财产进行配置，以及

对企业结构进行未来规划等。

（Bartlett and Ghoshal 1989：42，45）

金伯利（Kimberly，1987）认为，五大会计师事务所巨头早期的一些决策，决定了他们的结构、进程以及他们现在面对挑战时把握机遇的能力。然而他同时也指出这些早期的决策中不一定都是同等重要的。以金伯利（Kimberly，1987）的研究作为基础，我们将会讨论这些决策对于合伙制企业的影响。影响包括公司为何选择加入某特定的行业，以及公司最初的专业知识和组织设计如何被塑造成为他们各自的国际组织框架。我们也会深入探讨巴特莱特和古绍尔（Bartlett and Ghoshal，1989）提出的关于国家历史、基础结构以及文化等对企业文化会产生的影响。

研究这些公司历史的方法有很多种，许多权威研究组织喜欢目的论的研究方法，他们认为企业现在的状态是遵循企业历史，一步一步发展而来。历史还可以通过讲故事的方式来描述，这种方式和金伯利所倡导的以传记方式记录历史具有相同的本质。然而，这种方法已经不为现代历史研究所采用。一些学者如莫雷诺（Merino，1998）和纳比尔（Napier，1998）强调，有理论根据的历史对于解释过去所发生的一切具有重要的价值。不过在我们研究五大会计师事务所巨头历史的时候，由于很难找到所谓官方历史支持他们的理论论据，所以想要采用现代的研究方法并不容易。不过，我们还是可以尝试从理论的角度去解释所发生的一切。我们对于五大会计师事务所巨头历史的研究基于这样一个假设：这些会计师事务所的成立都是顺应时代的产物，并且他们的架构受到其所属国家环境的影响。"人们在不停地创造历史，但是历史并不随着人的意志而改变；人们无法预先设定要好自己想要的条件再去创造历史，但是历史的产生却离不开当时所处的环境的影响。"（Marx，1852）

因此，本文对五大会计师事务所巨头历史的分析，将采用如下两种方法。第一，我们会专注于研究一些具体问题，如合伙制对于企业的影响、企业所必须具备的专业知识、企业与顾客之间高度的相互依赖性，以及这三者与企业国际化结构和运营之间的关系。第二，我们将通过对两间公司国际化结构的分析，来阐述这两个企业过去做出的决策对于如今企业的结构产生过怎样的影响。

本章内容将以如下顺序展示。下一节中，我们将会介绍本篇论文应用到的方法论。在第 3 节中，我们会将这五大会计师事务所巨头与其他跨国公司进行比较。比较的方面包括公司管制的形式、涉及的经营范围、专业知识，以及公司设计。第 4 节中，我们将讨论五大会计师事务所巨头自1980 年以来所面对的国际环境。第 5 节中，我们会深入分析两间最大的商业咨询公司是如何通过建立独特的公司结构来应对公司外部环境的变化。第 6 节中，我们会介绍五大会计师事务所巨头中每一个公司的独特历史对于他们应对环境变化产生的影响。最后，我们会讨论企业历史对于企业的促进和限制两方面的作用，并对其进行总结，从而为之后的研究提供方向。

值得注意的是,本章所涉及的公司早期决策包括:公司管制、公司经营范围、公司人才招聘等。我们将会研究这些决策对于企业今天的架构以及他们在国际竞争中生存方式的影响。

5.2 方法论

本文的结论是通过对职业化服务行业的长期研究,尤其是对五大会计师事务所巨头的研究得出。数据通过与受访者进行访谈的方式获取,共有来自 9 个不同国家和地区的超过 130 位受访者参与了访谈,这些国家和地区包括:澳大利亚、比利时、加拿大、中国香港、马来西亚、荷兰、新加坡、英国以及美国,而受访者大多是跨国公司的关键管理人员或者大客户。采访时长从 1 小时到 3 小时不等,我们通过录音来记录这些访谈。在第二次或者第三次的回访中,我们将重新收集信息,用以和之前的采访进行比较,看得到的回答是否发生了改变。除过采访和谈话之外,另一些数据资料来自于公司的战略规划纲领、公司年度报表、公司指南、办公手册、进度报告、客户服务手册,以及客户建议等。我们用到一些定性数据分析软件(Richards and Richards, 1992)来分析收集到的数据。

我们会对五大会计师事务所巨头的目标方向、结构框架以及决策过程做出初步阐述。这些东西能够反映他各自公司的管理办法、业务领域,以及其专业知识技能核心。我们特别对公司以下几方面的情况感兴趣:公司的战略目标方向;下属成员公司的相对独立性以及他们自给自足的能力;公司管控的性质。我们采用半结构化访谈的方式和被访者交流,被访者需提供其所供职的公司及该公司在国际上扮演的角色等信息。访谈的目的,是尽可能多地获取关于公司组织构架和公司如何运作的信息。访谈过程中,我们最关注的被访者的谈话内容,是那些涉及公司成败的一些关键过程(例如就公司的战略决策而言,包括投资决策、预算和资源部署决策、人力资源管理,以及其他一些服务于国际客户的管理实践活动)。

我们同样研究了这些公司的历史资料,包括他们过去时期的资产配置、权利与责任分配、行为准则、价值观以及合伙人各自拥有的优先权等。关注公司早期决策的细节是一项很重要的任务,它能告诉我们公司历史对于公司现在的管理机制产生过哪些影响,以及这些影响是如何产生的和如何变化的。这些资料,通过很多的人物传记和会计行业历史事件记载而得到印证和扩充(如 Allen and McDermott, 1993; Cypert, 1991; Richards, 1981; Wise, 1981; Watt, 1982)。这些有关历史记叙,我们一律采纳,而不论其内容是否完全符合目的论者和管理学派们的严格假设。

我们将首先会概括地介绍一下五大会计师事务所(咨询公司)巨头的历史性质,之后我们会对其中的两家(安达信和毕马)进行深入比较,分析他们之间的不同,以及他们各自在同样的环境是如何成功应对的。我们研究的资料截至 1996 年 6 月,内容涉及这些巨头们的国际组织构架、发展历程和重要历史事件环节。但这些会计师事务所巨头仍然在发展,仍然不断地通过改变自身应对未来公司外部环境可能发生的改变,因此本文所述的这些公司的国际化架构安排可能已经被新的安排所取代。不过,我们的目的是从广度上了解这些公司如何应对历史与环境变迁带来的压力,而不是对这些公司一一进行评价或者将其与其他行业进行对比。不仅是我们所选取的这两家会计师事务所巨头,其他三家同样也都取得了巨大的成功,这一点从他们每年制造的巨大利润和获取的收益中就能够看出。

5.3　五大会计师事务所巨头的历史

为了理解企业的组织行为,我们不但需要分析这些巨头事务所在历史过程中的共同特征,也要分析他们在历史过程中的单一特点。金伯利(Kimberly,1987)认为,公司在早期做出决策的过程要比现在容易。这些决策涉及公司的管理制度、经营领域、专业技能和知识,以及公司对未来的筹划等。我们首先沿着这四个方向去探究一下五大会计师事务所巨头发展历史上的共同特点。

5.3.1　公司管理制度

在这一节,我们将通过两个侧面——合伙制形式和社会管制的作用——来分析探究五大会计师事务所巨头的公司管理制度。这五大会计师事务所巨头,绝大部分均起源于专业伙伴之间的合作制,每一参与公司创办的合伙人均享有同等的无限权利和义务。在这种模式下,这些合伙人既是公司的所有者,也是公司的经营者和管理者(Greenwood et al.,1990),权利平等地在合伙人之间分配。成员拥有同样的技术水平和能力,这保证了公司无论处在任何地方和任何市场下,都能感知顾客的需要,并为顾客提供及时的服务。从司法的角度上看,尽管合伙人希望能够得到有限责任制的保护,但他们还是需要遵守合伙制企业的无限责任制。

随着合伙制企业各自的发展以及国际化的要求,这些未来五大会计师事务所巨头越来越向着公司化管理模式靠拢,倾向于模仿国际性的公司机制,采用民主治理的方式管理公司。具体来说,公司开始通过选举确定首席执行官(CEO,即专事管理的合伙人),再由他(此职位尚没有过女性担任)挑选人员组建执行委员会,而该执行委员会将接受由合伙人组成的董事会的监督。这种形式的管理机构,自国际上出现跨国公司起就广泛存在,它实际上就是原已存在多年的国内企业管理模式的镜像和移植。

这些职业化的咨询公司通过与各地合伙人开展合作来加速他们各自的国际化进程。不过在这一进程当中,每个公司投入的程度不尽相同。他们之中有的已建立起许多国际合作关系,有的则相对少些(Daniels et al.,1989)。随着这种通过与当地企业进行合作来实现国际化模式的发展,职业化咨询公司在世界各地建立起了一个复杂的网络化结构。这样一个相对松散的网络,有助于他们为世界各地的客户提供一致标准的服务。与此同时,他们也闯出了自己的品牌,使合伙人们获得了更多的利益。这种网络化扩张的模式表明,以某一点为中心向外进行国际化扩张,其潜力是巨大的。

现如今,这些公司已经适应了服务于客户的社会需求,公司内部相互紧密合作,公司内部以及与外部之间通过安防措施交换信息,即通过社会机制,而非通过以往那种权威式的、上下级式的、法规式的或标准式的机制服务于客户。琼斯(Jones et al.,1997)称这种制度为网络化公司管理制度。这里所述的社会机制,不但涵盖那些为专门领域制定行业标准的公共机构(例如专业培训机构、检查机构或者会计行业标准制定机构),也包括公司内部的运营或者公司之间的交流机制。在这些领域当中,政府为企业们预留了相当大的自主空间,让他们自己制定约束规则,组建公司网络,并允许他们自主进行办公室内交易。企业之间的联合行为是为了提高企业的名望。在顾客眼里,公司的规模往往和公司的可靠程度成正比,因此企业倾向于寻求合作来扩大自己的规模并借此提高自己的可信度。除此之外,企业及其员工的品质、技能以及恒心也是企业成功的关键所在。因此,团体制裁并限制违反公司行规的行为等,也在公司的生存过程中变得不可或缺。随着时间的推进,一些附属公司慢慢地被淘汰出这五大会计师事务所国际网络(他们不再被允许使用公司的名字,不再有资格从这些公司获得帮助,也不再能接触到原本分派给他们的工作)。

5.3.2 公司所处领域

最开始的时候,五大会计师事务所主要从事审计/会计、税务,以及破产咨询业务(Jones,1981)。这些行业都是知识密集型行业,对于员工教育程度有着极高的要求。同时,他们还承担者为顾客量身定做服务的任务,这需要员工具备敏锐的感知能力,明白顾客的需求,在行业的约束条件下,尽可能地与顾客保持深层次的交流,使他们能够为顾客提供最贴心的服务(Gibbins and Masom,1988)。此外,审计、税务以及破产咨询这三个产业与法律和经济有着千丝万缕的联系。从事这三个行业的人员需要对法律和经济有深刻见解。在选择所从事的行业时,外界压力给予传统会计师事务所很多的限制。这些外界因素包括法律干涉、行业标准等一系列法规、指令以及监督制度。它们的存在,某种程度上抑制了会计师事务所的发展。

审计、税务、破产咨询等行业的法律基础以及它们的核心内容,当前依然影响着五大会计师事务所所从事的工作以及公司的核心价值观念。举一个例子,即便一个会计师事务所的某个伙伴掌握了进入全球商务旅行这一行业的技能,它也不会进入这个行业。因为这一行业并不属于会计师事务所应该涉足的行业,与会计师事务所的专业形象以及他们所提倡的核心价值不符。五大会计师事务所从事的行业的核心价值(比如客观性、中立性以及独立性)仍然决定着他们应该从事哪些行业(Hanson，1989)。另外受到核心价值的影响，直到最近会计师事务所的高级管理职位才可以由非审计部门的人员担任。

五大会计师事务所最初面向的是本地市场里的客户。但即便是这样，他们仍然会涉足国际商业事务。和其他行业的跨国公司不一样，会计师事务所的国际扩张不以获取有保障的资源供给，也不以寻找潜在客户并且开拓未知市场为目的，他们只是想为国外已经存在的客户提供优良的服务(Cypert，1991；Daniels et al.，1989)。[1]

5.3.3 专业知识和技能

最开始的时候，五大巨头事务所的专业人员仅具备审计方面的各种专业知识和技能，而这些专业知识和技能有一些独自特点。例如，审计过程首先需要高度的一致性。这一点也是法律对于审计的要求，为此各国制定了专门的法令对其进行约束。其次，审计这一行业在经济萧条时期受到的打击不像其他商业性服务行业那么严重。有客户来说需要进行审计时，公司就会组织起一个审计团队开展工作，因此审计工作相对来说是反应性的。有经验的审计人员拥有扎实的专业技能，根植于他们对审计、税务、金融、法律、经济等行业的深刻认识。最重要的是，一个成功的审计人员要有能力和客户进行沟通并能够取得各方的信任。值得注意的是，和以往客户保持良好的关系远远重要于获取新的审计业务。

相对于其他行业来说，在世界各地执行统一的审计方法相对容易。统一的审计方法能够适应不同的市场，并且在不同市场中很容易进行复制。因此，五大会计师事务所巨头各自拥有一套能够应用到世界范围的计算机审计方法。巴雷特(Barrett et al.，1997)指出了怎么用这些标准化、商品化的审计方法和程序向顾客强调其服务所具有的一致性、高质量以及良好的适应能力。对于每家公司来说，他们在审计过程中都有严格的内部控制，要求每一个步骤和流程都由专业的人员来完成。从历史上看，会计师事务所对于新入行会计师的统一培训是重中之重，这样的体制保证了所有的会计师都值得客户信任并能为客户提供同样质量的服务。另外，与客户建立良好的关系是一种双赢的模式。对企业来说，他们留住了更多的客户，而对客户来说，选择他们熟悉的会计师事务所能够降低他们所承担的风险。这种关系通常是长期的，企业与客户之间的接触越多，企业就越容易了解客户深层次的需求。然而这并不代表客户每次都会寻求同一间公司来做会计或者审计等业务，因此公司需要全力以赴，做好每一次每一项工作，以赢得顾客的信任。

回顾过去，公司里的专家和"把关人"，以及公司里的会计师/审计员们，主张公司应该进行国际化扩张，并且因此对公司结构框架进行必要的调整。在合伙人之间建立起以现代联合制为基础的结构组织形式，使这些传统的合伙人充分感受到他们可以作为良好的中介，起到沟通客户与公司之间融洽关系从而建立起长期业务联系的作用。

另外,五大巨头事务所的专业知识与技能特点还有一个与其他公司不同之处:他们的合伙人一直都注重各自所拥有的高度自治。很少有合伙人愿意承担(事务所的)管理责任,也很少有合伙人善于从事管理和经营。举例来说,内部实行整体式的人力资源管理系统,其好处已在专业化服务行业内得到认同,因其有利于形成公司的知识创造核心(Evans and Doz, 1992; Doz and Pralahad, 1986; Taylor et al., 1996)。除过公司内部知识的共享以及传播之外,以顾客为中心的专业会计人员是公司最重要的技术支撑,因此公司给予这些专业人员多方面的奖励及照顾,用丰厚的薪金和人事提升来回报他们。罗文达尔(Løwendahl, 1997)谈到过关于专业人员不愿意成为管理人员的悖论。审计人员们珍视自己所受到的专业训练以及作为审计人员所能享受到的自由,他们不愿意轻易放弃所拥有的成就转而从事他们所并不熟悉的管理工作。从过往经验来看,缺乏职业管理训练的人员在管理职位上往往做得并不好(Ferner et al., 1995),因此审计人员中的精英们就更不愿意放弃自己现有的头衔而进入公司管理层(Starbuck, 1992),同时他们也不喜欢与没有会计经验的管理人员一同工作(Løwendahl, 1997)。

5.3.4　公司结构设计

五大巨头事务所最初的公司结构设计是建立以连锁形式合伙制为基础的国际公司网络。这个网络由许多国家的全国性公司组成。这样的公司网络在结构上不同于层级制公司,它的横向结构与会计师事务所合伙制的形式相符(Greenwood et al., forthcoming),公司网络里不但有大量的公司,还有其他很多小组形式的合作机制。其中包括许多委员会、特别任务组、项目监督以及其他一些督导小组。这种机制可能会出现在某一特殊行业,就像采矿业里的国际矿业委员会,也可能是为了解决公司之间关于行业标准的纠纷而产生而设置。还有一些组织的设立为企业决策提供支持,或在某些特殊环境下发挥作用。这些组织随着时间的推演,有的部分发展成为具有独立功能的部门,而其他一些功能相似的部分在必要的情况下会合而为一。这种演化的最终结果,使得各个企业在其所提供的服务、服务的对象以及公司的地理分布上发生了严重的重叠现象。在会计行业出现的早期,企业更强调建立这种横向的网络,提倡不同部分的合作以及制定标准化的行业结构。而现在,五大巨头事务所不约而同地对这种横向结构进行了改造,他们把法人实体从公司本身中分离出来,强调标准化并且引进了中央控制机制。他们相信这样的变化能够适应一体化的趋势,并为全球客户提供更好的服务(Ferner et al., 1995)。

大部分针对跨国公司的研究都基于这样一个假设:等级化的,并且具备中央控制的跨国公司都通过自己旗下完全或部分拥有的子公司进行扩张。传统的一体化控制理论(分等级的公司决策、员工流动等)认为,最高级别的管理人员有责任引导各个层级的人员实行知识共享(例如通过奖励机制)。然而,五大巨头事务所沿袭下来的合伙制形式,限制了中央控制体系的发展。每间公司下属的子公司都拥有较大的独立性,因此想要在会计师事务所里建立一套简单明了的公司管理体制系统并不容易,至今他们之中还没有人采用传统的一体化管理系统(例如:协同制订和执行计划)。除了公司本身结构的限制,各国还有一些法律条文对会计师事务所的管理体制和管理方法进行约束,不容他们像其他跨国公司那样自由管理自己的下属成员。另外,受过严格训练且具有专业经验的会计师们,不喜欢被总部施以全方位的管制,他们更愿意用自己的方式去选择客户,以及决定如何为客户服务。

此外,大部分针对跨国公司的研究还认为,一个企业的主要任务应该是明确而有形的、重复性较强的、可量化的、由生产企业自主定义的任务。然而,传统会计师事务所提供的服务并没有以上的特征。相反,他们为不同的客户提供量身打造的服务。这需要会计师们与客户之间建立起良好的互动交流渠道,以便找出客户真正需求所在,并为客户提供周到的服务。大多数跨国公司的模式可以归纳如下:他们选择一种有形的和规范的产品,并在世界各地进行生产,而后通过运用一系列管理机制对公司各部进行数据管理(包括信息系统、商业业绩及经理表现评测、资源分配程序、预算制定过程等),人力资源管理(如人事升迁,奖惩机制等),以及一旦出现冲突时由总部出面协调解决等,从而将自己的产品推销到世界各地(Doz and Pralahad,1992)。然而,这种模式并不适用于五大会计师事务所,他们独特的历史特点使他们无法适应这种管理机制。在接下来的两节中,我们将会深入讨论五大会计师事务所近年来面对的复杂环境以及其中的不确定性,并研究他们如何以自己的历史为基础应对环境的这些改变。

5.4 变化的环境

很多年以来,五大会计师事务所巨头都面对着一个不断发展和转变中的国际环境,因而公司需要不断地对其自身结构和管理机制进行调整,以期能够达到公司内部管理高层之间的通力合作,从而创造出可保护公司自身拥有的、能够给公司带来持续竞争力的知识或技能的良好环境(Jones et al.,1997)。这种不断发展变化中的国际环境具有如下几个特点。

其一,日益先进的技术和便捷的通讯手段某种程度上促进了包括职业化服务公司等企业之间的重组。最近一轮的重组大约开始于 20 世纪 80 年代初期,一直持续到 20 世纪 90 年代末。从 20 世纪 80 年代开始,公司开始向专门化和特性化发展,通过收购与兼并等手段,汇聚其他公司的力量以保证相互之间的业务能够互补,从而使很多公司得以扩大成为了巨型的跨国集团(Allen and McDermott,1993;Cypert,1991)。这一企业重组过程为公司带来了机遇,同时也带来了压力。公司当然不希望自己的顾客因为公司的专门化和特性化发展,以及公司之间的大规模兼并而流失,因此他们想尽办法留住公司原有的顾客,并同时通过一系列重组活动增加自身的国际竞争能力。

其二,企业和公司大力追求自身行业专门化知识的积累。技术的进步使企业能够为顾客提供更高质量和更为量身打造的服务;反过来,技术的进步也施加给企业新的压力,企业需要通过自身不断地专门化以适应客户的特殊化和整体式需求,从而创造出利润巨大且持续扩张的企业市场。随着技术的进步,顾客对于企业的要求变得苛刻,这就要求企业必须建立起高标准的且能够不断更新的全球式整体技术系统[例如群件(groupware)];企业为了保持自身始终处在技术领域的前沿,也不断地进行着技术更新(Allen and McDermott, 1993)。

其三,近年来五大巨头会计师事务所之间的相互竞争愈演愈烈,某种程度上影响了他们获得利润。审计过去一直是会计师事务所的工作核心,但现在五大会计师事务所从审计行业中获得的利润越来越少。在1988—1995年这几年间,由于相互之间的激烈竞争,他们从审计和会计两方面所得的收入日益减少。竞争的产生主要有以下几个原因。首先,企业之间的相互兼并使得企业数量大大减少。相应的,对于会计师事务所来说需要审计服务的客户也变少了。其次,现存的大型客户往往倾向于尝试一下其他的会计师事务所,以寻求或许更好的服务(Greenwood et al., 1993),这无形中加剧了会计师事务所之间的竞争。第三,审计行业本身变成了标准化的商业服务,这使得不同公司提供的服务大同小异,没有明显的差异或者侧重点。最后,审计方面的诉讼越来越多,从而打击了企业进行审计与会计核算的积极性,或者使得只有特定行业的特定顾客愿意进行审计。

尽管会计师事务所在审计、会计等业务上客户的锐减,但他们在商业服务领域里取得了很大的进步。顾客在商业价值评估、破产评估以及管理咨询等三方面的需求越来越大。五大会计师事务所巨头也顺应潮流,为顾客提供更多样化的服务。然而这种趋势的出现也使得企业的压力变得更大,他们不仅需要调整自身结构,也需要调整附属公司的结构以实现更高级别的一体化(Greenwood and Hinings, 1996)。现代社会对于服务的需求已经不再是对某种服务单一的需求,而是经过整合的一套完整的服务体系。如今客户的需求具有多样化、跨行业的特点,因此会计师事务所需要想方设法将自己的服务整合,为顾客提供高效便捷的一体化服务。

顾客除了需要经过整合的服务之外,还很看重服务的附加价值,这就要求企业建立起专业化的知识体系。企业对此的反应是不惜重金在世界范围内寻找有能力的专业人员,并将他们有组织地结合到一起,为顾客提供最优质的服务。五大会计师事务所巨头将同一领域中的专业人员(无论他们身在何处)以小组形式进行编排,彼此分工合作,为顾客提供这一领域的服务。

由于咨询业是一个学科交叉性很强的行业,所以随着技术的进步和服务种类的多样化,越来越多其他行业的企业也加入到提供咨询服务的竞争当中来,其中包括法律、金融策划、税务咨询、会计等方面的企业。他们同样拥有先进的管理软件、足够的行业知识以及客户服务经验,因此大大加剧了咨询行业的竞争,这给五大会计师事务所巨头施加了巨大的压力。面对新的竞争压力,五大会计师事务所巨头开始制定并着力实施一些成功的市场计划(这些市场营销活动,一直以来都未实行过,且被认为有违该行业的价值观,然而最近人们已开始慢慢认识并接受它)。

五大会计师事务所巨头,与他们所提供服务的公司一样,都迫切感受到了要不断强化自己的无形压力,这从 20 世纪 80 年代后期开始的合并潮流中就能够看出端倪。其中最引人瞩目的,是 1998 年普华会计公司(Price Waterhouse)和永道会计公司(Coopers & Lybrand)的合并。通过合并,会计师事务所们强化了自身的竞争力,在世界商业活动中可扮演更重要的角色。现如今,企业在世界商业版图中所处位置的高低,已经被上升到企业战略决策的层面,五大会计师事务所巨头都希望通过一体化的合并,打破国籍界限而成为行业巨头,从而始终在服务业中占据优势地位。

其四,五大会计师事务所所需要面对的另一环境,是日趋统一的国际会计准则。举例来说,国际会计准则委员会(IASC)希望能够将各国的会计准则进行统一并相互接轨。截至 1993 年,该组织已经拥有 78 个成员国(McKee and Garner,1996)。尽管现在各国的会计标准仍然是异大于同,但五大会计师事务所巨头已经自恃有能力确保他们的技术解决方案能在世界范围内保持一致。

5.5 环境转变背景下的机构调整响应

权变理论认为,企业必须拿出行之有效的结构安排和合作机制,才能成功应对各不相同的外部环境状况[2]。由于五大会计师事务所巨头的起始过程拥有着太多的共同点,并且他们都面临着类似的外部环境,因而根据这一权变理论,我们可以推论出这些事务所在各自的分化与整合过程中,应该会与其他事务所采取类似的战略决策。然而研究表明,这种推论并不正确。在这一节当中,我们会着重探讨五大会计师事务所巨头在面对环境变化时所作出的类似反应,以及所作出的迥异响应。

面对变化了的市场环境,五大会计师事务所巨头不约而同的响应,是选择将主要业务从审计及会计行业转向其他服务性业务。他们将战略重心集中在发展和实施新型业务方面,同时也专注于自身在横向化、功能性、地域性和人力资源结构方面的分化与调整。这种结构性分化与调整使得公司在原有的合作制基础上更加等级化和集权化。为了从战略上占领全球制高点,这些公司均加强了中央集权决策能力。这样一来,公司的战略规划过程时限会有所加长,但也似乎更能制定出切实可行的规划目标。五大会计师事务所巨头一项显著的共同点是,为了提升自己在全球各地服务的质量,他们目前都在不同程度地开发广泛的客户管理系统。在这套系统的开发方面,五间公司大同小异,尤其是其中的主导合伙人角色在各自开发的系统中几乎为同一概念(该合伙人是担当整合全部客户管理系统的惟一责任者,他在确定为哪个客户提供更优惠的服务方面有最终决策权)。系统间的确也存在一些不同,但仅仅也是在他们赋予主导会计师合伙人的权力大小上有所不同。

接下来我们将以五大巨头中两间主要的会计师事务所(安达信和毕马威)为例,详细深入地探讨他们是如何应对国际变化的。我们将主要关注其国际运营中心(企业的国际部)和外围办事处(本地或本国的办公室)之间的关系,并且分析其各自的国际化安排,即格林伍德(Greewood et al.,1990)所谓的战略导向、市场导向、金融导向以及运营导向。战略导向具体来说就是分析他们的国际部如何界定各分部之间彼此的市场范围和业务重心,如何评估不同办事处的竞争力等等;市场和金融导向指的是他们如何制定清晰的财政目标以及如何促使各分部达到并完成这些目标;而运营导向指的是公司内部各办公机构的功能分配问题,如每个分部负责哪部分市场和管理哪些人力资源事务等等。在这里需要指出的是,五大会计师事务所巨头公司的国际总部有别于一般的制造业跨国巨头或公司,这些事务所巨头的总部由其国际办公室(即全职人员)和一些不同的国际委员会共同构成,其中后者的作用和功能主要是监督公司的日常运营,同时也开展部分业务工作。

5.5.1　安达信

安达信会计师事务所(Andersen Worldwide)将自己定位为综合性、国际化的会计师事务所。他们并不认为自己是一个由多个国家的一些会计师事务所参与的组合公司。对于他们来说,其旗下的每一分部——亚瑟·安达信(Arthur Andersen)与安达信咨询(Andersen Consulting)——并非独立的运营单位,而是高度合作、彼此协调的伙伴,相互间决不存在所谓的特许经营权问题。当然,作为一个世界性的大企业,安达信肯定是由许多地方集团通过达成各式各样的协议结合而成的,正如亚瑟·安达信的一位资深合伙人所说:“从法律的角度看我们是由许多个体组成的,但我们仍是一个全球整体化运作的跨行业统一公司。”成为安达信公司的一员,意味着将享有安达信国际的一切权力,同时也需履行其全部义务。[3] 就整个公司来说,它是一个成本分摊、利润共享的结构。由于要面对世界各地的客户,所以公司拥有一套标准化、一体式的服务体系,通过强有力的国际管理保证为所有客户提供同等质量的服务。公司的国际管理其实就是公司权力分配的问题。公司的最高层拥有最终的决策权,而下属的地方公司分部之间以并列关系存在,没有上下级关系,相互间需紧密合作并被授予相应的权力。这种权力分配方式显然有利于公司总部而非其各国的分部。安达信国际公司有一个与众不同的市场份额以及财政目标特点,即除过亚瑟·安达信会为自己的全球化各分部制定一个市场份额和财政目标外,安达信国际下属的每一个国家的分支机构也同样拥有各自的市场份额和独立的财政目标,这在五大会计师事务所其他巨头中是绝无仅有的。为了实现这种独立预算的方式,安达信总部会每个月及时为其所有的下属各国公司提供关于财政和运营方面资料和数据。

安达信公司的财政信息系统揭示了企业如何通过单一机制对整个企业进行组织和管理,为下属企业提供各方信息并指导他们根据不同地区的特点做出相应的战略调整,从而在全球范围内持续有效生存。相比五大会计师事务所中的其他几间,安达信不仅拥有更紧密、层次更分明的组织安排结构,他们的资深管理人员也拥有更多的决策权利。一位高级行政人员曾经这样评价安达信的层级管理制度:"我们有一个领导集团,这个领导集团拥有最高等级的权威,……至于我本人,确实有自己的全球责任,……这个全球责任就是服从他们的领导,执行公司的决定。"

从运营方面看,安达信每年投入大量的人力物力对员工进行职业培训,公司有着世界级的培训机构。安达信的一位合伙人认为,高素质的人才是企业发展与成功的根本,因此对于人才的挖掘和培养是所有活动的重中之重。搞好了人才培养,公司才能实现更高级别的一体化,才能在竞争中始终处于领先地位。

除过为了技术上建立统一的标准之外,安达信对员工进行大量培训还有一个重要的原因,他们希望员工能够了解公司的价值观和公司的准则。安达信希望通过培训,将企业文化传授给员工,锻造出一支在企业文化熏陶下成长起来的队伍。安达信拥有自己的培训中心,不但能够将技术理论和企业文化传授给员工,同时培训过程本身也会创造出新的企业文化。一位中心管理者这样评价道:"企业对于培训中心的依赖性很大,需要培训中心培养员工之间的凝聚力,使得来自不同地区、不同国家的下属企业或者员工能够向着同一个目标迈进。"

除亚瑟安达信外,安达信公司下属的另一个大单位是安达信咨询公司。这是一个管理与 IT 信息技术方面的咨询公司,其拥有的合伙人数量约占总会计部门的一半。如今企业内部各方,即传统的会计师会计服务与管理咨询师之间的关系越来越紧张,由于后者为企业带来越来越丰厚的利润份额,因而使企业内部两个部门之间唯一可行的整合途径,就是集中全部的资金并迎接挑战,通过开展多样化的业务和提升服务质量来吸引并留住顾客(Stevens,1991;Whitford,1997)。安达信咨询公司的服务目标客户主要集中在美国《财富》杂志(Forture)每年所评出的世界 500 强企业,因而始终面临着与 IBM(国际商用机器公司)、EDS(现为惠普公司的下属管理咨询企业)、贝恩(Bein),以及麦肯锡(MeKinsey)等管理咨询公司的竞争。虽然安达信咨询在信息技术咨询领域具有丰富的经验并牢固确立了自己的地位,他们还在积极拓展其他领域的业务,比如变更管理等。咨询行业中,大约 85% 的利润产生于商业范畴,其中有 15% 由世界范围内的会计行业分享。

总的来说,亚瑟·安达信是一个一体化的、在世界各地都拥有自己业务的国际管理集团。从公司体制上看,这是一个以总公司为中心,拥有许多独立单元,并提供多种服务、自给自足的大型跨国公司。这些独立单元的结构相对清楚,他们都是具有明细财政的公司实体。亚瑟·安达信公司通过三种调节机制来实现自己的一体化:第一,拥有清晰的层级权力分配,并通过总公司对每个子公司实施市场监督、财政评估、信息共享服务来实现权力分配;第二,公司拥有平行的,甚至是相互重叠的子公司机构(这些子机构的管理高层汇聚为领导小组,并最终集中成安达信国际股东董事会);第三,安达信还拥有坚实的企业文化积淀以及一套专门设计的员工强化培训发展机制。安达信企业文化是美国企业文化的代表,折射出企业奠基者的信仰,即公司内部的权力不是也不必要平均分配。因此,中央控制在这种企业中很容易被员工接受。这种加强中央控制的管理方式还有一个好处就是避免企业陷入模棱两可、无从选择的境地。不论什么事情,最终的决定权都在某些人手里,这样避免了过多的不同意见以及互相之间争执不下的局面的出现。同时,美国的企业文化强调个人主义多过集体主义。他们认为个人对成功的追求所产生的动力是非常重要的。这同样是企业能够发展的原动力,因此许多企业都强调个人价值的实现,鼓励员工们奋斗。美国企业文化还有一个特点就是对高标准、高效率的追求,他们认为公司规模"大",公司效率"高",对于企业十分重要(Hofstede,1980)。

5.5.2 毕马威

20 世纪 90 年代中期,毕马威会计师事务所在国际组织上有很大不同,但与五大巨头的其他三家比较相似。毕马威的资深合伙人们认为,毕马威是一间联盟形式的合伙制企业[4]。毕马威拥有的业务是全球性的和多元化的,并且每一个下属机构都会为共同的目标、共同的价值观、共同的利益而奋斗。他们还认为,只有毕马威才是真正的全球化公司。他们认为这种联盟形式是一种优势,而非不利或弱势。

毕马威的合伙制形式以全国性联合为基础。这种联合以每个国家为单位,在该国内的合伙人共同分享该国范围内的盈利,而国际部门整体作为一个总汇的成本和赢利分摊的单位。公司的国际总部(从员工数量和预算上看)并不算太大,他所做出的决策主要以支持性和行政性为主,而不像安达信公司那样,以导向性和权力性决策为主。总部的员工大约为 50 个左右,每年的预算大概是毕马威全球利润的 0.5%。该部门的员工认为,他们主要的责任是帮助这个国际部门制定出一套通用的服务制度体系,从而为客户提供满意的服务,而不是去改善公司的结构体制。公司的总公司为各个分公司提供支持。

毕马威会计师事务所国家总部中有一个很重要的组成部分,即执行委员会。而公司的国际执行伙伴(国际事务部门的领导者)将向这个执行委员会进行汇报。公司的执行委员会参与制定公司的国际网络发展,评估并购行为,决定公司是否应该开拓新的市场等一系列活动。除此之外,该委员会还负责开发客户管理系统,参与公司发展决策,带动公司创新,评估公司面临的风险,以及确保公司的名誉和监督公司服务。

然而,批判性地来看,毕马威的执行委员会并不具备制定公司国际发展战略的权威。这是因为该公司没有设立专门为执行委员会提供信息的市场研究及财政研究部门。同时,毕马威既不会为下属的全国性公司制定目标,也不会对他们实施监督或者进行评估。国际部门制定出的公司政策由下属的各国子公司自己选择性地去执行。

企业对于国际部门和中央委员会的权力限制,反映了毕马威会计师事务所公司管制的两大特点。其一,公司的国际部门对下属全国性部门负有责任。公司国际部门制定的绝大多数政策是通过执行委员会实施的,而这个执行委员会由主要的地区代表组成。举个例子,毕马威的董事会由33个大型全国性公司的一把手组成,这些公司创造的利润之和占毕马威总利润的97%。董事会通过投票选出董事长、副董事长以及由11人组成的执行委员会。通常来说,这个委员会主要包括那些设在经济发达国家的下属全国性公司的负责人(比如英国、美国、荷兰、德国、法国等)。换句话说,他们采用的是实际制的公司管理制度,即所有全国性的公司皆由执行委员会直接管理。这种制度的好处是突出了董事会和执行委员会里各地区代表的作用。代表作用越明显,当地企业获得的利润也越多。这个委员会的成员并不是永久不变的,董事会会周期性地重新选举。这样的民主制度保证了它的权威性,进一步巩固了它在各个国家性公司里的领导地位。委员会的主席任期为三年,在这期间,他们仍然要负责客户的工作,由于委员会中各地区的代表分属各个地区,所以他们参与地方下属企业的运营活动甚至要多过参与处理董事会的日常业务。直到最近,国际部门里才有了全职执行董事,这从某种程度了完善了执行委员会的结构。首席执行官成为委员会的唯一全职领导。除在公司内扮演的角色不同之外,毕马威的国际部门和安达信的不同还体现在结构上。安达信公司的国际部门采用的是由一点为中心,向外部发散的星型结构。而毕马威是多中心的国际化服务公司。

其二,毕马威在员工培训的形式上与安达信有很大区别。过去,毕马威的员工培训只有两个目的:一是统一服务标准和服务方法,为给世界各地的客户提供同样的服务。二是让自己的员工更加了解这个行业以及掌握过硬的专业技术,同时为公司创造良好的声誉,并提高自己的股价。培训和管理本身主要是一种以提升技术能力和实现标准化服务为目的的认知活动。然而,毕马威却在欧洲单独开设了以"我们是一个整体"为理念的公司文化教育课程。尽管公司有意在全球实行标准化和合作制的培训项目,但就目前来说,培训仍是由毕马威各下属公司自己组织。不过公司有很多资源是面向各个公司开放的,他们的使用取决于各个企业单元。

为应对客户对行业内细致分工的要求,五大会计师事务所巨头分别设立了自己的专业业务部门,将处于同一分支下的不同部门的员工们聚拢在一起,组成具有凝聚力的服务团队。在这五大会计师事务所巨头之中,毕马威尤其重视这样的发展模式,将这种模式作为自己应对市场变化最主要的措施。

除此之外,毕马威为了应对行业内越来越精细的分工,甚至做出了建立新的全球公司结构的决策。举个例子,他们的某些分公司之间会有转移定价的行为,这使得他们可将部分税金节省下来,变为总公司的利润。而其中的版税又回流到原来的分公司。这种方法被应用在毕马威新开辟的一些具有大量国际客户的市场当中。毕马威的另一举措是还任由其合伙公司提出、组建、经营新的项目,而不论各地分公司所组建和经营的这些新项目获得的利润是正是负,都将在全球范围内重新分配。这种新的结构也对市场产生了一些积极影响,使毕马威获得了更大的竞争力。尽管这种全球化的结构还是一种具有革命性的尝试,但它很快已经被应用在了各个行业中,使毕马威与其下属分公司之间的联系更加紧密。

总之,毕马威是一间各国分公司全职化、自给自足的跨国联合制会计事务所企业,本身拥有多个中心。其国际部门是法律上独立的属于各地分公司共有的附加机构。毕马威的分公司之间并没有上下级之分。公司的一体化表明了两点:其一,公司对员工的培训以提升服务质量为目的。其二,公司寻求建立行政性平行结构。公司的决策大都经过内部讨论和商议,而且公司并未对各地分公司是否要遵从国际部门的政策提出强制性的要求,分公司可以自主选择。作为一种达到国际一体化的手段,毕马威尽量避免所谓的权威和层级制度的出现。横向扩张也同样出现在安达信,不过两者还是有所区别。安达信的横向扩张更多的是为了补充其垂直方向层级制度的不足,而毕马威则是整个公司都采用横向结构,这也是大部分欧洲跨国公司的特点之一。这种层级制度安排强调通过民主商议做出统一的决策,因而和层级制度以及中央集权控制是两种对立的公司管制方式(Hofstede,1980)。

5.6 历史对于企业国际化结构的影响

为什么处在同一领域,面临同样的市场环境和竞争挑战的两个企业会在结构上有如此之大的差异呢?理解这个问题,我们需要从两个公司各自的历史层面去考察。本节我们将从两个公司的特殊起源谈起,就其各自的专长技能、公司管制、结构设计、从业范围、关键决策以及文化渊源等几个方面,以历史发展的眼光去寻求该问题的可能答案。[5]

5.6.1 安达信

1. 专业技能知识

公司创始人亚瑟·安达信(Arthur Andersen)本人对公司的深刻影响,至今仍然回响在公司整个的国际化结构中。安达信其人出身于一个中产家庭,是一个具有良好职业道德的人。他打破了以往学者不愿进入主流公司的界限,成为由学术界进入商界的第一人。在公司创始和经营的过程中,他一直很重视人才的招募,大量网罗和自己背景情况类似的有才能的人,从而使公司在人才方面形成一个价值观基本相同的精英组合。

在安达信公司成立的早期,安达信本人将自己的激情注入公司当中。他尤其看重对人才的培养和教育,也因此设立了一系列的培训项目。后来这些培训项目扩展到各个办公室,渐渐成为公司员工必须接受的标准化培训。安达信又于1930年开设了新的专业课程,使员工培训不再局限于过去的审计和会计,而将业务扩展到了其他方面。至20世纪50年代,公司已经形成了自成体系的员工职业升迁机遇通道,拥有自己的专业技能评估程序,员工若工作表现优秀将获得升迁机会。与此同时,公司与外界也建立起一些非正式的合作伙伴关系(所谓的门户开放政策)。

2. 公司结构设计

从20世纪20年代始,安达信公司逐步在美国国内进行扩张。这种最初的扩张主要采用内部扩展的方式,而非通过企业并购进行。尽管企业的国际扩张肇始于20世纪20年代,但直到十年之后,公司的第一波国际化才取得了阶段性成果。安达信通过与国外一些先前已拥有多家分部的公司制定"工作契约"的方式实现其国际化扩张。这些新的合作伙伴主要来自欧洲、南美洲、澳洲和加拿大。公司曾有企图将这些分部通过建立工作契约关系的形式,组成一个以安达信公司总部所在地美国为中心的全球化企业机构。在贯穿公司发展的整个历史上,安达信也曾多次考虑过通过并购活动进行国际化扩张,但是早在1935年的时候,许多合伙人已认识到通过兼并其他公司并吸收其雇员加入的形式进行公司扩张似乎弊大于利,是一种不值得再为之浪费精力的行为。过往的报告显示,合伙人们更加倾向于通过内部扩展而非企业合并的方式进行扩张,同时认为只有内部扩展的方式才可以保证员工接受同样质量的职业培训,并能保证企业服务的一致性。

第二次世界大战的爆发打断了安达信组建成唯一一个世界性巨头的进程。事实上,战前已建立起的部分网络关系也因战争遭到了一定程度的破坏。一些办公室被迫关闭,另一些服务也被终止。第二次世界大战之后,安达信会计师事务所在战前遗留下来的基础上继续进行国际扩张。1946年,安达信于他去世前不久在的一份备忘中于曾经这样讲到自己的国际化视野:

> 尽管目前还没有实现,但是我们必须要建立一个以前还未有过的大家庭式的公司。无论我们的办公室是在美国还是在境外其他国家,我们都需要紧密维持联系,确保为世界各地的顾客提供同样上佳的服务。这必须成为我们未来成立新公司,或进行公司扩张时的指导理念。这将会极大地鼓励我们的员工,并且在培训员工以及发展客户关系时产生巨大的作用。我们公司仅仅在伦敦、墨西哥城,或者在巴黎派驻代表是不够的,他们必须要通过某种方式成为一

个整体,只有这样我们的员工才能够感受到并实践我一直在公司内倡导的员工之间的更多相互理解、更多责任心,以及更多信心上的支持。过去我们的各个办事处只注重自己的业务,如今我们必须从更广阔的视角来审视我们的公司。

(Arthur Andersen, 1988:75)

我们已经介绍了安达信会计师事务所在美国的起源。到了 20 世纪 50 年代,安达信继续自己壮大的脚步,他们对加入公司网络的公司实行和美国公司一样的标准,希望能够建立一个如安达信所说的统一的整体。尽管企业需要并继续在壮大,但是安达信还是不愿意进行企业兼并活动,唯恐这种活动会对公司的中央控制造成不利的影响,以致影响公司为客户提供的服务。其实企业也不是完全摒弃了这种兼并方式,但他们所进行过的尝试结果大都令人失望甚至半途而废。因此,企业依然将内部扩张尤其是从内部向国外的扩张作为企业的根本宗旨。在 1958 年的一次会议上,合伙人们又重新强调了公司的传统理念——建立一个强大的中央管理系统对公司是十分必要的。在拥有中央管理和控制的同时,适当给予下属地方公司一些权利,这样能够更好地满足顾客需求。会议的结果是这些合伙人秉承了公司传统理念,做出了继续在员工培训、市场研究、专业服务发展,以及在世界范围内的各大城市建立新分部等方面大力投资的决策。在这一年的另一次会议上,这些公司合伙人继续"坚决反对将公司建立成如其他几大会计师事务所那样一种地方性的'宽松式联合制公司'"。这些合伙人继续坚定地站在公司的现任领导者伦纳德·斯帕切克(Leonard Spacek)身后,支持这位延续了以往安达信主事时期粗犷、强势领导作风的继任者(Arthur Andersen,1988:102)。

一个参加安达信面试的人以发生在 20 世纪 50 年代中期的一件偶然事情为例,转述了建立一个"统一整体式"企业的重要性。故事大概是说一个美国的大客户抱怨他们在伦敦得到的服务不够好。于是斯帕切克亲自去了一趟伦敦,他发现当地办事处的走廊是锁着的,于是他当即解除了与伦敦方面的合同。从此安达信开始雇佣牛津、剑桥等顶尖大学的毕业生,希望能够在公司里彻底铲除旧式的英国会计制度。正是从那时开始,斯帕切克更加坚信建立一个共同利益体的重要性,他认为除此之外没有别的办法能够在全世界都建立起符合自己标准的办事处。而且如果不这样的话,那些有雄心的美国合伙人也不会愿意去国外工作,公司也就无法在海外实现统一的、美国式的会计标准。

同样是在 20 世纪 50 年代左右,安达信开始设计自己的商标,希望通过这一举措提升公司的凝聚力和在世界范围内的一统性。他们希望拥有一个代表信任、私密、安全、有序以及能够反映企业精神的商标。到了 20 世纪 70 年代,公司拥有了亚瑟·安达信(Arthur Andersen)和瑞士分公司 Co. Société Cooperative(SC)两个商标。这两个品牌反映出公司建立全球化统一型企业以及打破国籍限制和保护主义的决心。这种形式的行政机构有助于协调安达信下属各个机构之间政策的制定、企业的运营监督和管理,以及所有安达信下属员工的培训等业务(Arthur Andersen,1988:139)。每一个合伙人既是他所在国家公司的成员,也是 SC 的成员。整个 20 世纪 70 年代,安达信公司业务的增长速度超过了单凭内部扩张,不靠兼并收购等行为所能够达到的最大增长速度。这一时期的安达信对于兼并和收购等活动仍然持怀疑态度,不过在这期间他们还是通过两起并购活动加强了公司在英国和南非的市场占有率。

3. 从业范围:市场与服务

安达信一个很大的特点就是服务范围非常广泛。从建立之初开始,安达信从非会计和审计之外的行业获得的利润就远远大于其他大型会计师事务所。安达信十分看重企业金融调查这一块,凭借着在这一领域中丰富的经验,安达信在 20 世纪 20 年代的企业兼并大潮中寻找到了大量的工作机会。早在 1925 年美国会计师协会的一次区域性会议上,安达信本人就指出了会计师所应当担负起的重要角色:

> 会计师能够给商业分析和企业管理带来更加平衡和客观的看法,正是这一点使得会计师们可大有所为。我深信,会计师们在未来商业领域中所处的地位,和他们的眼界开阔程度以及敢于承担行业中大型服务的勇气是成正比的。

(Arthur Andersen,1988:29)

安达信要求自己的公司尽可能地参与到除会计之外的服务业工作当中去。这包括劳资关系、货源供应、辅助生产设备、产品市场建议、企业构架重组及有效管理咨询等行业,其中很多业务都是关乎客户隐私和人力资源方面的重要工作。到 20 世纪 50 年代,在其他公司对这些业务还很陌生的时候,安达信已经拥有了一整套全方位的服务体系。同样在这一时期,大概从 1953 年开始,安达信开始接触技术领域和系统开发市场,然而因为他们对于新行业的尝试是多方面的(共成立了多达八个下属咨询公司),这从某种程度上也使其没有形成有自身特色的技术系统咨询领域(Stevens,1991)。

进入 20 世纪 60 年代后,公司开始涉足管理咨询业务,特别是有关企业建立信息系统的管理咨询类业务,逐渐成为公司及其各地分部的主业。各类公司管理系统的逐步建立,使企业内部的工作岗位出现了分化,例如专门从事系统管理和维护的人员,其工作性质与公司以往的其他工作岗位大不相同。或许更为显著的变化,是公司中提供审计和税收打理服务的部门与提供管理咨询类服务的部门,两者之间从业务性质上说几乎没有什么关联。因此从 60 年代初,公司决定废除之前制定的凡是公司新进员工必须具有两年审计工作经验或先受两年审计培训的条款。这是公司发展多元化的一个表现,表明公司不再需要每个人都应该像会计师一样去思考去行动。从另一个角度看,这也是公司节约成本的做法之一,从某种程度上反映了大型会计师事务所之间竞争的激烈。

在整个 20 世纪 60 年代中,IT 信息科学技术的发展以及各方对系统整合的供应从未停止过。在 1968 年的一次重要会议上,公司决策层决定对咨询业部门进行调整,使该部门更加统一、更加具有凝聚力。具体做法是每间合伙公司的咨询部门要有自己的主管,并且要有自己的一套员工培训机制。这样做使得各分公司内的咨询师之间没有太大差别,更容易为客户提供标准化的服务。企业内部由此在咨询师和会计师之间以及相应的两部门之间出现了不和现象。尽管公司会计业务贡献的利润超过了企业总利润的一半,但这样做之后公司的咨询业务利润则以每年两倍于会计业务的速度飞速增长。由于安达信下属各个公司分部对于补偿金、公司结构以及资金融通需求的不同,公司各部之间难免会产生摩擦乃至分歧,为此安达信总部于 1989 年做出重要决定:成立并命名一个新的子公司来专门经营咨询业,因为他们看好咨询业这块存在着巨大的市场潜力(Whitford,1997)。与此同时,管理的责任也被下放到各个办事处。在新的管理制度下,各办事处不再需要事无巨细的向合伙人管理执行董事汇报(按照以往行业内的规矩,该执行董事通常由一位资深的会计师担当)。

5.6.2 毕马威(KPMG)

毕马威的历史要复杂很多,因其是一个合并而成的公司,因而现在的毕马威有不止一个前身。然而其中有两个(分别是 PMI 和 KMG)是其最主要的下属公司,我们将会把注意力集中在该两个公司方面,分析他们早期的公司管理制度、专业技能知识、主要从业范围和公司结构设计。

1. 毕马威国际(PMI)

PMI 由一家英国企业和一家美国企业于 1911 年联合创立而成。起初他们各自沿用自己的公司名,直到 1925 年才统一采用 PMI 作为他们的名称。在公司创立的早期,尽管 PMI 力求国际化的发展,但其业务主要局限于一些英语国家。这时的公司以单纯的合伙制形式存在,利润由两家公司共享,好比是一个"紧紧拧在一起的结"(Cypert,1991:64)。两家公司合伙人之间有一些国际交流项目,以促进从业同伴彼此之间的相互了解。20 世纪 70 年代的时候,各个会计师事务所之间出现了参与开发新业务的大潮,然而 PMI 的合伙人通过投票的方式,明确表示反对进军其他市场。公司将重心继续维持在审计等原有业务上,这使得公司有足够多的精力投入到质量把关当中,不过企业结构虽然因业务近似而变得更加紧密,但增长速度却比较缓慢。

2. KMG 的历史

毕马威的另一部分历史起源于 1917 年阿姆斯特丹的一家公司。这家公司早期的一位负责人曾经推动过会计产业的专业化,在他的领导下,该公司在许多行业当中都开展有自己的业务,尤其擅长银行业以及进出口贸易业。这位负责人"非常独断"(Cypert,1991),并将自己的这种管理方式和理念灌输至其他公司合伙人和雇员当中。公司一开始主要将精力放在帮助欧洲以及南美洲的大客户打理财政业务上面，他们甚至在欧洲建立了一个小型贸易集团，将欧洲的业务合而为一。KMG与国际上许多公司都签订了利益共享协议，组成了一个结构松散的多国联盟。公司业务运作因此执行两类标准，一种是国内层面的（该标准需至少与公司设有办事处的所在国家或地区的会计标准相一致），另一种是国际层面的（该标准需符合公司的国际审计守则）。

KMG下设有各类不同的办事处，并规定了每一下属办事处能够代表整个国际企业运作的业务范围，以及从国际企业可能获取的利益。整个公司实际上是一个较为松散的伞状结构，每个下属企业或办事处拥有自己选择所属部门的权力，甚至也可以随时退出公司网络。公司在发展国际化的同时，强调各下属企业和办事处应尽力保持自身的独立性和地方特质。KMG公司的这一特点似乎与其一位早期奠基人的强力推动有关。公司的一位合伙人这样评价这位奠基人：

> 他是一个有着独特视角的美国人。他出生在中西部，在东西海岸都曾经工作过，后来担任了公司在德国分部的资深合伙人，并且和一个当地人结了婚，之后他开始为公司发展在世界各地奔波。他对于公司的世界远景构想是这样的，总有一天要建立一个没有国界的……强大的、跨国性质的多家公司的集合，其中的每个公司深深植根于自己的国家，相互之间通过制定人员调配以及技术支持协议等紧密联系在一起，最终构成一个巨型国际大家庭。

到了20世纪80年代中期，这一松散的各国公司联合体通过总部设在瑞士的协会的领导下已经具有了相当规模。公司拥有自己的商标，并授予各个分公司对该商标的使用权利。分公司在世纪运作中拥有极大的独立性。并且，大部分的下属分公司并没有制定正式的国际商业计划。一家大型咨询公司经过深入调查研究，曾向KMG建言说：如果想要在国际经济体系中扮演更重要的角色的话，KMG应该改变这种让下属公司独往独来行动的做法。

3. PMI与KMG的合并

这两间公司采用了相似的企业战略，区别仅在于一个将市场瞄准欧洲，而另一个则以讲英语的盎格鲁—撒克逊视为主打地区。他们于1987达成协议，两家公司正式合并。合并而成的新公司并非是互相吞并的结果，也不是为了建立更加集权化的公司管制体系，而仅是两间公司在国际结构上达成共识，共同建立一个合伙制的多国化公司。PMI在欧洲依然保持着利润共享的模式，而KMG也延续了他们由许多全国性公司联合而成的模式。从公司所处的市场来看，这次合并使得公司在各地尤其是在欧洲的力量得到很大加强。PMI的优势在于财政金融业务这一块，而KMG则在制造业上拥有丰富的经验。他们之间的合作使得企业能够实现专业互补，并且保证了企业的专门化程度，也为企业进驻保险、房地产、商品销售、健康服务、高新技术、政府以及教育等其他行业打下了坚实的基础。从长远运营的角度看，毕马威希望实现审计的自动化，因此他们成为了六大会计师事务所巨头中第一个监控客户服务的企业。为此,企业对于熟悉各工业门类内部情况、具有专长技能的人才也显得越来越重视。

5.6.3 讨论

1. 各个公司应对国际化时采取不同战略决策的历史解释

安达信和毕马威两个巨头会计师事务所今天的国际化架构和他们早期做出的那些关于企业管理模式、专业技能知识、业务经营范围、企业结构设计等方面的种种决策是分不开的。对于安达信来说,这些架构包括:高度集中和整合的权力分配(有能力在全球范围内一体化有效地实施企业分部管理);广泛的业务领域和以信息系统为主导的地位;高度发展的自动化管理咨询体系;以及公司内统一的价值观念。公司现今的组织结构,反映了公司创立者安达信的理念和精神。这种精神包括他有意招募和自己相似的人才(从而易于形成共同的企业发展理念),也包括他对于人才培养和培训的执着(从而易于维持和发扬光大原有的企业发展理念),以及他对于会计师将会在咨询行业发挥巨大潜能的信仰。企业现如今仍能够蒸蒸日上,持续迸发其创造力,并不完全在于企业拥有各个领域内各式各样的顶尖人才,以及拥有高效而尖端的技术体系,而是在于那些不断涌现的与企业创始人理念和精神相通和相同的管理领导者。

纵观安达信的历史,可以知道这是一家高效、有能力同时为世界各地许多客户提供服务的企业,这得益于公司通过高度发达的信息系统将跨境的各个成员公司迅速组合成一个整体。同时,安达信所涉及的业务之广泛也是其他五大会计师事务所公司无法匹敌的。公司通过标准化的学习过程,一旦掌握了新的技术就立刻在公司内部迅速而广泛地传播并付诸实践,这使得以往企业所依赖的通过地方员工敏锐的洞察力和忠于企业的责任心来传播经营经验和心得体会相形见绌。不过,过度看重管理咨询业务以及不同业务部门之间不时存在的冲突,使得安达信国际下属的公司之间很难共享客户。实际上,安达信咨询(Andersen Consulting)可能会进一步从安达信国际(Andersen Worldwide)当中分离出来(Whitford, 1997),而会计业(亚瑟·安达信)那一部分,也正在开发自己的咨询服务业务。

对毕马威来说,合作式的企业架构包括:按照公司所处国家进行各自利益分配、开展区域性的咨询业务,着重高度发展部分行业和区域性重点。这些架构特点的形成或多或少都能够从 KMG 和 PMI 的历史里找到对应的元素,而这两间公司 1989 年的合并更加强化了这种结构。总的来说,毕马威以区域为单位来应对国际环境的改变,这与该公司的两个前身公司的价值观念是相吻合的。KMG 曾经给予本地合伙企业高度的自治权利,让他们拥有及时对环境改变作出反应的能力;而 PMI 对于高质量的审计和会计的追求,使得他们很早就拥有了标准化的、高质量的、被监管的客户服务系统。毕马威现如今对于区域自治的看重和为手头项目临时组建工作团队的做法，来源于KMG早期在欧洲积累起的经验。他们在欧洲企业之间成功地建立起了经济联盟。相比安达信，毕马威会计师事务所从公司人员的多样化中获得了更多的企业创造力。不过这种联盟形式也有一些弊端，它并不具备安达信那种高度一体化所带来的高效性。

随着公司的发展，毕马威的国际部门相比过去在效率上有了很大的提高。同时他们对国际变化也能应对自如，知道何时缔结条约、何时摒弃条约。这种形式有自己的优点。由于参与制定条约的企业来自不同的地域、不同的文化，所以他们更加了解本地的传统，能够为企业寻找到更多的服务机会。不过这种通过制定条约形成的联盟也具有局限性，首先它无法在同一时间内为许多国际客户提供服务，其次公司还需要解决下属公司因文化或利益不同而可能产生的冲突。而且下属企业因为本身具有较大的独立性，有些时候可能会自作主张，并不完全服从于总公司(Rose, 1998)。

到目前为止，我们已经描述了两家成功的咨询企业在面对相同外部环境改变时完全不同的反应。通过分析，我们能够看出企业权变理论(Lawrence and Lorsch，1967；Thompson，1967)的不足之处，即在特定环境中存在一种最优的企业组织方式。企业的历史以及他们早期做出的决策，同样会影响企业在当今社会如何应对环境的改变。同时，从案例中我们还可以看出不仅企业早期做出的决策会影响现在，企业在其发展历史上任意一个时刻所做的决定对于今天都可能产生影响。举例来说，毕马威不但受PMI与KMG合并之前各自所做的决策影响，也受到他们合并之后所做决策的影响。同样的道理，他们今天做出的决策也会影响到公司未来的发展。比如KMPG重新将公司定位在传统的会计师事务所上，因此，可以预见的是他们不会像安达信那样在咨询领域成为一个有实力的竞争者。

2. 历史的沉淀与改变

经过之前对两间公司的分析，我们也许会产生这样一个疑问：对于任何一间公司来说是否都在其历史上存在某些转折点，这些转折点或许令公司早期的历史变得不那么重要，而倒是在该转折点上出现的某些重大历史事件大大影响到公司后来至如今的发展，乃至影响到公司对未来机会的把握和选择？这一疑问的提出，表明我们不能将历史简单地看作是一个直线化过程，或者说历史自有其逻辑。例如，历史在告诉我们这样一个进步过程，那就是不断地追求提高效率。

我们认为最好的办法，应该是将我们的设想构建于历史的积淀之上，库珀等人(Cooper et al.，1996)就曾将这种方法应用在其有关机构变革的研究当中。具体来说，历史应该被看作是一个包含若干个中断点的连续过程。我们可以将地质学作为类比，公司机构的演变进化就像地质学中的一系列地层一样，充满着不同的侧面、实践和理念创意。一些地层很容易被侵蚀而消逝，但即便是这样它们仍会留下岁月的蛛丝马迹。而另一些地层却经得起时间的考验。本章就是想说明，对于一间公司来说,早期的价值观、经营特点、业务实践等更容易在公司中流传和继承下来,尤其是那些关乎到公司的管理制度、运营领域、专业技能的理解与感知,以及公司构架设计等,更易积淀下来。这种从历史积淀的角度去看待变革的方法,与新制度主义变革理论有着相似之处(Greenwood and Hinings,1996),即质变都发生在一定基础的量变之上。

3. 不受历史影响的一面

将不同公司的历史以及他们现在的国际安排进行比较会使人产生另一个疑问:公司的国际结构之中是否存在某些方面不受公司历史与公司早期决策影响的成分? 我们注意到不论是公司的管理模式、框架设计、经营范围、专业技能、扩展方式(内增或并购),还是公司国际办事处的起源国等,都不是影响公司平行横向机构形式或数量的重要因素。公司的平行横向结构延展在五大会计师事务所巨头里随处可见。一个合伙人总结得很好:

> 我这里要说,公司的后援支持机制正变得越来越好,因为公司需要这样的进步,这是市场追求效率的结果。没有人能够容忍你花费三天时间去想出一个细节问题的解决方案。除非真的会出现一个像先知那样能够包揽解决一切问题的人,以往的后援机制才会维持不变。事实上,我们每天面对的问题都足够复杂,因而需要一个团队共同努力,共同面对。当问题出现时,你需要一个团队去解决,而组建这样的团队是一个巨大的挑战。同样,你也需要背后的基础支持结构,因为我们现今面临的问题往往十分复杂,但却又需要迅速作出应变。这些都是国际化带给我们的压力,国际化了的客户需要我们以国际化的架构来接受挑战。

我们已经从公司历史和公司国际结构两方面对毕马威和安达信进行了对比分析,那么从更广的角度看,历史对于公司还有哪些其他重要影响呢? 对于职业化服务行业跨国公司来说,他们的与众不同之处就在于客户所扮演的角色。在职业化服务行业中,客户所担任的角色,包括明确服务目标、监督任务完成、确定服务结构(通常映像着客户的结构)等,使得他们本身就成为公司历史的一部分。而他们与公司之间的关系也可能会改变公司的结构,有可能为公司指明新的方向。因此,公司横向结构的形成和发展与每一个顾客的要求从本质上有着不可分割的联系(Rose,1998)。

由此我们可以推测出这样一个结论:当公司面临巨大外部压力的时候,他们有可能选择放弃自己的传统。对于不同公司来讲当其面临特殊时期时(比如公司决定进入某个新的领域或某个新的市场;公司面临来自外部诸如政策、经济、竞争、客户特殊要求等方面的压力),他们究竟会在何种程度上摒弃自己的历史与传统? 由于客户的某种需求,每一间公司都会与其他的同行职业化服务公司甚至是自己的竞争对手建立联系。随着这种外部网络的发展演变和复杂化,不仅仅是公司与客户关系的历史,甚至是公司与其竞争者以及其他同行的关系历史,都会影响到公司的国际化组织架构。为了更好地了解公司历史轨迹对于公司国际化结构和进程的整个影响,我们需要研究公司的

内部与外部历史关系。举个例子,我们可能要提出以下问题:

(1) 公司哪一方面的组织结构历史对公司最具影响? 特别地,公司哪种历史上形成的关系对改变公司的组织结构影响最大?

(2) 这些方面和这些关系产生了何种影响?

(3) 历史上究竟何时出现了那些影响公司国际构架的事件? 这种影响持续了多久?

(4) 这些事件或关系带来的影响到底是怎么消除的?

我们已经证实了公司的历史对于公司现在的结构安排以及公司未来的机遇会产生重要影响。这种理论上的简单概括,无论是一般地针对跨国公司还是特别地针对专业服务业公司来说,都建立在将公司历史概念化之上。这种简单的概念化概括,是将公司的历史结构看作一个单一的、可认知的结构,这种结构又与公司的母体公司原有文化相关联(Barlett and Ghoshal, 1999),也可能是与公司的成长与发展模式相关联(Greenwood et al., 1999),还可能是与公司早期所作出的有关管理模式、业务范围、专业技能和结构设计等等重要决策相关联(Kimberly, 1987)。

我们已经揭示了公司的国际结构受多方关系的影响。这些关系有合伙人与非合伙人之间的关系、不同部门员工之间的关系、不同地域分公司之间的关系(有些地域在成员间共享利润,有些则不参与共享;有些地域适应公司的国际政策,有些则不适应),以及公司内部和外部之间的关系(公司与客户、竞争者、其他同行、执法者等的关系)。对于五大会计师事务所巨头中的任何一间而言,这些关系牵绊在一起都是复杂的东西。因此,探求他们的历史并不是容易的事情,这需要对公司的背景和当时的社会环境有着深入的了解。

要想真正了解五大会计师事务所及其历程,就必须对其历史进行全面的分析。普雷威茨和莫雷诺认为:

> 会计行业在美国经济体系和社会秩序中已经占据了不可动摇的重要地位,但它仍然会继续发展,并且作为一个社会领域,将在相互融资、商业投资、企业管理、传统债券、客户服务、员工管理等方面,甚至是在全世界的资本市场上担负起更加重要的责任。会计师们如今面临的挑战,来源于过往以及现今社会的要求。这些挑战可能来自资本市场的立法性质和制度设计,也可能来自与此相关的其他信息服务市场。正如每一代人都能够在置身于冲突目标的荆棘当中又有所期冀,最终找到自身的解决道路那样,作为事实也作为解构的历史,将提供给我们宝贵的借鉴并引导我们大有斩获。

（Previts and Merino，1998：423）

历史不仅能够指导预测未来,它同样也能够解释现在。不过我们对历史的关注不能只局限于那些线性的、我们认为起决定作用的历史,并以此来支撑所谓的权变理论。尽管钱德勒的商业史

（如 Chandler，1966，1977）被拿出来用于支持威廉姆森的交易成本经济学（Williamson，1975）和支持劳伦斯和罗施的权变理论（Lawrence and Lorsch，1967），但这样做太过于直线化，太过于目的论，太过于功能主义（Du Boff and Herman，1980），因此并不能够严肃客观地阐述历史。我们还是应当回归到像伯恩斯和斯托克（Burns and Stalker，1961）所提出的那样，更多地去关注历史的进程及寓于其中的偶然性。对于公司国际构架的研究，应该更多地关注公司的历史进程，而不是公司在某种环境中所展现出的静止框架结构。如果我们能够将自己对社会经验的理解融入到对这些公司的研究当中去，不是结构式的而是动态发展式的，假以时日，我们定能有所新的成就。伯恩斯和斯托克（1961）曾说过：

> 只有依照此种途径，即将一个人的行为理解作其人在个人身份扮演和社会习俗认同过程中不断相互作用并重塑自我的媒介，我们方能掌握变革、发展以及历史过程的性质，从而在这一认识过程中我们才能有所前进，有所创造。

（Burns and Stalker，1961：xvi）

注释

在此，作者们谨向为本研究提供资金支持的社会科学与人文研究委员会（Social Sciences and Humanities Research Concil）表示感谢，同时还要感谢本文所涉及的会计师事务所所给予的大力协助。

［1］ 反映客户海外投资的重要性可从近期在中国、东欧以及其他地方发生的突发事件中得到证实（参见 Cooper et al.，1998）。

［2］ 本节引用了我们先前所做的大量研究工作（Greenwood et al.，1999）。该项工作就有关这些公司目前的国际结构和发展过程给出了全面阐述，因而为我们解释这些公司的早先决策对现今的影响奠定了重要基础。

［3］ 目前产生了许多不同的合伙人类别，其中最明显的是国内合伙人和国际合伙人。

［4］ Turley（1994：14）就国内公司的独立性问题作出了极敏锐和尖刻的说明，他提醒我们这些公司有改变其下属机构设置的自由。由此，一些国内公司通过兼并而大大改变了其从属机构。

［5］ 就本节所披露的信息而言，我们广泛引用了公司的历史记载，所有这些均是公开可查的。正如我们先前所强调的，从目的论的角度来说，这些信息来源可使我们将研究焦点集中于公司的实践及发生的重大事件上，然而如果将这些信息来源用来解释历史，收获将不会太大。

参考文献

Aharoni, Y. (1999), 'Internationalization of Professional Services: Implications for Accounting Firms', in D. Brock, M. Powell and C. R. Hinings (eds) *Re-structuring the Professional Organization: Accounting, Health, and Law*, London: Routledge.

—— (1995) 'A Note on the Horizontal Movement of Knowledge Within Organizations', paper presented at the Conference on Change in Knowledge Based Organizations, University of Alberta, Edmonton, May.

—— (1993) *Coalitions and Competition: the Globalization of Professional Business Services*, New York: Routledge.

Allen, D. and McDermott, K. (1993) *Accounting for Success: a History of Price Waterhouse 1890–1990*, Boston: Harvard Business School Press.

Arthur Andersen and Co. (1988) *A Vision of Grandeur*, Chicago: Arthur Andersen.

Barrett, M., Cooper, D. J. and Jamal, K., (1997) 'That's Close Enough and the Friction of Space', paper presented at the Accounting, Time and Space Conference, Copenhagen.

Bartlett, C. and Ghoshal, S. (1989) *Managing Across Borders: the Transnational Solution*, Boston: Harvard Business School Press.

Bartlett, C., Doz, Y. and Hedlund, G. (1990) *Managing the Global Firm*, London: Routledge.

Burns, T. and Stalker, G. (1961) *The Management of Innovation*, London: Tavistock.

Chandler, A. D. (1966) *Strategy and Structure: Chapters in the History of the American Industrial Enterprise*, Garden City, N.Y.: Doubleday.

—— (1977) *The Visible Hand*, Cambridge, Mass.: Harvard University Press.

Chandler, A.D. and Daems, H. (1979) 'Administrative Coordination, Allocation and Monitoring: a Comparative Analysis of the Emergence of Accounting and Organization in the USA and Europe', *Accounting, Organizations and Society* 4: 3–20.

Cooper, D. J., Greenwood, R., Hinings, B. and Brown, J. (1998) 'Globalization and Nationalism in the Multinational Accounting Firm: the Case of Opening Markets in Eastern Europe', *Accounting, Organizations and Society* 23: 531–41.

Cooper, D. J., Hinings, B., Greenwood, R. and Brown, J. L. (1996) 'Sedimentation and Transformation in Organizational Change: the Case of Canadian Law Firms', *Organization Studies* 17 (4): 623–47.

Cypert, S. (1991) *Following the Money: the Inside Story of Accounting's First Mega-merger*, New York: Amacom.

Daniels, P., Thrift, N. and Leyshon, A. (1989) 'Internationalisation of Professional Services: Accountancy Conglomerates', in P. Enderwick (ed.), *Multinational Service Firms*, 79–105, London: Routledge.

Donaldson, L. (1985) *In Defence of Organization Theory: a Reply to the Critics*, Cambridge: Cambridge University Press.

—— (1995) *American Anti-management Theories of Organization: a Critique of Paradigm Proliferaton*, Cambridge: Cambridge University Press.

Doz, Y. and Pralahad, C. (1986) 'Controlled Variety: a Challenge for Human Resource Management in the MNC', *Human Resource Management* 25: 55–71.

—— (1992) 'Headquarters Influence and Strategic Control in MNCs', in C. Bartlett and S. Ghoshal (eds), *Transnational Management: Text, Cases and Readings in Cross-Border Management*: 552–66. Boston: Irwin.

Du Boff, R. B. and Herman, E. F. (1980) 'Alfred Chandler's New Business History', *Politics and Society*.

Evans, P. (1993) 'Dosing the glue: Applying Human Resource Technology to Build the Global Organization', *Research in Personnel and Human Resource Management* 3: 21–54.

Evans, P. and Doz, Y. (1992) Dualities: A Paradigm for Human Resource and Organizational Development in Complex Multinationals, in Pucik, N. Tichy, and M. Barnett (eds), *Globalization Management: Creating and Leading the Competitive Organization*, New York: Wiley.

Ferner, A., Edwards, P., and Sisson, K. (1995) 'Coming Unstuck? In search of the Corporate Glue in an International Professional Service Firm', *Human Resource Management Journal* 34: 343–61.

Gibbins, M. and Mason, A. (1988) *Professional Judgement in Financial Reporting*, Toronto: Canadian Institute of Chartered Accountants.

Greenwood, R., Cooper, D. J., Hinings, C. R. and Brown, B. (1993) 'Biggest is Best? Strategic Assumptions and Actions in the Canadian Audit Industry', *Canadian Journal of Administrative Sciences* 10: 308–21.

Greenwood, R. and Hinings, C. R. (1996) 'Understanding Radical Organizational Change: Bringing Together the Old and New Institutionalism', *The Academy of Management Review* 21: 1022–54.

Greenwood, R., Hinings, B. and Brown, J. (1990) 'P²-form Strategic Management: Corporate Practice in Professional Partnerships', *Academy of Management Journal* 33 (4): 725–55.

Greenwood, R., Hinings, B., and Cooper, D. J. (forthcoming) 'An Institutional Theory of Change: Contextual and Interpretive Dynamics in the Accounting Industry', in W. Powell and D. Jones (eds), *Bending the Bars of the Iron Cage: Institutional Dynamics and Processes*, Chicago: University of Chicago Press.

Greenwood, R., Rose, T., Hinings, B., Cooper, D. J. and Brown, J. (1999) 'The Global Management of Professional Services: The Example of Accounting', in S. Clegg, E. Ibarra, and L. Bueno (eds), *Theories of Management Process: Making Sense Through Difference*, Beverly Hills, Calif.: Sage.

Hanson, J. D. (1989) 'Internationalisation of the Accounting Firm', in A. G. Hopwood (ed.) *International Pressures for Accounting Change*, 43–56, London: Prentice Hall

Hedlund, G. (1994) 'A Model of Knowledge Management and the N-form Corporation', *Strategic Management Journal* 15: 73–90.

—— (1986) 'The Hypermodern MNC – Heterarchy?', *Human Resource Management* 24 (1): 9–35.

Hofstede, G. (1980) *Cultures Consequences: International Differences in Work-related Values*, Beverly Hills, Calif.: Sage.

Jones, C., Hesterly, W. and Borgatti, S. (1997) 'A General Theory of Network Governance: Exchange Conditions and Social Mechanisms', *Academy of Management Review* 22 (4): 911–45.

Jones, E. (1981) *Accountancy and the British Economy, 1870–1945: A History of Ernst and Whinney*, Oxford: Batsford.

Kimberly, J. (1987) 'The Study of Organization: Toward a Biographical Perspective', in J. W. Lorsch (ed.), *Handbook of Organizational Behavior*, Englewoods, N.J.: Prentice Hall.

Lawrence J., and Lorsch, L. (1967) *Organization and Environment*, Georgetown, Ontario: Irwin-Dorsey.

Løwendahl, B. (1997) *Strategic Management of Professional Service Firms*, Denmark: Munksgaard International.

Marx, K. (1852) 'The Eighteenth Brumaire of Louis Napoleon', reprinted in K. Marx and F. Engels, *Selected Works*, London: Lawrence and Wishart, 1968.

McKee, D., and Garner, D. (1996) *Accounting Services, Growth, and Change in the Pacific Basin*, Westport, Conn.: Quorum.

Merino, B. (1998) 'Critical Theory and Accounting History: Challenges and Opportunities', *Critical Perspectives on Accounting* 9 (6): 603–16.

Napier, C., (1998) 'Giving an Account of Accounting History: a Reply to Keenan', *Critical Perspectives on Accounting* 9 (6): 685–700.

Nohria, N. and Ghoshal, S. (1997) *Differentiated Networks*, San Francisco: Jossey-Bass.

—— (1994) 'Differentiated Fit and Shared Values: Alternatives for Managing Headquarters–Subsidiary Relations', *Strategic Management Journal* 15: 491–502.

Post, H. (1995) 'Internationalisation of Professional Services: a Study of Large Dutch Accounting and Software Firms', paper presented at European International Business Association Conference, Urbino, Italy.

Prahalad, C. and Doz, Y. (1987) *The Multinational Mission*, New York: The Free Press.

Previts, G. and Merino, B. (1998) *A History of Accountancy in the United States: the Cultural Significance of Accounting*, Columbus: Ohio State University Press.

Pugh, D. S. and Hickson, D. J, (1976) *Organizational Structure in its Context: the Aston Program I*, Farnborough, UK: Saxon House.

Richards, A. B. (1981) *Touche Ross and Co., 1899–1981*, London: Touche Ross and Co.

Richards, L. and Richards, T. (1992) *Nud*ist: User guide: Version 3.0*, Aptos, Calif.: Aladdin Systems Inc.

Rose, T. (1998) *Co-ordination and Integration Processes in Global Business Advisory Firms: the*

Role of Global Clients, unpublished doctoral dissertation, University of Alberta, Edmonton.

Starbuck, W. H. (1992) 'Learning by Knowledge-intensive Firms', *Journal of Management Studies* 29: 741–60.

Stevens, M. (1991) *The Big Six*, New York: Simon and Schuster.

Strange, S. (1996) *The Retreat of the State: The Diffusion of Power in the World Economy*, Cambridge: Cambridge University Press.

Taylor, S., Beechler, S. and Napier, N. (1996) 'Toward an Integrative Model of Strategic Human Resource Management', *Academy of Management Review* 21 (4): 959–85.

Thompson, J. (1967) *Organization in Action: Social Science Bases of Administrative Theory*, New York: McGraw-Hill.

Turley, S. (1994) 'The Theory of the International Development of Accounting Firms', paper presented at 4th Maastricht Audit Research Symposium, 25–25 October, Maastricht.

Watt, M. (1982) *The First Seventy-five Years*, Toronto: Price Waterhouse.

Whitford, D. (1997) 'Arthur, ArthurY', *Fortune*, 10 November: 169–78.

Williamson, O. E. (1975) *Markets and Hierachies: Analysis and Antitrust Implications*, New York: Free Press.

Wise, T. A. (1981) *Peat Marwick Mitchell and Co.: 85 years*, New York: Peat Marwick Mitchell.

6 声誉在全球职业化商业服务业中的作用

耶尔·阿哈罗尼(Yair Aharoni)

6.1 引言

　　国际商业理论普遍公认的一个原则是:为了抵消在多国市场上运作的高成本,并在竞争中取胜,一个跨国公司必须具有某些非跨国公司所不具备的特殊优势。这些优势大多来自于全球化的规模经济或所涉及的广阔市场范围。这些竞争优势对于促进服务业公司国际化经营来说,有时比较微妙,甚至并不明显。在职业化商业服务公司(professional business service firms, PBS)案例中,服务的提供——例如:法律咨询、评估、猎头或管理咨询——主要取决于从业个人的能力,很少甚至完全不依靠公司的经济规模或经营范围,也不存在标准化的可能性。然而,在所有这些领域中的确均有一些公司已经成功地在全球开展业务(而与此同时其他的数千公司仍只能继续将他们的服务界定在一个国家或地区)。

　　在职业化商业服务业中,的确存在一个特殊现象,即在任一此类行业中,总会有个别大型跨国公司和许多小规模经营的国内公司为本地客户提供服务。以往广为认同的国际化大生产理论,包括走折中途径的学派(Dunning, 1993)在内,均不能对此种在同一行业内两类公司并存的现象作出满意的解释。

　　本章主要想就此存在的折中两分现象给出一种可能的解释。这种解释的主要假设是,任何顾客——至少在选择职业化服务供应商时——他们对所能接受到的服务质量并不确定。因为这种不确定性,顾客转而会向一些代理人求助,试图通过他们对公司的服务质量进行评估,由此声誉依赖现象产生。因此为了获得国际竞争优势,公司必须具有良好的国际声誉。然而声誉本身不能被直接测量或感知,其存在也是多种因素相互作用的结果。因此深入分析职业化商业服务中声誉的作用和其中存在的不确定性,有助于找出公司取得成功的国际化战略因素。固然,对声誉的领悟非常重要,但是这还不够,公司的成功同样依靠公司执行战略决策的能力,依靠通过改善服务质量和创造"公司自有形象"——公司文化——来提高自身的声誉。

　　在这一章中,我们将讨论三个理论问题。第一个问题,当顾客得不到完整和对称的职业化服务提供商信息的情况下,他们怎样选择服务,以及作为老顾客他们能否维持忠诚。这个问题的答案可能是理解全球竞争优势的关键所在。第二个问题由第一个问题引申而来,职业化服务提供商如何影响顾客的决定。最后一个问题,如何设计一种机制体系,以降低公司通过以高价格出售低质量服务来获得不正当利润的企图,以及减少其他公司仅仅因为这样的巨额利润而想进入这个商业领域的诱惑。

　　在本书中,其他一些撰稿人详细讨论了职业化商业服务的特点及其运营的特征。因此,这里我们将假定读者已经熟悉了这些特点和特征。本章主要对声誉的含义进行分析,并讨论声誉对专业人员个人和职业化商业服务公司的重要性。本章的开始部分会讨论专业服务全球化的原因和顾客在具有风险和不确定性的环境中选择某职业化服务提供商的原因。个人和公司的声誉有明显的差别。本文将详细阐述顾客感知服务质量的方式,公司应怎样获得和培养顾客的忠诚。本文的后半部分,我们还将讨论一些代理人通常采用的推销手法,如宣称公司规模宏大、年代久远、专家众多等,想以此来打消顾客的满腹狐疑。最后我们将指明,声誉是对欺诈行为的一种有效约束。

6.2　职业化商业服务公司的国际化

　　早在19世纪末,有人曾经说过如下话语:"随着英国人在美国投资的增加,社会对于商业环境审查有了更高层次的要求。然而美国的商业环境在当时(19世纪80年代)并不完备,因此引入英国的会计制度就成为顺理成章的事情。"(Pervits and Merino,1979:137)从19世纪末开始,审计人员"沿着一条相似的道路去开展他们的商业服务"(Jones 1981:108)。后来,尤其是自1950年之后,公司"面临的压力激增,这是由于它们的跨国客户不仅仅要在本地开展业务,他们还要向其他地区扩张"(UNCTC，1990：145)。

到 20 世纪 80 年代，随着全球化趋势的进一步发展，应该跟随客户走向世界这一理念在众多的服务公司中逐渐普及开来。由此带来的一个结果是大量跨国投资行为的产生，其中也包括通过国际市场上的企业并购。通过不断的并购，公司规模扩大，从而也增加了其占有的市场份额。

在有些情况下（例如在建筑师、设计工程师以及建筑承包商行业等），国际化扩张的产生是由于新生的独立国家对于项目管理等专业技术的大量需求所致。这些国家正当独立之初，自然有许多大型的发展项目需要上马，但却由于缺乏设计和管理等方面的专业技术，只能通过从国际上寻求专业化公司的方式来获取他们想要的东西。与此同时，不断下降的国内业务发展机会也促使很多企业将目光开始投向海外，伴随着中东和拉丁美洲等地区日益增长的石油美元驱动，这些海外机会不断产生并迅速增大。在工程设计类公司中，跨国运营的主要优势是可依靠政府财政支持或借助政府间的连带援助关系(Strassmann and Wells，1988：179)。在工程设计行业，技术在国内是通用的，因此某公司即便拥有一些技术上的优势，也不会太明显。当然，某些公司还是可能拥有管理手法或特殊类别建设上的优势，例如在大型燃料电池发电厂或危险废物管理技术方面(Strassmann and Wells，1988：36)，或者在大型项目管理技能方面。大的建筑咨询公司有能力临时派遣专业工作者来操作国外的项目。在这些案例中，大公司都选择在国外建立独立运营的子公司来管理项目，这样也有助于他们继续从当地客户那里获得更多的合同。"在西摩(Seymour)所调查的国际样本中，有40%的公司进军国外市场，为当地的客户开展工作"(Seymour，1986：163—4，引自 Strassmann and Wells，1988：227)。

职业化商业服务公司跨国企业日益增长的另一个原因，是通过不断增设所谓的"虚拟公司"或称"服务器公司"。未来的职业化服务公司可能是这样的，他们依靠计算机网络，将绝大多数的运营步骤外包，并且与资源供应者实行纵向结合从而形成产业链，每一个部门分别是产业链中的某一段或某一类运营的专家，分别在自己掌握核心技术优势的范围内开展工作。公司除核心技术外其他都可实行外包。由此该类公司需要租用大量服务，如从数据处理业务到远程市场推销，从账单处理、款项收纳到业务发布乃至属下的职员培训，等等。经营一条定期航线，不仅可以通过租赁飞机、契约飞行和雇佣当地地勤人员来维持，甚至几乎其他所有的运行过程，例如行李追踪或乘客预定，都可以由外部承包商直接操作完成。

纳查姆(Nachum，1999：28)认为，声誉"具有很大的区域特殊性"。因此，在某一地区有如雷贯耳的声誉并不等于在另一个地方能够照样行得通。不过，跨国职业化商业服务公司通常能够将自己已建立的声誉在许多地区转化为竞争上的优势。他们通过已经为外国客户提供服务，逐步开始将业务向世界范围内扩张。公司现有的客户了解公司的声誉并且会帮助公司将其良好的形象宣传开去,随着时间的推进,更多的新客户会被吸引进来。目前,为其他跨国式企业提供全球性服务仍是国际职业化商业服务公司的主要市场。就这些全球化职业服务公司而言,是否具有在全球范围内全方位提供服务的能力,仍是评定其声誉良好度、指示其客户服务能力,以及考察其践行客户承诺水平的主要方式。真正的全球化公司,是能够将其声誉从一个地方市场带转到另一个地方的。事实上,对于全球化的财务公司、咨询公司或广告公司巨头来说,其主要的优势就在于这些品牌在客户心目中意味着高质量。

6.3　个人和公司声誉

在《当代简明英语词典》(*Concise English Dictionary of Current English*)中,"声誉"一词的定义是:

> **声誉**——名词,通常被称作或认为作是关于某人或某事物的特征或品质(如,未能明辨其声誉;享有正直的声誉,这个地方臭名昭著);被广泛报道的状态、信用、声望、受尊重者、(有关个人声誉的)正面报道;在做人上和行为上有信用或没有信用(如,在顾客眼里他的声誉是有过欺诈行为,一时成为英国关注的焦点)。

注意词典所给出定义中的"被称作或认为作",表明它并不一定与客观事实相关联。此外,个人或公司的声誉是基于一系列不同的特征或这些特点的交集,不同的评论者在考察声誉的时候可能使用不同的特征。戴维斯(Davis,1992)建议如可能的话,应对这些特点详细列举一下。在一项合作调查中,《财富》(*Fortune*)杂志在一项有关公司的调查中(由 Sprout,1991 报道)列出如下一些考察方面:

(1) 管理质量;产品和服务质量

(2) 创新性

(3) 长期投资价值

(4) 财政稳固性

(5) 吸引、提高和保持人才的能力

(6) 对社区和环境的责任心

(7) 公司资产的充分利用

不过该评价标准中有关各方面的比重并未清晰指明。

丰布兰和尚利(Fombrun and Shanley,1990)事后检测了财富杂志有关此次声誉测试的结果,并将结果细化。他们发现通过测量收益能力、规模、可见度,声誉是可以预言的,这些共在声誉中可占比值约27%—35%不等。他们按照对声誉的影响力,将这些特征分类排列如下:

(1) 收益性和风险

(2) 市场价值

(3) 媒体可见度

(4) 股息收益

(5) 规模

(6) 慈善基金会及其捐献水平,以及广告投放

因此,声誉具有多面特征,由许多变量因素共同表现。通常声誉代表着服务质量和高水平的诚信。无论是个人或公司,拥有良好声誉意味着他(们)应该是各自领域的专家,能够提供优质服务,关切顾客需求,值得信赖并胜任工作。正如格隆鲁斯(Gronroos, 1990)所指出的,顾客所期望的是供应商能够为其提供优质服务,而服务质量是否优良,则由服务过程(怎样服务)和服务技术水平(何样服务)等因素体现和感知。

在全球职业化商业服务公司中,为什么声誉即使不是惟一的也是重要的竞争优势组成部分?原因有以下两个方面。

首先,专业服务提供商的选择非常重要,因为他们影响最终结果。错误的建筑规划、不合格的财务建议或错误的法律指导产生的后果代价可能非常大,甚至威胁到客户的生存(Day and Barksdale, 1994)。正如正确选择心脏外科手术医生对患者来说生死攸关,做出错误选择的代价越大,承受的风险也越大。如果客户认为不同公司的专业人员所提供的服务存在很大的不同,那么他所面临的风险会更大。并不是所有的外科医生水平都够格,能力都足够。相比之下,从顾客的感知能力来说,据说很难看出一名审计员与其他审计员之间的水平有多大差异。若感知到的服务商之间的不同点越多,对其服务质量和信誉差异的感知也越明显。所提供的服务越复杂、其中所牵涉的技术和知识越独特,对顾客来说评估供应商服务质量的困难就越大。一个牙病患者怎样去辨别一个牙医与其他牙医的医疗质量? 毕竟所有的牙医都是持证的,有理由说他们至少能够提供一定质量的服务。有谁能够说清哪一个牙医可提供最优质的服务,一个外行人又怎样面对这个现实作出自己的评估? 一个建筑设计在其最终成型之前无法对其作出评判。更何况如果一个患者等着动手术,如何让他去辨别谁是最好的外科医生?

第二,因为服务是无形的,所以一个顾客在享受服务之前很难评估服务的质量。在大多数情况下,顾客脑海中的服务结果质量有很高的不确定性。在很多案例中,这种情况不仅存在于购买和享受服务之前,甚至在享用服务之后的很长一段时间内,都不能辨别服务的质量。当一位顾客需要一名建筑师为其设计一栋楼时,让这位顾客预见到所有合同执行过程中的细节是根本不可能的。可能没有预料到成本会大幅上升、建筑结构或许根本是错误的,或者框架需要进行重大改动和修复。

当一个公司拥有众多不同的专业人员(并假定他们所具备的专业能力有差别)时,这个问题可能更大。因此顾客会从质量一致性和连贯性的角度去考察服务,但不仅是服务质量的水平高低,而且还可能发现服务水准的连贯性和服务质量也很难评估。在这种情况下,对质量的感知和对服务质量连贯性的信赖变得极其重要。判断服务质量时的困难,加上最终产出结果的极端重要性,使得声誉的价值大为增加。从这个意义上说,如果一个公司能够维持和确保其全球性声誉,该公司将会拥有重要的独特优势。当一个公司有待评估的时候,涉及其服务质量评估的问题剧增。在广告宣传方面,准确评估某项广告活动对产品销售业绩的影响是不可能的。一个人怎能说哪一个广告公司可以提供最优质的服务?在管理咨询方面,某项建议的质量好赖只能在其服务实施好多年后才会完全显现(Aharoni,1997)。达比和卡尼(Darby and Karni,1973)使用了搜寻产品、体验产品和信任产品作为辨别服务的象征。搜寻产品的质量在购买之前能够确定,使用产品的质量只有在实际使用之后才能确定(例如饭店内的食物)。而信任产品中,即使在使用服务很长时间之后,也不能判断产品质量。专业化服务具有典型的信任性质。如大多数的客户在享受牙医服务很长一段时间后仍不能辨别牙齿填充物的质量,而当客户迁移到一个新的城市或国家,在判断选用哪一个新的牙医的时候,他们面临的不确定性更高。人们当然期望律师能够以他们的专业技能提供优质的服务,但是服务的质量又难以评估。

在大多数职业化商业服务业务中,向客户提供的服务活动都是特化的。一个医生(或律师)对其病人(或客户)提出建议时,一系列的背景情况都是独特的,服务是这些独特中的一类。很多职业化商业服务公司的业务非常专门化,这些公司基于自身具有创造力、创新性,或基于掌握某些新概念、新技术,或基于能以非常规方式解决问题等先导条件,可为客户提供和制定专门的技术。其他一些公司则是依据常规方式,即仍然根据判断、知识,尤其是经验行事。另有很多公司是根据其可用的人力资源(如以按照标准步骤进行有效的市场调查的方式)开展业务。不过任何一个专业化的服务公司都可能拥有"3E"(expertise, experience and efficiency)中某方面的特质,即:专长、经验、效率(Maister,1986)。当客户面临风险大、关系错综或问题非比寻常的时候,服务业的专长就变得尤为重要。客户当然期望公司拥有处理问题的专业技巧和创新能力。这时费用通常会很高,并且工作是"脑外科手术"型。在其他类型即迈斯特(Maister)称为"花白头发"型的问题中,客户一般会寻找有过处理此类问题经验的公司来帮助解决问题。第三种类型是客户期望专业化商业服务公司能提供立即而有效的服务。其特点是业务大多数集中在银行负债审计方面,部分归属基本建筑设计、市场研究以及其他等方面。在所有这些案例中,服务都会产生很高的不确定性。

特化的服务自然应该由掌握丰富专门知识的专家来提供。不同的服务提供者各自提供服务的方式不同;而即使是同一服务提供者,在其向客户提供不同服务的情况下,所能提供的服务方式也可能不同。此外，职业化服务公司在很大程度上依赖着其专业技术人员能为客户提供忠诚和持续的服务，但这些专业技术人员本身又不一定能与公司永久保持工作关系。因而吸引高素质的专业技术人员，并保持与他们的良好关系对公司来说极端重要。通常专业化服务提供商具有公认的专长。而另一些情况中，主要是在小公司中，专业声誉则为个人所拥有。大多数的大公司能够让这种声誉与公司相关联，而不是与其中某个具体的专业人员相关联。因此，公司有时会"出售"客户（例如在公司被兼并的情况下），假定该客户将会与新的公司维持关系。Saatchi & Saatchi 公司 * 一度的混乱局面表明，当公司失去一些关键专业人员的情况下，公司要保持往日的声誉十分困难。Saat-chi 俩兄弟离开公司并组建一个新公司，并期望鼓动很多重要的公司职员和以前的客户也跟随他们走。更一般地，专业化服务公司作为一个实体来说，很难永久保住和维持其内部资深职员的经济佣金。因此典型的做法是，大家伙组成一个合伙人或法人形式的公司，其中资深职员可在公司内分享股票。当高级决策人员认为他们所获得的收益与他们对公司的贡献不相称的时候，他们倾向于离开公司，并且希望客户跟随他们一起走。在这样的公司内部，质量监控一般通过设立一种特殊机制的方式进行，该机制允许一些职员有权对公司其他部门的质量进行检查，如通过同行评议进行监督便是较好的机制，质量监控责任不必均由公司总部统一充任。这种同行评议，甚至可以由其他国家的专业人员进行，不一定必须是公司"总部"人员本身。

因为出于这些考虑，跨国性职业化商业服务公司为了获取未来的巨大收益，会通过向分布在不同国家的本公司职员开展培训的方式以加强职员的忠诚度，如向他们灌输相似的企业文化，指导他们掌握系统业务和操作方法、公司运作过程以及解决问题的技巧等。公司业务开展中职员技能的重要性和脱离公司的容易性，使得公司的人力资源管理尤为重要。这一特性也使那些等级分明的全球性企业，如大多数的制造业跨国企业（MNEs），相互之间很少有相似之处（Aharoni, 1993）。招募、发展、培训和保持专业人员的忠诚度再怎么强调都不过分。有效的人力资源管理是公司成功的基础条件，是公司改进人员招聘方法、提高员工招募效率、有效开展员工培训、扩大公司社会影响、做好员工职业规划和维持员工高忠诚度的关键环节。公司通过员工培训完成和扩大内部的技术转移，并希望那些受过培训的雇员能够留下。公司同样会尝试对在不同国家的本公司大量职员灌输相似的文化理念和操作方法，以确保公司的持久运作。

为了能够掌控和运作一个巨型跨国公司，个人的专业技术应该转变成公司的集体声誉。职业化商业服务公司的声誉可能依靠时下某些专业人员的个人能力，因而公司的一个主要挑战是如何将个人的声誉通过某种方式转变成企业的战略性资产。换句话说，将个人水平的声誉提升转换至

---

* 全球最大的广告公司之一，20 世纪 70 年代创建，总部设美国纽约。——译者注

公司水平的声誉。如果一个公司能够树立起该公司值得信赖的声誉,那么它就会具有巨大的竞争优势。客户将会接纳公司的任何职员,因为客户会感觉该公司的职员忠诚可靠、专业化水平高、以顾客为中心、承诺提供优异的高质量服务,等等。此时专业人员的个人能力相对并不重要了,客户选择的是公司,而不是个人。

职业化商业服务公司希望与客户建立长期合作关系。事实上,公司的一项主要战略目标就是建立客户的忠诚度。短期的、一次性的业务只会增加营销成本,降低规模效益。据统计,在大的职业化商业公司的业务中,有80％的工作是重复性的,因此推介很重要,这有助于强调公司以往具有的经验,并提升公司的声誉。必须让客户相信,接受公司的专业化服务不仅必要,而且也不会出什么问题。在小型职业化商业服务公司中,市场营销在很大程度上依靠个人人脉和之前客户的推荐,公司专业人员个人和客户之间建立某种私人关系。客户的满意度很大程度上受这种私人之间关系的影响(Bitner, 1990),人际交往的失败往往是客户转投他人的主要原因(Richman, 1996)。

在大公司中,市场营销的另一手段是在一些广受企业界经理人士欢迎的期刊上,或出版社组织内部刊物(比如 *McKinsey Quarterly* *)上发表文章,并以邮寄这些期刊和宣传物的方式设法接近预期客户,系统地寻找与预期客户的社会联系,或利用其他的个人联系(例如:原来曾做过咨询师的现某公司执行人员,在其现公司需要接受职业化咨询服务的时候,会向昔日咨询公司东家求助。据说,麦肯锡咨询公司的很大优势即在于此道)。但是咨询公司仍主要是通过其专业声誉印象获得客户青睐,因许多不愿冒风险的客户会雇佣这些公司。若公司规模较小,其合伙人与客户的关系密切,声誉可能主要依靠以往建立起来的相互信任和公司内部专业人员的个人诚信。大的跨国公司应该能够以公司的名义获得声誉,并将其体现到每个雇员个人身上。一个客户可能听说过 Mayo Clinic**,因此认为该中心聘用的医生肯定具有很高的专业水准。一个客户可能雇佣麦肯锡的咨询师,因为该公司在业界具有的声望。公司拥有的提供优质服务的声誉成为客户倾向使用其服务的主要原因。

总之,职业化商业服务公司和其他的服务提供者有很大的不同。职业化商业服务公司应该根据客户需要,开发精细入微的、特别适宜于客户情况的独特解决方案(Micheline, 1992)。留住顾客和维持忠诚度是公司和客户的主要战略目标之一,因为(对顾客来说)转换服务提供商成本较高。公司希望在客户眼里表现出与其竞争者有所不同,然而因为各公司所提供的专业服务的方式有限,所以很不容易在其间找到不同。同时,客户对服务结果究竟水平如何有很大的不确定性,但这些结

果对公司来说又极其重要。在小公司中,顾客主要强调个人之间的关系。在大公司中,尤其是跨国大公司中,公司声誉而不是其中某个人的声誉则占有很重要的位置。职业化商业服务公司自然地会将重心放在获得客户上。他们同样注重长时间保持现有客户的忠诚度,并且期望从现有客户手上获得更多的业务。职业化商业服务公司同样希望他们的现有客户会向预期的客户推荐他们的服务,以实现业务的不断增长。至少在近期,这些大公司还未能以通过广告扩大业务,而是不得不依靠通过声誉建立起顾客的忠诚度。那么,客户又是怎样评估服务或判断声誉的呢?

6.4 客户对服务提供商的感评

客户怎样选择一个职业化商业服务提供商而不是另一个?客户怎样判断哪一个提供商能够提供最优质的服务?消费者行为研究人员发现,客户在选择服务提供商时,受其期望值、信念和见解的影响。大多数研究人员认为,顾客判断服务商时基于好几方面的因素。格隆鲁斯(Gronroos,1990)将之区分为技术成分(将要提供什么服务)和过程相关成分(所提供的服务怎样实施)。巴拉苏罗门等(Parasuraman et al.,1988)则区分出服务的“客观”和“主观/感知”质量。他们发展了一种测度方法,尝试从五个维度来衡量服务的质量:有形度、回应度、保证度、共鸣感和可靠性。但当这些测度指标应用到实际中去衡量商家的高质量服务声誉时,会发现这些指标不易直接使用。帕拉斯和古德(Pallais and Good,1996)报道:会计公司主要通过回应度、可信赖度和人与人之间的回应度来评估他们的财务人员。如果客户因为与为其提供服务的注册会计师(CPA)之间形成某种关系或因为注册会计师的个人魅力特点,从而认为该会计师知识渊博、能力水平高,他们会倾向于增加对其会计服务的消费。客户可能愿意为会计服务提供者的快速回应能力、与审计方的有效沟通乃至认为其值得依赖等,而多支付额外费用。其他一些研究则强调如质量、回应度、能力水平和服务意愿等四个方面的衡量特征。

所有的专业人员应该说都是具有相当能力和水平的,而且他们大多数情况下均通过某种特殊的专业培训,并获得政府的资格认证,从而保证他们已具有基本的从业能力和水平。尽管如此,接受服务的客户仍然缺乏足够的经验和知识去判断专业服务人员能否提供比同行从业人员平均水平更高或最优质的服务。不论做出怎样的评估,其结果总是主观的,仅仅是对服务质量的主观感知或信任而已。帕特森(Patterson et al.,1997)发现,顾客对会计公司所提供服务的满意度受很多因素的影响,包括接受服务者的专业水平、对服务提供者的以往印象,以及决定是否本次服务的重要程度等。沃尔特(Van-der-Walt et al.,1994)发现,与其下财务人员形成密切联系的会计公司十分注重效率、个人服务、形象和广泛的服务范围。当公司提供的服务跨越许多国家的国界时,这些方面的重要性变得更加突出。在服务提供者看来,重要的是建立客户对公司的忠诚度,而不是对单个服务提供商的忠诚。缺少其他信息来源的客户，对服务的预期主要基于之前的经验，或仅基于关于服务质量的口头交流。

众所周知，信息来源的可靠性可以限制口头声明的极端影响。如果一个信息来源被认为是可靠的，其口头声明被接受的可能性就会得到加强(Ajzen and Fishbein，1980)。如果一个公司被认为是值得相信的，它在可靠性方面就会有很大的优势。在一项使用学生作为实验者的课堂试验中，戈德堡和哈特威克(Goldberg and Hartwick，1990)已经证明，当实验者对公司有负面印象的时候，其广告的可信度降低。罗尼和捷尼塞克(Rowney and Zenisek，1980)的研究表明，声誉越高的作者，其写作手稿被加拿大心理协会杂志接受的可能性就越大。

克莱恩和莱夫勒(Klein and Leffler，1981)设想，如果顾客在购买产品之后，立即发现质量较差，他们会将这个信息告知其他的潜在顾客。基于这一假设，公司被推动去生产高质量的产品，同时明码标价，通过优质优价从而形成长期的收入流，这样会比以质量欺骗获得的一锤子买卖收入要高很多。换言之，公司会愿意在声誉资本上进行投资。为了防止高价格被潜在的新进入者侵蚀，公司会在广告上进行大把大把的投资，来制造公司特有的资产。

罗杰森(Rogerson，1983)也有过类似的结论，高质量可能会导致高价格，甚至会大大高于其边际成本。他还进一步提出了如下假设：高质量的公司会吸引更多的客户。当然客户量大，意味着公司规模也得大。这些以及其他的假设模式仅仅是理论上或概念上的，但他们的确能预见如果产品质量下降，公司利润也会下降，因此，公司必须花大气力来保持"信誉资产"。

消费者行为理论常常假设：人们至少会根据对服务提供商的姿态整体定位来做出一些决定。艾克和迈尔斯注意到"品牌姿态是大公司赖以增加销售和财富收益的支柱"(Aaker and Myers，1987：160)。态度改变可能是由于核心价值的学习进取和信息理解及认同的结果(核心路线)，或者可能是因为奖励、惩罚和有效经验等获取的结果(外围路线)，而根本未考虑核心信息对态度形成的促进作用。佩蒂和卡西奥普(Petty and Cacioppo，1980、1981、1986)断定：核心和外围路线仅仅各是详尽可能性连续体的一部分。详尽可能性模式(elaboration likelihood model，ELM)认为：人们对自身所感知的事物形成一定的自认是正确的态度，但每个人形成态度的方式是不同的。基于信息获取和经详细探讨检验后作出最终判断思考的途径，被归组到所谓的核心路线。通过核心路线形成的对事物的态度，被认为是持久稳固的。当处理和加工信息的能力下降时，人们就开始使用外围路线，例如从记忆中找到其他启发性信息("专家通常是对的")或从归因推理中得出结论。

详尽可能性模式 ELM 是关于态度信息和态度改变的理论。根据这一理论，人们采纳某种态度，不是因为该方的雄辩说服能力，而是基于该方说服调停的一些机制。如果某种辩解被详尽说明的可能性很小，人们将会选择外围路线。因此，关于一个产品的态度可以通过一番广告信息而形成

（核心路线）。在其他案例中，广告中出现的一项特征或许是某种观念形成的主要决定因素。启发式体系模式（Heuristic Systematic Model，HSM）（Eagley and Chaiken，1993）认为，专业服务业的客户倾向于使用启发式线索，因此他们的决定受到决定规则的制约。如此一来，服务提供商公司的规模就可能会被阐释成能力水平和可靠性的象征。

有关态度和态度改变问题的研究非常多，证明态度改变的过程是复杂的、普遍的、多样的。很明显，正如哈斯-威尔森（Hass-Wilson，1990）所发现的，客户在决定选择哪一个服务提供商为其提供服务时，并没有明确、合理的方式。客户使用一个多维结构来选择服务提供者，往往既使用中心标准，也使用外围标准，或者还使用启发式线索来决定。影响接受并购买某项服务的因素也有很多，如价格、便利性、消费者性格特征、形象等。对于顾客如何掌握某种服务的更详尽信息和取得某项服务特性的经验，并计算为获得这种信息所付出的成本和所带来的相对收益的大小，目前还不是很明确。此外，在职业化商业服务中，即使过去的表现不错也不是未来成功的必需保证；服务是独特的，由不同的人在不同的时间提供。某一公司的某个律师在一次诉讼案件中获得成功，这一事实并不能保证该律师在未来的其他案例中也能成功，也肯定不能保证他/她所在的同一家公司内的其他律师也能同样成功。同样地，非专业的接受服务的顾客，也会发现很难评价服务的质量，即使他们已经接受过服务之后也是如此。

6.5 声誉的替代品

当消费者知道某种服务的确存在相对优势的话，往往就会选择该种服务。在其他时候，顾客会依照别的消费者的行为方式操作，以此来降低自己不了解情况的风险（因此倾向于购买具有庞大客户群的公司的服务），或者就选择具有良好口碑基础的公司。服务与服务提供者之间的联系要比产品与其生产商之间的关系更为密切（Bromley，1993：chapter 8）。顾客的行为受他们的主观印象和信念控制。根据态度改变的理论探讨，合理的假设是当客户对服务质量没有任何客观标准基础时，他会依靠自己的主观感觉对供应商信誉作评估。既然很难对声誉进行评估，客户转而可能会通过其他与声誉相关联的外围变量来进行感知：根据更易测度的指标或根据启发式的线索。这些变量一是年龄（Nachum，1999），另外一个是规模。多尼和佳能（Doney and Cannon，1997）发现，采购管理人员趋向于根据服务供应商的公司规模来选择服务提供商。既然规模被看做是质量保证的标志，大公司（或网络）在这方面可能比小公司更有优势。更一般地，对一个公司的服务质量产生正面印象，其形成往往是基于多个变量而做出，而这些变量可能与服务质量相关，或都可能没有相关。因此，客户对一个律师产生正面印象，可能仅仅因为其等待室的氛围，或因为这位律师在遵守约定方面非常准时，或者这位律师由一位教授所推荐。在一个客户心目中认为某个建筑师是最棒的，可能因为是听了另一位客户的介绍,而这另一位客户的知识面更加广泛,或者是观念的领导者。进一步,客户接收到其他的信号,如别的人也都选择同样的方式,客户就会感知到做出选择的风险性得到进一步降低。其他的声誉替代品可能是服务提供商以往所提供的慈善或无偿服务工作量、过去的服务表现、过往客户的推荐、观念领导者的保举,或某些著名客户号召力的存在(如"王室御用供应商",或财富杂志审核的 500 强上榜企业)。大的公司比小的公司享有更高的声誉,别无其他情况。一个老道的公司可能会拥有更高的声誉,仅仅因为其年代久远。

声誉时常仅仅是规模的结果。的确,越来越多的文献声称大公司能够提供更优质的服务和更快的业务增长。迪安吉洛(DeAngelo,1981)宣称,对于一个审计公司来说,拥有广泛和大量的客户基础是其重要竞争优势。的确,会计行业从业人员普遍认为"五大会计业巨头"(之前曾是"六大"和"八大")具有明显的竞争优势。格林伍德等(Greenwood et al.,1993)声称,即使是在这些精英企业巨头中,排行极其重要。审计业是一个非常成熟的产业,并被广泛认作是一种商品。"在客户的眼中,一名审计师就是一名审计师,因此在选择这个审计公司而不是那个的时候,通常没有太大的差别"(Palmer,1989:85)。尽管如此,大的客户公司通常会选择大的审计公司。同样,一般认为基于大客户群的大公司能够支付得起巨大的固定成本。然而更重要的是,大的公司规模被认为是具有更高能力和更具专业水准的标志。总而言之,创造更大规模会被认为是更有能力有效服务客户的标志。

艾斯法哈尼(Esfahami,1991)曾解释过在一些发展中国家,有些公司虽仅能提供低质量的服务却愿意用高额代价去换取某些声誉。只有当这些公司在这之后能够在巨大的市场中争取到更大市场份额的情况下,花费这种成本才算合理。因此,规模大不仅是高质量和良好声誉的标志,也是公司为建立起某种声誉所需要的。

既然公司的过往历史对公司来说意味着声誉,年代久远的公司就可能会被认作为具有生命力或者是具有竞争优势的标志。公司(或大学)因其具有悠久的历史而拥有声誉。有老顾客在有助于向新客户证明公司能够提供良好服务的能力。人们通常会以其他人的过往经验作为公司提供的服务是优还是劣(例如玩忽职守)的标志。顶尖管理水平是取得竞争优势的最重要的源泉(Pralahad and Doz,1987),这就是为什么不同公司会表现出不同的服务水平的根本原因(Thomas et al.,1991)。泰勒(Taylor,1975)曾注意到,有些因素比如年代和知识等,会在不同公司间造成某些差异,这些差异主要体现在经理们影响公司的水平上。

既然客观的服务标准往往不易获得,顾客有时往往就需要一些更为主观的指标,即必须依赖某种标志着服务水平的主观替代品来帮助自己做出判断,这至少在顾客头一次选择服务提供商时会是如此。不用说,持久的顾客忠诚度不会仅基于公司的规模有多大和存在的年代有多久远。随着时间的增加,一些主观因素如对公司所提供服务的满意度等,对保持与客户的长久关系会变得非常重要。此外,在职业化商业服务中,影响声誉的因素有很多因素。许多关于顾客对公司的感知并由此产生对公司的信任忠诚性过程的研究,集中在财务或审计行业。在这类专业中,由于标准化程度非常高,因而产生差异的空间很小。这类职业在很久之前就已经走出国门而成为跨国的专业服务行业,也不像某些服务行业(譬如提供法律咨询类的律师)那样,顾客所期望的服务质量往往很少取决于服务者的独特个性。

本章没有介绍创建和保持顾客忠诚性的完整模式,也没有列举公司增加该忠诚度的方法。本章想指出的是,声誉或可以作为之所以会产生规模不同的公司的某种解释,以及声誉可以助长某些公司实现跨国经营的能力。很明显,声誉标志着服务的质量,而一些因素可看成为是声誉的标志。为了使公司在国内做大做强,并且成为一个跨国公司,声誉必须要与公司的名称联系起来,而不是与公司的某个个人的能力联系起来。

6.6 提供商能够影响顾客的忠诚度吗

职业化商业服务提供商可以通过多种方式影响顾客最初的决定,并在此后强化顾客的忠诚度。如果在本章中叙述的论点是正确的,那么顾客的忠诚度不仅可以通过有效的服务、高标准的诚信,也可以通过经证实的专业技术来不断强化。既然声誉如此重要,公司就会设法建立、培养、强化乃至保护声誉。公司会通过各种有组织的努力,向外界不断传递他们将会努力强化自己的声誉的信息,同样会采取一些措施在公司内部监管服务质量。很明显,对于公司所作所为的评估本身是一件非常主观的事情,公司的声誉不仅可以通过其"过往"来评判,也可以通过口碑,或间接地通过认可公司的规模大小或是否是老字号等因素来获得一个大致印象。培养和强化公司的声誉,同样需要炼就大量内功,严格质量控制和向公司职员进行思想灌输等即是典型作法。此外,处理好公共关系以及通过各种运作方式设法在预期客户眼中建立起良好声誉也是必不可少的。这些通常意味着参与一些服务提供以外的活动,以此来获得社会认可。因此,可以通过扩充公司规模、积极参与公益活动,或者确保自己拥有某些"名人"顾客等方式来建立和巩固顾客对公司的忠诚度。

6.7 声誉和质量保证

可以设想,如果信息不对称和提供的信息不确定,将会产生两种后果。一种是在客户认可公司信用的情况下,公司有强烈的动机以高价出售劣质的商品或服务,从而谋取高额回报。另一种是既然客户有以声誉作为评估服务质量的代用品的倾向,公司自然会有动力去获取并维持声誉。在职业化商业服务业中,质量一般很难直接或及时做出判断,因此声誉显得尤为重要。客户为了抵御风险,往往会选择声誉较高的公司,尽管其价格很高。既然公司更喜欢长期的合作关系,那么短期的欺骗就不具有长久吸引力。弗思(Firth,1990)已经提供了一些实证,那些被英国贸易部批评过的审计师,其市场占有份额轻微下降,因为声誉损伤连带其经济遭受损失。公司更愿意建立声誉。无论是在上面引述的理论模式中还是在弗思(1990)的理论模式中,一个重要的假定条件是,消费者一旦获知质量下降的信息,便会迅速散步该信息。然而,在大多数的专业化服务个案中,即使是服务已提供了很长的一段时间,消费者仍不知道质量的优劣。顾客不能真正评估服务的质量,因此关于产品质量差的信息也无法迅速广泛地传播。顾客应该使用更简易的或更方便的方法来选择服务的提供者。更进一步说,对声誉重要性的深刻理解,以及对不良行为可能产生的巨大成本的畏惧,会使一些欺诈行为受到约束而却步;因为毫无疑问,欺诈行为一旦被发现其后果是非常严重的。因质量欺诈或其他错误行而为公司带来致命性负面影响的后果例子俯拾皆是,就如 Exxon Valdez*,或如英特尔公司的芯片问题。

6.8 结论

当今重大的技术性突破使得建立职业化商业服务业国际公司和跨国运营该类企业变成可能。这些商业服务业公司面临着与以往建立公司时所遇到的很多不同的问题。但是在任何这类服务业公司中,公司的明显特有优势均起源于公司所拥有的职业化服务技术。随着全球化趋势的不断发展,大的全球化服务公司与数千个仅国内运营的小公司并肩而立。这些大公司能够向客户收取更高的费用,因为客户认为这些公司能够提供更高质量的服务。本章建议这类跨国性的服务业公司应该尽可能建立起全球性的公司声誉。服务质量是抽象的,其构成也很复杂,因此难以对其进行客观测量。由于置身于公司之外,客户在与服务公司签署临时合同时,一时半会很难去深入了解公司的服务水平,因为这些服务的实际质量效果要直到服务履行后才会知道,因此声誉就成为顾客选择服务提供商的强有力的标准和重要的质量信号。如果客户认为某一公司的服务是超一流的,由此在全球范围内所产生的信任结果会促使各地的客户都倾向于使用该公司的服务。公司应该设法建立自身的优异整体声誉,而不应受那些公司所雇佣的任何个人的能力和声誉的约束。花成本与客户建立良好关系,并根据他们的需要提供定制服务,对服务业公司来说非常重要。因此公司均力图避免失去重要的客户,并将建立和保持客户的忠诚度作为公司的主要战略目标,因为顾客的忠诚度还能够为公司在开拓多个国家的市场中起到杠杆作用。此外,服务提供商和服务接受者都希望彼

---

* 埃克森美孚石油公司旗下的 Exxon Valdez 油轮于 1989 年在阿拉斯加触礁,并因此泄漏了大量原油,后为此而该公司被处以支付 25 亿美元的惩罚性损害赔款。——译者注

此能长期保持合作关系,因为对双方来说转换门庭的成本都很高。客户当然愿意寻求具有高度职业化水平的服务提供商,并期望他们能为自己提供高质量的服务。客户可能会认为不同的提供商所提供的服务质量会有很大的不同,然而他们又会发现直接评估服务质量显然是不现实的,因此他们会倾向于使用非直接的或简易的评估标准来评估。此时声誉就成为服务质量的最好替代品,并且声誉本身可以通过公司现今的规模、成立的年代、所拥有的客户或公司参与的公益性活动等来进行评估。如果声誉成为公司的特征,那么公司就具有了重要的比较优势。

在不同的职业化服务跨国公司之间存在规模上的差异,但产生这种差异的原因至今仍然不十分明了。如果声誉非常重要,为什么没有一所著名的大学成为跨国性的大学? 为什么审计和管理咨询行业大多已经成为跨国行业,但是很多法律机构和所有的牙医都还是在国内运作? 开展更多和更深入的有关议题的研究,譬如涉及顾客选择职业化商业服务提供者的方式、缺乏优势的和具有优势的服务提供者之间的差异,以及如何保持顾客对公司忠诚度等议题,将会为回答上述一些重要问题提供更清晰的思路和答案。

参考文献

Aaker, D. A. and Myers, J.G. (1987) *Advertising Management* (3rd ed.), Englewood Cliffs, N.J.: Prentice Hall.

Aharoni, Y. (ed.) (1993) *Coalitions and Competition: the Globalization of Professional Business Services*, London: Routledge.

—— (1997) 'Management Consulting', in Y. Aharoni (ed.) *The Changing Role of State Intervention in Services in an Era of Open International Markets*, 153–79, New York: State University of New York Press.

Ajzen, I. and Fishbein, M. (1980) *Understanding Attitudes and Predicting Social Behavior*, Englewood Cliffs, NJ: Prentice-Hall.

Bitner, M.J. (1990) 'Evaluating Service Encounters: The Effects of Physical Surroundings and Employee Responses', *Journal of Marketing* 54 (April): 69–82.

Bromley, D. B. (1993) *Reputation Image and Impression Management*, New York: Wiley.

Darby, M. and Karni, E. (1973) 'Free Competition and the Optimal Amount of Fraud', *Journal of Law and Economics* 16: 67–88.

Davis, M. (1992) 'Goodwill Accounting: Time for an Overhaul', *Journal of Accounting* 173: 75–86.

Day, E. and Barksdale, H. C. jr. (1992) 'How Firms Select Professional Services', *Industrial Marketing Management* 21: 85–91.

—— (1994) 'Organizational Purchasing of Professional Services: the Process of Selecting Providers', *Journal of Business and Industrial Marketing* 9 (3): 44–51.

DeAngelo, L. (1981) 'Audit Size and Audit Quality', *Journal of Accounting and Economics*, December, 183–99.

Doney, P. M. and Cannon, J. P, (1997) 'An Examination of the Nature of Trust in Buyer–Seller Relationships', *Journal of Marketing* 61 (2): 35–51.

Dunning, J. H. (1993) *The Globalization of Business*, London: Routledge.

—— (1993) *Alliance Capitalism and the Global Economy*, Reading, Mass.: Addison Wesley.

Eagly, A. H. and Chaiken, S. (1993) *The Psychology of Attitudes*, Fort Worth: Harcourt

Brace Jovanovich.

Esfahani, H. S. (1991) 'Reputation and Uncertainty: Toward an Explanation of Quality Problems in Competitive LDC Markets', *Journal of Developmental Economics* 35: 1–32.

Firth, M. (1990) 'Auditor Reputation: the Impact of Critical Reports Issued by Government Inspectors', *Rand Journal of Economics* 21: 374–87.

Fombrun, C. J. and Shanley, M. (1990) 'What's in a Name? Reputation Building and Corporate Strategy', *Academy of Management Journal* 33: 233–58.

Goldberg, M. E. and Hartwick, J. (1990) 'The Effects of Advertiser Reputation and Extremity of Advertising Claim on Advertising Effectiveness', *Journal of Consumer Research* 17: 172–79.

Greenwood, R., Cooper, D. J., Hinings, C. R. and Brown, J. L. (1993) 'Biggest is Best? Strategic Assumptions and Actions in the Canadian Audit Industry', *University of Alberta*, working paper.

Gronroos, C. (1990) *Service Management and Marketing*, Lexington: Lexington Books.

Haas-Wilson, D. (1990) 'Consumer Information and Providers Reputations: an Empirical Test in the Market for Psychotherapy', *Journal of Health Economics* 9: 321–33.

Jones, E. (1981) *Accountancy and the British Economy 1940–1980: the Evolution of Ernst and Whinney*, London: Batsford.

Klein, B. and Leffler, K. B. (1981) 'The Role of Market Forces in Assuring Contractual Performance', *Journal of Political Economy* 89: 615–41.

Maister, D. H. (1986) 'The Three E's of Professional Life', *Journal of Management Consulting* 3 (2): 39–44.

Micheline, B. (1992) 'International Marketing of Professional Services', *Business Quarterly* 56 (3): 86–9.

Nachum, L. (1999) *The Origins of the International Competitiveness of Firms: the Impact of Location and Ownership in Professional Service Industries*, Cheltenham, UK: Edward Elgar.

Pallais, D. M. and Good, E. L. (1996) 'What do Clients Want?', Journal of *Accountancy* 182 (6): 75–7.

Palmer, R. E. (1989) 'Accounting as a "Mature Industry"', Journal of *Accountancy* 167 (5): 84–8.

Parasuraman, A., Berry, L. L. and Zeithaml, V. A. (1988) '*Servqual:* A Multiple-Item Scale for Measuring Consumer Perceptions of Service Quality', *Journal of Retailing* 64 (spring): 12–40.

Patterson, P. G., Johnson, L. W. and Spreng, R. A. (1997) 'Modelling the Determinants of Customer Satisfaction for Business-to-Business Professional Services', *Journal of the Academy of Marketing Science* 25 (1): 4–17.

Petty, R. E. and Cacioppo, J. T. (1980) 'Effects of Issue Involvement on Attitudes in an Advertising Context', in G. Gorn and M. Goldberg (eds) *Proceedings of the Division 23 Program*, 75–9, Montreal: American Psychological Association.

—— (1981) *Attitudes and Persuasion: Classic and Contemporary Approaches*, Dubuque, Ind.: Wm. C Brown.

—— (1986) 'The Elaboration Likelihood Model of Persuasion', *Advances in Experimental Social Psychology* 19: 123–205.

Pralahad, C. K. and Doz, Y. L. (1989) *The Multinational Mission: Balancing Local Demands and Global Vision*, New York: Free Press.

Previts G. J. and Merino, B. (1979) *The History of Accounting in America*, New York: John Wiley.

Richman, T. (1996) 'Service Industries: Why Customers Leave', *Harvard Business Review* 74 (1): 9–10.

Rogerson, W. P. (1983) 'Reputation and Product Quality', *Bell Journal of Economics* 14: 508–16.

Rowney, J. A. and Zenisek, T. J. (1980) 'Manuscript characteristics Influencing Reviewers Decisions', *Canadian Psychology* 21: 17–21.

Sprout, A. L. (1991) 'America's Most Admired Corporations', *Fortune International* 123 (3), 11 February: 38–55.

Strassman, W. P. and Wells, J. (eds) (1988) *The Global Construction Industry*, London: Unwin Hyman.

Taylor, R. N. (1975) 'Age and Experience as Determinants of Managerial Information Processing and Decision Making Performance', *Academy of Management Journal* 18: 74–81.

Thomas, A. S., Litschert, R. J. and Ramaswamy, K. (1991) 'The Performance Impact of Strategy–Manager Coalignment: an Empirical Examination', *Strategic Management Journal* 12: 509–22.

United Nations Center on Transnational Corporations (1990) *Transnational Corporations, Services and the Uruguay Round*, New York: United Nations.

Van-der-Walt, N. Scott, D. and Woodside, A. G. (1994) 'CPA Service Providers: a profile of Client Types and their Assessment of Performance', *Journal of Business Research* 31 (2–3): 225–33.

7 专业化商业服务公司的全球化趋势：一时性狂热，抑或竞争优势的真正源泉

本特·罗文达尔(Bente R. Løwendahl)

7.1 引言

本章将探讨专业化商业服务公司(professional business service firms，PBSFs)的全球化，并将之与更加传统的制造业公司的全球化进行对比。本章主要基于迈克尔·波特(Michael Porter，1986)的理论贡献，他从外部市场特征以及公司内部的创造价值活动特征两方面来探讨全球化问题。我认为，由于专业化服务的特殊性质，大多数关于全球化的传统观点并不能机械地使用，不论是在市场的特征方面，还是在内部价值创造活动方面。尤其是，许多专业化服务公司并不是靠价格和成本竞争，而一些公司甚至并不追求利润最大化。考虑到这些独特之处，对于专业化服务公司来说，在做出走向世界的决定之前，极有必要仔细分析一下(经济上的以及无形的)成本和收益。如果没想好，国际化或全球化就无法成为企业成功的秘诀；相反甚至连极端意义上的成功，亦即生存都会成问题。因此，专业化服务公司的经理和经营者在实施全球化战略之前，应确保"唱反调的魔鬼代言人"已经问完所有尴尬的问题，并且他们能够很好地回答这些问题。即使对有些公司来说全球化是件好事，但是对另外一些公司而言可能意味着灾难。

本章首先概述专业化商业服务公司的本质是什么,又是什么将其与一般的(知识密集型)服务公司区别开来。接下来将从宏观上探讨全球化的原因,随后会将该理论延伸应用到专业化商业服务公司的全球化方面。最后一节讨论研究的意义并给出结论。

20世纪末期,西方经济中增长速度最快的行业当属知识密集型商业服务,并且在我们进入21世纪后,仍然可以观察到该行业并无任何减缓增长步伐的征兆(参见,例如 Aharoni, 1993)。促成这样的发展有很多因素。一个是需求方和供给方的教育水平,对努力想要从根本上获得以知识为基础的竞争优势的公司提出了更高的要求。还有一个是外包的趋势,再加上信息的广泛传播,导致经济的日益全球化。

大多数公司发现在这个竞争环境中,属于任何领域的公司都需要有大量有知识的工作者,才能保持领先于同行竞争者,如此一来,这些基于知识的专业化服务业务最好能通过外包的方式即从专业化公司那儿购得。各行各业的公司将那些不属于自己核心竞争优势的活动外包出去,要比起在公司内部组织员工自己干强很多,因为专业化的服务公司不仅能够提供更优质的服务,而且价格成本也更低。此外,随着社会各个领域新知识的迅猛发展,小型公司的内在职能部门越来越面临着知识随时过时的危险。因此几乎在任何行业乃至在公共部门中都可以找到与之相关的知识密集型服务公司。这些知识密集型服务公司的独特性,足以挑战当前占支配地位的管理和价值创造争议中的工业逻辑,因为这些公司从根本上说是以知识为基础的,而不是以资本为基础。并且为获得价值创造的最大化,他们的这种独特性还足以保证对他们的特征和管理方法将会有更多的关注和研究,不光是对知识密集型服务公司本身,也会对他们的客户公司进行研究。

7.2　什么是专业化服务公司 (PSF)

在知识密集型服务公司的范畴内,在20世纪90年代末以来有一类公司开始受到学者的关注并出现大量的有关研究,而这类公司正是我这十多年来一直开展研究的核心。专业服务公司(PSF)(参见,例如 Aharoni, 1993; Greenwood et al., 1990; Løwendahl, 1992, 1993, 1997; Maister, 1993)构成具吸引力的、迅速发展的知识密集型公司,但是就其对经济的潜在影响而言,人们对它的研究兴趣还远远不够。

目前,大多数组织都自我标榜他们的企业是知识密集型,大多数管理人员声称,知识或竞争力,以及人力资源是他们最重要的竞争优势。但是,依我们这些研究知识密集型公司的学者看来,很明显知识密集型仅仅只是一个相对概念,只能说有些公司的知识密集程度超过另一些公司。因此,对于我们所研究(或从管理的背景或角度谈论到时)的公司究竟属什么类型,我们需要有一个清晰而明确的定义。专业化服务公司构成知识密集型公司范畴内一个独特的、非常重要的子类型,在我们对这类公司的整体特征进行总结,尤其是具体分析他们的全球化进程之前,对他们的这些独特之处做进一步深入研究是非常重要的。即使多数公司想要把自己定义为知识密集型,并且这些公司中大部分都渴望自己被人们看作是专业化公司,然而试图通过将原本涵义非常特殊并且意义明确的概念泛化的方式来使自己的公司名正言顺(地成为所谓的知识密集型)的做法,是任何经营管理行业的学生、学者和实践者都不能接受的。当一些特定的概念被到处使用,它们就会失去原有的具体内涵,时间一久,就会使该概念变得毫无意义。我们应该承认,并非所有成功的企业都是知识密集型的,也应该承认并非所有知识密集型企业都是专业化的企业。弄清这些区别,有助于我们更好地分析可行和相对不可行的策略,有助于我们定义成功的标准等。将所有企业和公司都堆集到一个类型内对任何人来说都是毫无益处的!

以银行为例,他们经常自我标榜自己是知识密集型和专业化的公司,但是在我看来,他们大多数的价值创造并不是由于他们为客户提供了专业化服务。典型的银行(至少在挪威是如此),将一系列现有的金融"产品"(用他们自己的说法)捆绑在一起销售给客户。无需分析客户究竟实际想要什么,也无需受高等教育和专业培训,更重要的是,他们的价格结构主要是基于按次收取费用的交易框架,在这样的价格框架中,利润取决于他们每次支付给投资者的利息和借贷者所交利息之间的差额水平。与之相反,专业化服务公司的服务价格是基于他们向客户提出的建议、提出的解决方案,基于他们提出一个新的解决方案或找到合适的建议所需的时间,或者分析解决手头上的问题所需的时间。我并不是说,银行不能够成为专业化服务公司,或者说银行不能够提供专业服务。通常情况下,专业化服务只是大多数银行更传统的服务组合中(较小)的一部分,而以提供专业化服务为主或以专业化身份建立的银行就更不正常了。当然,还是有后者的例子,就像基于工程项目而运行的投资银行那样(参见,例如 Eccles and Crane, 1988)。

从定义出发,专业化服务公司均是高度知识密集型,并以提供服务为导向,正如多数银行一样,但是他们还致力于在认真和尽职尽责的专业判断基础上为客户提供量身定做的服务。这就是专业化服务公司区别于其他知识密集型公司的首要因素。并且,PSFs 的另一关键特征是大多数收入来自于专业人士运用自己的专业知识能力所得,并且基于"无疗效,不收费"原则以某商定价格收取费用,或者有时是按照项目合同规定,根据完成该任务所需要的人力工作时间收取费用。然而,另一个主要不同点在于潜在的投机属性。对于销售服务的银行而言,投机取巧是跟其控制低息贷款信息的能力相关联的,这也是其他很多类型的经纪人或"网络"关系中所常见的(Stabell and Fjeldstad, 1998)。对于专业化服务公司而言,投机通常是在诊断和处理一个比手中的问题更大更复杂的问题时才出现的,因为这需要额外增加人力劳动时间。也许,此种投机导致专业化服务公司让更多的初级人员参与其中,并可能导致所用人力时间的增加,同时还可能导致所提供的解决方案的质量降低。因此,对专业化服务公司的职业道德要求,在于当存在短期利益与整体利益相冲突的时候要学会放弃,以便保护公司长期生存所需的专业声誉从而赢得客户的信任。构成公司专业价值创造基础的专业化知识还面临着另一主要挑战,即客户一般都没有足够的知识来判断公司所提供服务的质量。换句话说,信息不对称是实质存在的(Normann, 1984)。因而,如果公司能称得上专业化的,就应该有一个由专业人员或企业自身强制执行的高度道德标准。

那么,专业化服务公司的独有特征是什么呢;又是什么特征让我们将专业化服务公司与那些更传统的却又以专业化自诩的服务公司区别开来呢? 罗文达尔对这些特征进行了总结(1992:70;1997:20),该总结建立在关于专业化和专业化组织研究的大量文献基础上,尤其是 20 世纪 60 年代的社会学文献,包括但不仅限于这些[如 Blau and Scott(1962), Etzioni(1964), Gouldner(1957—8),Higdon(1969), Hughes(1958), Vollmer and Mills(1966)]。关于该话题最近产生的争论包括阿伯特(Abott, 1988),莱林(Raelin, 1985、1991),以及舍恩(Schön, 1983)。以下是专业化服务公司的一些普遍和典型特征:

(1) 他们的核心价值创造均与高度知识密集型服务有关,这些服务均由受过良好教育的员工提供,并且时常与相关研究领域的科学进展联系在一起。员工的专业知识和技能(虽然不总是)常常要由专业组织和/或权威机构进行认证;

(2) 所开展的服务业务必须经由该领域的专家先行仔细评估或审核后方允许向客户提供;所提供的服务都是根据每个客户的特殊需要量身定制的;提供服务时参与其中的公司专家具有高度的自主权和个人判断力,在许多专业化服务企业(PSF)中,合伙人自身要对任何责任投诉负完全法律责任;

(3) 提供服务时通常会涉及跟客户代表的高度互动,不管是在诊断分析问题还是在提供服务阶段均是如此;

(4) 提供的服务受专业行为准则和规范的约束,这其中包括视客户的需求高于公司利润,充分尊重专家的能力和专业限制等。

此外,我这里将所分析的对象仅限于为企业客户提供服务的公司,而非为一般顾客提供服务的公司,两者在意义上的区别将于下一节的全球化问题中进一步展开讨论。

通过对专业化服务公司下这样一个实用的定义,我们避免了一个更加"棘手"的问题,即文献中经常争议的难以说清道明的究竟谁是专业的谁又不是专业的问题。因为"专业的"一词本身的内涵还意味着质量好和水平高,没有哪位知识工作者或公司愿意被称做"非专业的"。另外,"专业"这一说法也还暗示着一个机构有权基于其自身确定的入围标准和经同行评议所决定的考评制度来招纳和撤销成员。例如,医疗专业队伍只接收那些持有一定资格的医生,而对那些没有达到医学和道德标准的人员则予以排除。因此,专业化服务凭借资格认证制度限制了市场竞争,从而能够比完全市场竞争情况下提出更高的要价。另一方面,社会又允许专业"垄断"某些职业,因为我们接受的信息是如此严重不对称,以至于只有同行才能够对所提供的服务质量真正进行评价。因此,当专业化服务运转良好时,有助于确保整个行业中每个从业人员在向客户提供服务时均达到社会认可的质量标准。

许多职业都努力想成为专业化的,但是从某种意义上看来却鲜有成功,因为他们没有被赋予某种专属权来对行业内部的成员自身实行统一认证管理,以排除其他部分兼具专业知识和从业经验的申请人。尤其是,管理顾问们、管理咨询公司们以及他们的行业组织(例如美国的 ACME* 和欧洲的 FEACO**)一直都努力想要形成自己的一套专业标准和道德准则,以确立其类似于专业的地位(参见,例如 Higdon, 1969, Kubr, 1996)。海顿(Higdon, 1969)尤其对这种努力不以为然,称他们想要创造出一个所谓"蓝带社会"。他指出了职业垄断的消极影响,但并没有真正解决将高质量服务与"业界骗子"区分开来的问题。如果专业能"保证"他们的成员在高度不对称关系中所提供服务的质量,那专业的作用就很重要了(Abbott, 1988; Schön, 1983)。只要存在专业,并且某公司采纳了该专业的标准和准则,则对于该公司来说,就很容易多将自己的质量保证转移到其未来的项目中去。如果不存在这样的专业,例如管理咨询业,对公司来说就很难发展和提升自己的文化、准则、声誉等,也就难以使公司的名称,而非公司所从事的专业,成为公司质量的保证。我将在随后关于PSFs 全球化的几节中继续讨论专业所起的作用。

然而,我们的目标是对专业化服务公司进行战略分析,因而有关专业化的争论并不是关键。眼下的问题不是要确定某个特定 PSF 的合伙人是否属于一个专门行业的成员,而是要关注该公司是如何为其客户,以及与其客户一道,创造价值的。各行各业的组织都可能聘用专业人员,例如聘用专业化组织成员的律师、建筑师、工程师、医生以及注册会计师等,具体可参见莱林(Raelin, 1985、1991)的深入讨论,他曾谈到当这些专业人员是商业企业内部领取薪酬的雇员时,公司将面临一些挑战。此外,即使公司和个人并不具备一个专业的成员资格,也都应该和可以表现得很专业,保持职业操守和坚守行为准则。最后,各种服务公司都可以提供"专业化服务",这意味着这些公司需要通过某种高度专门化的评估和诊断,以表明他们的行为确是从客户的最大利益出发。但是只有那些将自己的企业组织、发展战略、聘用惯例和管理等级等真正建立在专业化的标准基础之上,并且

---

* The Association of Consulting Management Engineers(ACME),建立于 20 世纪 30 年代末的美国,现称 Association of Consulting Management Firms(ACMF),主营管理咨询业。——译者注

** The European Federation of Management Consultancies Associations(FEACO),一个非营利性的多国组织,建立于 1960 年,主营管理咨询业,目前有 14 个国家的成员参与其中。——译者注

（几乎）一直，而不仅仅是偶尔，为客户提供专业化服务，才能名正言顺地被称作专业化服务公司（参见 Etzioni, 1964 关于专业与非专业组织的进一步讨论）。因此，从这一框架出发，某专业合作伙伴，如某法律事务所，并不考虑客户的实际需要，而仅限于将一系列服务程序化，事先打包好后一揽子销售给客户，像这样做派的公司不应该被认为是专业化的。同样，如果公司提供的专业化服务只占自己业务的一小部分，例如挪威的多数银行，也不是专业化服务公司，因为他们的价值创造核心并不是专业化服务。另一方面，某管理咨询公司拥有知识层次很高的员工，但这些员工并不是任何专业组织的成员（如 MBA），只要经过诊断得出他们的职业准则是从客户利益最大化出发，并且将此作为公司的道德准则和价值创造的核心，那么这样的公司就可以被看作是专业化服务公司。

7.3　为什么公司走向全球化

在我们讨论专业化服务公司的全球化之前，我们需要再探究一下有关全球化的一般理论，在这里我更愿意将我的分析立足于迈克尔·波特（Michael Porter）已经确立的理论框架之上。波特（1986）探讨了全球产业的演变，以及针对产业（包括市场）特征采取的全球化战略。波特的理论框架核心围绕下列问题展开：

（1）市场全球化达到什么样的程度（相对而言于"多国本土化"）？

（2）（价值链中）各种不同活动需要集中和分散到什么样的程度？

（3）对于一个全球性公司来说应将活动集中在哪里，应集中在多少个地方？

（4）不同活动在不同的区域之间应如何进行相互协调？

第一个要评估的，是关于市场（或产业）的特征问题。波特指出：

在多国本土化产业中，存在于每个国家（或几个国家组成的小群体）内的行业竞争从本质上说是独立于其他国家的。多国本土化现在已在很多国家出现（例如在斯里兰卡已出现消费者金融业，法国、美国也有），但是竞争又仅是在每个国家之内进行。在多国本土化产业中，跨国公司在将其专业知识一次性从本国总部转移到外国时，可能会拥有竞争优势。但是，公司此时需对自己的无形资产进行调整，以适应转移所到的每个新国家。随着时间的推移，竞争的结果就将取决于各个国家的具体情况。那里，公司的竞争优势很大程度上就取决于具体所在国的情况了。

站在另外一个极端点，就是我所说的全球化产业。术语全球化——就跟"战略"一词一样——已经被滥用，甚至被完全误解了。这里所采用的全球化产业的定义，是指一个公司在某个国家的竞争优势地位会明显影响到该公司在其他国家的竞争地位，反之亦然。因此，国际化产业并不只是几个国家的国内产业的集合，而是一系列相互联系的国内产业，其对手之间的竞争也是真正在全世界范围内激烈进行。那些呈现出或者正朝着全球化模式发展的产业,包括商用飞机、电视机、半导体、复印机、汽车和手表业等等。

(Porter,1986:17—18)

波特还论述到,为了分析一个国际化公司的价值创造活动的合理配置,我们首先需要将这些活动分解开来。他说,在全球化市场中,价值的创造是通过在全球性公司内部开展组织活动而提高成效的,以使得所有活动都开展或进行在那些成本最低而价值创造最高的地方,甚至还考虑到了运输和协调配合的成本核算。

在国际竞争中,一个公司在其竞争的每个国家执行若干功能。即使一个全球竞争者必须将其国际活动视作一个整体系统,它仍须保持从某个具体国家的角度出发考虑问题。在这两者之间维持某种平衡已成为全球化战略中的关键问题之一。

(Porter,1986:19)

波特有关价值创造和活动分解的逻辑,从本质上看是源自于价值链分析。在价值链分析过程中,可以确认出有九种创造活动是在各类公司中都行之有效的(Porter,1985、1986:21)。根据对这九种活动的分析,明显可以看出,公司的基本形象就是一个制造生产企业;一个"机械的比喻"(Morgan,1986)以及一个"长程—连接的技术"(Thompson,1967;Stabell and Fjeldstad,1998)。所包括的这九种活动,也就是人们现在所熟知的五种基本活动:进料物流、运行作业(换言之,多是"生产")、出货物流、市场营销和售后服务,再加上四种支持性活动:公司基础设施、人力资源管理、技术研发和采购。按照这些活动跟买方的关系又进一步可划分为:进料物流、运行作业,以及部分出货物流,再加上所有的支持辅助性活动,均被定义为"上游活动",而出货物流、市场营销以及售后服务等被定义为"下游活动"。

一个参与国际竞争的公司必须确定如何根据价值链而将企业活动布置在各个适宜的国家。于是马上就会显现出下游活动、上游活动和支持辅助性活动之间的区别。位于下游的活动,因与购买者的关系更紧密,通常位于买方所在的地方。相反,上游活动及支持辅助性活动,在大多数行业中均可从概念上与购买者所在地相分离。

这个区别有着一些有趣的暗示。首先,下游活动主要依靠各个国家的具体情况创造竞争优势:一个公司进入或受国家壁垒的封锁,很大程度上取决于这个公司在该国的声誉、品牌和服务网络,并且也只与该国有关。而上游和支持辅助性活动的竞争优势,则更多地源自于该公司参与竞争的所有国家,即来自整个系统,而不仅仅是来自于公司所在的任何某个国家。

其次,在那些下游活动或其他与购买者相关联的活动对形成竞争优势至关重要的产业里,更有可能出现国际化竞争在多国形成各自不同的模式。例如在许多服务业中,企业的下游活动不仅跟买方位置相关联,而且其全球化战略相对来说也较特殊。而在另一些产业中,上游和支持辅助性活动如技术研发和生产制造对企业获得竞争优势来说更为重要,那么这类公司参与的全球化竞争也就更普遍,并不具什么特殊性。

(Porter,1986:23)

7.4 专业化服务公司如何创造价值

对于专业化服务公司来说,价值链并不是成本和价值创造分析时的理想工具。哪怕是扫一眼,就可知道这五项基本活动明显不符合专业化服务公司的价值创造过程(Løwendahl,1992,1997;Normann and Ramirez,993;Stabell and Fjeldstad,1998)。然而,价值链虽然并不适宜于用来作为专业化服务公司价值创造的分析模式,作为价值创造活动以及作为潜在竞争优势的合理分析框架却非常有意义。正如价值链理论框架中所说的,专业化服务公司并不是通过将(有形)投入转化为增值产出来创造价值。关于管理咨询业,罗兰斯和罗文达尔认为(见 Løwendahl,1997:42—43),专业化服务公司的价值创造涉及三个核心过程:

(1) 营销"可信赖的承诺";

(2) 交付所承诺的产品(服务);

(3) 从营销和交付过程中学习,以在未来项目中达到效率和效益的双双提升。

第一个核心过程非常清楚地阐明了专业化服务公司和一般制造企业间的主要差异,亦即价值创造始于营销,甚或可以说是从说服客户相信公司的价值创造力开始的。对于一些公司而言,这意味着诊断分析和解决问题(例如工程咨询和管理咨询公司),对于其他一些公司而言,这意味着为客户设计或创意出某些东西(例如建筑师和广告业中的艺术导演),或协助客户完成一个涉及第三方的过程(例如在法庭上为客户辩护的律师),又或对客户自己的某项进程的质量做出评估和进行认证(例如审计)。不像传统的生产顺序那样是一个设计—生产—营销—交付的过程,在设计和交付阶段之前,专业化服务过程首先需努力赢得项目本身。结果,"上游"和"下游"二词已失去了其各自的本身原意,因为除却被客户/买方买走(服务)后仅剩惟一最后一项活动:自身专注于学习的过程。

斯塔贝尔(Stabell)和费尔德斯塔德(Fjeldstad)引入了问题求解类公司(包括但不限于专业化服务公司)价值创造活动的另一模式,即所谓的"价值坊"。价值坊建立在汤普森(Thompson,1967)的"集约"(与"长程—连接"相对应)技术之上,这一集约技术要求在整个服务提供过程中,在提供服务的专业人员之间,以及在专业服务人员和客户代表之间都应该有高度的互动配合乃至相互适应与调整。价值坊理论与价值链理论一样,也包含五项基本活动,但其内容却大有不同。这五项基本活动是:问题的探求/寻获;(问题)解决方案及备选方案的生成;解决方案的选择确定;解决方案的"执行"(实施);以及质量控制/评估(Stabell and Fjeldstad,1998:424—5)。这个模型与罗兰斯和罗文达尔的模型很相像,因为正确发现待解决的"问题"在很多情况下涉及销售和招投标活动,而评估则涉及从这些过程中总结经验以便日后改善提高。另一方面,正如上面所解释的那样,专业化服务过程可能不仅仅是像明确问题和解决问题那样简单。"一个可信赖的承诺",既可以包括问题的解决本身,也可以囊括对解决方案和解决过程的认可,还可以包括服务过程中某些新东西的创造,或者甚至扮演具有特殊专业知识的第三方配角角色。如果我们接受这样一个对"问题"的更宽泛的定义,那么整个过程,包括问题的明确、诊断分析以及解决方案的成形或提出,乃至建议方案的选择等,很明显都已是"交付你所承诺的"服务的有机组成部分。因此可用于改善之前的模型。通常情况下,解决方案实施并不属于提供专业化服务的一部分,因为多数专业化服务公司仅是充当一个咨询者的角色,然而有时候协助开展解决方案的实施也包含在服务合同之中。

与制造业公司相比,专业化服务公司中的基本活动和辅助性活动之间,以及上游活动和下游活动之间,其区别更难辨别清楚。为客户或者与客户一起创造价值的过程,包括正确选择合适的模式和拟定使用的工具、发展新的模式和工具、"动员"(Hannes,1997)合适的专业人员参与本项目(多数情况下是本公司内部的专业人员,但也经常需要外聘一些专业人员),以及"采购"供项目开展所要使用的其他工具和材料(手册、软件、计算机和打印机,等等)。多数情况下,"技术"的研发、新知识的创造和数据库的建立与完善等,一般都是作为项目运行过程的"副产品"而产生(参见,例如Itami,1987),并且不能被归类为与项目主旨无关的"辅助功能"或配角作用。当然,的确有一些功能是可被看作纯粹的辅助功能的,如一些基础设施(包括会计工作、秘书服务、台式印刷出版辅助,等等)。已经有一些公司开始加大技术投资力度以用于提升辅助功能,尤其是在数据库的开发和维护方面。这些就是波特本初意义上的"上游"活动;办公室内的后勤活动无法直接纳入客户项目的账单,但是会作为"经常性开支"总体中的一部分要价。当更多的专业化时间被分配到这样一些办公室后勤活动时,公司的性质就稍微发生了变化,使得他比原先看起来更像制造业公司。这一变化对全球化的意义将在接下来的一节中进行探讨。

7.5 为什么专业化服务公司要全球化

正如波特所指出的,服务业的全球化市场没有制造业来得普遍。然而我们确实看到一些全球性的专业化服务公司,即使尚未弄清楚其中究竟是真正的全球化竞争还是仅仅是多国地方化式竞争。似乎这类全球性竞争的特征既可以与更传统的制造产业相同,也可能与之很不一样。

专业化服务公司全球化的根本原因很可能取决于产业的性质,就跟制造业中的一样。但是,专业化商业服务公司和跨国制造业公司之间存在着一些根本性区别。首先,公司提供的服务所面向的是商业公司,而非普通顾客,这个特性改变了上述波特的分析中的一些论点。不过,这个差异特性并不仅限于服务公司。企业对企业(business-to-business)的市场营销跟面向顾客的市场营销不同,即使是制造业中也是如此。当买方(顾客)具体到人时,那么买方就存在于某处。当买方(顾客)是公司时,买方可以是全球的、地方的或多国式的(多中心的),因此,即使服务的特征和核心技术在性质上是地方的,买方公司仍可能只想与世界范围内仅一个专业化服务公司打交道。许多客户公司要求在全球为其提供持续的和相同的服务(例如开展审计和发布广告),即使在这两种情况下,当地的专业知识更为关键,并且"生产"也无法仅集中于某个国家。

不同行业的专业化服务公司,以及在同一行业内的不同专业化服务公司,其所面临的客户要求会大不相同。即使客户尚未提出某类服务需求,咨询公司也能够"开辟"出市场,因为咨询公司可开发出一个正当市场需要的创造性解决方案,而购买审计者的基本服务又是法律规定的必需环节。咨询者可能面对全球性和多国性的市场,这取决于他们所提供的解决方案的类别,而法律、审计以及在很大程度上广告业,均受当地的法律和消费者品味的制约。按照波特的术语,这些专业化服务的市场从本性上说就是"多国式"的,结果,正如波尔姆特(Perlmutter, 1969)在波特很久之前就已指出的,这些公司很可能是"多中心"的。

在制造业中,价值链的五项基本活动以及其产生的后果,都有具体实际意义。就术语实际交付来说,全球性竞争或许意味着公司能比地方竞争者取得更大的成本效益,也或许意味着公司能向客户提供更为优质的产品。但是一些专业化服务公司能够提供更好的服务质量和更低的价格,而另一些全球化公司所提供的服务价格却高出很多,并且也未见得能证明其能提供更高质量的服务。而他们依然声称说与地方公司相比,全球化为他们带来了竞争优势。这怎么可能呢?

罗兰斯和罗文达尔模式,关注的焦点并非价值链上的"主要活动"(在我们模式中为第二个过程),即"产品"的生产和交付。该模式所关注的,是为价值创造分析中所增添的两个额外过程,首先一个是由于公司全球化的存在使得公司更容易营销和兜售其可信赖的承诺(甚至要价更高,而不管"客观"上质量水平如何),亦即"声誉效应"。这里,专业化服务公司可能会面临一个"鸡和蛋"的问题,由于全球化业务可能会为公司带来更好的声誉,但是从另一方面来看,如果声誉能跨越国家边界的话,良好的声誉可能会将公司牵扯进全球化市场。这一点跟上述引用的波特的观点恰恰相反,波特认为声誉(与下游活动相关)在实质上是属于地方性的。其次,公司全球化的存在可能使得公司能够获取更广阔、更复杂的"经验积累",以及赚取更多的共享知识,因为能够接触到更广阔的成套的学术知识发展源泉。同样,这与上述波特所描述的知识转移恰恰相反,波特认为暂时性的竞争优势可能源自于专业知识的一次性转移到另一个国家。在专业化服务公司中,一旦取得竞争优势,都是源于公司能持续获取和借鉴在世界上所有相关中心所发展和积累起来的知识,而不管这些知识中心的当地市场潜力如何。如果公司从一些项目开展中所获得的经验能够为公司在其他市场上增加更多的、大于在当地所失去的价值的话,你或许甚至可以虽处在一个一点也不盈利的地方市场却仍然获得可观的竞争优势(请参见 Bartlett and Ghoshal,1989,有关这类组织形式的更深入的探讨)。

既然专业化商业服务市场跟(消费者)商品市场不同,我们有必要考察分析一下从全球性专业化服务公司寻求服务的三类主要客户公司:全球性客户、具有"全球性问题"的地方客户,以及具有地方问题但是仍更喜欢让全球性专业化商业服务公司提供服务的地方客户。我们将在下面对这些类型中的每一类进行更进一步的深入探讨。

7.6 全球性客户

全球性客户可分成以下两个根本上不同的子类型:将决策和/或活动集中起来的公司,以及在全球范围内要求持续服务的公司。

7.6.1 拥有集中决策和/或活动的全球性客户

当一个全球性客户公司决议仅在世界上的某个具体地方寻求某具体类型的专业化服务提供商时,对于在该具体地方享有良好声誉并在该处进行决策和/或开展活动的专业化服务公司来说,其竞争优势明显。比如,如果一个总部位于纽约的大型制造业公司决定将其所有的广告宣传都从纽约发出,且先前把重点放在全球性的著名媒体如有线新闻网(CNN)和国家地理(National Geographic)频道方面 *,在纽约享有盛名的(广告)公司仍具有一定优势,即使其面对的客户是全球性公司。如果公司的活动也是集中化的,则地方优势会变得更为明显:如果一个全球性质的银行的客户数据库是由位于伦敦的总公司进行管理,那么靠近这个活动中心的某 IT 咨询公司更可能容易被选作为外包服务和专业咨询的合作伙伴。在这两种情况中,全球化只会对专业化服务公司增加其可能交付成本,而并不会给公司的竞争地位多带来些什么。

7.6.2 在几个地方要求统一性服务的全球性客户

当一个全球性客户公司要求在全世界范围内为其提供统一性服务时,对专业化服务公司将会产生不同影响,这种影响后果取决于拟议提供的服务类型,以及实际的服务提供过程。有以下几种

---

* 美国两大世界级媒体公司,但总部皆未设在纽约。——译者注

可能的解决方案似乎是可行的。

1. 由一个专业资源中心库提供统一性服务

如果所需要提供的服务是不定期的,那么该全球性公司可以和专业化服务公司达成协议并签署合同,规定专业化服务人员亲临需要提供服务的那些地方,在那里待上一段时间,然后再回到他们各自的总部。这方面可举一个对具体某种机器进行定期维护的例子,例如所有的专家工程师平时都集中生活在波士顿,但是他们可以定期去往遥远的地方巡回服务。这样的专业化服务公司,尽管他们提供全球性服务,仍能保持其"集团中心式"(Perlmutter,1969)。即使客户公司是全球性的,专业化服务公司仍仅是从一个知识中心提供所有的服务,而无需担心公司的地方化、繁琐的机构配置,以及不同地点机构之间的相互协调。这样的一个专业化服务公司,可避免全球化给公司带来的成本增加和可能导致的服务质量下降,如果公司的新知识发展中心位于波士顿的话至少会是如此。

2. 由单个"枢纽"和一个交付网络共同提供统一性服务

如果对服务的需求更频繁,那么专业化服务公司可以建立一些地方性"枢纽",在这里聚集着受过特殊培训的具体服务提供专业人员。他们从这些枢纽出发去往地方现场(提供服务)。知识开发和培训可能是在某个"枢纽",例如波士顿进行,但是专家的工作场所位于客户所在地附近。结果,专业化服务公司可能就变成为"区域中心式"(Perlmutter,1969)。然而,正如上述"集团中心式"的专业化服务公司,这种方式仍不需要太多的相互协调。中央枢纽负责开发新的知识和服务标准,而这些知识标准则由位于各地区的"卫星们"贯彻实施。这些卫星们熟悉地方市场和必要的转化,并且忠实地贯彻由枢纽"规定"的各项服务标准。

3. 由多个"枢纽"构成一个全球性网络提供统一性服务

正如制造业公司一样,拥有全球性客户的专业化服务公司也可以形成一个全球化的矩阵结构,该矩阵结构具有多个结点枢纽和不同的"精英中心",由这些中心汇集知识形成和分配。对于一个大型管理咨询业公司来说,面向远洋石油业公司的知识中心可能会位于挪威,而面向金融业的知识中心或许就位于纽约、伦敦或新加坡。每个枢纽在其负责的整个地方网络中承担特殊的知识研发和分配责任,并且要求其所负责的特定专业领域提供的服务在世界范围内保持一致。进一步,枢纽之间的协调并不经常进行;且每个专业知识领域仅设一个权威。这样的公司一旦真正全球化,必将获益匪浅,因为他们的活动仍然是集中化的(尽管活动是在多个中心进行,但每个知识领域仅设一个中心),而且不同地方之间的协调更像是单向的发布和控制,而不是双向的相互交流过程。

7.7 具有全球性"问题"的本地客户

另外一大类专业化服务公司,是他们给具有全球性问题的地方客户提供服务,例如当地的市政当局或政府通过招标过程雇佣了世界一流的建筑师。公共建筑可能会吸引来自世界各地的建筑师,结果挪威的建筑师可以在埃及的国家图书馆建设项目中中标,虽然他们没有在埃及设立任何的地方代表处。在工程咨询业,这是一项众所周知的国际性活动,比如水电大坝建设和发电机组招标或多或少都是在全世界范围内进行的。同样地,如果你掌握了有关当地地质构造的信息,你可以参与任何这方面的竞标,因为海底隧道不管是位于奥斯陆还是英吉利海峡还是纽约,所需要的专业知识都是相同的。这些属于巨型项目,只要国际专家飞到现场,并在那里待上他们认为时间已足够,大功即告成功。除非这些问题重新出现,否则就不会建立任何地方性办公室,于是专业化服务公司就很可能仍然保持"集团中心式"。

这种背景对行业全球化当然很有帮助。在世界专业知识的基础上,当地专家能很容易地判断世界其他国家的同行提供的服务质量;国际专家可以与来自任何国家的地方专家一起工作,只要他们之间存在相互易于交流和沟通的方式,不管是数学符号、图纸,还是共同的语言(例如英语)。全球性行业同时也意味着世界级的专业人士是全世界闻名的,因此雇用到这些专家的专业化服务公司也能够从全球人才库中吸引优秀的青年才俊专家加入他们。

7.8 具有地方性"问题"的本地客户

当本地客户仅具有地方性问题,则该产业仍处于多国本土化阶段,波特并不建议专业化服务公司此时发展全球化战略。然而,即使从基本面看行业目前仍是多国本土化的,一些专业化服务公司还是在走向全球化。为什么呢? 首先,专业化服务公司觉得规模大和全球化相当吸引人,因为这两点简直就是高质量的代名词。当客户在购买服务前想要对专业人员或专业化服务公司的服务质量进行评价时,他们通常不具备足够的专业知识来对该人或该公司进行评价。但是规模和全球化业务一般被看作是成功运营的标志,尤其是在制造业,规模和全球化业务还被看作是高专业质量的象征,因此也就无形中提升了专业化服务公司的声誉。我们可以提出下列这样一个命题:

专业化服务的质量越是难于"客观"判断,全球化和规模越是能成为质量的代名词。

这跟上文已引述的波特的关于服务行业之声誉仅具地方性意义的观点恰好相反。再者,如果一个专业化行业已经实现了全球化,则在评估该行业在某地方的质量表现时就要容易得多。因此,当某地尚不存在专业化行业时,业务全球化则更易成为质量的代名词。

从定义出发,专业化服务公司很难实现规模化经济,因为服务是为每一客户量身定制,而客户的要求又并不一致。不过，规模化经济在服务业并不是完全不存在，但是这种规模化可能是在与波特所谓的价值链基本活动极其不同的其他活动中出现。在专业化服务业中，规模经济似乎主要涉及一个领域，也即是唯一的"上游"活动，该活动经常被称作"知识管理"：全球化的信息系统、全球性统一调配的知识汇集、创造和区域发布责任，以及集中化的"公司大学"或者面向公司所有员工的发展项目。这其中一些著名的例子，像位于芝加哥的亚瑟·安达信/安达信咨询（Arthur Andersen/Andersen Consulting）公司的教育中心，安永会计师事务所（Ernst and Young）实施的全球知识管理系统，以及麦肯锡咨询公司（McKinsey and Co.）所开发的客户产业信息资料库，都很好地说明了这类竞争性定位。这些活动听起来好像是波特的理论框架中所谓的"辅助活动"；作为"人力资源管理"活动的组成部分。但是对于专业化服务公司来说，这些活动实际上是在对公司的核心资源进行维护和开发：保持和提升公司职员的专业能力，不管是在个人层次水平还是在集体层次水平。知识管理在专业化服务公司决不是一项辅助活动；而是价值创造的核心，是构筑公司潜在竞争优势的活动。这些活动还有一个有趣的特征，即它们实际上提高了解决方案的质量，同时降低了为客户收集所需提案、评估或甚至是报告等信息的成本。公司因而能够提供更好的服务质量，更快的服务速度，同时甚至成本更低。

换句话说，由于全球化对上述罗兰斯和罗文达尔所述模型第一和第三部分（即承诺的可信性，和从各种项目中汲取经验教训的学习能力，以用于增强日后价值创造的专业能力）的潜在影响，在那些传统全球化理由并不适用的产业中，专业化服务公司仍可以选择全球化战略。然而，尤其是在这种以客户需求为主的市场，专业化服务公司更要认真地分析由全球化所能带来的成本和收益。声誉和知识提升的效果并不易自动显现，而全球化过程中所面临的各种挑战和所需花费的协调成本却是实实在在的。

也有这样的一些例子，他们是跨国的专业化服务公司，却无需以上述那样的运营以增强其价值创造能力。新的公司地方性或地区性事务所的位置并不总是经过深思熟虑分析和战略规划的结果。经常见到的是，地方性事务所的建立仅仅是出自于合伙人的个人偏爱。例如，当公司的英国合伙人约翰·琼斯同他的西班牙未婚妻结婚后，立马在马德里建立起一个新的事务所。取决于市场的性质，这个事务所可能服务于欧洲、非洲、中东或者仅仅服务于欧洲的地中海地区。如果琼斯做成了，并想要扩展业务，他可以建立一个拥有许多专业人员的大公司，并将当地客户添加到自己的文件夹里。这样的事务所或许有朝一日会变成专业化服务公司基础设施的永久组成部分。如果琼斯基本上是自己干，并且只开发地方性的新知识和解决方案，只要这个事务所不从公司总部那里获得支持，它就可以继续经营下去，维持足够的服务质量，所赚的钱当然也会让琼斯很开心。除了公司的名称和一些信息交流，当地的子公司差不多就像是一个独立的专业化服务公司。如果约翰·

琼斯离开了公司,而没有其他当地的搭档来接管,那么这个事务所就很可能要关张了。

7.9　结论和启示

典型的全球化制造业公司会将其各种(上游)活动集中在一个或少数几个地方,以便利用规模化经济效果,然而在专业化服务公司中规模经济一般不太明显,并且所谓的"上游"或者类似的公司活动也不多。事实上,许多专业化服务公司往往面临着一些"规模不经济"的情况,因为公司如果想实行集中决策的话,就需要在多个地区、语言、文化和法律制度之间进行相互协调,由此会产生高昂成本。但是,专业化服务公司的组织基本上取决于其所提供服务支持的客户公司的活动组织。如果是向一个全球性客户公司的上游活动打造量身定制的专业化服务,对于该专业化服务公司来说,意味着客户的影响取决于客户公司活动所在的地方,以及不同地方之间的协调程度。如果客户的活动是集中化的,专业化服务公司也可能要将其服务提供集中化。如果客户公司的活动是分散的,但又是高度协调一致和高效率的,那么专业化服务公司也可能需要形成一种分散但协调努力的组织结构。

波特的模型(Porter, 1986)将关注的焦点放在公司的关键活动以及这些活动发生的适宜地点方面,并且强调若全球性需求和规模化经济不足以抵消因之产生的相互协调和运输成本时,则这种协调和运输成本将成为制约公司全球化的主要因素。在专业化服务公司中,情况有所不同。因为并未涉及到任何有形原材料的消耗,也没有向客户提供任何有形的产品,并且甚至在提供高质量的专业服务时也不必使用到任何设备,因而地点和位置的问题就具有了不同的意义。价值创造中涉及的大多数活动在性质上都是"下游"的,需要与客户频繁来回互动,这些活动一般都是发生在客户所在的地方,专业人员可以带着他们的手提电脑和手机与同事们始终保持联系,不管这些同事是否当时是在同一个国家的同一个公司,是在遥远的公司总部,抑或是在别的地方正为另一个客户提供服务。因此,专业化服务公司在物流和运输等活动中所涉及的成本与制造业公司大不一样:多数情况下,你所需要做到的就是将专业人员送到客户所在的地方。由此,关键的问题已经不是在活动发生的地方建立并维护永久性物资设备所需要的成本,而是满足客户需求的持续性和频率的问题。对于一次性的服务,如建设桥梁和隧道、剧院等,建立一个长期的地方公司意义不大,而对于会反复出现的"问题",如提供审计、发布广告和开展法律咨询等,建立一个地方性分公司可能就比让专业服务人员在总部和客户点间不停地飞来飞去要节约成本得多。

当不涉及任何有形资源时,人员协调方面带来的挑战也不一样,但是除非专业服务人员能够独立地面对每个客户正常开展工作,否则协调问题的重要性和复杂性程度一点也不亚于那些因设备或原材料供应问题而迫使人员要在同一个地方(如果不是在同一时间)出现的公司。协调会涉及公司人员之间共享信息、思路、问题、解决问题的具体方法、备选方案的知识储备，或者信息的来源，等等。这些信息，利用今天的技术，不费太大的成本就可以在全世界范围内迅速传递，因此协调的挑战更多地来自于共享信息的内容，而不是共享所需的成本。另一方面，专业人员之间的相互协调似乎又是一项老大难问题，因为信息在专业人员之间的密切交流所带来的实际效果确实比其应发挥的潜在效果要小得多(Groth, 1997、1999)。这一问题涉及专业人员对自主权的诉求，由此降低了其服从公司章程和组织程序的意愿。对于个人来说合理的东西，对公司来说并不总是合理的。另外一个问题出现在另一个极端：即使专业人员想要确确实实的自主权，他们仍然也需要与同行或伙伴进行社会互动。调动专业人员的积极性，一要靠具挑战意义的工作任务，一要靠经验老到、胜任工作的棋逢对手式的同事(Løwendahl, 1992、1997)，除非公司能够建立起一个合适的相互学习的平台，让公司聘用的专业人员相互间能够进行建设性的各种交流，否则公司就会面临失去最称职人才的风险。此外，如果客户或者要求在多个不同地方提供一致的服务，或者要求公司的许多专业人员同时为其提供服务，这种情况也是对公司协调能力的考验和挑战。一方面，服务可能有时具有相对重复性和模式化，以至于可以建立起共同的标准模式以同时适用于所有各地的客户。此时，协调的问题将涉及最佳解决方案的制定、此类信息的相互交流，以及专业人员对各项标准的严格遵守等。另一方面，服务可能同时需要依靠若干个不同寻常的专业人员的共同努力，或者依靠某个具非凡才能的专业人员的创造性劳动才能完成，这时协调的问题就可能是要将这些专业人员尽可能是在同一时间聚集在同一地方，以便产生一个新解决方案。前一种协调对全球化来说问题不大，经得起摔打，而就第二种协调而言，在全球范围内复制就极其昂贵。因此我认为，除非专业人员真的能被这样的全球到处跑式旅行激发工作积极性，他们一般是不会接受这种工作方式的。如果他们确实是世界级水平的专业人员，他们也将不可能有任何的空余时间，不论他们是在一个地方上班还是在许多国家之间奔波。同样地，不论他们是在家里还是赴国外工作，他们工作时间的机会成本将可能由国际费用来决定(如果不认同旅行是负向支出的话，可能还要减去旅行的成本)。因此，对于他人无法"克隆"的、需要"世界级大腕"专业人员亲临现场的服务，行得通的全球化就只剩下此路一条：这些大师们本人喜欢到处旅行，愿意到全球各地去工作。

可以清楚地看出，专业化服务公司在后工业化背景下若要发展竞争优势，就要比传统的制造业公司(及其研究者们)已经习惯了地在管理上下更多的工夫(Løwendahl and Revang, 1998)。竞争将在两个领域同时进行：一是面向愿意支付额外费用的要求苛可的客户，一是寻求能够开发出新的解决方案并向这些苛求的客户销售此新型服务的专业人员。在这两个领域的要求并不总是一致。如果全球化意味着优秀的专业人员必须接受并服从公司的许多内部行规和程序标准，他们或许就会受雇于另一家公司。同样，如果全球化涉及专业人员的许多工作旅行，并让其承受长期远离家人的牺牲，那么这些优秀的专业人员可能还是会选择离开。最后，如果某些专家被"提升"到这样一个程度，即通过与自己的同行、同事和苛求的客户相互配合来进一步学习并不断提升自己的专业水平的机会消失了，则公司就无法再长期留住这些优秀的专业人才，就算公司给他们的工资再高也无济于事！

以价值链为模式的制造业公司和专业化商务服务公司之间存在着最根本的差别。专业化服务公司在新的国家开展业务并不需要太多的资金，不需要任何有形的资产，不需要建立办公室，也不需要担心将原材料、中间产品和最终产品从产地到客户间的运输问题。价值创造的整个流程均只在"下游"发生，保持与客户的紧密联系，将工作地点多半设在客户所在地，一旦专业人员出现在现场，也仅仅涉及信息和知识的"传输"。规模经济效益主要不是产生于重复式的问题解决方案，而是出自于应对各类局部任务的处理方案和方法等在"上游"或公司后勤部门的模式化，以及建立起能够汇聚各类专业人员进入公司的学习平台，从而能够吸引并聚拢行业中最优秀的"专家"。

至于其他类型的服务公司，已有许多现成的方法将其从定义上和实质差别上与前述专业化服务公司区分开来。简言之，极端典型的专业化服务公司与其他服务公司间的主要不同，乃是他们不用依赖任何有形设备，强调将服务交付到客户所在地，强调针对不同客户而打造量身定制的一对一式解决方案。不论是在行业内部，还是在各种行业之间，专业化服务公司的能力差别，主要体现在当他们从执行一项任务转到执行另一项任务时，能将解决方案（的核心内容）模式化或再次使用。但从定义上出发，他们并不是将一种类型的解决方案毫无差别地"打包"销售给客户。就全球化而言，这意味着提供服务时专业人员必须亲临现场，在极端情况下还意味着需要与每个客户面对面直接交流；公司别指望只要将他们最优秀的专业人员安排在总部做研发工作就能让他们开发出面向未来的一揽子解决方案，除非公司将这些专业人员经常送到客户所在地，让他们亲身去了解和感受需要解决的"问题"的具体细节和执行详情。

谈到全球化，尤其是在不同行业之间进行比较时，很难判断一个专业化服务公司的全球化程度究竟怎样。数一数分公司办公地点的数量，看一看公司目前开展业务的分布地域，解决不了问题。比如，某工程设计公司，可能在全世界其他各个国家都曾承揽过业务，却不曾在其中任何一个国家设立过办公室。从这个意义上看，这些公司跟签订一次性出口合同的制造公司很相似，他们也是依靠当地的社会关系或代理机构开展业务，并没有在公司所在国以外设立办公地点。因为专业人员主要用头脑操作，所需的工具和设备十分有限，最多或许再借助手提电脑和手机，在全球不建立任何基础设施的情况下仍可以正常运营。甚至海外运营的收入比例，尽管它经常被用作工程设计行业的一个重要指标，也可能是一个误导数据，因为大合同有时往往具有偶然性。挪威工程设计公司

Norconsult 在其为沙特阿拉伯建立电信基础设施的年头里，外汇收入曾位居世界前十。但是等到该项目完工以后，公司的"规模"就大幅度缩小。但是，就算是"规模"一词也可能造成误导，因为惯例是根据每个项目的不同而雇佣不同量的专业人员。因此，承包公司在承接巨大项目时，其时的人员规模并不能说明该公司究竟有多大。从国际运营占公司总收益比例方面看，Norconsult 当时可谓名列前茅，但那只是定义上的，因为该公司是从属于几个（挪威）当地的工程咨询公司，并且规定在（挪威）国内不允许与其所有人公司进行竞争。今天，曾经的所有人公司之一接管了公司的整个业务，因此，Norconsult 目前的运作方式更像是典型的本地业务及国际项目组合。但是，这样的业务投资组合变化使得该公司的全球化缩减了吗？Norconsult 的例子说明了将传统的所谓全球化和全球性业务标准应用到专业化服务公司方面难度有多大，因为专业化服务公司在某个特定市场的运营并不怎么依赖于公司（永久）的实际位置。

总而言之，并不见得全球性客户就一定要求全球式的专业化服务公司，专业化服务公司从全球性运营中获得的声誉收益也不见得会比其因此增加的运营成本更多。在一些情况下全球化能够增加价值；而在另外一些情况下并不能增加价值。关于专业化服务公司的全球化，可以得出的最重要结论是：必须仔细衡量全球化业务为公司可能带来的各项预期成本和收益。因为多数专业化服务公司出售的是自己员工的专业知识和技能，比起制造业开工所需的重型机械来说，这些专业知识和技能运送和传输到项目执行所在地要容易许多。因此，在专业化服务公司中"现场"的短期和临时办公室要比制造业中常见。建立一个临时性地方办公室并不需要太高成本，而若没有源源不断的新项目支撑，长年运营一个地方办公室所花的费用可能会威胁到整个全球公司的生存。另一方面，通过全球化，专业化服务公司不仅在"客观"质量和成本层面，甚至在提高声誉，或者通过学习和改进以便加强日后质量保证方面，都有可能赚得利润。因此，虽然从传统的"波特氏"分析来看，专业化服务公司"走向全球化"的理由确实不多，但同时应看到，当涉及在世界范围内提供服务可以为公司的未来知识创造和良好声誉建立创造机会时，他们比制造业公司拥有更多的选择。或许，正如在1990 年，时任 Parsons Brinkerhoff 工程设计公司总裁的 Henry Michel 回答我的问题时所说，全球化的确首先是一个心态和观念问题。如果一个专业化服务公司能够在世界各地利用和开发知识，吸引来自世界各国的专业人员共同努力，在世界各地承揽客户项目，这样的公司难道不是一个全球性企业吗？显而易见，不假思索地自动套用产业逻辑是有危险的，专业化服务公司的经理和持有人在将其各项资源（如时间、金钱、关键人力、声誉等）投资到遥远的地区建立地方办公室之前，需要将这些问题都通盘考虑一下。即使是客户确实希望开展全球性业务，这种情况也并不意味着他们自愿支付为此所涉及的额外费用。因此，专业化服务公司应当高度重视所有方方面面的影响效果：全球化所涉及的成本、潜在收益，以及各种风险。

注记

感谢 Øystein Fjeldstad，Lars Groth 和 Norman Sheehan 以及两位栏目编辑对本章的评论和意见。其余任何错误均由作者本人负责。

参考文献

Abbott, A. (1988) *The System of Professions: an Essay on the Division of Expert Labor*, Chicago: University of Chicago Press.

Aharoni, Y. (ed.) (1993) *Coalitions and Competition: the Globalisation of Professional Services*, London: Routledge.

Bartlett, C. A. and Ghoshal, S. (1989) *Managing Across Borders: The Transnational Solution*, Boston, Mass.: Harvard Business School Press.

Blau, P. M. and Scott, W. R. (1962) *Formal Organisations: a Comparative Approach*, San Francisco, Calif.: Chandler.

Eccles, R. G. and Crane, D. B. (1988) *Doing Deals: Investment banks at work*, Boston, Mass.: Harvard Business School Press.

Etzioni, A. (1964) *Modern Organisations*, Englewood Cliffs, N.J.: Prentice Hall.

Greenwood, R., Hinings, C. R. and Brown, J. (1990) '"P2-Form" Strategic Management: Corporate Practices in Professional Partnerships', *Academy of Management Journal* 33 (4): 725–55.

Gouldner, A. W. (1957–8) 'Cosmopolitans and Locals: Toward an Analysis of Latent Social Roles I–II', *Administrative Science Quarterly* 2 (3–4): 281–306, 444–80.

Groth, L. (1997) *Building Organisations with Information Technology: Opportunities and Constraints in the Search for New Organisation Forms*, Dr Oecon. dissertation, Norwegian School of Economics and Business Administration.

—— (1999) *Organizational Design: the Scope for the IT-based Enterprise*, Wiley UK.

Haanes, K. (1997) *Mobilizing Resources*, Ph.D. dissertation, Copenhagen Business School.

Higdon, H. (1969) *The Business Healers*, New York: Random House.

Hughes, E. C. (1958) *Men and their Work*, Glencoe Ill.: Free Press.

Itami, H. (1987) *Mobilizing Invisible Assets*, Cambridge, Mass. and London, UK: Harvard University Press.

Kubr, M. (ed.) (1996) *Management Consulting: A Guide to the Profession* (third, revised edition), Geneva: ILO.

Lowendahl, B. R. (1992) *Global Strategies for Professional Business Service Firms*, Ph.D. dissertation, University of Pennsylvania, The Wharton School, available from Ann Arbor, Michigan: UMI Dissertation Services.

—— (1993) 'Cooperative strategies for professional service firms: unique opportunities and challenges', in Y. Aharoni (ed.) *Coalitions and Competition: the Globalisation of Professional Services*, Chapter 11: 161–77, London: Routledge.

—— (1997) *Strategic Management of Professional Service Firms*, Copenhagen: Copenhagen Business School Press.

Løwendahl, B. R. and Revang, Ø. (1998) 'Challenges to Existing Strategy Theory in a Post-Industrial Society', *Strategic Management Journal* 19: 755–73.

Maister, D. (1993) *Managing the Professional Service Firm*, New York: Free Press.

Morgan, G. (1986) *Images of Organisation*, Beverly Hills, Calif.: Sage.

Normann, R. (1984) *Service Management*, New York: Wiley.

Normann, R. and Ramírez, R. (1993) 'From Value Chain to Value Constellation: Designing Interactive Strategy', *Harvard Business Review*, July–August: 65–77.

Perlmutter, H. (1969) 'The Tortuous Evolution of the Multinational Corporation', *Columbia Journal of World Business* 4: 9–18.

Porter, M. E. (1985) *Competitive Advantage*, New York: Free Press.

—— (1986) 'Competition in Global Industries: a Conceptual Framework',15–60, in M. E. Porter (ed.) *Competition in Global Industries*, Cambridge, Mass.: Harvard Business School Press.

Raelin, J. A. (1985/1991) *The Clash of Cultures: Managers Managing Professionals*, Boston, Mass.: Harvard Business School Press (paperback edition).

Schön, D. A. (1983) *The Reflective Practitioner: How Professionals Think in Action*, Basic Books.

Stabell, C. and Fjeldstad, Ø. (1998) 'Configuring Value for Competitive Advantage: on Chains, Shops, and Networks', *Strategic Management Journal*: 413–37.

Thompson, J. D. (1967) *Organisations in Action*, New York: McGraw Hill.

Vollmer, H. M. and Mills, D. L. (eds) (1966) *Professionalization*, Englewood Cliffs, N.J.: Prentice Hall.

8 音乐知识产权在全球市场中的推行和占领

马丁·克莱施莫尔（Martin Kretschmer）　查尔斯·巴登福勒（Charles Baden-Fuller）

乔治·克里姆斯（George Michael Klimis）　罗格·沃利斯（Roger Wallis）

8.1 引言

知识的重要性已为大众所熟知，知识的应用促进后工业经济的增长和竞争优势的形成也见诸于许多报刊和文献[1]。从实体经济向知识经济的转变具有重要的理论意义，而这些意义很多尚未被认识。信息、思想、知识的特点使得它们不同于其他资源或物品，尤其是它们并不会因为被使用而变得匮乏[2]。相反，它们会因被使用而不断增殖和扩散。随着高效低廉的跨境通信渠道和英语成为世界通用语言这两大全球化推动力的发展，这些知识经济的特点变得更加突出（Frank and Cook，1995）。

全球化加剧了将以往自然扩散的"无形的东西"变为可贸易货物的战争，同时通过将敏感资源深深地嵌入过程中而使得市场无法触及它们。以美国为首的一些国家，将对知识产权的国际保护上升到更高的层次，这一做法可以看作是拓宽贸易范围的一种尝试（Teece，1998）。按照 1994 年由 100 多个国家签署的作为关贸总协定（GATT）乌拉圭回合谈判组成部分的 TRIP 协议（知识产权的贸易相关方面),履行专利和版权国家保护条款已经成为加入全球自由贸易区的前提条件。[3]

音乐产业首当其冲地处于这种日益全球化和财产化趋势的中心。一方面,音乐已经成为第一批真正全球化的行业之一,这和音乐作为一种产品,很容易个人化,容易接近,容易跨越文化边界的特点分不开;另一方面,音乐作为一种产业,很大程度上需要依赖知识产权的回报。从后文我们的研究中可以看出,知识产权在全球范围的行使必须要有相应的管理机制。音乐知识产权带来的收入大部分是在下游区域创造的,来自于那些可能尚未被预见的音乐使用,如公开表演和将音乐素材融入到新的情境中。音乐产业为此采用复杂的机制来获取和分配这些下游回报,而这些回报对其他与知识相关的行业来说,应该具有重要的借鉴意义。我们的研究还发现,面对技术进步和更加一体化的合作构架,当前的利益分配制度仍然在体制上有不足之处。

涉及音乐产业的知识产权规定非常复杂。如果某个原创性的音乐思想被赋予一个固定的表达,这时便出现了权利。例如,一首歌以某种形式被写出或录制下来。通过立法行为,音乐思想变成了具有版权的作品,其创作者拥有该作品,并且有权阻止他人使用。根据 TRIP 协议,这项独家使用权的原则应该持续至该作者死后 50 年(在欧盟是 70 年)。

虽然版权首先会被授予作者,但是很快就不在作者手上了。一个作曲家或许会把自己的作品带到市场。他/她可能就去找出版商,因为出版商可能买断整部作品,或者更常见的是,接受该作品,然后将日后创造的收入分一部分给作者。合同的内容可能千差万别,但是版税一般变动在七三开到五五开之间,受益方为作曲者,期限是十到十五年。出版商将通过打印活页乐谱(这是差不多自 1900 年以来的核心出版功能),寻找表演机会以及签订唱片合约的方式等获取利益。[4] 如果一个作品被录制了,便出现了另外一套权利:这些所谓的毗邻权利就存在于该特定作品的表演中,由制作者(如广播电台,唱片公司)和表演该作品的艺人持有。根据《1961 年罗马公约》,这些权利自作品的首次广播或出售之日起持续 15 年。

如果出版商和/或制作者是独立的地方性公司,那么国际部分的权利可能随后就转让给具有全球发行权的跨国公司。目前,占全球音乐销量 70%—80% 的作品和唱片,版权仅由五家公司占有:百代(英国)、贝塔斯曼(德国)、华纳(美国)、索尼(日本)和环球(由加拿大饮料集团西格拉姆拥有,该公司于 1998 年 5 月以 106 亿美元的现金＋债券方式收购了世界上最大的音乐公司——荷兰的宝丽金(Polygram))。[5] 有人曾试图下结论说,隐含在西方版权法中的作者概念或许充其量也不会超过 400 亿美元的全球音乐市场的"实用原则",尽管那些跨国媒体集团不断声称音乐收入的 20%—30% 最终将流回作曲者和艺人手中。[6]

本文将描述和分析在当前的音乐知识产权占用中起决定作用的因素,并探讨这样的制度是否能够持续下去。依据 1996 年到 1999 年间在美国、日本、德国和英国(四大音乐市场)进行的超过

100 次的采访,本文将首先报告该产业本身是如何解释和证明跨国公司的主导地位的。接着,本文描述了支撑全球音乐行业的复杂知识产权的收入流,以及所谓的版权收费组织的角色。然后,本文指出由技术更新、去规则化和垂直整合等对该系统所形成的挑战。最后,本文断言当前对音乐知识产权的占用起决定作用的出版、制作、销售和收取税款等功能的组织方式,在将来既不能够也许也不应该继续存在。因此本文预言未来在全球的音乐产业中会发生一场激烈的结构重组。

研 究 方 法

半结构化采访(完整的调查问卷详见本章末)。核心样品(44 份):

- 位于日本、德国、英国的五大跨国音乐公司
- 日本、德国、英国的版权协会
- 国际组织和贸易机构:欧洲委员会、世界知识产权组织(WIPO)、国际唱片业协会(IFPI)、英国唱片业协会(BPI)、日本唱片业协会(RIAJ)、音乐出版商协会(MPA)。

现场采访(60 份样品)。在澳大利亚、加拿大、德国、希腊、爱尔兰、日本、韩国、瑞典、英国和美国进行,主要是对作曲家、艺人管理公司、独立唱片公司和出版公司、新媒体公司、电信公司和金融机构等进行的现场采访。

这些采访于 1996 年和 1999 年之间进行,是英国经济与社会研究局(ESRC)媒体经济和媒体文化工程所资助的一个项目——“全球化、技术与创新:音乐产业的当前走向”(项目批准号:L126251003)的组成部分。除非另行标明,本文中的所有直接引用内容均是取自这些采访。

8.2 音乐产业的价值创造

在过去的半个世纪,音乐已经从一种边缘文化现象发展成为一种商品,并且处于发达国家经济的中心地位。当今时代音乐已经成为许多媒体出售物不可缺少的胶黏物,渗透到社会的每一个层次和角落。体育赛事、广告、视频游戏、购物商场、电话呼叫等,已经离不开连续播送的音乐体验。在 20 世纪 60 年代期间,部门分工的企业模式也渗透到了音乐行业,流行音乐的产业化逐渐站稳脚跟(Frith,1993)。一个成型的音乐公司一般分为如下几个组织部门:

(1) A&R(Artist and Repertoire,或艺人与曲目部门,相当于工业行业中的研发部门):该部门的功能是开发新素材,寻找并签约新艺人。据工业部门的相关人士透露,“大概有 13％的周转资金是用于研发(比经济结构中的其他任何产业部门都来得多)”。一般情况下,一个 A&R 部门的经理“有两重任务和目标”。如果这两个方面都没有起色,那么这个经理的饭碗也就此完结。

(2) 制作:一个“原音带”的录制和后期制作成本可能超过一个流行音乐专辑 100 000 英镑的制作成本。如果同时发行其音乐视频版,成本大多数还要高于其音乐制作的成本。

(3) 生产:CD 片的压制成型成本已经非常低廉,单位成本低于 0.50 英镑。

(4) 市场营销和促销:批发商店的运作(广告、广播、零售,交叉促销)现已成为“推陈出新”的主要开销,像英国这样的国家市场,每张专辑的发行成本,动不动就达到 250 000 英镑。

（5）发行：用来满足现实紧急需求的物流过程很复杂，由于高度的不确定性和极短的生命周期，就连很多成功的产品也是如此，几乎不允许出任何的差错。这一部门属资本密集型的全球化运营。

此外，还有另外两项功能：

（1）出版：出版商拥有产品的知识产权并把持版权的维护和运作过程。一些出版商为出版物主动寻求、推广、委托甚至参与创造新素材，而另一些出版商仅仅是被动地进行出版运营。

（2）零售：零售商可以获得音乐载体的总销售价格中约 30％ 的利润。

从图 8.1 可以知道包含在这些不同的企业活动中的成本是如何反映在 CD 的零售价格中的。或许，在迈克尔·波特所推广的链式模式中（图 8.2），音乐行业中的每一项功能分工都可以用增值进行表述（Porter，1985）。

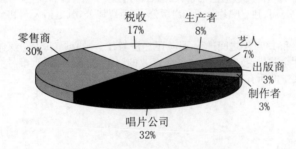

图 8.1　全价 CD 的成本，英国抽样

图 8.2　音乐公司的价值链

除零售环节外，跨国公司的整合遍布整条价值链。跨国公司的出版部门也经常将音乐素材通过签订契约的方式转包给外部厂商。宝丽金出版公司（现在是环球的组成部分）被认为控制了宝丽金唱片公司所录制作品的 50％ 的版权，在跨国公司中这个比例是最高的（金融时报时事通讯版，1996）。相反，独立的唱片公司可能没有自己的出版部门，或者生产发行网络。其他的实体和组织都被描述为出版商-制作公司或者管理-制作公司，这一称谓再恰当不过。

尽管企业组织有自己的传统，作为文化商品的一员，音乐的特质使得音乐产业与其他商品不同："音乐不像肥皂或袜子。我们买卖音乐的时候是带着感情的。我们所出售的音乐价格敏感性并不高。如果消费者想要莫里西的歌曲或《风中残烛》的话，不管出多少价，他们都会买的"（董事长，跨国公司）。

该产业的另外一个信条是"谁也不知道下一次成功在哪里",以及"成功/失败的比例1∶10几年来都保持不变",正如很多受访者坦言:"如果每次成功伴随着八九次的失败,那么我们就不赔不赚"(财务总监,跨国公司)。这样的断言已经得到了来自网络分析的支持。这类分析通过网络动态调查(如口碑的地方性效应)以及通过对版权收费组织有关其收入分配的一些公开数据进行分析独立得出结论(据其分析,10%的作曲家赚得了90%的收入)。[7]

如果音乐是在如此反复无常的市场进行销售的话,少数几个跨国公司是如何得以控制全球业务呢?虽然每个公司每年的周转资金都会经历不小的涨落,但在过去的20年中,五六家最大的公司一直以来始终能占有70%—80%的市场份额。因而音乐产业中很多人都推崇能够感知时代脉搏的A&R人员的市场直觉。

■表8.1 录制音乐的全世界销售额和主要唱片公司旗下的收入份额,1996年

	宝丽金* (%)	索尼 (%)	华纳 (%)	百代 (%)	贝塔斯曼 (%)	市场价值 (10亿美元)
美 国	13	14	22	10	12	12.1
日 本	13	18	7	14	8	7.6
德 国	23	12	13	22	15	3.3
英 国	22	13	11	22	9	2.6
法 国	32	25	13	19	11	2.4
加拿大	20	13	24	10	8	1.1
荷 兰	23	14	8	15	13	0.7
澳大利亚	13	27	18	18	6	0.7
意大利	19	16	17	15	24	0.6
韩 国	10	5	4	5	5	0.5
瑞 典	20	19	13	26	22	0.3
中国台湾	17	5	14	6	5	0.3
全世界	17	16	15	11	14	35.5

注:"﹡"表示环球的市场份额总量可达23%(宝丽金和MCA的份额加在一起)。
资料来源:MBI, Music and Copyright, BPI。

"如果A&R部门做得正确,发现了下一支Blur乐队或Oasis乐队,那么他们的成功能够为整个唱片公司在未来几年里提供资金"(《时代周刊》,1999)。还有些人强调,顺利运行的市场营销就像"一个可长期获利的促销机器"(市场副总裁,跨国公司),"将产品挤进市场"(财务总监,跨国公司)。"独立公司以他们的国际产权换取我们的全球市场以及发行的竞争优势"(董事长,跨国公司)。

唱片公司给艺人提供一个"星伴环境",一种理解艺人、市场、国际签约安排的组织结构。

一旦艺人的成长超出俱乐部的圈子,他/她是怎么找到一个经纪人的? 艺人如何在更大的公众群体中找到召唤的声音? ……艺人无法直接把自己推向市场,因为他/她对市场和推销并不理解。为什么埃尔顿·约翰(Elton John)不去可口可乐公司呢? 因为我们能将经济和艺术的思维融合在一起,我们知道如何去定位一个艺人,我们也理解创作的过程。

(资深咨询师,跨国公司)

人们不禁要问,为什么这么多的音乐长期权利到最后总是转到了为数不多的几家公司手中。独立唱片公司熟悉市场,他们懂得创作过程,他们掌握有购买音乐的专业能力。他们所擅长的,正是跨国公司所需要的。那么为什么这些独立的唱片权利持有者觉得想要取得组织上的壮大又那么困难呢? 这个问题有一个浅显的回答:那些在自己的核心地盘之外闯荡的独立唱片公司已经被收买了;在1992年的一次具有里程碑性质的交易中,百代公司(EMI)以近10亿美元的价格收购了维京唱片(Virgin Records),这个时代被称作是"独立唱片公司作为音乐行业中一股势力的尾声"(Breen, 1995)。

初看起来,这种情形跟全球电影业很相似,市场都由6家主要的公司主宰,它们不仅制作和发行他们自己的电影,还发行独立电影。这6家公司分别是:沃尔特·迪斯尼(Walt Disney),派拉蒙(Paramount)(由维亚康姆所有),20世纪福斯(Twentieth Century Fox)(鲁伯特·默多克的新闻集团所有),华纳兄弟(Warner Brothers)(时代华纳)以及环球(Universal)(西格拉姆)。对这样的寡头垄断式产业结构的经济学解释,经常指向庞大的预先资本投资,就如在钢铁或汽车制造行业那样(Vogel, 1997:37ff)。[8]在音乐行业,建立一个全球销售网络成本很高,但却存在着巨大规模经济和广阔市场范围的可能性。然而音乐制作本身对资本的需求要远远低于电影制作,并且,正如我们所要见到的,这个资本需求也在萎缩。

另外一个论据可能更强调文化市场所经受风险的特殊性:

我们的主要功能之一——艺人们很清楚这一点——就是作为融资者。很多独立公司无法做到这个。并且,电信公司或任何其他人必须首先放送这些音乐产品。这就是我们的巨大优势……在这个领域并没有多少风险资本,在这么一个失败率高达98%的市场,没有哪家银行会甘冒这个风险。

(业务发展总监,跨国公司)

从这个角度看,只要跨国公司保持他们接管中型独立公司的金融影响力,并且保持音乐行业中唯一的风险投资者的身份,那么他们就将继续主宰音乐产业。

总之,我们发现跨国音乐公司拥有任何一项能够创造价值的功能,这些功能确保了其主宰地位:A&R及促销(作为市场专家),全球发行的竞争优势以及资金的平行提供。从经济学角度来说明的话,可能强调的是在生产和营销中高度的预先资本投资,在发行中的规模经济以及在高风险、赢家通吃的市场中对金融投资组合的管理。尽管合并和收购活动频繁发生,但是,音乐产业的合并程序并没有大大地提高跨国公司的总体市场份额。对大量的中型企业的收购,如维京、摩城、A&M,一般带来的都不过是短期的利润。在发达国家,在过去的十年期间,或许已经达到了最大横向合并的状态。跨国公司的业务拓展范围看来仍只停留在欠发达国家的市场,如印度、韩国或巴西,以及将音乐行业垂直融合到传媒集团。

■表 8.2 自 1985 年以来所发生的公司合并

买　方	收　购　对　象	年份	价格(除标明外,百万美元)
蝶蛹	Lasgo 出口有限公司(75%),(另外的 25% 是在 1988—1989 年)	1985	n. a.
维京	Charisma 唱片公司	1985	10 万英镑
贝塔斯曼	美国无线电公司	1986	300
华纳	查培尔出版公司	1987	n. a.
宝丽金	Go! 唱片公司(49%)	1987	75 万英镑
索尼集团	哥伦比亚广播公司	1988	2 000
百代	蝶蛹(50%)	1989	96.6
宝丽金	岛屿唱片	1989	322
宝丽金	大生活唱片	1989	105 万英镑
宝丽金	A&M	1989	500
时代生活	华纳通信公司(包括华纳音乐集团)	1990	14 000(整个华纳)
百代	IRS 唱片	1990	225 万英镑
百代	Filmtrax	1990	93.5
MCA	格芬唱片公司	1990	550
松下	MCA	1990	6 600
宝丽金	Really Useful 控股有限公司(30%)	1990	7 000 万英镑,部分在演出时延期付款
维京	EG 唱片公司	1991	300 万英镑
百代	蝶蛹(剩下的 50%)	1991	3 500 万英镑
卡尔顿	匹克威克通信公司	1992	7 100 万英镑
松巴唱片	Confier 唱片公司的 Embaro 控股有限公司(76%)	1992	n. a.
索尼	创新唱片公司(49%)	1992	n. a.
百代	维京	1992	957
宝丽金	大生活唱片公司(超过 51%)	1993	n. a.
宝丽金	摩城	1993	301
贝塔斯曼	里科迪出版公司	1994	n. a.
西格拉姆	MCA(80%)	1995	5 700
MCA	新视界(50%)	1996	200
西格拉姆	宝丽金	1998	10 400

资料来源:KPMG,业内人士,MBI。

8.3　音乐行业中知识产权利润的流向

1777年当一起诉讼案件完结之后，音乐版权首次在英国的英格兰正式确立。约翰·克里斯汀·巴赫(Jonhann Christian Bach, J. S. 巴赫最小的儿子，当时伦敦的杰出作曲家)提出申请，要求对未经他授权的出版某部作品的行为加以禁止。最后的审判结果是音乐确实属于《1709年版权法》的保护范围，该法对"书籍和其他著作"加以保护，保护期限为出版以后14年，只可更新一次。但是，把音乐视作文学作品，忽视了音乐的本质：音乐是用来表演的，而不是用来阅读的，这是一个更为难以捉摸的法律概念。音乐的这一特点，一直都未被开发，直到1791年首次将公开表演的权利引进《法国革命法》中去。同年在巴黎，在皮埃尔-奥古斯汀·波马歇(Pierre-Augustin Beaumarchais)的鼓动下，法国建立了一个专门为作家和作曲家收取表演版权费的机构。然而，通常没有哪条行之有效的方法，能够将公开表演的合法权利转化为经济收益。这种情况一直持续到1847年，在那年又出现了一起更进一步的诉讼案件。欧内斯特·布尔日(Ernest Bourget)，流行香颂的作曲家，在巴黎一家充满时尚的"大使咖啡屋"拒绝付账，当时这家咖啡屋里正在播放他的一个作品。"你消费我的音乐，我消费你的饮料"，他争辩道。虽然塞纳商业法庭的审判为作曲家胜诉，布尔日意识到，凭借一个人的力量，他是怎么也无法监控自己的音乐被使用的总体情况的。在一家出版公司的帮助下，他成立了一个收款机构，该机构于1851年成为"作家、作曲家和音乐编辑者协会"(SACEM)，即第一个现代化的版权收费组织(Melichar, 1983; Kretschmer, forth coming)。

在许多国家，出版商逐渐意识到"作曲家的表演权利最终可能比他的出版权利要来得更有价值"(Boosey，1931:175)。[9] 现在，现代版权协会正努力推行一条综合的"表演付费"的原则，也就是说，在某个特定的地区对每一次音乐的使用进行监管，并相应地收取和分配费用。

伯尔尼国际版权协定(1886)首次承认了这个跨越国界的抱负和理想。伯尔尼协定并非想完全协调各个国家的立法，而是要求其每个成员国对由其他成员国的国民所创作(或在该国出版的)的作品，给予像对自己国民所创作的作品在该国受到的保护一样得到同等保护：此即所谓的国家待遇原则，该保护期限至少持续到作者死后50年。

在20世纪起初几十年里，大多数主要的音乐市场都建立了表演权利协会(德国1903；英国1914；美国1914；日本1939)。[10] 他们通过签订互惠协议建立起关系，按照这些协议各个协会收取本国内的"世界曲目"的版权费，然后将这些版权费递交给曲目相应的原产国的协会，这个原产国协会再把这些钱交给原权利持有者。这个关于全球音乐使用的老大哥式制度既不便宜，也并非不官僚，但是它确实起到了一些效果：如果今天在日本的广告宣传活动中使用到了由二流的英国歌曲作者创作的一个作品，那么原作曲者和出版商应该在一年以内，收到一份不菲的报酬，因为这首歌被使用了。而在这首歌一开始出版的时候，根本无法预料到这次使用。因此，一些高级的版权收费组织的管理人员已经将该系统称为"奇迹"。

音乐版权的其他重要的延伸是在技术更新后出现的。当音乐开始被录制用于留声机播放时，这也被判定为该作品的版权延伸复制。在1905年，一个法国的法院首次承认这样一个"灌录的"复制品的权利。今天灌录版权费被确定在一个唱片的"给经销商的出版价格"的6％—9.3％之间。

当唱片开始被广播时，作曲家和出版商在收取版权费时又遇见了阻力。美国的广播公司声称一旦他们购买了一个唱片，以后想怎么使用这个唱片是他们的自由：这就引起了作品和复制品之间的混淆。这样的争论不断升级，到了1939年，广播业决定建立自己的版权收费组织，BMI（广播音乐公司）开始按照更加有利的条件对版权素材进行管理。这是发放广播执照通例的肇始——以一个电台年收入的2.75％作为电台可以使用广播音乐公司属下版权作品的权力。获取执照后，电台可以在本年内对广播音乐公司控制的曲目进行无限制广播，包括以此获得收入。到了1941年，原美国版权协会（ASCAP）终于达成相同的规定，自此以后这些规定在大多数西方国家纷纷推行。

强制性的执照树立了一个重要的先例，即它们在某些特定的场合取代了更早的独家使用的权利，代之以获取报酬的权利。自此音乐产业拼命地在尽可能多的领域中夺回独有权，这其中最成功的当属1996年签订的WIPO（世界知识产权组织）网络协议，这些协议将通过网络的任何音乐传播限定在"对公众的通信"的独有权（Ficsor, 1998）。[11] 音乐产业中的很多人希望将这个方法推广到所有的音乐使用：

> 我可以告诉你一家普通私人电台的一些数字：93％的节目是来自音乐榜的音乐，但是仅有2％的总收入流向了音乐产业，相当于净利润的3％。一个电台的成本排序是：(1)人事，(2)通讯费！对强制性执照的分配比例做出规定之日，正好电台是作为最重要的促销媒介之时。
>
> （资深律师，跨国公司）

> 对已建立的音乐产业来说，只有一样东西可以算得上他们真正的危险：即"制度"的崩溃。小男生们买上一张CD，然后给全班同学录制磁带。这是退回到农业社会，以物易物的路径，也正是环保一族所希望的。WIPO是如此重要，因为它敢于使这个产业对网络在线说"不"。广播业中的强制性执照制度也应该进行修改。政治家们似乎又走入我们的视野。我们并不是想要禁止广播，而是在拥有说"不"的权利后可以得到更高的边际利润。
>
> （董事长，跨国公司）

从这个多数派视角来看，如果我们以斯特拉文斯基的《春之祭》（*Sacre du Printemps*）（创作于1913年）或者甲壳虫乐队的曲目作为指南的话，版权持有者（一般情况都不可能是作者，当然更不是已经去世的作者了）将拥有说"不"的独家权利，该权利一直持续至出版后的120年。[12]

为解决机器复制的权利(即唱片压制中所涉及的权利)和同步化的权利(即将一个作品整合到一个电影中去的权利)等问题,各国制定了一套关于集体发放收费执照的方案(德国,AMMRE,1909;斯堪的纳维亚,NCB,1915;英国,MCPS,1924;美国,哈里•福克斯代理公司,1927)。灌录复制的版权收费运作原理,类似于表演权利协会。单凭个人的力量,无法有效地监管对他/她的作品的所有复制或其他使用情况。相反地,音乐的使用者(唱片品牌、广播公司、夜总会、饭店、超市,等等)觉得一个包含所有曲目的协议,与跟代表不同作品类型的不同艺术家的若干个协议比起来,要来得方便得多。版权协会成功地防止了因制订单个合同导致交易成本增加,从而导致市场失效这一现象的出现(Kay,1993:340;Towse,1997;Wallis et al.,1998)。

随着现代化的复杂监控技术的运用,交易成本理论中有关权利的集体管理体制开始受到质疑,特别地,"机械录制"一块很容易被识别出来。跨国公司占据全球唱片销售和出版收入的70%—80%,其交易成本主要是向公司支付机械复制版权费,在很多情况下这实际是向来自同一控股公司的录制或制作部门支付。跨国公司避开目前的版权协会结构,是有一个很明确的经济诱因的。据报道,宝丽金每年仅在欧洲地区就能节省250万美元(《金融时报》,新闻通讯,1996)。在东南亚地区,尚未建立一个协会结构,各跨国公司签订《议定书》,按照该《议定书》他们自己收取灌录复制的版权费。在欧洲地区,各协会也受到这样的威胁——取消曲目以达成更好的条件。在1997年戛纳商展会的国际音乐博览节上所达成的一项协定,将跨国公司原先的收取版权费的8%作为佣金的规定减少至6%。相反,更小的权利持有者们可能现在会被征收12%或更高的手续费。

政策制定者是否愿意这样的事情发生是另一回事。在其他场合我们曾证明过,"凡参加版权协会组织的成员,在享受其所带来的收益的同时,决不允许其他的谋求降低交易成本的渠道或不同活动而损害该组织"(Petri,1997:106—7)。[13]交易成本的固化,或许会使音乐市场倾向于产出平淡、全球化的产品,并增加新公司进入该市场的壁垒。

从现有已公布的账目中可以看出,在大多数西方国家,作为版权协会收入的两个主体来源(即"灌录"载体和表演版权收费)之间大致是持平的。表格8.3提供了一些国家的版权费比例,灌录程序和总版权费收入的详细情况。

向版税协会申请执照是一个复杂的讨价还价、场外说服和场内审批的过程。不同的国家在期限和结构上千差万别,特别是在英美普通法系和欧洲大陆法系民法传统之间更是如此。按照普通法系,版权保护是作为一种可转让的产权存在于作品中,而按照民法传统,某些权利是被排除在制作者—使用者契约之外的(也就是说,这些产权是不能够从作者转让给市场中介而让其从中谋利的)。[14]

■表8.3 1995年全球版权费收取情况（百万美元）

国　　家	净版权费 （ppd 百分比）	灌录版权费 确定方法	声音灌录 版权费	来自表演的 总收入①	其他 收入②	总收入
加拿大	6.16%③	集体谈判	34.43	50.64	15.14	100.21
日　　本	7.5%④	政府规定	378.53	231.73	170.21	780.47
美　　国	8%⑤	政府法规	471.07	594.96	263.26	1 329.29
英　　国	8.5%	政府规定	170.2	178.02	97.71	445.93
法　　国	9.306%	BIEM-IFPI	163.42	329.51	239.1	732.03
德　　国	9.306%	BIEM-IFPI	282.60	341.62	374.82	999.04
意大利	9.306%	BIEM-IFPI	57.22	261.23	73.12	391.57
荷　　兰	9.306%	BIEM-IFPI	180.17	115.08	57.19	352.44
西班牙	9.306%	BIEM-IFPI	50.35	64.44	40.18	154.97
欧洲其余地区⑥	9.306%⑦	BIEM-IFPI	106.98	193.75	152.06	452.79
世界其余地区	各不相同	各不相同	80.69	309.92	79.07	469.95
总计			1 975.93	2 670.9	1 561.8	6 208.9

关键字：
　　IFPI：国际录音业协会（代表唱片产业的利益）；
　　BIEM：国际娱乐和音乐复制协会联盟（代表版权收费组织的利益）；
　　ppd：对销售商的出版价格。
注：
　　"①"表示包括来自电台，无线／有线和卫星电视，现场直播和录制表演的收入。
　　"②"表示包括来自同步化／转录，私人复制，出版音乐的翻录，出版音乐的销售，出租／公共出借，带息投资收入，以及其他类项收入。
　　"③"表示基于下列设想的估算：每张CD10首曲目，每张CD零售价14美元，零售商的利润为25%。一般比例为每个作品6.47美分，每分钟1.295美分。
　　"④"表示基于零售商25%利润的估算。一般比例为零售价格的5.6%。
　　"⑤"表示基于下列设想的估算：每张CD10首歌，CD零售价为11美元，零售商利润为25%。一般比例为每个作品6.60美分，每分钟为1.25美分。
　　"⑥"表示这些国家包括奥地利、比利时、丹麦、芬兰、希腊、匈牙利、冰岛、爱尔兰、挪威、波兰、葡萄牙和瑞典。这些国家当中，有些还没有提供过表演收入，而爱尔兰的基于复制的收入包括在英国的数据中。
　　"⑦"表示爱尔兰的比例为销售商出版价格的7.5%。
　　资料来源：NMPA，IMRO，G. M. Klimis（乔治·麦克·科里米斯）。

　　英国的灌录复制版权协会MCPS由音乐出版商于1924年创立，当时音乐出版商在协会的董事会中占据主要地位。1997年，该协会同早先的表演权利协会PRS（成立于1914年）合并组成一个"音乐联盟"合资企业，但其中仍是出版商构成事实上的对英国表演和灌录权利收费（及分配）的全面控制。德国的GEMA和日本的JASRAC收取灌录和表演的版权费，被认为是作者占据着主导地位的协会（在所有的执行投票权中，作曲家，词作家和出版商各占约三分之一）。

　　作为事实垄断，作者占据主导地位的协会承担一部分文化和社会责任，经常得到来自国家的鼓励（例如在德国，法国，日本和瑞典）。德国的GEMA将自己定义为"保护创造性人才的组织"，它们资助教育,提供抚恤金并且对严肃的当代音乐进行授权。同样地,瑞典的表演权利协会 STIM 利用文化资金来提拔当地的作曲家,经营一家瑞典即音乐信息中心(MIC),并且发放薪金。在位于巴黎的作者和作曲者协会国际联盟(CISAC)的保护下,版权收费组织之间签订的国际协议,允许从"社会和文化基金"中扣除一部分资金,数额最多达本国内所创造收入的 10%(也就是说,除去从其他版权收费组织在其他国家的表演所递交的收入外)。当地的协会也能够申请引入一些津贴,来应用属于自己的"文化政策"品牌(例如通过对某些类型的音乐在表演时支付更多的钱)。分配的方案更偏爱严肃音乐,而不是流行音乐(即使后者的表演为各个协会创造大部分的收入)。正如研究人员所料,跨国公司当然强烈反对任何理由的文化扣除,在他们看来这种扣除就是"没收"。

尽管版权收费组织在理论上有存在的意义,但其实它们是极其脆弱的结构,因为至少在两方面它们仅是将相互冲突的利益合并在同一个制度屋顶下。首先,作者和出版商的利益之间并无和谐可言(与关于版权的经济学分析背后隐藏的设想刚好相反)(Lands and Posner, 1989)。[15]

按照普通法系,每种东西都是"可转让的","可分配的",契约完全自由。例如,作者可以将自己的灌录权利全部通过签约转给他们的出版商。民法立法确保出版商或制作人不能得到每样东西。如果所有的要求是制作人或出版商提出的,那么问题是:他们真的有向作者转递其应得份额的动机吗?

(行政人员,国际组织)

第二,版权收费组织必须代表其成员们的利益,如唱片公司或广播公司的利益。作为协会董事会中的出版商,这些人可能是相同跨国控股公司的组成部分。

对于正在策划谈判策略的版权收费组织来说,比如说唱片产业的灌录版权比例,如果他们的某些成员来自于控制唱片业的相同出版公司集团的话,那么想要进行顺利和公开的讨论,将是一件难事。比如说,百代音乐出版公司(EMI Music Publishing),既是 STIM(在瑞典)的董事会成员,又是 PRS/MCPS(在英国)的董事会成员。

(董事会成员,版权收费组织)

版权收费组织管理知识产权的领域,正是权利持有者单凭个人的力量无法执行其权利的地方。这些权利经常被称为"次级权利",虽然它们在价值上等同于"初级权利"。这些初级权利一个个地由作者和媒介签订契约后推向市场。如果一个艺人一开始签约在某唱片公司旗下,那么初级权利的分配便反映了他们双方的谈判能力。"总在创造主要利润的是那些对产业有利的通过签约的新手。我们的产业就是寻找新人"(董事长,跨国公司)。"传统上看,新艺人签约一般是七张专辑的交易。这实际上保证了某个唱片品牌的独家权力,因为一个新秀的正常周期为 2—4 张专辑"(市场副总监,跨国公司)。"让管理/制作公司获得原声带的权利无疑是不小心的行为"(董事长,跨国唱片品牌）。

公司通常会采用浮动计算法，根据每张 CD 出售的价格来支付版权费比例，最初的 50 000 张或 100 000 张，比例远低于 10％，随后可能增加到 15％。如果艺人因出名而需要更新合约，那么这时双方谈判能力就会发生激烈的变化。根据迈克·杰克逊（Michael Jackson）1991 年与索尼公司的合约，每销售一张 CD，他可以收到其销售价格的 22％。他的姐姐珍妮·杰克逊（Janet Jackson）在 1996 年胜过了他，她和维京公司（百代）谈成了一个交易，可以获得的版权费为销售价格的 24％，签约费为 3 500 万美元，每张专辑发行前预付 500 万美元，同时十年之后能够重新获得原声带的全部权利。据说普林斯按照他和华纳公司在 1992 年所签订的合约规定，六张专辑，每张专辑的最高预付款 1 000 万美元[16]。不仅如此，TAFKAP（原先以普林斯著称的艺人）很快就想解除合约，他声称公司触犯了他的艺术声誉：最终这件事情闹上了法庭。

毫不为奇的是，许多现在已经成名但被束缚在独家长期合约中的艺人正在竭力地寻求重新谈判，有些时候甚至还将自己所在的唱片公司告上法庭。1994 年在英国高级法庭上，乔治·迈克尔（George Michael）对阵索尼公司就是这种案子的代表，不过该案最终以艺人败诉告终。[17] 现在音乐产业界中已经成为一种常识，即 20 世纪 90 年代早期对最著名艺人的争夺战并没有带来正面的经济回报。"我相信这样的情形不会再重演。我们已经变得更加理性了"（业务开发总监，跨国公司）。

许多最出名的、盈利的艺人都是"歌手兼作词家"，也就是说，他们对音乐和表演均持有权利（比如，甲壳虫乐队、大卫·鲍伊、珍妮·杰克逊、迈克·杰克逊、麦当娜、乔治·迈克、普林斯）。对音乐的权利是整个版权，这个已经详细讨论过了。在原声带制作出来之后，便产生了表演的权利。这些所谓的毗邻权利并不那么明显。根据《1961 年罗马公约》，这些权利在音乐第一次发行之后的 50 年内受到保护，并且经常不是独家权（也就是说，他们拥有的是获得报酬的资格，而不是控制的资格）。在所有的权利持有者中，包括领衔艺人、伴奏音乐人、唱片制作人以及制作公司。表演艺人和唱片制作人可能对唱片销售的版权费签订了单独的合约（"初级权利"）。我们从上文已经看出，给艺人的提成比例在 6％—24％之间，而制作人可以得到零售价格的 1％—5％之间的利润。

就拿完整版权来说，还有一些地方可以进行毗邻权利的（"次级"）开发，在这些地方单独的契约是很难订立的（无线电台和电视台、商店、旅馆、航空公司，等等）。在欧洲，唱片制作人和表演艺人通过建立版权收费组织这样具有悠久历史的办法来争取更多的利益，他们将这些具体的权利分配给这样的版权收费组织。在英国，制作的权利和艺人的权利是分别通过 PPL（由唱片业所有）和 PAMRA（表演艺人协会）进行管理。在德国，版权费是由成立于 1959 年的、全球范围内最大的毗邻权利协会一同收取，1995 年的收入达到 18 500 万德国马克。在美国，由于他们不是罗马公约的签约国,因此表演艺人通过行会获得报酬,这些行会是:美国电视电台艺人协会(AFTRA)以及美国音乐人协会(AFM)。

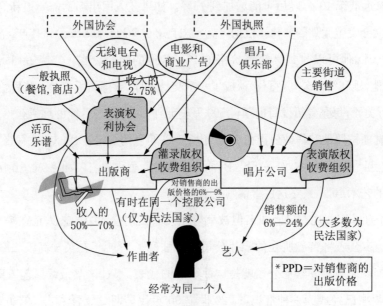

图 8.3　娱乐界中的音乐和知识产权收入流向

我们已经对支撑全球音乐行业中收入流的知识产权制度进行了阐述。在本节的结尾,我们把研究重心主要放在该制度的特点上,这个制度至今存在于多数的传统经济体系中。

(1) 音乐知识产权(IPRs)处于价值链的上游。它们通过作者的"功能性原理"产生于价值链的起始阶段。

(2) 知识产权的主要收入始自于遥远的下游。收取回报按照付费使用的原则进行。

(3) 来自如公开表演的那样无形权利的回报,相对来说不易受经济周期和技术更新的影响。只要音乐被使用,媒体渠道保持传播,那么版权费就是应得的。

(4) 已经归入经典作品的文化旧目录的音乐(如斯特拉文斯基,艾维斯·普雷斯利,甲壳虫乐队等)所带来的回报极其稳定,或许可以持续 100 年以上。有这种能力的艺人并不多,但是那些有这种能力的艺人是无与伦比的资产。

(5) 对知识产权统一进行管理是一个很好的理念,但是能否成功取决于这些机构的内部管理,以及它们对某些特定的市场施加垄断控制的能力。

8.4　数字化,放松管制,汇合

自从 1977 年引进苹果 II 个人电脑起,数字技术已经渗透到越来越多的生活领域里。本节将探

158

讨技术和规范发展在接下来的 20 年中对音乐行业的影响，以及近些年来这一行业面临的挑战。

低成本、高速度的计算技术的出现及时地适应了音乐产业的需求。在 20 世纪 70 年代末期，塑胶唱片的销售处于停滞状态。1983 年开始出现 CD，这是第一种具有广阔市场的数字载体，它使音乐业恢复活力，带来了连续十年的强劲增长。同时，随着 1982 年 MIDI（乐器数字界面）的采用，数字技术导致了音乐制作发生革命，开启了声轨采样、操纵和混声的无限可能。

一次偶然的巧合，西方国家的政府开始放宽对媒体和通信渠道的管制。新的有线电视和卫星运营商开始进入市场，商业电台逐渐增多，于是音乐电视诞生了（音乐电视开始播放是在 1981 年）。一个全球的年轻人文化开始传播起来，出现了一批响当当的名字，像贝纳通、可口可乐、迪斯尼、迈克·杰克逊和麦当娜。

在全球化产生天翻地覆的影响之前，大众传播和文化社会学领域的研究者就已经认清了"全球化"的趋势。他们详细地跟踪调查了媒体业中不同部门之间的正式与非正式的整合，以及本地和全球的运营活动之间不断增大的差距，并认为这挤占了中型公司的市场。20 世纪 80 年代见证了一系列公司变动的发生，默多克新闻集团的崛起、特纳创办美国有线电视新闻网（CNN）、迪斯尼推进商品和主题市场营销、贝塔斯曼进入美国市场、华纳与时代公司合并，以及维亚康姆在有线和音乐电视领域的拓展。正是在这十年里，各个公司逐渐产生了全球化的雄心，这从索尼公司（1987 年）和松下（1990 年，1995 年终止）相继进军好莱坞就能够明显看出。[18]

管制放松以及新的数字技术改变了音乐行业的使命。媒体渠道的急剧增多，再加上更加便宜、更加灵活的生产操作，和将音乐整合到新背景中（如音乐电视、视频游戏和广告）的方法，导致了利润从有形到无形的转移。由于市场变得更加广泛，当一个媒体集团寻求瞬时的"合并效应"时，将会面临更多的约束与限制。而艺人的形象也占有越来越重要的位置（Qualen，1985；Roe and Wallis，1989；Rutten，1991）。[19]

"当前一个音乐公司的主要目标并不是销售唱片，而是开发艺人。开发艺人意味着投资金钱去打造一个品牌"（新媒体主管，跨国公司）。"姿态比音乐更重要"（A&R 执行主管，跨国公司）。"卖得好的东西才叫流行音乐"（董事长，跨国公司）。[20]

我们的采访对象都对这些发展存在矛盾心理。他们抱怨"每一次轰动的周期越来越短"，"原先的目录迟迟得不到更新"。"要想从第一张专辑多挤点钱出来，面临着更大的压力"（市场营销副总监）。"某些产品的生命周期极短无比。先是一个单曲，接着很快地一张专辑投入市场，再过了两到三周，它们就很快地退出了舞台。这不可能使其成为明天的（经典）目录"（业务发展主管，跨国公司）。

一方面音乐产业在一定程度上推动了这种现象的出现，反过来前者也被后者所推动。这一阶段，还出现了一种新的威胁，即"汇聚"的倾向：数字化和放松管制这两个因素同时加速。相关人士称,只要借助某些技术平台,任何内容将来都可以弄到任何家用电器上去(美国专利和商标局,1995;美国商业部,1998;欧盟执行委员会,1994;欧盟执行委员会,1997)。由于因特网技术的迅速发展,即便是对音乐行业陌生的公司也有能力通过复制的方式进军这一市场。

利用压缩技术,高保真质量的音乐已经能够通过普通的电话线传输。市场研究表明,音乐产品在订购者的网上购买商品列表中遥遥领先。

(财务总监,跨国公司)

新媒体,这个名字是从外界强加给我们的:咨询报告、来自记者的提问,每个人都为这些事情忙活着。并不是我们自己要展开这场辩论,我们只是对外界进行回应。我们对技术,对一下子放松管制、寻找新的业务领域的电信业,以及或许是由于微软的推动,开始盯上消费类电子的 IT 产业作出回应。正是这些新技术是压力的根源。他们发明了新的技术设备,突然发现这些东西需要内容填充。这些技术应用本身,如果没有内容的话,毫无用处。

(业务开发总监,跨国公司)

随着越来越多公司拥有这些分散的数字生产设施,以及因特网成为全球通信媒介,这些都为音乐产业中的独立玩家开启了新的可能。通过全球发行和市场知识进行国际版权的买卖,虽然仍处在当前产业结构的核心地位,但已经变得不那么吸引人了。

目前,自动数位点唱机有着充满活力的地下市场,比如美国的 IUMA 和 MP3.com,这些网站对于未署名而公布其唱片的行为收费 250 美元。消费者可以免费在线收听这些音乐,或者花钱下载……自动数位点唱机是独立商标的网上版本,但由于成本较低,因此它们拥有更强的生存能力。

(Rawsthorne, 1999)

已经建立的音乐产业对这些技术上的和组织上的叫板会作何反应呢? 在下一节中,我们会将采访得到的资料进行归纳并从中寻找答案。

8.5 防守姿态

我们的采访对象拥有一个共同的态度,他们认为在线音乐交易并不会对自己的业务产生巨大的影响。反而公司应该着眼于抢占目前零售商享有的利润空间:

从现在起的 10 年,音乐产业将基本上保持不变。主要音乐公司的资源要进一步发展是很艰难的。许多公司已经做过尝试,但都以失败告终,看看梦工厂(收买了原来在华纳旗下的人,自从创立以来还没有取得过令人瞩目的成就)或者万宝路唱片公司。新的销售技术也不过如此:它只是让销售换了一种新的形式,这并不会对音乐产业的竞争力带来明显的影响,这种竞争力用钱是买不来的。

（董事长，跨国公司）

　　我并没看到价值链有什么变化。在以前的环境中，从 A&R 到发行是完整的。而新环境只不过单纯地增加了零售服务。我们会维持 A&R。生产将发生变化，因为它不再是实体生产；现在是数字化、操作、压缩；这些因素使得音乐变得可以通过网络进行传播。我们对此将密切关注；我们不会把后期制作拱手让给第三方。现在我们还处在尝试阶段，因此会将一些业务承包给小型的软件公司。但是到了最后，所有的数字化生产都将由我们自己来做。生产这个部门可能就没有了，取而代之的可能就是数据库管理。我觉得我们将利用电信网络作为传输渠道。我们有自己的产品传输承运人，眼下这些承运人就是电信公司。按照我的预计，这条价值链短时间之内并不会发生任何根本性的变化。

（业务开发总监，跨国公司）

　　量身定制音乐将成为音乐销售的一种新方式。这种数字化的环境不会动摇知识产权制度。三四年前，信息社会的概念被大肆炒作，甚至就连位于布鲁塞尔（内部市场和金融服务指挥部，版权组织单位所在地）的欧洲委员会第 15 任理事长都认为，每个艺人，从迈克·杰克逊到当地的团队，都会把自己想出售的东西放到服务器上，并标明使用的条件。版权协会将变成累赘之物。然而今天，每个人都面对这样的事实，想要寻找到一个系统来取代目前的版权组织体系，不仅困难，而且代价巨大。无论多媒体业界内发生什么，我们都会是谈判桌前的一员。

（副会长，版权收费组织）

　　市场的预测总是错误的。1979 年，我参加了在阿尔加夫召开的一个直销会议。在会上，有一个关于 CD 的展示：鲜亮、有弹性。波士顿咨询公司认为，在今后的十年时间里，唱片销售将有 50% 将是网上购物。然而当前，这些数字只在 7%—9% 之间。这是因为传统销售者更了解顾客的需求。

（资深法律顾问，跨国公司）

　　尽管有这些自信满满的断言，跨国公司音乐行业仍然采取了很多措施和举动来控制音乐产业转向新媒体渠道。以下我们将介绍其中的五种（有可能是直接从商业策略教材中摘取出来的）：

8.5.1 "不要强行推进"

　　如果一个新的市场对你原有的市场会造成威胁，再去开发这个市场那总是一件很危险的事情。

　　在今后的三到五年的时间里，需求可能就在眼前，我们会扮演一个十分积极的玩家。但是，我们将遵循市场的需求，不会过于主动，因为我们已有的业务为我们创造了很大的利润，我

161

们需要跟零售商培养良好的关系。

（财务总监,跨国公司）

主要音乐公司不应当鼓励网络传播,因为这样做的话利润可能比实体买卖少得多。如果网络传播的趋势无可避免(因为终将会如此),主要音乐公司应当自己完成这一过程。但是,客户同样希望拥有音乐,拥有看得见摸得着的音乐收藏品。这一点是不会改变的。

（主席,跨国公司）

8.5.2 "强化版权控制"

跨国公司的总部正在不断地发行新的合同模板,包括在线销售和互联网络域名。

如果你控制了内容,那么销售的形式对你来说就无关紧要了。

（董事长,跨国公司）

所有新合同在设计时都是为了让公司享有法律所允许的在多媒体环境中的任何可能的权利……,然而世上没有无懈可击的全球知识产权制度。对于西方国家的市场而言,我们的策略就是尽可能地在可控环境中操作,就像网络服务供应商,从而避免大规模的盗版现象。

（财务总监,跨国公司）

在没有版权控制的地方,服务器永远不会成为问题的主角。在卫星转播开始起步的时候,人们也提出了同样的"无国界"的论断。但是"奔驰"汽车永远不会在一个非法环境中去购买广告。

（副会长,版权收费组织）

8.5.3 "寻求潜在的新同业伙伴"

最具有威胁的竞争者是网络运营商,它们的排序如下:电信公司、微软、有线、摩托罗拉(卫星网络)、公用事业(电力运营商已进入每个普通家庭)。零售商并不是威胁,音乐电视也不是。要建立一个广播电台是件容易的事(主要公司都能够做到:看看德国音乐频道(Viva)就知),但是要想建设一起整套基础设施,那就是我们可望不可及的了。

（财务总监,跨国公司）

面对外部威胁,音乐产业以结成战略联盟的方式来组织起新的销售渠道。圣地亚哥的IBM(国际商用机器)公司、英国电信公司、德国电信公司,以及在日本唱片协会的保护下,已经开始了小规模的试验计划。这种战略的极端情况是唱片公司将转变成为经销商,为独立艺人或制作公司的音乐材料发行许可证。作为音乐数据库的管理者,这个角色也可由网络运营商所占据。然而所有我们的跨国公司采访对象对于第三方进入音乐行业的前景都予以斥责：

> 搬运公司想要收买家具店，这是很荒唐的。但现在是时候互相展开协商了，音乐内容制作者、电信公司和消费类电子产品公司之间应达成更好的相互理解。我们与德国电信公司间所达成的契约架构，比起在过去尝试期间由英国电信公司和英国唱片业所达成的那个要优越得多。在德国，德国电信公司仅仅运行着一个基础设施和计费系统，我们的关系就是这样简单。基础设施对所有人都是开放的，但是并不是很明显。服务器放在哪里并不是太重要，重要的是这些权利。

> （资深法律顾问，跨国公司）

8.5.4 "发展自有的新技术流程"

除了试点小规模的网上配送计划外，这一行业也已开始推进自己的内部创新计划，以及管理电子数据库和互联网站等，这些新技术被跨国公司们发展和应用到了这一行业当中。

> 新技术、网站、小范围播送可能加入我们的市场视野当中。我们开始拥有客户。我们开发新媒体并为此组建队伍主要是为了扩充我们的客户，而不是为了单纯寻求销售上的增长。

> （董事长，跨国公司）

> 创建并维护一个巨大的全程数字化数据库，从技术上和从员工角度讲都很昂贵。我们尚未做好在这里投入大量资金的准备，不过已经开始进行试验。我们绝不允许此类数据库未来由网络运营商管理。

> （首席财务官，跨国公司）

8.5.5 "打造在线环境的音乐领航者品牌"

> 关于新媒体这一话题纯属炒作。当然，频道增加会使营销更加困难。不过另一方面，这只需唱片公司增加一名网络监管人员足已，而这将继续是唱片公司的功能。我们应当将互联网主要看作是一种促销媒介和一种邮购机器。

> （董事长办公室，跨国公司）

> 我们已经系统化地建立起了自己的在线环境品牌。对消费者全体来说，标签对于消费者群体在确定音乐类型方面将继续发挥重要的作用，但是起决定性的品牌将会是（唱片公司），后者会创立出倍受信赖的销售环境。

> （财务总监，跨国公司）

然而，品牌化给跨国公司带来了一个障碍。消费者感兴趣的是艺人，而不是艺人背后的公司：

"'前线'（乐队），如果把布鲁斯·斯普林斯汀（音乐艺人）换成某公司，比如说索尼来进行营销的话，无疑将会是一场灾难"（营销副总监，跨国公司）。在音乐领域里，一般来说，艺人就是品牌。

此处所描述的这五种姿态，在所有的跨国公司和所有参与抽样国家中都能够找到。不同的公司之间存在不同形式的多媒体发展战略，有一些成为了公司的中间变体（其中索尼和华纳是最集中化的），而另一些则更注重其核心市场的推进（尽管日本是世界上的第二大电脑王国，其网络应用和电子商务却相对滞后）。尽管如此，他们对于竞争作出反应的能力却相当强大。

8.6　知识产权的未来定位

未来音乐知识产权的定位，取决于所涉及的当事方相互之间在法律框架内的谈判能力，这个框架将版权首先授予作者。从这个视角来看，目前跨国唱片公司将处于主导地位。在我们开来，数字化技术革命以及放松对媒体和通信渠道的管制，是影响权力平衡的主要因素。

音乐行业的谈判围绕着四个核心话题：

1. **商品化**

作者想要把音乐推向市场。然而由于他/她经常缺乏必要的资源，因此他/她就会把版权转让给一个中介，然后这个中介会再将其音乐作品商品化成一种产品。这样的中介最起初是出版公司，也有可能是管理或制作公司。这样的买卖，从根本上说就是拿版权换取一些具体的商品化竞争优势（例如，音乐制作、市场知识）。

2. **全球化**

最开始的中介经常缺乏开发国际化和多目标产品的必要资源。这样一来，一些独立公司就把他们的国际知识产权拿来换取全球的、多目标的竞争优势（主要是市场营销和分销）。正是这样的交易巩固了跨国唱片公司的角色。

3. **配送**

第三方中介，也就是配送部门最终将产品交给消费者。它可能是大街上的零售商，也可能是媒体渠道。通常地，这种交易并不涉及任何知识产权的转让。

4. **版权费管理**

在产品被推向市场之后，没有哪个玩家（作者、第一方中介、第二方中介、第三方中介）仅凭自己就能监管得了对资源的二次使用（在媒体放送和在公共场所表演）。因此作者和/或中介会将自己的这些具体权益转让给收款机构，亦即版权协会。

知识产权位于价值链的上游一端，随着作者的原创音乐思想而就此固化下来。对于每一个位于下游的中介功能方来说，值得考虑下列问题：

（1）为什么会有这样的压力，使得知识产权必须沿着价值链进一步向下游转让呢？

（2）为什么第一方或第二方中介没有买断整个版权，而是将版权费进行分割呢？

（3）为什么零售商或媒体渠道对他们所销售的音乐产品，通常都没有拥有任何的权利呢？

我们前面在音乐行业中知识产权的收入流向一节中，已经相当详细地说明了知识产权的分配，事实上表现的是在将音乐推向市场的过程中各方的谈判能力。我们也指明了，音乐行业中的产权分割是历史事件的遗留（例如印刷活页乐谱），并不能反映将音乐推向市场的谈判过程。技术和管理规则方面的变化，应该围绕下列诸项增值功能而将音乐知识产权重新进行分配：

（1）商品化；

（2）全球化；

（3）配送；

（4）版权费管理。

照我们的分析来看，这些功能与全球音乐行业中的主流组织结构并不相配。

来自日本市场的一个例子或许能够说明知识产权分配的动力。在日本，媒体在"创造轰动一时的产品"活动中扮演着不可或缺的角色。

> 许多销售都是跟电视和电台捆绑在一块儿的。日本电台就像二十年前的英国电台，具有很大的独立性。今天占据英国电台主导地位的"Pluggers"，发现要进入日本媒体并没有那么容易。唱片公司无法按照他们在欧洲所采取的"大力推进"方式在其他地方进行促销。这部分地解释了一些在日本的意外成功营销事例。实际上这些音乐产品可能在其本国内并不为人所知，也没有被通过贴上日本品牌来推介，但其销售量却达到300万张。

> （市场营销总监，跨国公司）

> 唱片公司是最弱势的参与者，媒体都非常强势。……新型媒体的一个问题是：如何发现新动向。我们需要引进新艺人。在日本，所有的事情都得经过电视。十首一炮走红的歌曲中有九首是与电视挂钩的。

> （国际流行音乐公司总监，跨国公司）

这导致了一种情形，即知识产权进一步沿着价值链分配给第三方中介：

> 未曾被人谈论过的是为了在电视上露面，唱片公司不得不将某些权利签放给广播公司。许多电视台，甚至还有电台，仅仅为了这个目的，已经开始建立了他们自己的出版公司。这些出版商并没有参与任何的出版活动，他们不过是收钱的载体。比如说，如果我们想要把一个新成功产品，以（广播公司的名义）加入到一个电视剧的话，他们就会要求我们将一些出版权利交与他们。如果我们不持有出版权利的话，那么他们就会问我们要唱片销售的部分版权费。在

其他国家,这种行为已经当然是反竞争行为,是违法的。但是在日本,系统就是这样运行的。

(国际流行音乐主管,跨国公司)

来自日本的另外一个例子表明,在价值链刚开端的部分,类似的压力是沿着上游方向传递的。

在近些年,音乐产业中的契约结构已经发生了变化。现在唱片公司很少直接开发艺人并与他们签约。他们只跟管理/制作公司签约,这些公司把艺人视为可不断变化的商品,甚至会突然要求他们在风格上做出改变。

(市场营销总监,跨国公司)

目前,在70%的契约中,管理/制作公司是原声带的拥有者。在销售方面,这种情况更加突出,因为只有最畅销的艺人才能够在谈判中要求这些条件。

(法律顾问,跨国公司)[21]

我们必须扭转这种倾向,这就是为什么我们要开发自己的艺人。

(董事长,跨国音乐品牌)

在日本市场,知识产权由第一方中介(管理/制作公司)和第三方中介(媒体渠道)共享,并沿着价值链的下游方向获得回报。这些进展可能预示着西方市场的数字化动力和进一步放松管制。在我们下面的总结性讨论中,将简要概括一下在未来全球音乐行业中各个主要组织实体所扮演的角色。

8.6.1 艺人

大多数艺人仍然不可能控制将音乐推向市场所需的资源。如果他们在当地拥有一定数量的歌迷并因此获得了某种好处,或许这些艺人能够在壮大市场的同时获得他们的知识产权。数字技术促进了这一现象,使更多具有企业家精神的艺人或许会努力去建立他们自己的商品化中介,比如出版公司、唱片品牌或高级管理团队等。除此之外,他们只好与一个已建立的第三方中介签约。这就会涉及实质性的知识版权转让。既然目前文化市场供给远远大于需求,中介机构就自然会在音乐商品化谈判过程中居于强势地位。

已经成名的艺人,也经常被困在跟中介所签订的长期合约中。一旦这些合约需要更新,"超级明星"就会处于极有利的地位,借机恢复和获得他们的知识产权。这样的艺人本身就是商品化的产品,他们有越来越多的选择资金来源的机会,他们可以利用新的分销技术来控制全球化和配送过程。[22]这样的情形是跨国公司最担忧的。

8.6.2 出版商

出版商已经分化成两种完全不同的类型。第一种,继续扮演传统的活页出版公司的中介角色。

他们为新的产品提供商品化的平台,并且在宣传上有丰富的经验。第二种组织更像是一个大的媒体集团的会计附属机构,发挥着要么第二种要么第三种中介功能:一家唱片公司可能会开发一个新的成功产品,并且"鼓励"将该产品的出版权转让给它的附属机构;一家广播公司或制作公司可能会对某个音乐支付佣金,并且"鼓励"将其出版权转让给它的下属机构。

第二种类型的出版商看起来没有为产品增加任何独立的价值。知识产权是否能够成功地摊派给这样的下属机构,取决于母公司的谈判能力。自由竞争管理机构也已听到很多建议,让他们关注实际层面中的转让做法——这一快速增长的灰色领域并进行研究。另外一种没有明确的做法,是将国外出版收入通过所谓的"次级出版商"渠道加以引导。在一些欧洲国家,这些下属机构可以获得所有收入的 50%,而剩余部分被返回给原出版商,然后原出版商提取自己在谈判中规定的比例,大概是在30%—50%之间。这样一种消极的两头切式利润抽取方法,很难被动地由会计运营去纪录。

利用技术进步,出版商可以进一步冒险尝试其他商品化的功能(如音乐制作)或者进行全面的版权费管理。

> 在一个数字化水印标志和电子渠道的综合自动监管世界里,我甚至能够预见有些出版商,在室内就将机器复制、广播和因特网方面的版权费收取归为己有,只把普通许可证发放留给第三方来做。
>
> (会长,收费协会)

8.6.3 唱片品牌

在一个多渠道的环境中,实体载体将仅仅成为音乐许可的一种形式,并且或许不是核心形式。在前面叙述的防守姿态一节中,跨国唱片公司可能被重新定位为品牌化的媒体通道,作为数字化发行者或者风险投资的提供者。在所有这些领域,它们面临着越来越大的竞争压力,这些压力来自音乐产业中的独立公司(出版公司、唱片品牌、艺人管理公司等),也来自网络运营商(电信公司、IT 公司)以及来自金融机构(风险资本家、专营化证券投资银行)。

8.6.4 零售商

大街上的零售商现今大约享有销售价格 30% 的丰厚利润,然而它们面临着来自直接邮购操作或数字化配送的威胁。不仅一些唱片公司(贝塔斯曼、索尼与华纳),另一些新进入者(今日光盘;音乐大道;亚马逊网)以及主要的零售商(帮诺;主人之声;摩天楼)已经开始涉足网络零售这一领域。传统的零售中介具备这样的优势——能够提供全套化的有各种选择的音乐(不像跨国唱片公司网站仅宣传自己的品牌和产品)。专业化的坐地零售商可能通过全球服务成功地拓宽自己的客户群。

但是,单纯的零售中介却不大可能获得知识产权。

8.6.5　媒体集团

如果媒体集团控制了主要的宣传和推广渠道,那么他们就可以操纵音乐的商品化、全球化和发挥配送功能,并且因此控制知识产权的转让。环球、时代华纳、索尼和贝塔斯曼似乎都越来越把自己的音乐部门看成公司全球化协作战略的一部分。由此可能会导致音乐产品在多元化媒体渠道间出现相互冲突和重叠的推介。

8.6.6　版权收费组织

随着交易成本不再在订立私人契约谈判过程中占据主导地位,版权收费组织便处于一种危险的境地。在很多能够盈利的领域,跨国权利的持有者现在自己已可以利用技术来监管音乐的使用并收取版权费,而不再需要将这些权利委托给第三方的版权收费组织。由于拥有了这样一种新的选择,跨国公司现在极力迫使版权收费组织提供具体的折扣条件。在受欧洲大陆的民法传统影响的国家,跨国公司已经成为版权收费组织的眼中钉。越来越多的人认为,音乐版权的统一管理应该重新塑造为"公众服务",在法律保障下提供给所有的权利持有者。主要的权利持有者可能被要求对该系统的融资做点贡献,即使他们并不想使用这个系统。

像美国这样的国家,竞争主要存在于三个版权收费机构之间(ASCAP, BMI, SESAC),版权协会因此放弃了那些版权收取费用成本很高的领域。这些协会极力地通过增加 A&R 功能(如在一些新艺人的职业生涯早期就跟他们签约)以及为高周转率的超级明星提供单独的交易来维持自己的生存。目前,在收费许可领域仍存在着很大的不确定性,这可能对全球音乐版权的总回报产生不利的影响。

8.7　结论

在本章中,我们探讨了目前以及将来知识产权在全球音乐行业中的定位。音乐是最根深蒂固的人类活动之一。音乐很容易接近,很容易个人化,它作为商品化产品已经渗透到社会的各个阶层。然而,音乐及其制作是很复杂的,难以追踪,永远随着时尚潮流飘忽不定。全球音乐产业具有自己突出的实力,但是我们也建议,如果对音乐产业的理解再加深一点,或许更加容易明白在经济体系如何通过知识产权获得投资回报。知识产权可以被看作是一个经济管理系统,对知识产权合法性的承认(在 GATT 程序中已更领先一步)是维护这个系统惟一的也是最根本的条件。诚然,如果对作者享有的知识产权缺少法律上的保护,那么全球音乐市场将形成各种不同的发展方式。但是授予这项权利和实行这项权利并不能决定它是如何不断地渗入整个多样的价值创造过程,也不能决定这些回报应该如何分配。我们已经阐明,复杂的谈判和管理程序使得现有的这种音乐版权制度即坚固又脆弱。版权费管理以及对知识产权进行统一管理等这些理念,通过付费使用,已使得从价值链的下游应用过程中收取费用等手段成为可能。这对我们看待知识经济有着深远的理论意义。音乐产业正是这种理论被应用到实践中的典型代表。

附录:调查问卷

1. 在音乐产业内部,哪些利益方能够/不能够在多媒体的环境中获得价值? 为什么?
2. 在音乐产业内部,哪些利益方将在多媒体的环境中获取价值? 为什么?
3. 在音乐产业之外,有哪些利益方能够/不能够在多媒体的环境中获得价值? 为什么?
4. 在音乐产业之外,有哪些成员将在多媒体的环境中获取价值? 为什么?
5. 在旧的音乐产业价值链中,哪一方将可以最先获取其权益? 旧价值链示意图如下:

6. 在新的音乐产业价值链上,哪一方将可以最先获取其权益? 新价值链示意图如下:

7. 这些权益方同下述的对象之间会是怎样的一种关系(既包括实体环境,又包括多媒体环境):
   (1) 艺人
   (2) 出版商
   (3) 唱片品牌
   (4) 零售商
   (5) 其他媒体(音乐电视、无线电台等)
   (6) 数字音乐新分销商
   (7) 电信公司
   (8) IT公司
   (9) 版权收费组织
8. 您同下述对象之间会是怎样的一种关系(既包括实体环境,也包括多媒体环境):
   (1) 艺人
   (2) 出版商
   (3) 唱片品牌
   (4) 零售商
   (5) 其他媒体(音乐电视、无线电台等)
   (6) 数字音乐新分销商
   (7) 电信公司
   (8) IT公司
   (9) 版权收费组织
9. 您跟那些能够以及将会在多媒体环境中插足投资的利益方之间,会是怎样的一种关系?

注释

我们非常感谢安妮·巴伦(伦敦经济学院),彼特·达沃豪斯(伦敦大学,玛丽女王知识产权研究所),西蒙·弗里斯(史德林大学)以及本栏目的编辑,感谢他们提供非常有用的意见。我们鸣谢 ESRC 提供的资金帮助,批准号为L126251003("全球化、技术和创新")以及 L325253009("知识产权和知识转让")。本文的大部分内容首次出现在《普罗米修斯》(第 17 卷,1999 年第 2 期);经卡法克斯(CARFAX)出版公司的同意才得以使用。

[1] 在经济领域,演化经济学和所谓的"新增长"理论已经很有影响力(纳尔逊和温特,1982;罗默,1989),而管理理论家采纳的是公司基于知识和资源的观点(格兰特,1991;斯彭德,1996)。这些参考文献仅仅是反映了迅速增多的文献中一些主要的理论走向。

[2] 好几年前肯尼斯·阿罗已经指出知识的公共良好特征(Arrow, 1962)。想要了解信息经济学的发展情况,请参考兰博顿的文章(Lamberton, 1996)。

[3] 关于将知识产权同贸易联系在一起的意义,请参考达沃豪斯的文章(Drahos, 1995、1998)。

[4] 在许多情况中,某个新的成功产品,先是会跟一家与出版公司建立契约关系的唱片公司签约。

[5] 1994 年,环球提供给宝丽金的收购价减至 104 亿美元。该交易于 1998 年完成。

[6] 这个 20%—30% 的数字是跨国公司的财务总监提供的。我们没办法证实这个数字。关于作为功能性原则的作者,请参照一下米歇尔·福柯的臭名远扬的分析:

> 作者并不是填充一个作品意义的无限源泉;作者并没有优于作品;他只是服从一种特定的功能原则,按照这样的原则,在我们的文化中,一个人限制,排除,以及选择,总之,按照这样的原则,一个人阻碍小说的自由流通、自由操作、自由创作,分拆和再创作。

(Foucault, 1984:101)

[7] 网络效应在文化市场的时尚动态中扮演的角色,克里米斯等人已经做过相关研究(Kretschmer, 1999);英国的版权协会 PRS 的收入分配,在垄断及兼并管理委员会(MMC)的一份报告中已经分析过(1996:65—66)。关于成功率的不同估计值,如"1∶10 的成功/失败比例","10% 的作曲家/90% 的收入","98% 的失败率","1 次成功/8—9 次失败",虽然前后不相符合,但是都反映了赢家通吃的动向。

[8] 自 1995 年,梦工厂(由斯皮尔伯格,卡曾伯格和格芬带领)在建立一个新的电影制作企业方面取得了一定的成功。

[9] 威廉·布塞(出版王朝的继承人)。

[10] 日本是自《1971 年版权法》之后开始收取外国曲目的版权费的。

[11] 美国国会在 1998 年 10 月 8 日已经通过《电子千年版权法》从而使这些条款生效;欧洲委员会也提出了具有相同效果的指导性文件。

[12] 版权支持派和反对派之间的话题辩论在胡根霍兹的文章(Hugenholtz, 1996)中介绍得很详细。同时请参看萨缪尔森的文章(Samuelson, 1996)。

[13] 想要了解批评版权收取组织收取过多的比例和手续费的相冲突的文章,请参看 Temple Tang (1995:51ff)。

[14] 这种"不可割让性"在尊重创造者的精神权利的民法概念中是很突出的,所谓的精神权利即对一个作品享有作者身份,以及保护该作品的完整性的权利(Sarraute, 1968;Durie, 1991)。

[15] 想要看一下批评性文章,请参看陶斯的文章(Towse, 1997:34),他把作者跟出版商的关系描述成一个原则—代理人的问题。

[16] 合同期限从来没有被该产业正式披露过。上面的数字被认为是可靠的,并且经常被引用在贸易杂志上(例如,《滚石》;《好莱坞报道》;《告示牌》;《音乐周刊》)。

[17] 乔治·迈克尔 CBS 最初的交易(作为 Wham 乐队的成员)是在 1983 年签订的,持续到 2005 年。赢得在英国高级法院的官司之战后,迈克尔所在的唱片公司(现在的索尼)同意与这个艺人解除合约,其条件是迈克尔在接下来的两个专辑(分别同梦工厂和维京合作)须收取 3% 的版权费,并且保持对他的旧曲目以及最受欢迎的曲目的编辑权利(《国际音乐行业》,1995 年 8 月)。

[18] 关于这十年的有用材料可以在赫希 1992 年发表的文章;马尔姆和华莱士 1992 年发表的文章;以及华莱士 1990 年发表的文章里找到。

[19] 据一家跨国唱片公司,目前其 1/8 的收入来自于收取版权费。

[20] 作者为英国华纳公司董事长尼克·飞利浦,发表在《时代》杂志的周六版上,1999 年 2 月 6 日(p. 34)。

[21] 日本索尼音乐公司的例子与此论断相左。该公司似乎控制了日本 70% 的原声带,其办法是在全日本定期举行挖掘音乐人才的大赛,对其中极有希望的人则尽早签约。

[22] 1997 年,大卫·鲍伊发行债券,以他的旧曲目的版权费作为担保,筹集了 5 500 万美元。罗德·斯蒂沃特和重金属乐队 Iron Maiden 效仿这种做法(参见《金融时报》1998 年 2 月 7 日:"超级明星发行他们的债券";《标准晚报》1999

年 1 月 26 日："Iron Maiden 唱响债券之声"）。早在 20 年前，弗兰克·扎帕证明了由音乐人自己控制的邮购营销的收入潜力。越来越多人利用因特网来实现这一目的。

参考文献

Arrow, K. J. (1962) 'The Economic Implications of Learning by Doing', *Review of Economic Studies* 29: 155–73.

Boosey, W. (1931) *Fifty Years of Music*, London.

Breen, M. (1995) 'The End of the World as we Know it: Popular Music's Cultural Mobility', *Cultural Studies* 9: 486–504.

Drahos, P. (1995) 'Global Property Rights in Information: the Story of TRIPS at the GATT', *Prometheus* 13 (1): 6–19.

—— (ed.) (1998) 'Trade and Intellectual Property', *Prometheus* (special issue) 16 (3).

Durie, R. (1991) 'Moral Rights and the English Business Community', *Entertainment Law Review* 2: 40–9.

European Commission, *Europe and the Global Information Society*, Bangemann Report, May 1994 (http://www.ispo.cec.be/infosoc/backg/bangeman.html).

European Commission, Green Paper (1997) *Convergence of the Telecommunications, Media and Information Technology Sectors, and the Implications for Regulation: Towards an Information Society Approach*, COM(97) 623.

Ficsor, M. (1998) 'Copyright for the Digital Era: the WIPO "Internet" Treaties', *Columbia – VLA Journal of Law and the Arts* 21 (3–4): 197–223.

Financial Times, Newsletter, *Music and Copyright* no. 94, 17 July 1996.

Foucault, M. (1984) 'What is an Author?', in P. Rabinow (ed.) *The Foucault Reader*, New York: Pantheon Books.

Frank, R. H. and Cook, P. J. (1995) *The Winner-Take-All Society*, New York: Free Press.

Frith, S. (1993) 'The Industrialisation of Popular Music', in J. Lull (ed.) *Popular Music and Communication* (second edn.), Beverley Hills: Sage.

Grant, R. M. (1991) 'The Resource-based Theory of Competitive Advantage: Implications for Strategy Formulation', *California Management Review* 33 (spring): 114–35.

Hirsch, P. M. (ed.) (1992) Special Issue: 'Globalization of Mass Media Ownership', *Communication Research* 19, 6 (December).

Hugenholtz, P. B. (ed.) (1996) *The Future of Copyright in a Digital Environment*, The Hague: Kluwer.

Kay, J. (1993) 'The Economics of Intellectual Property Rights', *International Review of Law and Economics* 13: 337–48.

Kretschmer, M. (forthcoming 2000) 'Intellectual Property in Music: a Historical Analysis of Rhetoric and Institutional Practices', *Studies in Cultures, Organizations and Societies 6 (2)*.

Kretschmer, M., Klimis, G. M. and Choi, C. J. (1999) 'Increasing Returns and Social Contagion in Cultural Industries' [most innovative paper award British Academy of Management (BAM1998)], *British Journal of Management* 10: S61-S72.

Lamberton, D. M. (ed.) (1996) *The Economics of Communication and Information*, Cheltenham: Edward Elgar.

Landes, W. M. and Posner, R. A. (1989) 'An Economic Analysis of Copyright Law', *Journal of Legal Studies* 18: 325–66.

Malm, K. and Wallis, R. (1992) *Media Policy and Music Activity*, London: Routledge.

Melichar, F. (1983) *Die Wahrnehmung von Urheberrechten durch Verwertungsgesellschaften*, Munich.

Monopolies and Mergers Commission (MMC) (1996) *Performing Rights*, Cm 3147, London: HMSO.

Music Business International (MBI) (August 1995) London: Miller Freeman.

Nelson, R. R. and Winter, S. G. (1982) *An Evolutionary Theory of Economic Change*,

Cambridge, Mass.: Belknap Press.

Petri, G. (1997) 'Copyright: the Right to Ownership', in Roger Wallis (ed.) *The Big Picture: the Global Entertainment and Telecommunications Forecast*, London: American Chamber of Commerce (UK).

Porter, M. E. (1985) *Competitive Advantage: Creating and Sustaining Superior Performance*, New York: Free Press.

Qualen, J. (1985) *The Music Industry: the End of Vinyl*, London: Comedia.

Rawsthorne, A. (1999) 'Big Five Shudder at Digital Jukeboxes', *Financial Times*, 13 January

Roe, K. and Wallis, R. (1989) 'One Planet – One Music: the Development of Music Television in Europe', *Nordicom Review.* 35–41.

Romer, P. (1989) 'What Determines the Rate of Growth and Technological Change', *World Bank Working Papers* WPS 279.

Rutten, P. (1991) 'Local Popular Music on the National and International Markets', *Cultural Studies* 5: 294–305.

Samuelson, P. (1996) 'A Prohibition Law Glides Over the Internet', International UNESCO Symposium on the Effects of New Technology on Cultural Information, Transmission and Dissemination, the Protection of Authors' Rights and Other Holders of Rights, Cultural Developments and Trends in Social Life, Madrid, March 11–14 (available at http://negocios.com/tendencias/artic11.htm).

Sarraute, R. (1968) 'Current Theory on the Moral Right of Authors and Artists under French Law', *American Journal of Comparative Law* 16: 465–86.

Spender, J.-C. (1996) 'Making knowledge the basis of a dynamic theory of the firm', *Strategic Management Journal* 17 (winter special issue): 45–62.

Teece, D. (1998) 'Capturing Value from Knowledge Assets: the New Economy, Markets for Know-how, and Intangible Assets', *California Management Review* 40 (spring): 55–79.

Temple Lang, J. (1997) 'Media, Multimedia and European Community Antitrust Law', Competition Directorate of the European Commission (DGIV) working paper.

Times (1999) *Saturday Magazine*, 6 February: 37.

Towse, R. (1997) 'Copyright as an Economic Incentive', in H. L. MacQueen (ed.) Special Issue: 'Innovation, Incentive and Reward: Intellectual Property Law and Policy', *David Hume Papers on Public Policy* 5 (1): 31–45.

US Department of Commerce (1998) *The Emerging Digital Economy*, (available at www.ecommerce.gov).

US Patent and Trademark Office (1995) *Intellectual Property and the National Information Infrastructure: the Report of the Working Group on Intellectual Property* (chaired by Bruce Lehman).

Vogel, H. L. (1994) *Entertainment Industry Economics* (third edn.), Cambridge: Cambridge University Press.

Wallis, R. (1990) 'Internationalisation, Localisation and Integration: the Changing Structure of the Music Industry', Dept. of Mass Communication, University of Gothenburg, working paper.

Wallis, R., Baden-Fuller, C., Klimis, G. M. and Kretschmer, M. (1998) 'Capturing Rents from Intellectual Property Rights', London: City University Business School, mimeo, October.

Wallis, R., Baden-Fuller, C., Kretschmer, M. and Klimis, G. M. 'Contested Collective Administration of Intellectual Property Rights in Music: the Challenge to the Principles of Reciprocity and Solidarity', *European Journal of Communication* 14 (1): 5–35.

9 国际特许经营：网络化的国外直接投资

卡林·弗莱德莫尔-林德奎斯特(Karin Fladmoe-Lindquist)

9.1 引言

  特许经营已经成为许多服务公司进入外国市场的重要机制。1998 年由国际特许经营协会(IFA)发起的一项调查显示，在受访的 578 名特许经营者中，41％有过某种类型的国际经营(IFA，1999)。虽然这些受访的单位有许多现在的经营只限于加拿大，不过正趋于向全球更大范围内拓展业务。另外，个人授予特许者国际投资的速度也在加大步伐。比如，截止到 1994 年，一个快速服务餐饮企业通过授予特许者经营方式将其业务扩大至 65 个国家的 4 000 多个特许经营店，虽然该企业在 1967 年才开始其国际经营(Sadi，1994)。

  因此，全球特许经营已经成为服务行业对外直接投资的一个重要形式。其控制系统结构和公司的合作机制乃至合同安排等(Bradach，1998)，开创了一个非常复杂的关系网络，公司通过该关系网努力扩展其对外直接投资。典型情况下，这个网络中的各个部分按照特许者和被特许者双方之间的特许经营合同而相互连结。然而，随着其他国家的多单位协议和特许经营者系统的使用逐渐增多，特许经营系参与者之间相互沟通水平显著提高，由此创建了一种正式与非正式的关系网络。虽然网络视角已经应用于研究专业化服务行业的全球化(Aharoni，1993)，但是这种研究还没有具体应用到特许经营中的对外直接投资方面。

由于国际特许经营关系的复杂性，本文将跳过在确定进入外国市场的决策过程中是否采用特许经营方式的讨论(Contractor，1985；Root，1994)，而想从网络的视角去看待国际特许经营，这样能够更好地理解对外直接投资通过特许经营这个重要的关系网络渠道展开资源寻求活动(Johanson and Mattson，1988)。这并不代表其他对外直接投资解释[比如 Hymer(1960)的公司化优势]不适用于国际特许经营。但是，基于关系的另一视角和研究出发点，可能有助于增强我们对投资者——国际特许经营授权者——从事境外投资的动力的理解。这一以关系为基础的视角，在考查客户和服务提供者间界限不十分明显的服务业方面非常难能可贵，同时这个视角也有助于我们研究企业是如何保持其竞争优势的。

为了填补这一空白，本文将从网络的视角看待对外直接投资，相信这有助于我们理解国际特许经营。此外，本文将从四个角度探讨有关特许经营基于网络理论的对外直接投资：身份共识、集体学习、特许经营伙伴地位，以及特许经营网络文化的角色。最后，本文指出通过国际特许经营对外直接投资为其内部参与者提供了一个重要的集体资源通道和学习机制。

9.2 国际特许经营的特点

过去 20 年里，特许经营大部分国际增长出现在商业领域中的特定区域。在这种特许经营协议中，公司理念的所有者(特权授予者)与一个独立的参与者(特许经营者)签署一份合同，以使用特定的"模式"销售特权授予者商标下的服务或者物品。这一特许经营的方法涉及一套程序、设计、管理方法以及服务，这些都将完全按照特权授予者规定的方式到达客户那里。例如，麦当劳的炸薯条均使用一种特定的土豆(爱达荷赤褐色土豆)并且以精确的大小切割，不论门店是在哪个国家服务。土豆种类对其商业模式的重要性，使麦当劳在俄国和东欧都与当地农民签约开始生产爱达荷赤褐色土豆。

国际特许经营与服务公司，例如酒店、零售店和快餐厅等，有着紧密的联系。这些公司通常拥有很容易辨认的商标，并在不同的地区和时间，努力保证向客户提供一致和统一的服务。然而，较高程度的标准化运营，也使得在不同市场下进行模式复制较为困难。类似重要成分、劳力，以及物理空间这类事宜的不同，使得人们在模式复制过程中要做重大修改。在日本，东京分店较为狭小的空间迫使肯德基重新组合其烹饪设备，从适用于美国餐厅的独立式的宽广而水平的设计变成节省空间的较为狭窄、更加垂直的设计(Bartlett and Rangan，1987)。因此，在国际特许经营中，基础服务可能与在东道主国家相同，但是服务传播的细节经常会被改动。响应当地市场而不影响整个特许经营的形象和服务,以这样的方式进行国际运营,的确是一个艰巨的任务。

国际特许经营中合同的使用也与本国经营中使用的标准方法不同。由于分店(无论是特许经营的抑或是公司所属的)之间需要保持一致性,特许经营主要研究的焦点便成了如何能够最大程度地保证特许经营者按照特权授予者规定的商业模式运营。一般情况下,人们相信通过设计良好的合同机制比如收费和版税,是可以达到这个目的的(Lafontaine, 1992; Lafontaine and Kaufmann, 1994)。但是,由于时间和距离的原因,在国际环境中合同的履行难以得到有效的监督和管理(Fladmoe-Lindquist and Jacque, 1994)。在本国背景下比较常见的使用的标准合同(Shane, 1998)在国际环境中就很少出现,这是因为当地法律和文化差异使得我们不得不经常对合同做出修改。在国际商务多样的文化和法律环境中,合同的使用甚至常常被赋予不同的意义(Trompenaars and Hampden-Turner, 1998)。

最后,外国特许经营者,相对于大多数本国特许经营者来说,对整体运营的重要性也往往更加突出。首先,在国际特许经营中,外国特许经营者通常是大型的跨国公司,而不是小型的独立企业。这也许是因为较大型东道主国公司对于被其授予特许经营权的公司的理念有更清晰的认识。此类公司同样是吸引人的特许经营者,因为他们牢固的财政定位和资深商业经验,使他们在不熟悉的商业环境中成为"风险性"较低的合作伙伴。在日本,汉堡王的特许经营伙伴是日本烟草,后者是日本最大的公司之一,并且反映了日本烟草想要使其业务组合多样化的努力(CNNfn, 1996)。许多国际协议还涉及合资或者战略联盟,就如同日本烟草和汉堡王的案例一样。通常情况下,这种类型的关系比简易特许经营协议在合同条框方面更为广泛,并且对特许经营者和授予特权者都加以额外的责任限制。

第二,国际特许经营的重要性提高,同样是因为被授权者拥有数量庞大的并且可以继续扩充的特许经营执照。国际特许经营通常广泛应用不同种类的多重单位特许经营协议。一般情况下,多重单位特许经营指的是主要特许经营协议或者地区发展协议(IFA, 1995; Bradach, 1998)。这些协议授予特许经营者在某一地理范围内使用自己的品牌。另外,主要特许经营协议允许特许经营者招聘以及与另外的二级特许经营者签署合同。全球多重单位特许经营的使用,成为授予特权者无需对许多远距离的特许经营者进行监督和评估就能够扩大其经营的重要方法。这一方法的普及反映在 1995 年 IFA 对 169 名国际授予特权者的调查结果中,这些被调查者称,对于国际经营他们较多地使用主要特许经营协议(81%)(IFA, 1995:33)。地区发展协议的使用同样有所增加,并且有71%的受调查的特权授予者使用。然而,允许单个特许经营者扩大经营,可能导致单个经营者因控制多个国家的特许经营而成为特许经营系统中的巨无霸。

国际特许经营的伙伴规模、合同类型和单位数量的不同,从根本上影响了特许权授予者和特许经营者之间的关系。双方的议价能力变得比完全是本国经营时更加平等。特许经营者所处的位置，使他们可以要求在地方决策中扮演更重要的角色，并且也对从特许权授予者那里接受信息或者分享信息更加感兴趣。特许经营者不再是简单的经营远距离分店的一个方法，而是公司打通国外市场并从国外市场获取资源的重要途径。

国际特许经营研究

通常来说，对于国际特许经营的研究主要依托四种途径。首先，早期的研究主要关注一些国家变量的影响，并且从中得出如下结论，东道主国家政府政策和金融的不稳定性，比如特许经营收益返还规定等，是抑制国际特许经营者寻求国际扩张的主要障碍（Hackett，1976）。虽然这些研究有助于指明早期特许经营者的顾虑，但是其中大部分仍是非理论性的，并且没有形成一个清晰的概念基础。另外，这些工作并未将文化和规定方面的不同直接纳入研究过程。然而研究这些不同，就选择市场进入方法和进行对外直接投资方面，不只是对特许经营而言，对于许多公司来说都是很重要的。

第二个主流关注点是特许权授予者进入国外市场的兴趣所在或其拒绝进入国外市场的原因。比如，艾登和凯克（Aydin and Kacker，1990）对以美国为本部的特许权授予者的国际扩张计划做过调查。他们的结论为，公司选择在国内的主要原因是其在美国境内有足够的机遇，以及公司缺乏国际知识和竞争力。凯迪亚等（Kedia et al.，1994）还表示，公司管理者的态度可以更好地指示该公司是否有可能开展国际特许经营。研究发现，公司管理中两种起决定性作用的态度其实表现为对公司扩张和提高收益的强烈追求。虽然这些研究对于深刻揭示特许权授予者的利益所在和扩张动机很有帮助，但是此类研究都没有直接去调查特许权授予者的国家背景对国外事宜如代理监督和风险状况的影响。

第三个主流研究方向是从管理效率的视角，进一步探索特许经营在本国背景下是如何开展的（Brickley and Dark，1987；Brickley and Weisbach，1991）。这一方法将代理和交易成本分析整合起来，对主要风险/代理风险和监督问题进行了研究。其中，林德奎斯特和雅克（Fladoe-Lindquist and Jacque，1994）研究了在全球几个服务类行业中行使和采用特许经营的可能性。他们发现，特许经营和本地经营一样，距离和监管都是非常重要的影响因素。另外，文化差别的程度和国际经验的时间长短也与特许经营具有相关性。然而，该研究并没有揭示这些因素是如何影响公司做出国际特许经营这一决策的。

最后，第四种研究途径主要关注特许经营授权者的主要能力，这些能力对于国际特许授权能否取得成功非常重要。豪斯扎格（Huszagh et al.，1992）指出是公司的核心竞争力支撑着国际特许授权者的向外扩张,并推断经验和规模是影响公司决定扩张与否的重要因素。谢恩(Shane,1996a)根据这一观点提出:降低机会主义的超强能力是进行全球扩张的中心环节。他总结出国际特许经营的一些具体特点,其影响因素与本国特许经营中的部分因素重要性不同,监督管理就是一例。最后,林德奎斯特(Fladmoe-Lindquist,1996)应用动态能力理论提出了一种框架,用之在不同种类的国际特许授权者间作出清晰的区分。她表明,根据管理国际特许经营关系和在国外环境中开展特许经营的能力,特许授权者大体可分为四类。虽然该视角为我们提供了更广阔的思考空间,但其仍未能从理论上解释特许授权者和特许经营者之间的关系。

这些研究均清楚表明,特许经营能够而且的确为公司的扩张经营提供了高效和有力的途径(Martin,1988;LaFontaine and Kaufmann,1994;Brickley and Dark,1987;Oxenfeldt and Kelly,1969;Shane,1996a、1996b)。随着国际特许经营方面的研究越来越多,我们还需要更深入地了解有关特许经营者之间的关系网络体系。以往针对国际特许经营授权者的描述往往是静态的和二元的,容易忽视国际化经营进程中一个重要的中心环节,这就是特许经营中存在的极为复杂的网络化关系。

9.3 对外直接投资和特许经营

传统上讲,要理解一个公司为什么会在另外一个国家进行投资,其关键因素是要理解这个公司的特有优势(Hymer,1960、1976)。一个公司需要有一些特殊的实力优势,从而使其能够优于东道主国家的自有公司,并以此来补偿其在国外市场投资所需花费的更多时间、更长距离和更大成本。公司的这些优势可能包括特殊的资源,或者是具有更有效组织和开展交易的能力(Dunning,1993b;Hennart,1982;Buckley and Casson,1976)。例如,麦当劳丰富的经验和广泛的市场以及建立起来的全球化品牌和运营系统,形成其特殊的实力优势,这些优势直接导致其在与其他类似的快餐品牌(如里约热内卢的鲍勃汉堡)的竞争方面居于有利地位。

对外直接投资的第二个解释更着眼于进化的视角,即希望公司能遵守越来越多的承诺和参与到国际发展中去。随着时间推移,公司获得了远距离经营的经验,这些经验甚至来自与本国文化极其不同的国家(Aharoni,1966;Johanson and Valne,1977;Perlmutter,1969;Vernon,1966)。这个解释同样也适用于特许授予者,比如麦当劳公司。随着对国外认识的提高,以及本国市场竞争的日趋激烈,麦当劳扩展了其全球经营,其中包括 8 500 多个国外特许经营和附属分店(McDonald's Corporation,1999)。

上述两方面有关对外直接投资的研究视角,都有助于解释为什么特许经营权授予者愿意选择大力拓展其国外经营。然而,这仅仅解释了其中的部分原因,而没有强调存在于特许权授予者、特许经营者、买家和供应商之间的关系网络，而这个网络系统是公司化优势以及对资源进行整合的核心。因此，我们提出一个研究对外直接投资的，但以往却不大受关注的新视角：从网络关系看对外直接投资（Johanson and Mattson，1988）。这一解释表明，对外直接投资的主要目的是在国外获取关键资源，以及寻求途径建立关系（Chen and Chen，1998）。为达到这一目的，公司可能建立新网络，寻求网络合作或整合现有的旧网络（Johanson and Mattson，1988）。但是，这个视角中最重要的元素，是对外直接投资涉及建立关系体系，否则就会影响到获取某些稀缺的具体资源。这一解释抓住了国际特许经营作为对外直接投资的一种方式的最终的也是最重要的元素，它涉及特许权授予者和特许经营者之间完整的关系体系。而发展这种关系对公司转移资源（其中包括对新产品和新服务的理念，以及用以提升服务水平而交付的技术）非常重要。这一关系网络，同样可以作为收集关于分店扩张和发展新机遇、新伙伴的资料的一个重要机制。比如，麦满分和巨无霸的创意，来自麦当劳网络的特许经营，现在它们是系统菜单上卖得最好的两样食物。

9.4 网络视角下的国际特许经营和对外直接投资

虽然之前的研究着眼于作为对立双方的特许权授予者和特许经营者之间的关系，但是特许经营系统其实是一个更加广阔的概念，包括特许权授予者和所有不同的特许经营公司。受限于基本的商业合同，特许权授予者和特许经营公司之间的主要关系都很清晰。实践中，所有这些特许经营者之间都是相互联系的和相互作用的，既是非正式的，也是正式的。"非正式"的纽带发生在加入特许经营公司，在这些公司里，每一个特许经营者的声誉和成功都潜在影响到其他所有特许经营者的声誉和成功。一个特许经营者较差的表现，会使一般客户对整个品牌失望，这可能会影响到该品牌其他特许经营者的运营。比如，1998 年 12 月，纽约市的一个甜甜圈特许经营门店被发现其摆放甜甜圈的架子上有老鼠（《纽约邮报》，1998）。特许权授予者由此对特许经营者提起诉讼，以影响特许经营形象和未能达到经营标准为由终止了特许经营合同。虽然某个特许经营商只在那个有限的地理区域运营，但其导致的社会效应同样可以影响其他分店的声誉和销售额。这一行为不仅被刊登在《纽约邮报》的头版，还在全国新闻网上广播，并且在《大卫·莱特曼秀》（David Letterman Show）这样的企业组合节目上拿出来进行讨论。

正式关系经常出现在特许经营商协会成员中。由于在商业模式上他们互相依赖以及他们与特许权授予者的关系，许多特许经营商系统发展出了特许权授予者独立组织。这些团体有时会作为与特许权授予者的谈判员，创建论坛以促使理论发展，并且提供投诉意见的环境。汉堡王和麦当劳餐厅都拥有大型的特许经营商协会，这些协会分别与公司特许权授予者进行有关特许经营系统变化和创新的激烈讨论。事实上，现今麦当劳系统中发生一些改变的主要动力，都来自认为美国市场萧条的特许经营商(Barboza，1999)。因此，特许经营可被概念化做特许经营者和特许权授予者之间正式和非正式相互作用关系以及合约的复杂网络。

就网络理论集中研究参与者之间关系(Nohria，1992)这一点而言，使得其格外适合于特许经营。显而易见，网络理论聚焦于对各角色之间一系列纽带的理解，这些联系在特定团体的行动和决定中起作用。一般认为，各方面之间的联系提供了了解一些重要事项的有效机制。这些重要事项包括：

(1) 组织内部，以及组织之间和其外部环境之间的关系类型；

(2) 参与者的角色定位和他们的行为；

(3) 此类网络对行动和行为的束缚；

(4) 不同组织的网络的相对作用。

(Nohria，1992)

从网络这一视角开展广泛的研究，曾有人想对该议题中的不同的关系网络情况进行更加细致的调查。已做过调查的不同特点包括纽带的稠密程度(Powell et al.，1996)，协调惯例(Powell and Brantley，1992)，组织嵌入(Uzzi，1997)，以及社会资本(Nahapiet and Ghoshal，1998)。另外，集体认同(Saxenian，1994)、集体学习(Powell et al.，1996)、同伴地位(Podolny，1994)，以及网络文化(Jones et al.，1997)也都受到过较大关注。

根据这里的提议，最后这四个特殊的网络系统元素对于了解国际特许经营作为对外投资的一种形式非常重要。这些元素内容——共享的身份认同、集体学习、特许经营伙伴的地位和特许经营网络文化——有助于提升特许权授予者在全球扩张和国际化过程中利用远距离资源的能力。这四点将在下文中分别进行更加详细的讨论。

9.4.1 共享的身份认同

萨克森宁(Saxenian，1990，1994)对硅谷的有关高科技公司开展了研究，其中一个重要发现就是硅谷地区的这些高科技公司中，参与者几乎都有"团体"感。这些成员共享的身份认同感和共同目标，极大地促进了成员个人乃至整个团体的发展。同样的，考古特和詹得尔(Kogut and Zander，1996)讨论了共享身份认同感对公司界定的重要作用。从根本上说，一般认为共享的身份认同能够降低沟通成本，而且将在相互协调行动方面起到重要作用(Kogut and Zander，1996)，并且各方之间还能通过融合和交流相互学习并提高(Nahapiet and Ghoshal，1998)。

虽然特许经营系统并不完全在地理上遵循上述研究者所强调的几点，但这类系统的确要求特许权授予者之间和各个特许经营单位之间有共享的身份认证以促进系统获得成功(Bradach，1998；

Caves and Murphy，1976）。一个系统与其他系统不同的身份认证特征是其品牌、服务和运营体系的独特组合。成功的模式化商业系统要求系统的共享身份认证得到细致的培养和保护。经营发生偏差而达不到身份认证标准，往往导致特许经营合同的终止。获得全球公认的身份认证的经典标志可以列举出很多，如麦当劳的金色拱门和肯德基的桑德斯上校头像。

特许经营系统的共享身份认证促使特许权授予者追求对外直接投资。共享身份认证所产生的形象和声誉可以吸引那些潜在的特许经营者询问商业与合作机会。当特许权授予者考虑在不同的市场进行初期扩张时，这种身份认证对潜在合作者产生的"吸引"有利于特许权授予者减少寻找时间并且降低成本。例如，欧洲快餐服务公司——奥德饮食（Autogrill）——打算扩大其餐厅业务，比如新增汉堡包这种食品。在这一案例中，奥德饮食曾与汉堡王寻求过协商，并讨论了将汉堡王纳入其餐饮线的可能性（《华尔街日报》，1999）。这一过程与许多国际特许经营实际上是由潜在的特许经营者而不是特许权授予者寻求扩展公司业务新空间的事实相一致（IFA，1995）。1995 年 IFA 的研究表明，在 169 例受访的国际特许权授予者中，其中有 68％的扩张是响应尚未加入的潜在特许经营商的要求，而只有 18％的受访的特许权授予者宣称公司扩张是在其自发的前瞻性战略计划下进行（IFA，1995）。正是通过共享身份认证的汉堡王的品牌和声誉，使得奥德饮食认为汉堡王是一个可行的潜在战略合作伙伴，并且给予汉堡王所未曾料想到的任其选择零售店地址的可能。

因此，共享身份认证是重要的网络财产（Saxenian，1990），通过它公司可以接触到一些特殊的资源，而这些资源由于其以前建立的内部密切联系外人是很难获得的（Jones et al.，1997）。从根本上讲，共享身份认证促进了特许经营业务，使之扩展成为一支全新的国家网络或者市场，并且降低了寻求合作过程中的信息成本。例如，肯德基能够登陆日本，并在那里占有大量的市场份额，正是因为有三菱公司曾出力为其炸鸡经营提供出路（Bartlett and Rangan，1987）。

9.4.2 集体学习

国际特许经营第二个重要的方面是系统进行"集体"学习的潜在能力。当知识分布较广泛时，网络可以作为创新和学习的重要机制（Powell et al.，1996）。另外，集体学习与共享身份认证紧密相连。共享身份认证的一个重要好处就是由于团队意识，同样可以促进集体学习（Kogut and Zander，1996）。

在国际特许经营当中，尽管人们已知道集体学习的重要性，但是现存的各国际特许经营系统尚未充分发挥该学习机制的作用。特许权授予者需要借助该机制在自己与特许经营商之间传递一些重要知识并相互交流。然而，有时因合同条款和双方关系的限制，对特许经营商施加一些影响和改变也许并不容易。实际上，布拉达克（Bradach，1998）认为，特许经营管理面临的挑战之一就是在整个系统的适应过程中,各个部门如何同步采用新产品、服务以及技术。这一过程是复杂的,因为任何改变都必须适合于特许经营系统运作的变化广泛的市场(国内与国际),但是这一过程又必须足够简单以便使公司商业模式的一致性得到维持。最终的结果是系统内部通过强制命令和耐心说服兼施的办法使大家适应新的标准。特许权授予者可根据公司指令,直接在合作分店中实施某些改变,但是当面对特许经营者时则必须依靠耐心的劝说才能达到目的(Bradach,1998)。

历史上,大部分特许权授予者在对外直接投资过程中都曾使用过"国际化"手段(Bartlett and Ghoshal,1989)。该手段实际上就是公司将自己在母国所具有的知识和专门技术直接转移到国外某地区,或从国外地区转移回国内,而在转移过程中并不对知识和技术做过多的更改。的确有很少一部分人质疑过这种做法的有效性。本质上讲,这种做法强调以公司为中心的发展方式,并认为原创公司的模式是可以成功转移到其他国家和地区的。然而对于特许经营者来说,他们只能在有限的狭小范围内对特许经营模式进行一点修改。尽管有这些限制,大多数国外特许经营者在地方适应性方面相对于本地特许经营者来说一般都有更大的空间。在快餐行业,一些国际特许经营者根据餐厅位置的不同,会制作一些特别菜单,以迎合当地居民的口味(比如在欧洲增加啤酒)。了解当地文化并适时做出些许改变,被看作是国外特许经营商成功开展其特许经营活动的主要贡献之一(Abell,1990)。

在特许经营中,对外直接投资的"国际化手段"正在重新受到关注,正如在其他如机械和光学行业类中已经开始的再评估一样(Bartlett and Ghoshal,1989)。当今社会,越来越多的公司已经掌握专门技术并开始投入行业竞争,因此一个公司想要从激烈的竞争中脱颖而出,就必须组织公司的经销商开展集体学习(Bradach,1998)。集体学习使得特许权授予者和特许经营公司能够适应不断变化的市场环境,并且找到更加行之有效的合作机制。

有趣的是,麦当劳正是特许权授予者对其国际运营分部实施集体学习的成功例子,不过对于其本国内的经营,这一手段还只是刚刚开始。其国际成功的经验,部分来自于认可其国外特许经营网的价值观并且进行集体学习和知识共享,以及允许对流程进行适当修改。除了对菜单进行修改,麦当劳还允许东道主国家的特许经营者创造自己的本地供应设施。如今,麦当劳希望将这种多极化的经营手段应用到美国国内的运营中去,希望能够在本土市场上也重新进行定位(Barboza,1999)。作为这一议事日程的一部分,麦当劳已准备在美国建立起五个拥有高级权威的管理区域(Horowitz,1999)。

特许经营集体学习对于对外直接投资来说也变得日益重要,这是因为从中能够探取商业信息从而获得利润。遍布国家的特许经营者可以帮助公司收集各地竞争者的信息,也可以为特许权授予者找到新的投资机会。从本质上讲,它允许特许权授予者和特许经营者之间通过相互关系共享所收集的潜在商机、协同作用和新特许经营伙伴的信息(Gulati, 1995)。特许权授予者几乎不可能通过直接经验获得这类信息。与边远分店在时间和空间上的距离,以及来自于不同文化背景体系的影响,更增添了获取这类重要信息的困难。于是,由大型特许经营网络创造的远距离获取资源的方法,不仅可以帮助企业增强对机遇和威胁的认知程度,而且可以发现能够成为合作伙伴的潜在特许经营者。可惜的是,特许权授予者并没有一直利用这些信息去发现机遇。例如在墨西哥阿比汉堡的案例中,由于汇率波动和经济不稳定性的不利影响,身在美国的特许权授予者没能及时采纳其二级特许经营者试图给总部传达的信息,其结果是二级特许经营者和特许权授予者皆损失了大量资金和时间(Hoy and Hoy Echegaray, 1994)。

国际特许经营的集体学习功能是扩展对外直接投资网络的一个很重要的因素。也许最终这种共同学习会成为公司的网络资源之一(Gulati, 1999)。而通过网络获取的经营信息和其他情报,最终将承担起传输当地或本国新技术、新服务和新产品理念的作用。此外,在一些不十分发达的市场,其他国际特许经营者的经验或许在了解特许经营商业模式的适用性方面比公司特许权授予者的经验更有用处,后者的经验可能仅局限于较为复杂的市场。换句话说,对于印度尼西亚或者墨西哥的特许经营商来说,巴西特许经营商对于不稳定市场的解决方案或许比美国公司办公室的经验更有用处。这些特许经营商,对可能影响并改善当地商业模式的地方价值、技术,以及经济等方面将会有更为透彻的理解。最后,集体学习对于拓展公司当前在全国网络水平上的位置尤其重要(Johanson and Mattson, 1988)。然而,对现有的网络资源和当地支持设施没有一个清楚的了解,这种拓展将成为一句空话。

9.4.3 特许经营的伙伴地位

特许经营者的地位,以及其在全国网络中的广泛关系和社会资本,同样影响国际特许经营。从商业网络术语定义出发,地位是指在特定社交团体中基于声望或者经济和政治力量的优越位置(Jones et al., 1998)。与高地位合作伙伴结交通常是提高自身地位的一个重要机制(Podolny, 1994)。在国际商务中,当地伙伴在其全国网络中的地位,可对公司的对外直接投资产生很大的影响。更高地位的合作伙伴可以提供更重要的进入政治和商务系统的机遇。大量的研究表明,合作伙伴的地位是建立成功的战略联盟和合资企业的重要元素(Contractor and Lorange, 1988)。

国外合作伙伴利用国内资源的能力,取决于他们更广泛的关系和所掌握的社会资本。社会资本包括由网络中各参与者之间关系产生的当前的和潜在的资源(Nahapiet and Ghoshal 1998)。这些关系的存在,意味着公司有机会、有潜力向特许经营管理供应商和客户等提供重要的资源,同时也更有可能想出新的办法加强企业的远程管理能力。

在本国内的特许经营中,合作伙伴的地位和社会资本相对来说没有那么重要,因为特许权授予者已经拥有了关键市场和作为企业参与者的大量知识。这些和全球市场是完全不同的。不同的国内环境、政治、市场,以及文化系统会有极大的不同。位置是否优越、特许经营合作伙伴是否可靠等,是特许经营对外直接投资能否取得成功的决定因素。

肯德基和汉堡王这两家公司,正是特许经营商在对外直接投资中利用合作伙伴地位而取得成功的良好范例。在日本,肯德基的特许经营合作伙伴是三菱公司。三菱公司在其产业集团(即企业联盟)中的规模和地位,都允许肯德基得到比其独自进入日本市场能够得到的,或者与影响力较小的公司合作能够得到的更多的资源。同样是在日本,汉堡王与日本烟草公司发展了特许经营合资企业(CNNfn,1996)。日本烟草公司充足的资源对于汉堡王来说非常重要,因为汉堡王进入日本市场较晚,而麦当劳已经在这里运营了20多年。因此,汉堡王需要一个同时具备丰厚资金和网络资源的合作伙伴,帮助它在日本市场迅速提高存在感和争取市场份额。

地位和社会资本对于国际特许权授予者来说很重要,原因有以下几点。首先,他们可以提供接触到国家级网络的机会,否则将会很难进入(Johanson and Mattson,1988)。在许多国家里,对外直接投资开展业务是相当复杂的过程,需要和许多不同的政府机构以及当地公司打交道。地位较高的或拥有大量社会资本的合作伙伴,能够帮助特许权授予者推动各项审批的进程。

第二,国际特许权授予者同样会利用合作伙伴的高地位,来提高他们在自己国家网络中的声望。例如,在玻利维亚,汉堡王被某个商人拥有并经营,同时这个商人还是一家大型水泥生产公司最大的股东(汉堡王,1999)。而在玻利维亚,水泥生产行业则是国民经济的五大支柱产业之一。因此,由于这个商人的广泛业务联系的存在,当地的特许经营者在玻利维亚市场拥有很高的地位。在关系和实际合同一样重要甚至更重要的国家(Trompenaars and Hampden-Turner,1998),有如此地位的特许经营者会通过利用自己的社会资源向特许权授予者要求赐予与自己地位相符的合法权益。

最后,基于这种高地位关系而构成的社会资本网络,在维护特许经营商业模式和保持商业声誉方面弥足珍贵,因为特许经营管理遇到的主要挑战之一,就是维护公司"一致的"和整体的形象和服务(Bradach,1998)。因此,忠实可靠的供应商及设施是必须的,同时这些供应商对特许经营系统的重要性是不会被过分夸大的。供应商是特许经营系统的基本元素之一,它们直接影响特许经营系统的质量,连续性以及一致性。在俄罗斯,麦当劳已经建立起自己的供应商网络,以保证产业链关键组成部分,比如牛肉的质量和数量与其他地方同步。地位高的特许经营者可以降低对授予特许者的需求,他们建立自己的网络,并寻找二级经营者作为自己的供应源。与此同时,由于网络的建立,一旦供应商未遵守或者出现失误就将造成连锁的损失。从本质上讲,一个环节经营的失败也可能会对其他关联环节造成负面的,长期的影响。

总而言之,特许经营合作伙伴可以提供利用东道主国资源的机会。如果授予特许者与地位较低,联系不广泛的伙伴合作,就不容易获得这些资源。当授予特许者进入一个并不熟悉的国家时,不论采取网络对外直接投资三种方式中的哪种(Johanson and Mattson,1988),在选择合作伙伴时,合作伙伴的地位都相当重要。不仅合作伙伴本身的地位重要,而且此类合作伙伴所拥有的构成总的供应商的网络关系同样重要(Jones et al.,1998)。

9.4.4 特许经营网络文化

建立标准的商业系统,制定一体化的公司实践、准则、价值观,是组建特许经营网络的支柱(Bradach,1998)。换言之,特许经营的网络通过建立共享的企业文化,对网络中各部分进行有机的调控(Ouchi,1980;Wilkins and Ouchi,1983),并为特许经营模式在不同地点进行复制提供更多便利。但是,特许经营的本质涉及了比授予特许者核心组织更加广泛的关系网。因此,企业网络文化的概念对于了解特许经营对外直接投资的最后一个元素很有帮助。网络文化可被看作是社会资源的一部分,它包括一系列已建立起的公司理念,准则,和语言(Jones et al.,1997;Nahapiet and Ghoshal,1998)。共享身份认证(前面已讨论)的发展是网络文化形成的关键元素(Kogut and Zander,1006;Saxenian,1994)。

特许经营网络文化对于创建公共准则和价值观非常重要,这些看似虚无的东西是特许经营协调和成功复制其服务理念的基础。然而公司将自己的服务外包给不同环境的经销商并不是那么容易。除了要建立许多规则和标准之外,公司还需要对经销商的表现进行监督,而不能撒手不管(Nelson and Winter,1982)。特许经营主要的关注点是特许经营商可能利用授予特许者尚未建立监管机制这一空当偷懒(Brickely and Dark,1987;Rubin,1978)。整个系统总体表现以及其他系统成员对标准和价值观的坚守,会掩盖个别表现欠佳的特许经营者没有达到要求这一事实。虽然授予特许者希望通过合同,版税或征收其他费用来控制这类行为,但是没有一个共享的文化,特许经营者搭便车的问题会远比现在严重。如果越来越多的特许经营者相信特许经营模式理念的文化,他们就会做出更多努力来维护特许经营系统的形象和标准。

在特许经营网络中使用共同语言能够从技术上解决搭便车问题的存在。共享语言不论在国内还是国际上都十分重要,因为时间和空间会对实施过程的技术层面产生影响。为确保特许经营网络中每个特许经营者都能够生产相同的产品或提供同样质量的服务,特许经营网络中任何生产元素的交接都不能出现差错,因为任何差错都会对整个特许经营网络产生负面的影响。

从相关角度看,共享语言对于保证公司产品和服务的一致性也有促进作用。正如上面所讨论的一样,远距离特许经营中存在搭便车的现象。特许经营者离公司办公室距离越远,在努力遏制潜在搭便车行为方面的沟通就越重要。共享语言能够创建和支持一系列组成网络特许经营文化基础的准则和价值观。因此,这些共享语言就成为控制系统成员的重要方式,激励特许经营者固守经营标准(Jones et al. , 1997)。

最后,特许经营文化拥有潜力使授予特权者有机会获得反之可能没有机会获得的资源。网络文化的一个重要部分是它可以帮助企业寻找潜在机遇,或与其他企业达成合作共识(Jones, Hesterly and Borgatti, 1997)。除此之外,公司网络文化还能够帮助公司更快地找出可能面临的机遇与挑战(Uzzi, 1997)。从根本上讲,特许经营网络文化的建立有助于公司获取更多的国际资源。在追求对外直接投资整合以及寻求不同地区的国际合作上,这点尤为重要。同样特许经营网络文化在公司由国际化公司转为跨国巨头的过程中也发挥着重要的作用(Bartlett and Ghoshal, 1989)。

9.5 结论和建议

本文从另一个角度解释了国际特许经营中对外直接投资这一现象。本文提出从网络视角看国际特许经营中的对外直接投资,有助于我们理解使用特许经营协议作为获取资源途径的集体优势。本文也提出了网络理论影响特许经营对外直接投资的四个关键点,它们分别是:身份认同感,集体学习,特许经营合作伙伴地位,以及特许经营网络文化。这四点为跨国公司获取资源,进行创新,以及寻找伙伴(正式的和非正式的)提供了很大的便利,否则的话这些东西将很难获得。

9.5.1 研究意义

对于国际商务的研究者来说,本文提出的框架支持该论点,即在研究国际合作公司间的关系时,了解组织网络是很重要的(Walker, 1988)。虽然这些网络在国内环境下也很重要,但只有在国际环境里才会产生附加价值。因为在时间和空间影响下而形成的社会和政治法律系统的不同,在许多国家,关系系统比基本合同更加重要(Trompenaars and Hampden-Turner, 1998)。这表明特许经营能否成功取决于授予特权者在组织系统中转移其共同文化,学习,以及身份的能力。另外,找出有价值的合作伙伴是维持公司长期健康稳定发展的基本要求。考虑到大多数特许经营协议至少是 10 年,而且资格不够的合作伙伴会对特许经营的发展以及其他特许经营者产生长期的不良影响,这一点就尤其重要。

对于特许经营文献内部的研究者来说,选取其他理论研究角度比如说网络视角进行研究是很重要的。虽然管理效率和合同仍然是特许经营中很重要的方面,然而关系网同样值得关注。即使是在国内环境中,主要的授予特权者,比如麦当劳和肯德基,也已经开始培养与主要特许经营者之间的关系。

本文的讨论可以被视作朝着将网络概念与了解国际特许经营对外直接投资融为一体的第一步。未来的研究应当调查其他网络的特点，比如集体惯例或者公司名誉对于特许经营投资和扩张决定的影响。同样，即便是在最好的环境下，找到一个合适的合作伙伴也并非一朝一夕的事情。因此，研究网络的变化和授予特权者与其特许经营者之间的关系样式，以及这些变化是如何影响特许经营的，也会很有意义。

9.5.2 实践意义

在本文中，关系网络应该被看作是授予特权者获得资源(无论是有形资源还是无形资源)的重要途径。这会促使一个转变，从将特许经营扩张看作公司的国际战略，变为将它看作是重要的跨国战略(Bartlett and Ghoshal，1989)。很多授予特权者以及一些大型制造业跨国公司都发现，关系网络是提供信息和新思想的重要来源(Barboza，1999)。因此，建立关系网络不仅对于发展一系列关系很重要，同时对于发展支持和整合进行中的集体学习、身份，以及文化的惯例都很重要。我们应当相信这种系统无论在国内还是国外都将具有很强的生存优势。

参考文献

Abell, M. (1990) *The International Franchise Option*, London: Waterlow.

Aharoni, Y. (1966) *The Foreign Investment Decision Process*, Boston: Harvard Business School.

Aharoni, Y. (1993) 'Ownerships, Networks and Coalitions', in Y. Aharoni (ed.) *Coalitions and competition: the globalization of professional business services*, 121–42, Routledge: London.

Aydin, N. and Kacker, M. (1990) 'International outlook of US based franchisers', *International Marketing Review* 7 (2): 43–53.

Barboza, D. (1999) 'Pluralism under the golden arches', *New York Times*, 21 February 1999: C1,C7

Bartlett, C. A. and Ghoshal, S. (1989) *Managing across Borders: the Transnational Solution*, Boston: Harvard Business School Press.

Bartlett, C. A. and Rangan, U. (1987) 'Kentucky Fried Chicken (Japan) Limited', Harvard Business School, case no. #9-387-043, Boston: Harvard Business School Press.

Bradach, J. (1998) *Franchise Organizations*, Cambridge, Mass.: Harvard Business School Press.

Brickley, J. A. and Dark, F. H. (1987) 'The Choice of Organizational Form: the Case of Franchising', *Journal of Financial Economics* 18(2): 401–420.

Brickley, J. A. and Weisbach, M. S. (1991) 'An Agency Perspective on Franchising', *Financial Management* 20 (1): 27–35.

Buckley, P. and Casson, M. (1976) *The Future of the Multinational Enterprise*, London: Macmillan.

Burger King. (1999) 'Burger King Enters Bolivia', Corporate press release, 12 March.

Caves, R. E. and Murphy, W. F. (1976) 'Franchising: Firms, Markets, and Intangible

Assets', *Southern Economic Journal* 42 (4): 572–86.

Chen, H. and Chen, T.-J. (1998) 'Network Linkages and Location Choice in Foreign Direct Investment', *Journal of International Business Studies* 29 (3): 445–68.

Combs, J. G. and Castrogiovanni, G. J. (1994) 'Franchisor Strategy: a Proposed Model and Empirical Test of Franchise Versus Company Ownership', *Journal of Small Business Management* 32 (2): 37–48.

Contractor, F. (1985) *Licensing in International Strategy*, Westport, Conn.: Quorum.

Contractor, F. and Lorange, P. (1988) *Cooperative Strategies in International Business*, New York: Lexington.

CNNfn (1996) 'BK to Storm Tokyo', Cable News Network Financial News, 14 November.

Dunning, J. (1993a) *The Globalization of Business*, London and New York: Routledge.

—— (1993b) *Multinational Enterprises and the Global Economy*, Reading, Mass.: Addison-Wesley.

Dyer, J. and Singh, H. (1998) 'The Relational View: Cooperative Strategy and Sources of Interorganizational Competitive Advantage', *Academy of Management Review* 23 (4): 660–79.

Fladmoe-Lindquist, K. and Jacque, L. L. (1994) 'Control Modes in International Service Operations: Explaining the Propensity to Franchise', *Management Science* 41 (7): 1238–49.

Fladmoe-Lindquist, K. (1996) 'International Franchising: Capabilities and Development', *Journal of Business Venturing* 11 (5): 419–38.

Gulati, R. (1995) 'Social Structure and Alliance Formation Patterns: a Longitudinal Analysis', *Administrative Science Quarterly* 40: 619–52.

—— (1999) 'Network Location and Learning: the Influence of Network Resources and Firm Capabilities on Alliance Formation', *Strategic Management Journal* 20 (5): 397–421.

Hackett, D.W. (1976) 'The International Expansion of US Franchise Systems: Status and Strategies', *Journal of International Business Studies* 7: 65–75.

Hennart, J-F. (1982) *A Theory of Multinational Enterprise*, Ann Arbor: University of Michigan Press.

Horowitz, B. (1999) 'Restoring the Golden-arch Shine', *USA Today*, 16 June: 3B

Hoy, F. and Hoy Echegaray, M. (1994) 'Double your Trouble through International Franchising: Arby's Goes to Mexico', conference paper, Babson Entrepreneurship Research Conference, June.

Huszagh, S.M., Huszagh, F. W. and McIntyre, F. (1992) 'International Franchising in the Context of Competitive Strategy and the Theory of the Firm', *International Marketing Review* 9 (5): 5–18.

Hymer, S. (1960, 1976) *The International Operations of National Firms*, Cambridge, Mass.: MIT Press.

IFA (International Franchise Association) (1995) *International Expansion by US Franchisors*, Washington D.C.: IFA Educational Foundation.

—— (1999) 'IFA Member International Operations Survey', *Franchising World*, January/February: 12

Johanson, J. and Mattson, L.-G. (1988) 'Internationalization in Industrial Systems: a Network Approach', in N. Hood and J.-E. Valne (eds) *Strategies in Global Competition*, London: Routledge.

Johanson, J. K. and Vahlne, J.-E. (1977) 'The Internationalization Process of the Firm: a Model of Knowledge Development and Increasing Foreign Market Commitments', *Journal of International Business Studies* 8 (spring/summer): 23–32.

Jones, C., Hesterly, W. and Borgatti, S. (1997) 'A General Theory of Network Governance: Exchange Conditions and Social Mechanisms', *Academy of Management Review* 22 (4): 911–45.

Jones, C., Hesterly, W., Fladmoe-Lindquist, K. and Borgatti, S. (1998) 'Professional

Service Constellations: How Strategies and Capabilities Influence Collaborative Stability and Change', *Organization Science* 9 (3): 396–410.

Kedia, B. L., Ackerman, D., Bush, D. and Justis, R. (1994) 'Determinants of Internationalization of Franchise Operations by US Franchisors: a Study Note', *International Marketing Review* 11 (4): 56–69.

Kogut, B. and Zander, U. (1996) 'What Firms Do? Coordination, Identity and Learning', *Organization Science* 7 (5): 502–18.

LaFontaine, F. (1992) 'Agency Theory and Franchising: Some Empirical Results', *Rand Journal of Economics* 23 (2): 263–83.

LaFontaine, F. and Kaufmann, P. (1994) 'The Evolution of Ownership Patterns in Franchise Systems', *Journal of Retailing* 70 (2): 97–114.

Martin, R. E. (1988) 'Franchising and Risk Management', *The American Economic Review* 78 (5): 954–68.

McDonald's Corporation. (1999) 'McDonald's Announces Strong Global Results, 2–for–1 Stock Split and Dividend', McDonald's press release, 26 January.

Nahapiet, J. and Ghoshal, S. (1998) 'Social Capital, Intellectual Capital, and Organizational Advantage', *Academy of Management Review* 23 (2): 242–66.

Nelson, R. and Winter, S. (1982) *An Evolutionary Theory of Economic Change*, Cambridge, Mass.: Harvard University Press.

New York Post (1998) 'Under Mouse Arrest', 31 December: 1.

Nohria, N. (1992) 'Introduction: Is a Network Perspective a Useful Way of Studying Organizations?', in N. Nohria and R. G. Eccles (eds) *Networks and Organizations: Structure, Form, and Action*, 1–22, Boston: Harvard Business School Press.

Ouchi, W. (1980) 'Markets, Bureaucracies, and Clans', *Administrative Science Quarterly* 25: 129–41.

Oxenfeldt, A. R. and Kelly, A. (1969) 'Will Successful Franchise Systems Ultimately Become Wholly-owned Chains?', *Journal of Retailing* 44: 69–87.

Perlmutter, H. (1969) 'The Tortuous Evolution of the Multinational Enterprise', *Columbia Journal of World Business* 4 (1): 9–18.

Podolny, J. (1993) 'A Status-based Model of Market Competition', *American Journal of Sociology* 98: 829–72.

—— (1994) 'Market Uncertainty and the Social Character of Economic Exchange', *Administrative Science Quarterly* 39: 458–83.

Powell, W. W. and Brantley, P. (1992) 'Competitive Cooperation in Biotechnology: Learning through Networks?', in N. Nohria and R. G. Eccles (eds) *Networks and Organizations: Structure, Form, and Action*, 366–94, Boston: Harvard Business School Press.

Powell, W., Koput, K. and Smith-Doerr, L. (1996) 'Inter-organizational Collaboration and the Locus of Innovation: Networks of Learning in Biotechnology', *Administrative Science Quarterly* 41 (1): 116–45.

Root, F. (1994) *Entry strategies for international business*, New York: Lexington.

Rubin, P. (1978) 'The Theory of the Firm and the Structure of the Franchise Contract', *Journal of Law and Economics* 21: 223–33.

Sadi, M. A. (1994) 'International Business Expansion through Franchising: the Case of Fast-food Industry', unpublished dissertation, Virginia Polytechnical Institute and State University, Blacksburg, Virginia.

Saxenian, A.-L. (1990) 'Regional Networks and the Resurgence of Silicon Valley', *California Management Review*, fall: 89–112.

—— (1994) *Regional advantage: Culture and competition in Silicon Valley and Route 128*, Cambridge, Mass.: Harvard University Press.

Scott, J. L. (1990) 'Fastframe in America', in M. Abell, (ed.) *The International Franchise Option*, 248–56, London: Waterlow.

Shane, S. (1996a) 'Why Franchises Expand Overseas', *Journal of Business Venturing* 11 (2): 73–88.

—— (1996b) 'Hybrid Organizational Arrangements and their Implications for Firm Growth and Survival', *Academy of Management Journal* 39 (1): 216–34.

—— (1998) 'Making New Franchise Systems Work', *Strategic Management Journal* 19 (7): 697–707.

Shook, C. and Shook, R. (1993) *Franchising: The Business Strategy that Changed the World*, Englewood Cliffs, N.J.: Prentice-Hall.

Stopford, J. and Wells, L. (1972) *Managing the Multinational Enterprise*, New York: Basic.

Trompenaars, F. and Hampden-Turner, C. (1998) *Riding the Waves of Culture: Understanding Cultural Diversity in Global Business*, New York: McGraw-Hill.

Uzzi, B. (1997) 'Social Structure and Competition in Interfirm Networks: the Paradox of Embeddedness', *Administrative Science Quarterly* 42: 35–67.

Vernon, R. (1966) *Sovereignty at Bay*, New York: Basic.

Walker, G. (1988) 'Network Analysis for Cooperative Interfirm Relationships', in F. Contractor and P. Lorange, eds., *Cooperative Strategies in International Business*, 227–40, New York: Lexington.

Wall Street Journal (1999) 'Burger King, Autogrill Mull Food Sale Deal', *Wall Street Journal*, European edition, 22 February: 9.

Wilkins, A. and Ouchi, W. (1983) 'Efficient Cultures: Exploring the Relationship Between Culture and Organizational Performance', *Administrative Science Quarterly* 28: 468–81.

(22)... New York, Lexington...
Wolf Sun Journal (1998) *Manager...*... ..., ..., *The... (J.)* ...
Among... Co-operation... (...)(20)...
Wilder, E and Dweller, I. (1998) *The...*/(20)(20) *Relating the determinants...*
between Culture and Organizational Performance, *Academy...*, *Socio-...*
(Interaction)(28)...

10　全球性服务业公司内部的知识创造和传播

罗伯特·格罗索(Robert Grosse)

10.1　引言

很显然,在 21 世纪之初,服务公司的全球化,甚至是生命力都取决于这些公司制作、转移和保护它们在向客户提供服务时所使用到的知识的能力。从一家银行向外国客户或国内客户的外国附属公司提供的最简单的金融服务,到涉及服务提供者和客户公司之间在外部的相互作用的最复杂的管理顾问项目,所有这些情形都要求服务提供者具备专业知识,并能按照客户的需要加以应用。与此同时,服务提供者也要具备提炼相关的技巧与结构,并将这些经验应用在其他方面的能力。服务公司在服务过程中创造出的知识对于企业的发展起着至关重要的作用。企业利用和保护这些知识不受竞争者盗用的能力也同样关键。总而言之,在服务行业中,独有的知识是企业竞争优势的主要来源。

近些年来,研究的重点在于如何管理企业创造出的知识,因此知识能够成为企业的竞争优势这一论点并不为人们所关注(Nonaka and Takeuchi,1995;Stewart,1997)。知识不仅是服务行业中竞争力的关键所在,在其他行业中,比如制造业和采掘业,知识也常在创造竞争优势中发挥着非常重要的作用。自然资源可用性,生产规模经济,和可享专利的产品或企业独有生产程序等知识,都能够成为企业竞争力所在。在服务业中,知识是关键的元素。然而,很多时候企业却很难通过申请专利,商标或版权对企业独有知识进行保护。

本文将专注于从商业服务或生产服务的角度来看待服务业,包含由服务提供者为企业提供的,从垃圾清理到互联网接入等各种各样的支持。其中包括管理顾问、广告、运输、旅行、银行业务、会计、法律咨询等有形服务,以及无形服务比如建议,数据操作或转移。本章还将讨论以下两个问题。第一,服务公司如何才能够建立起坚固的组织和策略以在21世纪中保持竞争优势? 第二,服务公司怎样才能具备全球性竞争力?

本文将从服务类公司提供的服务种类以及该行业服务公司如何能够制定全球战略两个方面探讨生产类服务。正如前文所提到的,我们的研究将基于知识是企业竞争优势主要来源这样一个假设,而研究重点将是知识的管理。

为了保证讨论的明确与集中,我们将通过研究管理顾问,商业银行以及广告业这三个行业中的具体事例来阐述企业如何通过创造知识和传播知识在不同的市场中获取竞争优势并成功竞争。通过研究这三个行业,也许我们可以将概况出将结论推广到其他服务行业中的程度,但是当然了,这些研究证据可能并不适用于整个服务行业。为了更好地研究企业如何进行知识传播,本文也将对服务公司过去采用的,在外国市场运作业务的组织形式,进行讨论。

本文的目的不是对服务业和制造业进行详细的比较。不过,我们仍然能够从服务业企业与制造业企业各自需要什么样的知识还有知识是如何在这两类企业中(或联盟合作伙伴之间)进行传播的比较当中获得一些启示。

服务类公司与制造业或采掘业公司最大的区别在于服务类公司的产品,即它们提供的服务是无形的,而制造业或采掘业公司的产品通常是有实体的。简单地来说,企业提供的服务是无形的商品,而这种商品从某种程度上取决于买方和卖方之间的相互作用。除却这样一个主要的区别,服务公司的全球化过程跟制造业公司还是有很多相似之处的。

本文中所涉及的服务都是生产性服务,其目标客户是其他企业而非普通消费者。很明显,管理顾问公司和广告代理商在大多数情况下都是寻求公司客户而非个体客户的。在商业银行业务这块,我们的焦点在公司市场,而不是零售银行业务。总的说来,本文会着重研究服务公司在为其他行业公司提供服务时各自采用的战略以及表现出的特点。

10.2 服务业中竞争力的驱动力

管理顾问公司怎样才能发展起来,保留住自己的客户? 广告公司怎样才能够继续满足企业客户的需要？一家银行怎样才能为自己的客户提供量身打造的服务,从而同样使这些客户觉得满意,留住客户？可想而知,这些问题的答案便是它们必须提供比同行竞争者更好的服务。但是什么样的服务才"更好"呢?

首先,服务公司所提供的服务必须能够帮助客户公司在其行业中获得成功。如果服务公司能够帮助客户取得成功,那么它就向前迈出了一大步。如果服务提供者不但能提供这样的帮助,并且要价比同行竞争者低,那么这就是"更好"的服务。如果服务提供者提供的帮助,使客户获得更大的销量或者节省更多的成本,那么这也是"更好"的服务。如果服务提供者提供更便利的服务,那么这还是"更好"的服务。其实在任何行业里所谓的更好大致都是这样。

其次,考察该问题的另外一种方法就是更加密切地关注生产服务中的增值链,看看服务公司同客户间的相互作用的不同层面。图 10.1 所描述的是一家广告机构的增值链。

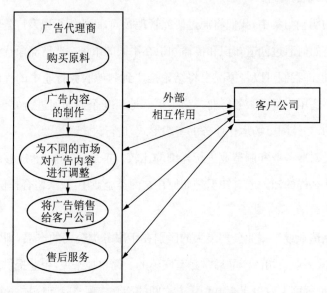

图 10.1　广告业中的增值链

该广告代理商和其他任何公司一样,也购入原料,然后在公司外部以跟客户之间相互作用的方式来生产基本的产品(广告活动)。在这一环节中,不同的广告公司可以使用不同的方式,用以区别其他广告公司提供的服务。同样,沿着链条继续往下走,如果客户需要在其他国家运作,那么他们的广告也需要作出适当的调整。再接下来,一旦发生广告必须销售给客户的情况,广告公司和客户之间就会有更多的相互作用。另外,与其他任何行业一样,售后服务也是同客户之间产生相互作用的过程之一。

观察这个增值链的结果是,不仅在制作阶段,而且在平常销售和售后服务阶段,客户和提供者之间似乎需要发生很多的相互作用。也就是说,远远超过制造公司,该增值链似乎意味着更大程度的相互作用。这是概念化该行业的结果,还是它确实扎根于广告代理商或其他服务提供者的行业?一些经验性的证据能够帮助理解这个问题。

10.3　服务业跨国公司抽样调查

为了更好地回答上述问题,以及接下来将会提出的问题,我们的研究小组在 1991 年和 1996—1998 年期间对服务供应商做了两次调查。除去作者本人,这个研究小组还有 6 名研究生助理。1991 年,我们对拉丁美洲的跨国服务公司的 72 个附属公司进行了个人的采访,另外四名研究生于 1996—1998 年期间对一些工业国家(法国、德国、日本、西班牙和英国)的 38 个附属公司进行了采访。这些公司都是各自领域中世界排名前 25 位的大型跨国公司。在每次采访中,我们会提问一组关于它们如何创造竞争优势,如何进行知识传播,以及其他关于公司结构和战略的封闭式问题。

这些服务公司的客户一般也是大型的跨国公司,因此他们提供的服务也遍布各个国家。几乎在每一个采访中,服务公司都会解释说,它们在任何国家(即本国以外的国家)的业务一半以上是跟跨国公司而非本地的公司相关。在这样的背景下,如何进行全球化管理以及制定怎样的全球战略就显得至关重要。

对于我们在抽样调查中提出的问题,大多数公司认为以下几点是他们的竞争力所在:

(1) 对客户的了解及同客户的关系;

(2) 服务公司全球化的附属网络;

(3) 生产服务的方法;

(4) 对服务市场的了解;

(5) 管理技巧;

(6) 技术/专业信息。

如果将这结果和制造公司的传统竞争优势相比较的话,我们会清楚地发现这一列表的显著不同,这里的关键竞争优势主要集中在知识层面上(再加上服务提供点的地理范围)。我们现在研究的并非高科技行业。高科技行业中,公司往往投资上亿美元用于开发新的产品,如电脑芯片,基因工程小麦,或新的卫星系统。服务公司的产品也许也可以被称为"高科技",比如用公司独有的方法评估一次可能的兼并。但是从开发和生产这些"产品"所需的资金来看的话,就不能称之为"高科技"了。

我们已经了解了一些关于两者之间不同的元素,但这些差别的意义还有待进一步的研究。因为服务公司很依赖于跟客户之间的相互作用,同时也很依赖公司员工的创造力,因此防止员工被挖走和其他人员流动肯定要优先考虑。由于资本要求相对较低,服务公司在海外建立"生产"附属公司的话相对比较容易。然而这也会产生这样一个问题，即如何在海外分公司安排高质量的员工。虽然还有很多问题需要探讨，但本文的分析讨论将有助于对服务公司全球化的扩张的理解。

10.4 知识类型

回顾上文所提出的知识优势，可以看出这些优势一般更注重产品而非生产过程或管理。从传统技术管理的观点来看的话，技术分为三种：产品、过程和管理。在本研究的个例中，最重要的知识其实就是对客户需求的理解，以及按照这些需求提供相应的服务（即产品）的能力。因此对服务公司来说，产品技术比过程和管理都更为重要。然而提供服务的方式是一个例外。涉及战略规划或一次广告活动的方法显然是一种关于过程的知识。

服务公司倾向于把同客户的关系视作给它们带来竞争优势的唯一的也是最重要的一种知识。这种具体的知识可能不属于之前提到的三个传统类型。服务公司的知识有助于他们为客户提供更好的服务，但也不仅限于此。这种知识与其说是关于产品的知识，不如说是关于市场的知识。由于服务行业的产品很多都是比较容易复制的（比如说，银行产品，像存款或贷款），所以理解客户需求的能力以及据此提供最能够满足这些需求的服务的能力，才是最关键的。

维持良好的客户关系是服务公司保护自己所拥有的知识的方式之一。在本文所研究的三个行业中，客户关系并不是服务公司的某名职员去和客户打交道。就拿广告代理商来说，一般情况都是该机构的一支团队同客户之间相互作用，从而来确定一次广告活动的范围、内容、时间等等。这个团队可能包含业务经理、广告制作人、营销人员，可能还有其他跟客户公司相应人员打交道的人。在国际广告活动中，这个团队可能由许多国家的人组成。因此这种关系不依赖于个人，而是整个团队的人。毫无疑问，如果有一个关键的人物背叛了团队或者搞砸了同客户的关系的话，可能也会破坏业务，但是服务供应商一般同自己的客户之间有一个更加宽广，限制更少的关系，而不是单纯两个人之间的交易。

关于关系还有另外一个方面能给服务公司带来竞争优势，那就是长期的客户。如果能够拥有连续几年的合作关系，那么就意味着服务公司跟客户之间建立起了成功的相互作用的历史。尽管这不能完全避免客户流失，但的确能够使公司更好地避免由于两家公司之间的员工的个人关系所引起的问题。比如说，当客户公司的一个关键人物和服务公司的某个员工之间出现了争论，这样的不和可以由这两个团队的其他成员解决，因为双方已经建立起了相互信任的关系。

因此，看起来有助于提高服务公司的竞争优势的客户关系分为三个层次：公司员工之间的关系；服务公司的团队和客户的团队之间的关系；长期的，历史性的服务供应商和客户之间互相信任和满意的关系。

跨国服务公司可拥有的第二种关键竞争优势是业务的知识。其中包括客户所处的市场的信息，如何与客户打交道，以及如何创造新服务的知识。这些知识大部分体现在公司的员工身上，这也是服务业公司的竞争优势并不牢固的原因，因为每个人都可能被其他公司给挖走。

对于银行业来公司来说，它们很难有机会通过开发独有的业务或像其他行业服务公司那样建立公司团队与客户的关系。因此，业务方面的知识就显得至关重要。拥有顶尖的银行家可以成为一家银行的竞争优势，然而这种优势也最容易被其他竞争者攫取。然而，银行似乎默许了这种状况，听任自己应对程度较高的工作人员的流动，而不是像广告代理商或咨询公司那样，建立属于自己的人事团队。

跨国服务公司可具备的第三种基于知识的关键竞争优势是开发特有的服务方式。比如，建立客户银行账号的管理信息系统，拥有自己的完整的设计和拍摄广告活动的流程，顾问公司用于为客户进行项目分析或战略规划时所用的模板结构。

最后的这个例子将说明了服务型企业的优势依赖于个人这一性质，以及服务公司如何使之成为自己独有的方法。管理顾问公司通常都有一套自己的方法，专门用来设计公司战略，比如：波士顿咨询集团的经验曲线；Monitor 公司的产业集群以及五要素；麦肯锡对待问题定义和解决的MECE（相互独立，完全穷尽）方法。这些模板经过最初的开发，再经过公司一系列团队的应用以及调整，最终形成了能用于分析客户在复杂情况下的需求的模板。如果这种方法足够强大，可以适合不同的应用，那么它就能适用于大部分的客户。（很显然，有些时候这一模板并不适用，那么这就要求咨询公司必须看清形势，并作出反应，在不同的形势的基础上设计出合适的策略。）

对于服务公司来说，拥有由附属公司组成的全球网络是唯一一个不基于知识的潜在比较优势。如果公司拥有遍布全球的服务网络，那么和主要市场中的本地竞争者相比，这个网络将成为公司一个重要的竞争优势。不管是在管理咨询还是在广告业中，这一网络基本上都由公司所有的附属公司（如子公司）组成。在银行业中，全球网络不仅仅包括公司所有的附属公司，也包括与当地金融服务供应商的契约关系。从各银行共用自动取款机，到跟好几个合作伙伴的联络关系，再到共同借贷业务，银行可能更需要利用其他银行的帮助来为世界各地的客户提供多样的服务。

10.5　服务公司的国际化

与制造业和采掘业一样，服务公司向海外市场扩张最重要的原因是开拓市场和寻找新资源。对于跨国公司来说，寻找资源最主要就是寻找技术资源。当然也有一些低成本的服务生产，如电脑软件，寻求的是廉价的劳动力。本文所研究的服务部门中没有一个对自然资源有大量需求，因此对自然资源的寻求不是服务全球化的因素。

跟制造公司情况一样,服务公司倾向于在海外寻求新市场,并追踪已经远达海外的已有客户。尽管在海外建立一个能够提供全面服务的附属公司对于服务公司来说所需要的成本比制造业公司要低得多(在资本集约方面远不如前者),但服务公司的拓展形式与制造业公司拓展的形式大致相同。当然也有例外情况,如酒店服务。建设和运营一个新的酒店需要大量资本,但是也这只是例外情况。

服务公司更倾向于通过出口自己的服务来挖掘海外机会,而不是将"生产"本地化。如果客户是跨国公司的话,服务公司可以跟在服务公司所在国的客户公司的总部联系,也可以跟海外的地方附属公司联系,这样的模式能为两家公司的合作带来更多的便利。这种情况下,服务公司要跟客户公司的总部保持频繁的联系,并且偶尔跟地方附属公司联系。当打交道的对象为海外的地方客户时,出口策略实施起来就要困难得多了。

虽然海外拓展的资金成本一般要比制造公司低得多,但是服务公司的资源成本可能还是相当高的。由于海外建立业务运作一般只需要复制已有的业务运作中所执行的大部分活动,所以规模经济就不那么重要了。在一些地方共用人事资源是必要的,具体来说就是将来自多个地方的团队用于处理任何地方的客户需求的理念。的确,公司在每个地方都需要一个能够提供全面服务的团队,因此它就必须在每个附属公司中复制已有的结构。这一步并不容易实现,因为公司必须为每个分公司的运作找到合适的人事资源,不可能只依靠总部公司的人员跟所有国外市场的客户之间进行日常沟通。

图表也许能够更清楚地展示服务供应商和客户之间的关系。如果在图示中商业服务业作为面向企业的服务的生产者和销售者的话,那么这个买方/卖方的结构就如图10.2所描述。服务公司的运作方式跟其他跨国公司是一样的,地方办公室服务一些客户,出口服务一些客户,而客户本身可能存在于一个国家,也可能是跨国运营的。与制造业公司一样,跨国服务公司在新兴市场所设的办公室更少。这很容易理解,因为服务公司并不像制造业公司那样追求低成本的原材料市场或生产线。

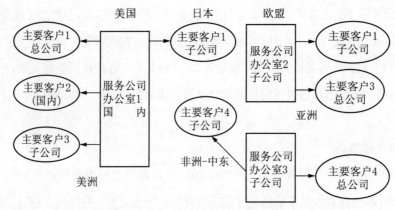

图10.2　一家全球服务公司的结构

在20世纪早期几十年,这里所研究的三个行业的服务公司,跟制造业公司一样,就开始了海外拓展。也就是说,它们已经跟当地的公司形成了联盟关系,为海外顾客提供服务。那时它们就已经把自己的服务出口面向其他国家的客户,并且在国外已经建立了属于自己的附属公司。然而,很显然服务公司比制造业和原材料产业的公司进入全球产业化的时间要晚得多。除了花旗银行,ITT(电话服务),喜来登,泛美航空公司,安达信会计师事务所,以及其他几个服务供应商,跨国服务公司大多数是在20世纪80年代和90年代这段时期开始向海外拓展的。

一家全球广告公司采取了一项有趣的战略以便同跨国公司客户建立关系网络。这家广告公司和一家大型的药业公司打交道,成为该药业公司在世界范围内的广告代理商。由于该药业公司决定追求全球标准化的企业战略,广告公司也相应地对客户的需要作出反应,根据其各个主要市场的特点量身定制广告活动。最终的战略转变降低了广告代理商的生产成本,使之跟客户建立起了更紧密的关系,并且促使其决定寻找更多的机会,引进全球标准化的广告活动。

10.6 组织结构

广告代理商和管理顾问公司经常以合伙制公司的形式存在,但是由于过去十年这些行业中出现越来越多的真正全球化的竞争者,这些服务公司也变成了公开交易的公司。也就是说,为了筹集到资金,取得其他规模经济,广告代理商和咨询公司现在发现,引进产权资本不仅必要,还很有价值。尤其对银行来说,他们很早就已经这样做了。商业银行通常会建立海外的分公司或者办事处用来开拓市场。

我们调查当中的58家在工业国家设有附属机构的公司,最常见的组织形式是全资的子公司,大概有55%的公司采用这种结构。在新兴市场中也有相似的结果。从图10.3可以看出,该行业中的股权结构。

由母公司占有的百分比(%)	频率	百分比
1 100	25	71
2 80	1	3
3 70	1	3
4 62	1	3
5 60	2	6
6 0	1	3
7 不适用/无响应	4	11
总计	35	

运作方法
新创建,全资子公司(31%)
合伙制(22%)
对另外一家公司的完全收购(17%)
多数股权合资(14%)
其他(16%)

注:这35家作出回应的公司包括:8家广告代理商,13家商业/投资银行/证券公司,14家管理顾问公司。

图10.3 附属公司的所有权

对银行业来说,"出口"服务一般是通过联盟伙伴,而不是对外直接投资或签订契约(许可),这种情况是很普遍的。也就是说,银行利用代理商行,来保持平行(对应的)存款平衡,并且为处于不同国家的所有客户提供服务。大银行不只满足于开设海外附属公司,它们更倾向于在全球各地发展联盟伙伴的关系。

另外,银行还会运作其他类型的战略联盟。银行之间组成的联盟为许多地方的客户提供自动取款机的使用。它们通过操作 Visa 卡和万事达卡来为全球的客户提供服务。这两种安排都会涉及跟现存的或潜在的竞争者之间的联系。银行也经常把它们活动的一部分签放给垂直去一体化的环境下的联盟伙伴。比如说,许多银行把它们的抵押贷款服务活动签放给专门的公司,甚至把它们的抵押卖给那些在次级市场中创造抵押担保债权的中介。银行业经常把支票处理活动和其他具体的,重复性的功能签发给那些能够通过取得规模经济来提供低成本的专业公司。

实际上广告代理商和咨询公司从不通过跟同行业中的其他公司建立联盟关系来运作业务。一家管理顾问公司可能会跟一家会计公司或一家计算机信息系统公司合作,但是从来不会有两家管理顾问公司或广告公司一起为一个共同的客户提供服务。这是或许因为它们的业务有很大一部分是重复的,但也有可能是因为公司不愿意把自己的员工和它们的方法暴露给竞争对手。

这种情形是很奇怪的,因为就像上面所列举的银行业中的例子,某些时候战略联盟是有意义的。例如管理顾问和广告中的重复性活动,这部分活动就可以外包出去。某种程度上,确实存在这种垂直的去一体化现象,将一些活动,如账务处理或现金管理的活动承包出去。不过,水平联盟是从来不存在的。

以上的讨论都是跟公司结构和外部联盟有关。就内部组织结构而言,服务公司往往对公司核心的团队比如提供服务以及维护客户关系的团队进行大量投资。这种团队结构常常是由具体的项目而定的,一个团队可能由来自咨询公司不同分公司的人员组成,这取决于他们跟客户的关系以及/或者从事相关事务的经验。

这种团队结构,包括团队里的员工,常用软件,有助于在公司共同开发新的知识。对于一个正在为客户制定战略计划的管理顾问公司来说,这个团队里可能有两到三个本地的搭档,他们通常直接跟客户打交道。除此之外,团队里也许还有在其他国家有过类似经验或者与客户打过交道的专家。最后,或许公司还会在团队里安排一个能够操作用于项目的专业系统或复杂程序的电脑专家。这个团队里没有人能拥有整个知识库,但是这个团队拥有。因此服务公司降低了失去自己的基于团队的知识的风险,除非整个团队将这些知识抛弃掉。

一个项目团队会被频繁使用在许多项目中,这或许是广告公司和管理顾问公司跟制造公司或其他行业的公司所不同的最根本的特征。服务业公司很少和外部伙伴形成联盟关系,相反,他们利用来自不同部门和位置的员工组建公司内部联盟。从概念上来讲,这要比外部联盟容易控制得多,但是目前关于这方面的研究还很少。

摩尔和伯金肖(Moore and Birkinshaw,1998)的一篇文章着眼于欧洲地区咨询公司和其他一些服务公司所应用的团队结构。他们发现这些公司具有一个关键的结构组成成分,称为"卓越核心"。其实这个核心是一个团队,他可能是为某个项目或活动而组建的团队,然后通过微调的方式再次被利用在公司的其他相似项目或环境中。这种新环境可能是另外一个国家的相同客户,也可能是相同情形下的另外一个客户,或者完全在另外一个新的环境。研究人员列举了很多这样的应用,如安达信会计师事务所的"多媒体卓越核心",他们是从事于多媒体技术项目,熟悉当前的技术,并且掌握公司在这个领域以往的经验的一小队人马。再如麦肯锡公司的企业对企业市场营销卓越核心,它被用来帮助麦肯锡各地的办公室开发同时针对许多国家客户的市场营销战略。这两个例子中的专家都被派遣到同一办公地点,以随时等候公司的其他部门的调用。原则上,这种核心可以是由在地理位置上分散的,但具备必需知识(技能和经验)的员工构成的团队。

10.7 知识保护

鉴于关系网络在大多数情况下对于服务公司来说是其拥有知识的关键部分,所以观察它们如何努力地保护这种知识是很有意思的:多数情况下指的是它们如何留住自己的员工。当面对竞争时,银行多半都无法留住自己的关键员工,因此银行更倾向于尽可能少地让它们的关键知识捆绑在基于团队的结构或其他一些隐性的形式中。咨询公司和广告公司的员工忠诚度则要高得多(更低的人员流动),同时它们也更倾向用基于团队的项目和方法,以及隐性(未汇编的)知识。

为打造知识领导力而组建团队的预期结果之一就是克服关于大多数知识尚未汇编这一问题。也就是说,团队迫使成员互相分享各自的知识,将知识从最初持有者传播开来。因此,团队结构有助于个人知识的一些分享,虽然这种知识并非一定得进行汇编。如果这个团队能够将一些知识转化成书面形式,或视频等其他编码格式,那么公司就能更好地将知识在公司内部传播开来。汇编之前,公司应该考虑这些知识的价值,以及汇编的成本,然后评估汇编是否能够创造附加价值。

10.8 知识转移方法

这些公司在其附属机构中进行知识传播的方法是多种多样的。成本较高的有将专家外派到国外去,而成本较低的方式是使用电子邮件。对服务性公司来说,最关键的知识莫过于同客户的关系以及有关该产业的知识,但这些知识很难在公司内部传播,除非客户是一家跨国公司,并且服务公司在另一个国家(或另一些)为该公司提供服务。不过鉴于服务公司超过一半的服务对象都是跨国公司,所以服务公司还是有机会利用这些知识的。

不仅如此,公司的知识还包括公司独有的服务方法。这些方法可以通过传统的方式进行传播,比如,公司手册,公司培训计划,或者其他电信方式。

图 10.4 列举了公司传播知识的主要途径。

	知识转移的方法	频率	百分比
1	电子邮件(如资讯传递)	9	36
2	电话/电话会议	4	16
3	当地培训	4	16
4	团队互动	2	8
5	传真	2	8
6	编辑	1	4
7	帖子	1	4
8	期刊/时事通讯	1	4
9	在职经验	1	4
	共计	25	

图 10.4　知识在附属机构中的转移方法

从图 10.4 可以看出,电子手段是目前公司进行知识传播的主要途径。其次公司的培训计划以及团队中人与人的互动也是重要的知识传播方式。有趣的是,20 世纪 90 年代早期在拉丁美洲进行的调查可以看出,培训计划和人与人之间进行知识传播的方法还是主流,除此之外,电话和传真通信的使用也很频繁。不过那时很少使用电子邮件。而现今服务公司同自己在工业国家(欧洲和日本)的附属机构所使用的知识传播方法跟它们在新兴市场(拉丁美洲)中所用的方法是相似的。

10.9　打造实力的全球战略

本节我们将提出一些战略上的建议,用于管理公司的核心知识以及解决的以工作能力为运营基础的公司进行跨国运作的难题。

首先我们要考虑公司的组织形式。假设服务公司的目标是在国际市场上提供与国内市场里相同的服务。那么很显然,在大部分情况下公司很难照搬国内的模式,直接向国际市场出口。即便电视电话会议越来越常见,公司仍然需要员工与客户间进行面对面的沟通。至少在未来几年内,服务公司需要将一些负责核心人物的公关经理安插到目标市场,直到有新的技术能够解决这些问题。

全球化战略的中间步骤是在几个相邻国家区域内建立运营网络。如果交通条件足够便利,居住在某个城市的人可以定期访问周围几个国家的客户。以欧洲国家为例,这种情况即便不适用于整个欧盟,至少适用于欧洲的很多国家。还有在拉丁美洲上的许多国家(或至少是南锥体*(Southern Cone)),安第斯山脉的国家,以及中美洲/墨西哥),这种情况也照样行得通。

如果公司能够充分开发团队的适应性,即一个团队能被安排在不同环境的能力,那么公司就不需要在每个地方都安排全套的职工。理论上,每一个地方只需要安插一到两个公关经理,然后通过电话会议或其他通信方法与该产业里的专家以及跨国公司客户进行沟通。这样更容易实现人事上的规模经济。

服务公司寻求的客户类型很可能取决于两个方面,公司市场的大小,以及服务公司自身的能力。这两点所占的比重大致相同。在小型的市场中,寻求跨国公司的附属机构可能更为实际,因为这样比较容易通过该附属机构与跨国公司取得联系并成为他们在其他地区的服务提供者。对于地方性公司来说,很少有公司的规模大到需要跨国广告公司或咨询公司为之服务,因此和他们发展合作关系可能会更加困难一些。

为了保护其专利知识,服务公司必须找到适当的方法,留住主要的员工,进行知识汇编(这样就减少了对于知识持有者的依赖性),或者建立基于团队的知识,这样才能保证任何人都无法带走公司的知识。

10.10 结论

考虑到生产服务部门中,知识是关键竞争优势,那么公司就需要找到合适的方法,培养自身的知识资源,并在各附属机构中分享这些知识,以及保护自己的知识不受竞争对手的侵犯。除了那些经过汇编并储存到某种媒介,比如文件,或电脑程序等的知识,一般来说,知识和员工密切相关。因此公司迫切需要寻求高质量的员工,对他们进行业务上的培训,并且一直留住他们。

对于广告业和咨询业来说,利用由员工组成的团队为客户提供服务这一模式已经得到了广泛的应用。公司一方面需要从团队员工之间的合作中开发新的知识,另一方面也要确保团队知识不会被某个离开的团队成员"偷走"。如果能够做好这两个方面,那么公司将获得极大的竞争优势。

对于服务公司来说带来主要竞争优势的知识就是同客户的良好关系。这种知识包括对客户公司内的关键员工个人的知识(了解);公司基于团队的对客户公司涉及整个合作关系的人员的知识(了解);以及蕴含在公司同客户的关系中的,经过长时间建造起来的历史"知识"。后面这两种知识更容易由公司独有,除过公司之外,没有任何个体能够获得整个知识。因此公司应该着重开发这方

面的知识,因为它们能够为公司带来更加牢靠的竞争优势。

从实际角度出发,公司应该寻求合适的方法,尽量确保服务是由多人团队而不是个人提供的并且尽量同客户建立能够持续好几年的关系,从而建立起历史性的信任以及愿意长期合作的关系。

为防止知识流失,公司不光可以依靠建立团队,避免过于依赖于个人,还可以依靠将由关键个人所持有的知识汇编,从而使得这些知识能够在公司内部更广泛地被分享。很多情况下这种方法的确不容易实现,但是即使当汇编需要很高的成本时,公司也可以通过团队的运作来分享这些知识。

从服务业公司全球化战略来看,当它们在海外建立全面的服务运作时,公司面对的门槛比制造业公司要低(即较低的资金成本)。但是对服务公司来说,复制公司所具备的知识所需要的成本却不小。为了应对这一现实问题,跨国服务公司经常会建立专家团队来跟客户打交道,将关键的知识应用到好几个国家而不仅是一个国家的项目中。不管这些团队是临时的,还是长期的,它们都使得公司能够将个人知识放在更多的应用中去,并且在某种程度上,能够将这种知识跨国界地传播给公司的其他成员。

参考文献

Davenport, T., Jarvenpaa, S. and Beers, M. (1996) 'Improving Knowledge Work Processes', *Sloan Management Review*, summer: 53–65.

Davenport, T., De Long, D. and Beers, M. (1998) 'Successful Knowledge Management Projects', *Sloan Management Review*, winter: 43–57.

Edvinsson, L. and Malone, M. (1997) *Intellectual Capital*, New York: Harper Business.

Glazer, R. (1998) 'Measuring the Knower: Towards a Theory of Knowledge Equity', *California Management Review*, spring: 175–94.

Grosse, R. (1996) 'International Technology Transfer in Services', *Journal of International Business Studies*, fourth quarter: 781–800.

Hedlund, G. (1994) 'A Model of Knowledge Management and the N-form Corporation', *Strategic Management Journal*, summer: 73–94.

Moore, K. and Birkinshaw, J. (1998) 'Managing Knowledge in Global Service Firms: Center of Excellence', *Academy of Management Executive*, vol.12, no. 4: 81–92.

Nonaka, I. (1994) 'The Dynamic Theory of Organizational Knowledge Creation', *Organization Science*, February: 38–50.

Nonaka, I. and Takeuchi, H. (1995) *The Knowledge-Creating Company*, Oxford: Oxford University Press.

Quinn, J. B., Anderson, P. and Finkelstein, S. (1996) 'Managing Professional Intellect: Making the Most of the Best', *Harvard Business Review*, March–April: 71–80.

Ruggles, R. (1998) 'The State of the Notion: Knowledge Management in Practice', *California Management Review*, spring: 80–9.

Stewart, T. (1997) *Intellectual Capital*, New York: Doubleday/Currency.

Teece, D, (1998) 'Capturing Value from Knowledge Assets', *California Management Review*, spring: 55–79.

Ulrich, D. (1998) 'Intellectual Capital = Competence x Commitment', *Sloan Management Review*, winter: 15–26.

第三部分

案例研究

11　制造业服务部门的全球竞争——飞机保养、维修和大修服务行业分析

谭金生(Tan Kim Seng)　彼得·恩德威克(Peter Enderwick)

11.1　引言

　　许多服务行业本身的性质决定了它们的价值链上的许多活动都必须在买方身边或附近进行。这样一来,很多服务行业就变得高度分割,形成许多小公司,并为其所在地提供服务。但是,市场的全球化以及新技术的引进,导致产业结构和许多服务行业中的竞争优势的来源发生了变化。市场越来越全球化,以及高效率的物流和通信系统的出现,再加上新一代的信息技术,使得许多服务行业正快速地合并,开始出现大型的复合公司。反过来,这些大型公司又加速了服务业竞争的国际化进程。

　　这些趋势,在越来越国际化的飞机维护、修理和大检修(MRO)的服务业中,得到了很好的体现。而这正是本章所要研究的对象。尽管该产业在追求全球化战略中有许多值得借鉴的地方,但对这个领域进行的学术研究迄今仍寥寥无几。

　　在接下来这一节中,本文将展开在该产业中关于加入全球化进程的一次讨论。随后我们将对该产业和参与竞争的公司进行概述。再之后的三节,将讨论该行业中三个主要竞争者:航空公司,

独立维修商,以及原始设备生产商(OEM)各自采用的战略方针。关于竞争结构和全球化的一节将对一些具体事例进行分析,找出它们的相似之处和区别。这个分析揭露在一个越来越成熟和全球化的服务产业中可预知的变化——从技术导向转变为以客户和市场为导向——以及控制成本和提高服务质量。在这个行业中,越来越激烈的竞争表现在四个方面:快速的全球化,激烈的价格竞争,公司合并以及联盟协作。原始设备生产商的猛烈扩张在全球化的结构重组中遥遥领先,这也得益于航空公司将自身关注点转移到自身核心竞争力所在的地方:即乘客和货物运输。它们的扩张以牺牲独立维修商的利益为代价进行。最后一节我们将从本次讨论中提出一些总结性的观点。

11.2 全球化的先驱者

和其他服务行业一样,飞机维护,修理和大检修的服务业为应对它们的主要客户群——各大航空公司——的需求,已经开始了全球化的进程。由于航空公司的运营越来越趋于全球化,它们要求维修供应者也作出相同的反应。

航空公司国际化的趋势由来已久。然而,随着制造业跨国公司的经济增长以及金融市场的全球化,对航空旅行和货物运输的需求也大大增加。这种需求已经引起了航空公司更大的规模的国际融合以及跨国所有制的发展。

这个变化过程的先决条件早在 20 世纪 70 年代到 80 年代就已经出现。1978 年美国航空业开始放松管制,随后其他国家也纷纷效仿。原本国有的航空公司被允许私有化,并且国家对路线、定价、乘客和货物的限制也有所放宽。20 世纪 80 年代美国航空业面临重重危机,迫使人们重新审视对航空公司的战略以及政府的支持政策。20 世纪 80 年代早期,美国航空业公布的各种损失之和大约为 80 亿美元。之后不久,航空业又受到经济衰退,以及由于海湾战争期带来的油价高涨和航空旅行急剧下滑的影响。1978 年美国有 43 家航空公司,到了 1988 年就只剩 15 家了。

为了帮助航空公司进入新生市场,美国政府采取强硬态势克服国家管制。1992 年布什政府同荷兰政府签订了第一份"开放领空"协议,从而使两国的航空公司能够在两国领土之间和之外无限制地提供航空服务。1993 年美国西北航空公司和英国皇家荷兰航空公司首次结成跨大西洋合作关系。克林顿政府还签订了三十多项"开放领空"协议,涵盖欧洲、中东、亚洲和中美洲。此外,美国还跟日本,法国和加拿大达成了双边协议。而且,美国的交通部也提案允许航空公司组建联盟,并且特批它们不受反垄断条例的约束。

现如今有两大主要的全球联盟,即星空联盟和寰宇一家。联盟似乎很受航空公司的欢迎,因为联盟能够使航空公司扩大自己的客源,保证客户不会被竞争者吸走。一个联盟内的公司可以形成一个全球的服务网络,提供高级服务的能力远比各组成部分的简单相加高得多。在这么一个充满激烈竞争,主要竞争者在其他基地很少有分化机会的产业中,这点尤为重要。航空公司大都面对相似的成本(燃油,运营和人事成本)、技术以及政府管制。为了追求规模经济效应,提高服务供应,除了公司进行合并之外,联盟对于航空公司来说也是一种不错的选择。过去十年中,美国航空业有过22次公司的合并,不过并没有哪次是特别成功的。

目前已有的全球联盟反映了这个以客户为中心的行业全球化的程度。寰宇一家联盟(美国航空,英国航空,加拿大航空,国泰航空,澳洲航空,西班牙航空,芬兰航空)每年航班 1 783 次,运载20 600 万旅客至 143 个国家的 680 个目的地。这个联盟每天航程将近 700 万英里,相当于环球280 圈。

星空联盟也吸引了大量成员,包括加拿大航空公司,新西兰航空公司,安捷航空,德国汉莎航空公司,泰国航空公司,斯堪的纳维亚航空公司,联合航空公司,巴西航空公司,还有从 1999 年底,全日空航空公司。它们的服务可以到达全世界 110 个国家的 720 个目的地。

这种联盟的目的和所期待的利益非常值得研究。星空联盟的成员表示,合并航空公司并提供相同质量的服务并不是它们的目的。相反,提供不同的服务才使得联盟更加具有竞争力。这表明航空公司联盟采用的是品牌分化战略。然而,飞机维护,修理和大检修的服务不大可能被分化。航空公司并不依靠对 MRO 服务的承诺或它们的安全记录与其他公司竞争。因为客户会认为提供合适的维修和安全承诺是航空公司理所当然的事情。正是出于这个原因,MRO 业务可以进行外包,而且不会因此对航空公司的市场营销战略产生明显的影响。也正因如此,MRO 产业慢慢地变为一个独立的产业,从航空服务中剥离出来,独自面对全球服务供应的需求。

11.3　产业分析:商用飞机引擎的大检修服务

正如上一节所述,商用航空业已经发生了重大的变化。商业环境从有调控的竞争转变到自由化的市场;从通过内部增长到通过制定战略联盟实现共同增长。该行业关注的焦点也已经从单纯的维修技术转向企业经济学。和其他服务行业一样,企业管理越来越关注资产利用、成本削减、网络管理、核心竞争力、服务外包以及组建合作关系和联盟。

引擎维修已经不被视作是航空公司的一项核心活动。由于维修成本越来越大,并且这项业务并非航空公司核心竞争力的来源,因此航空已经开始考虑将其外包。如果将维修工作外包出去的话,航空公司,尤其是新的航空公司,就无需设立用于维修的复杂基础设施。

11.3.1　商用飞机引擎大检修的市场

尽管生产力过剩是当下很普遍的问题,但维护,修理和大检修的业务中蕴含的商机却不断增多。随着航空公司进行结构重组,一些公司放弃了它们的维修设备来降低成本。而另一些公司却寻求增加自己的 MRO 份额。随着原始设备生产商开始进入这个市场,维修公司为应对它们带来的压力,也开始尝试新的战略,在这个十分拥挤的领域中尝试削减成本。全球生产能力过剩正加剧着原本就激烈的竞争,这促使了维修联盟的出现。而制造飞机零部件的公司也结成联盟,并通过这种方法来节约成本。

索恩(Thorne)发现大飞机维修业和引擎的维修业正处在内部自相矛盾的状态:

> 一方面是第三方的生产能力过剩。许多具有竞争力的维修者苦苦搜寻业务,以确保自己的生存。产生这种境况的另一个原因是,许多航空公司将自己维修的这一部分要么发展成独立的利润中心,要么发展成独立的附属机构。

> 另一方面,航空公司又倾向于将设施密集的工作如重大维护外包出去,给了那些已经在这个领域的经营者一丝希望。不幸的是,这样一来也诱使一些新的经营者进入这个领域。独立的引擎大检修店铺将因此同时受到来自两个方面的威胁:现代引擎的可靠性越来越好,维修的次数也相应减少;而雄心勃勃的生产商又加入维修/大检修这个行业,意味着这个行业的竞争将会越来越激烈。

(Thorne, 1996:75)

MRO 业是一个很大的产业。大型机身,引擎和零件的大检修,以及线路维修的年市场运营额将近 240 亿美元(McKenna and Scott, 1997)。这个市场中大约 30% 的业务是被外包出去的。引擎大检修的市场运营额大约为 66 亿美元,其中将近一半也通过契约的形式外包给第三方供应商(Todhunter, 1997)。

在 MRO 市场有三大主要的维修者:原始设备生产商(OEM),大型航空公司,以及独立经营者。原始设备生产商是推动 MRO 全球化的核心力量,特别是几大引擎生产商,如通用电气,普拉特·惠特尼集团公司,以及劳斯莱斯。原始设备生产商一直以来都在提供大检修服务,这项服务在其业务中所占比例也越来越大。随着航空业的衰退以及引擎可靠性的提高,这些原始设备生产商接到的引擎订单越来越少,它们不得不据此调整自己的商业策略。

1993 年,劳斯莱斯组建了劳斯莱斯航空引擎服务有限公司作为一个独立公司,来处理引擎维护、修理和大检修。两年后,这个有限公司的创收约占整个公司年收入的 10%。普拉特·惠特尼在大检修服务的创收从 1995 年的 2.5 亿美元增加到 1998 年的 10 亿美元。而在 1993—1995 年期间,通用电气跟八家航空公司签订合同,期限由 5 到 20 年不等,价值在 10 亿美元左右。另外,通用电气 1994 年的飞机引擎服务净收入中的 3/4 是来自于引擎维修服务的(Smith, 1997)。据此我们可以看出原始设备生产商在这个市场中所占份额越来越大。这个市场已经成为它们的一个重要利润增长点,并且能帮助它们的航空公司客户控制成本,这给过去的第三方维修商带来了更激烈的竞争。

虽然许多航空公司正在寻求外包 MRO 活动,但其实外包服务并非人们想象的那么简单。对航空业来说,最重要的事情是保障飞行的安全。这意味着航空公司需要将大量精力在飞机维修活动中。外包维修服务时,航空必须选择正确的外包对象。公司不能只考虑价格因素,将业务交给要价最低的投标者,它们必须要考虑该服务商提供的服务的质量。虽然最正确的外包对象或许未必能够最大程度的削减成本,但它可以提高飞行安全系数,提升公众对航空业的信心。

维鲁航空的坠机事故为我们提供了宝贵但又惨痛的教训:

> 维鲁航空公司最引以为豪的是它们采用了一种新型的经过试验验证的经营策略,并且不断将其更远更快地拓展。该公司自豪地说,维鲁是一个"虚拟"航空公司,只经营航空业里最核心的部分,即运送乘客,而把其他业务都外包给其他公司……然而所有这些,在那次大沼泽坠机事故之后一下子就垮了。经过调查,美国联邦航空局认为这家航空公司太过忽视飞机的维修工作。从那以后,它们制定了航空公司在外包维修业务时应该遵守的行为准则,……规定航空公司必须对它们的产品承担最终的责任。尽管外包是有效的经营策略,但是公司在外包业务时应该小心谨慎,因为外包业务的同时责任并没有外包出去。

> (Donoghue, 1996:7)

这么看的话,外包就不单纯是一纸契约或一项工作,而是同服务供应商建立的一种合作关系,彼此涉足对方的业务,共同探索完成任务的更好方式。维修服务供应商自身的服务质量和可靠性决定了自己在市场中的地位。因此只有提供卓越的服务并不断创新,提升服务质量,降低服务成本,它们才能在市场中立足。它们还需要提供产品和服务的新方法。而对市场来说,新的竞争者也会不断出现。

> 组建合作关系和联盟将成为不可避免的趋势。一方面,航空公司需要低成本、灵活、反应快速的供应商应对这样一个竞争激烈,快速变化的国际环境。而另一方面,好的合作伙伴,一般都是大型的,具有为多家航空公司提供服务的能力的公司。这种双方面的要求——规模巨大又不失灵敏的市场嗅觉,服务广泛而又价格低廉——就要求大多数专业的供应商,形成战略合作伙伴关系,提升规模经济效益,组建能够提供任何服务的大型公司。

> (The Canaan Group, 1996:22)

越来越多地寻求保留自己的 MRO 能力的航空公司开始对自己的维修业务采取一种以业务为单元的经营方法。这种方法以任务为导向,其设计可以满足迅速应对市场变化这一需求。MRO 作为一个独立的单元将能够提供更加精确的成本预算,并且也更加容易进行财政核算。除此之外,离心化的结构还可以有效地创造第三方收入。一旦这个机构被认可,成为具有法律意义上独立的附属机构,那么它们也可以参与合资或者进行资产销售。

总而言之,所有竞争参与者对商用引擎大检修市场份额的控制将会发生巨大的改变。一方面,随着小型航空公司外包,大型航空公司将精力更多地投入到核心运营部分或直接将维修业务分离出去,组建第三方附属公司,航空公司总体所占的市场份额必定会下降。另一方面,OEM 作为引擎大检修市场的主要技术创新者以及带动该产业增长的核心力量,必将占据这个市场大部分的份额。独立经营者的份额也会随着不断增加的外包业务而增长,不过它们还要面对许多的不确定性。由于市场份额的变化,必定不断地会有公司进行合并或者退出这一市场。对于潜在的新的参与者来说,进入这个市场需要大量的投资,拥有高端的技术以及顾客忠诚度,因此它们不会轻易参与到竞争当中来。

接下来几节将我们列举几个关于不同竞争者的例子,考察这些战略背后的驱动力。

11.4 航空公司的结构重组:新加坡航空 (SIA) 工程的个例研究

本节将会研究的是新加坡航空工程公司(SIAEC)。该公司创建于 1992 年 4 月,是新加坡航空公司完全所有的子公司。它由 SIAEC 的维修和大检修部门与新加坡航空公司的另外一个已有的子公司,新加坡引擎大检修中心(SEOC)合并而来。该公司建于 SEOC 和新加坡航空公司工程部的客户基地,这个客户基地包括 60 家航空公司和 29 家飞机制造公司。

由于多年来积累了大量的人力和技术资源,SIAEC 已经能够为广大客户提供各种各样的 MRO 服务。其中包括飞机维修,飞机维护和大检修,零部件维护和大检修以及引擎维护和大检修(包括辅助电源设备)等。为了应对新加坡航空公司快速的升级需求,SIAEC 已经拥有了为新一代引擎提供 MRO 服务的能力。为了进一步提高公司维修的能力 SIAEC 正着手进一步兴建新的设施,并且打算采用高科技设备以及更先进的员工培训系统。

自 1977 年建立以来 SIAEC 一直致力于仅向自己的母公司提供服务。不过现今该公司已经调整了公司系统以及公司战略,以应对由于引进第三方工作而增加的工作量以及行业中的其他挑战,如对所用的零部件和原材料可靠性的越来越高的要求,以及日益昂贵的劳动力价格。但是,对公司未来发展最大制约还在于其对于母公司过大的依赖性,它们缺乏自己经营的能力以及修理除新加坡航空公司所用引擎之外的引擎的能力。

对于新加坡航空公司来说,将 SIAEC 作为一个子公司进行独立运营时,会有这样几个优势:

(1) 业务增值意识:作为一个子公司,该公司对自己的绩效,包括金融各个方面,负全部责任。

(2) 公司调控和可靠性:作为一个子公司,该公司对自己的绩效,包括金融上的绩效负全部责任。

（3）决策和实施过程：由于管理层变少，子公司将拥有更多的自治权，公司决策和执行过程将因此变得更快。

（4）创业精神和创新：因为公司的业务目标较为明确，该公司在经营业务时可以有针对性地进行创新，同时提高创业精神水平（例如掌握维修除 SIA 所用引擎之外更多型号引擎的能力）。

（5）第三方客户的接受度：作为一个独立的子公司，第三方客户给予它们跟 SIA 同等的优先权。

（6）合资以及资产销售方面：一旦维修中心成为法律上独立的子公司，就可以参与合资或进行资产销售。

从 1992 年起，SIAEC 在国内外积极寻求参与合资项目，以求为航空工程服务的核心业务部门提供更好的服务。1997 年 7 月普拉特•惠特尼（P&W）购入 SIAEC 已有的引擎大检修部门 51% 的股权，而 SIAEC 拥有剩下的 49%。合资股份公司为普拉特•惠特尼在泛太平洋和印度的唯一的设施中心。它们将自己在这个地区的所有工作都纳入到了这个新合资企业的管理范围。

在新加坡也还有几家这样的合资项目。比如普拉特•惠特尼占有股权 49% 的航空内燃动机服务私人有限公司。这家公司主要负责磨光燃烧室内衬，这样一来这些修理工作就不再需要运往美国。另外一家合资公司是亚洲表层处理技术有限公司，普拉特•惠特尼和普莱克斯（Praxair）占有其中 29% 的股权。该公司提供引擎风机叶片的维修。第三家当地合资公司是与劳斯莱斯航空引擎服务有限公司合作组建的一家新零部件服务公司，即国际引擎零部件大检修私人有限公司（IECO）。新加坡航空公司与劳斯莱斯各占一半的股权。IECO 的首要业务将是磨光高科技喷嘴导叶和压缩定子。它将为亚太地区不断增多的客户提供服务，而这些客户所使用的是劳斯莱斯瑞达（Rolls-Royce Trent）和 RB211 引擎。

在中国台湾地区，SIAEC 同中国航空公司以及普拉特•惠特尼组建了亚洲压缩技术服务公司，其中 SIAEC 占有 24.5% 的股权。该公司主要负责维修 PW4000 压缩定子并于 1997 年 6 月开始运营。SIAEC 还在考虑其他的一些合资公司。这种合资公司为技术转移提供了一种有效的方法。SIAEC 通过合资可以掌握到引擎生产商原本保密的一些特定工序，而这对 SIAEC 来说具有增值效益。另外，当地的合资公司很符合新加坡经济发展委员会的目标，即将新加坡发展成一个地区性航空航天工业维修和大检修中心，为此新加坡制定了一系列优惠政策，如减免最初十年的税收，获得征用工业用地或厂房上的补助。

11.5 独立的 MRO 经营者：格林威治航空服务公司

格林威治航空服务公司（GAS）是在收购原总部设在迈阿密的引擎大检修公司之后建立的。它于 1988 年开始运营,年收入大约 2 000 万美元。之后它们着重于 JT3D 和 LM 1500 两种用于工业或者航海的动力装置的维修服务。到 1994 年为止,格林威治航空服务公司通过一连串的收购,成为年运营额高达 2 亿美元的大公司。1992 年,GAS 继承了东方航空的引擎大检修资产,并且于同年 8 月将维修业务搬入继承的厂房。1994 年,GAS 又收购了克罗马洛伊燃气涡轮集团(Chromalloy's Gas Turbine Corporation),年销售额翻了一番多。

过去北美地区并没有声名显赫独立的大检修公司。像 CF6,JT9D 和 RB211 这些引擎的检修,要么由美国总部的航空公司分包给 OEM 公司来做,要么由欧洲的引擎大检修店铺进行维修。格林威治航空服务公司的扩张成为北美地区第一家为大型引擎提供大检修服务的独立经营者。1993 年,当空中客车工业公司(Airbus Industrie)把五个前东航 CF6-50 引擎送到迈阿密维修时,就宣告了 GAS 开始进军大型扇涡轮行业。同年,公司拥有了维修劳斯莱斯 RB211-22B 型引擎的能力,这种引擎在前东航引擎大检修店铺里很容易装配。1994 年公司收购 GAS 涡轮机集团(GTC)是大型引擎大检修行业中一个重大的进步,标志着格林威治向 JT9D 引擎这一块进军。

通过一系列收购战略(见表 11.2)格林威治航空服务公司增强了自身的能力(表 11.1),巩固了它在航空业后继市场中的地位,成为了飞机维修服务行业中占据主导地位的独立维修商。

■表 11.1　格林威治能力的增强

格林威治的能力	引进时间
JT3D	1988
JT8D—7 到—17	1990
CF6—6/—50	1993
RB211—22B	1993
JT8D—200	1994
JT9D—7A 到 J	1994
JT9D—7Q	1995

■表 11.2　格林威治的主要收购

格林威治的收购	收购时间
东方航空的业务	1992
GTC(克罗马洛伊)	1994
Aviall(商用引擎服务部门)	1996
UNC	1997

自从 1996 年初格林威治以 2.315 亿美元的价格收购了 Aviall 公司的引擎大检修业务以来,格林威治就不断寻求收购活动。这使得它的检修涡轮的能力大大增加,能检修的型号包括 IAE V2500,CFM56 和 PW100。

随着 GAS 拥有越来越多的引擎服务和客户,来自亚太地区的业务引领了公司国际扩张和多样化的方向。如今,GAS 已经能够维修多种飞机引擎,并为相关引擎的零部件提供维修服务。这就给 GAS 带来了在诸如周转时间和成本管理等方面的竞争优势。这种一站式维修带来的可操作性和可靠性,已经使 GAS 成为航空业的增值服务提供者。

和 GAS 一样,引擎检修行业中的独立经营者更加依赖于客户的支持。它们能够为顾客量身定制维修业务,满足顾客的所有需求。不仅是引擎维修,它们还提供相关的附件和零部件的维修及保养。与 OEM 引擎只能在指定服务点进行维修不同,独立经营者可以为具有混合机群的航空公司提供维修服务。但是,独立经营者有时候也很脆弱。对于 GAS 来说,就在它与 UNC 刚刚宣布进行合并的两周后,就被通用电气公司这个主要原始设备制造商所收购。

11.6 在后继市场业务中的引擎生产商

引擎的可靠性越来越好,使得一些主要的引擎生产商开始考虑进入并整合 MRO 市场。它们还将触角伸向一些周边产业,比如引擎所需零部件的库存管理等。通用电气公司,普拉特·惠特尼,劳斯莱斯在最近都已经采取了战略行动,试图通过在大检修和维修领域的迅速扩张,增加自己的收入。由于 OEM 在维修自己生产的引擎时享有技术上的优势,因此想要把维修竞争者生产引擎的业务夺过来基本不可能。本节将讨论每个原始设备生产商(OEMs)在自己的核心后继市场中所采取的策略以及它们对引擎维修市场的影响。

11.6.1 通用电气飞机引擎公司

引擎大检修长期以来都是通用电气(GE)飞机引擎公司业务的核心组成部分。它们认为这个行业有着巨大的增长前景。通用电气 1991 年 12 月从英国航空公司购买了它在美国境外的第一个引擎检修店铺。这个位于卡迪夫附近的店铺(以前叫 EMMS)后来发展成为通用电气引擎服务公司:威尔士。除了获得了原属英国航空公司大部分劳动力和生产线之外,它也继承了原航空公司所有的专业知识和管理能力。同时,通用电气还为之提供自己作为 OEM 所掌握的知识。这将大大提高该公司大检修的能力,特别是在加速维修处理流程方面。

在 1996 年 9 月,通用电气引擎服务公司正式成为一个独立的公司。从那以后,它在国际市场动作越来越大。它们跟马来西亚航空公司合作,在苏邦与马来西亚航空公司合资建造了一家提供引擎大检修服务的公司。该公司于 1997 年初开始全面运营,为 CFM 国际,CFM56,普拉特·惠特尼 PW4000 系列以及 APS 辅助动力装置提供维修服务。

通用电气对格林威治航空服务公司的收购可以看作是通用公司获取维修更多种引擎的能力这一战略的组成部分。这次对 GAS/UNC 联合实体的收购使得通用电气在原有基础上又具有了修理 100 多种型号引擎的能力,使其成为了世界上最大的引擎修理行业巨头。通用电气依靠这次收购,大规模地扩张了自己的业务,并且掌握了修理竞争对手所生产的引擎的能力。随着这笔交易的完成,独立经营的维修公司实际上已经成了飞机引擎 MRO 服务市场的弱势群体。因为相当一部分独立经营者已经退出了这个市场。而通用的竞争对手,普拉特·惠特尼和劳斯莱斯也被迫开始进入引擎维修市场以保证它们不会因为缺乏竞争力而被淘汰。

通用电气还积极开展国际间的合作。它们参与了对总部设在中国台湾地区的长青航空技术公司(Evergreen Aviation Technologies Corporation)的投资,拿到了其中20％的股权,而长荣航空公司(Eva Airways)占有其余的80％。除此之外,GE也正在同菲律宾航空公司和巴西航空公司(Varig)进行磋商,以求建立合资公司的事宜。作为世界经验最丰富的飞机引擎管理服务供应商,以及最大引擎生产商之一的主要组成部分,通用电气引擎服务公司已经战略性地在全球范围内建立了自己的分公司;它通过合资等形式不断地收购和积累资源,从而将自己发展成为一个真正全球化的飞机引擎MRO服务组织。同时,它们也将零部件业务整合到维修服务里,比如以更换零部件来代替维修工作,以保证为顾客提供最优质的服务。通用电气也重组了自己的零部件业务,将新的或仍可继续使用的二手零部件放在一起来进行销售。它们还提供飞机管理服务以及研发了多种支持资产管理的方式,其中包括每小时的维修成本(MCPH),发动机外场支持,飞机租赁公司;并且与飞机和引擎租赁公司合作,为它们提供维护服务。

11.6.2 普拉特·惠特尼

1990年以来,普拉特·惠特尼将自己的引擎大检修和维修业务定位在为航空公司客户提供全套服务,而非像之前所举的例子那样仅仅执行保修工作。简而言之,该公司在努力提高自己的竞争力时,制定并执行了以下的策略:

(1) 细分责任和权力:普拉特·惠特尼在公司内部建立了许多"小型的",高度集中的业务单元,将它们作为单独的利润中心进行运营。这些中心通过执行以工序为导向的引擎维修项目来负责满足客户的需求,其目标是为客户提供最低的引擎所有权成本。

(2) 全球扩张:普拉特·惠特尼认为引擎后续市场发展的前景是创建专业化合资公司,并计划通过这种方法在全世界范围内建立自己的引擎支持服务点。这样的例子包括P&W国际航空动力公司,爱尔兰;涡轮大检修服务公司,新加坡;内燃机航空动力服务公司,新加坡;亚洲表面处理技术公司,新加坡;亚洲压缩技术服务公司,中国台湾;以及P&W大检修和维修中心,荷兰,欧洲。

(3) 提供额外支持的组织:普拉特·惠特尼通过建立专门的组织,进一步将自己的运营范围集中于其他几个引擎后继市场。这些组织包括维修工具单元,服务性材料管理组织和库存管理小组。

(4) 再设计:公司不断地进行维修效率评估,一旦有方法改进就立即采用新的方法。其结果是大大地节省了维修成本以及消除了过度库存的现象。

(5) 不断地改进:公司已经制定了长期改进的计划,用来降低成本和周转次数。

普拉特·惠特尼和SIA工程公司(SIAEC)已经合作组建了一家合资公司,来为新加坡的飞机引擎提供大检修服务。SIAEC 将提供最初的劳动力和管理人员,普拉特·惠特尼将提供一般管理服务以及专家支持。这是普拉特·惠特尼第一家在美国境外的引擎大检修服务点,也是公司组建的维修网络的服务点之一。作为一个重要的合资公司,这种合作关系将使得普拉特·惠特尼和 SIAEC 能够扩张各自的服务业务。普拉特·惠特尼采用的策略是跟航空公司客户在引擎方面进行合作,即便它们的客户有时会使用竞争对手的引擎。跟航空公司的合作关系能够带来足够的维修业务,同时,也可以帮助客户减少所有权的成本。

11.6.3　劳斯莱斯

在 1993 年劳斯莱斯组建了一家独立的公司,劳斯莱斯航空引擎服务公司,专门用来为引擎提供大检修和维修的服务。劳斯莱斯的最终目标是为世界上 1/3 的商用飞机引擎提供高质量的检修服务。

在一个生产过剩的行业中,其中一种解决生产过剩问题的方案就是制定像劳斯莱斯和香港航空工程公司(HAECO)之间所签订的那种合作协议。在 1995 年 11 月,HAECO 跟劳斯莱斯航空引擎服务公司以各自 50% 的股权建立了一个商用航空引擎大检修公司,香港航空引擎服务有限公司(HAESL)。劳斯莱斯已经将它在中国香港地区的商用引擎大检修的业务全面委托给了 HAESL。

在引擎零件维修这块,劳斯莱斯航空引擎服务公司已经跟 SIA 工程公司合资组建了国际引擎零件大检修私人有限公司(IECO),两个合伙人各占一半的股权。IECO 的主要业务将是磨光高科技喷嘴导叶和压缩定子。它设立于新加坡的罗阳工业园(Loyang Industrial Park),将为该地区不断投入使用的劳斯莱斯瑞达和 RB211 型引擎提供服务。

为了进一步合作,劳斯莱斯又和 SIA 工程公司(SIAEC),组建了另一家合资公司,即 HAESL,为亚太地区提供 Trent 引擎大检修和维修服务。这家新合资公司预计在 1999 年正式成立,并于 2000 年全面运营,公司所在地为中国台湾地区的樟宜机场附近。

劳斯莱斯还打算通过跟位于得克萨斯州福特沃斯的美国航空公司建立联盟关系,用以在美国的引擎大检修市场中站稳脚跟。这个维修基地起初用于引擎的大检修,能够维修的引擎包括 RB211—535,Tay,以及 Trent。最近劳斯莱斯还跟湾流航天航空公司(Gulfstream Aerospace)签订了一份价值 1 700 万美元的维修协议,用于维修 Spey,Tay 和 BR710s 等型号的引擎。

从上述的例子来看,很显然引擎业已经有了一些细微的变化。而各大主要的引擎生产商也开始制定新的应对策略,从传统的提供保修服务和销售支持服务的角色转变为在维护,修理和大检修(MRO)业务中最有力的竞争者。

11.7　MRO 服务的竞争性结构重组和全球化

上面所讨论的这五个研究案例,涵盖了整个飞机引擎大检修行业中的主要参与者,提供多角度的分析。本节的目的是分析不同竞争者的特点,以及其结构和策略的异同。表 11.3 总结了分析的结果,以及各个因素,紧接着是更加详细的分析。

■表 11.3　不同类型的竞争者的比较分析

竞争者类型	竞争优势	战略管理中的核心活动	服务管理中的核心活动	业务发展中的核心活动
航空公司所有	来自机群经验的运营知识;零部件的大量库存;垄断市场的规模经济;OEM 作为客户的影响力	重新定义其核心业务并完成任务/目标策略;通过合资公司追求战略性增长;建立以客户为导向,市场为驱动的组织	将工程部门重新组成一个子公司;重新设计它的服务理念,重新定义运营策略;建立一套卓越的服务供应系统	开发全球市场;从单纯的对航空公司要求转变到更广泛的业务焦点;去中央化;服务垄断市场和第三方市场;销售总的航空维修服务;检验单一来源采购
独立经营者	创业精神和决策与实施过程中的速度;具有独特技能和能力的创新;根据客户的需要进行调整的灵活性和能力	增强它的核心业务,重新制定策略完成这些任务/目标;通过合并和收购追求战略性增长;建立以客户为导向,市场为推动的组织	提高它的服务理念;重新制定它的运营策略;为了不断提高效率改进它的服务提供系统	开发全球市场;加大主要业务的规模;连接具体的核心竞争力;服务第三方市场;提供创新性的客户服务来吸引缝隙市场
OEM	引擎设计者的技术知识;提供引擎性能保修的能力;用于发展新的专利维修程序的技术和经济资源;零部件和库存管理程序的可用性;销售点调节;售后支持以降低所有权成本。	重新定义它的核心业务和策略;确定关注的主要地方;通过合资公司追求战略性增长;建立以客户为导向,市场为推动的组织	将服务部门重组成一个子公司;重新设计它的服务理念;重新定义它的运营策略;建立一个卓越的服务提供系统	追求全球化;从次级售后服务转变到初级业务焦点;垂直整合;服务第三方市场;在销售点保住长期的,每小时成本的合同的业务;提供完整的引擎服务,包括机群管理项目

11.7.1　航空公司旗下服务公司具备的竞争优势

航空公司旗下的服务公司具有一些不同于其他公司的特点,这为它们在拓展公司业务时提供了更多的竞争优势。首先,它们能够从公司日常运营中积累经验。有些引擎问题与航空公司的运营有直接的关系,遇到这种情况时,航空公司旗下的服务公司一般能够利用自己的经验,更好地解决这些问题。这些经验即便是那些引擎的制造者也未必了解,它们也只能依靠航空公司的反馈信息来作出判断。

过去,航空公司存货的目的是为了"以防万一"。而现如今则是为了提供"及时"的服务。这种理念存在于很多航空公司,其结果是它们都拥有大批的零部件库存。尽管这也许会减少风险,但持有如此大量库存的成本却并不容易负担。不过,对于旗下拥有维修服务的航空公司来说,充足的库存可以成为一种资产。由于有充足的零部件支持,就可以在引擎服务行业中占据主动。

航空公司所享有的,那些基于卓越的技术和设计的可靠性的国际名声,可以延伸至每一个客户。航空公司下属的维修部门的大部分业务来自母航空公司。为此,母航空公司会为它们提供良好的服务设备以及运营经验,这一点对于满足客户要求至关重要。同时它们也更容易享有其他方面的支持,如引擎运输上的物流支持,提供优惠税率和货舱的可用性,提供一站式综合维修服务,全天候技术支持,人力支持。这些支持使得它们比起其他维修公司来,顾客满意度要更高。那些从事第三方工作的大型航空公司所属的维修公司还有能力提供飞机维护所需的全套服务,因为母公司可以满足它们的任何需求。

作为 OEM 的客户,航空公司所有的服务公司同时享有 OEM 技术代表办公室的完全支持,特别是能够获得原始工程数据,对维修进程的评估,解决问题的帮助,以及在关键零部件分配上的优先权。因此,OEM 的影响力——能够得到 OEM 的技术支持——是航空公司旗下服务公司所拥有而独立经营者所没有的竞争优势。

11.7.2 独立经营服务公司的竞争优势

最近的市场趋势,如引擎维修市场的业务变少,OEM 对新一代引擎的检修业务及其后续市场的控制,以及日益挑剔的客户已经对独立经营者产生了负面的影响,因此它们随时有可能失去原本就占有不多的市场份额。不过,一些独立经营者或许能够利用它们的创业精神实现内部与外部的双增长。从内部看,公司可以想办法增加客户量;从外部看公司可以对其他公司进行兼并或者收购。对它们来说主要的挑战是在提升修理新一代引擎的能力的同时,以降低成本的方式提高竞争力。

或者,它们可以在市场的空隙中想办法。如量身定制灵活的工作套餐来满足各种各样的客户要求。提供发动机外场维修服务,引擎管理和记录服务,以及提供库存管理和保修管理,对经营者来说可能越来越重要,这也许就是独立经营者的潜力所在。它们的独特优势和能力将成为它们必须依赖的竞争优势。以引擎大检修服务业务为主要焦点,独立经营者具有为客户量身定做服务的能力和灵活性。独立经营者的这些特点以及这背后广大的客户基础,也使得它们成为了大型 OEM 潜在的收购对象。

11.7.3 OEM 服务公司的竞争优势

引擎维修服务公司在全球范围内生产能力过剩可能会导致市场逐渐合并,而正在寻找新生市场的 OEM 将成为这种市场变化的最大受益者。OEM 采用的战略是快速占领它们自己产品和竞争对手产品的后继市场。OEM 的主要驱动力之一是确保它们能够继续低成本的运营,并且降低所有权成本,这些条件对于在这个产业中长久生存下去是至关重要的。

从个例探讨中可以发现,OEM 作为设计者所拥有的技术知识是它们所具备的最大竞争优势。它们对引擎的全面了解使得它们能够为所生产的引擎提供外部的引擎性能保修服务。它们同时也掌握着最先进的技术和充足的资金,这使得它们能够将大量资源投入到新科技的研发中去。因此,它们能够通过改良技术而在维修市场中占据强有力的地位。OEM 的另一个竞争优势是它们能够随时提供飞机需要的零部件,因为它们正是这些零部件的生产者。这有利于帮助航空公司保证机群正常、准时飞行,这对航空公司来说是非常重要的。

OEM 的销售杠杆已经给它们带来了特有的竞争优势。它们在销售新动力装置的同时还为该动力装置提供长期的具有竞争力的维修服务。这种做法已经使得 CFM 国际合伙公司,通用电气和斯耐克玛(Snecma)公司,占据了 CFM56 引擎维修市场的 1/3。OEM 的另一个优势是它们的全球产品售后支持系统。OEM 追求和发展后继市场支持合作关系,并沿着供应链进行垂直整合:将维修支持服务,零部件供应,零件维修,引擎大检修,机群管理等业务整合在一起。这种通过建立合作关系来获得竞争力的战略保证了 OEM 能够获得长期的,处于全球主导地位的竞争优势。

11.7.4 竞争者的战略活动

从对产业以及行业中实例的分析可以明显地看出,人们已经开始重新思考公司的经营战略。一航空公司重新定义了它们的核心业务,独立经营者也在重新制定它们的策略,用以获得特殊的竞争力,而 OEM 则在进行垂直整合。

由于航空公司意识到需要将自己的资源集中于核心业务上,所以只有高度增值的活动才会被保留,而将那些不是竞争优势来源的活动外包出去。很多公司选择将自己的工程部门重编成为独立的实体,或者干脆把它们卖给第三方。航空公司旗下的服务公司正在寻求战略性增长。它们通过跟其他公司,特别是跟可以提供互补竞争优势的 OEM 公司建立合资公司来达到这个目的(表

11.4）。作为引擎设计者的 OEM 公司的技术知识将弥补航空公司旗下服务公司在工程设计专业知识方面的不足。通过跟 OEM 共用零部件，航空公司所有的服务公司也成功削减了大量持有零部件的成本。作为引擎设计者，OEM 能够帮助航空公司更好地了解及评估引擎的性能，这也有助于它们发展新的外延性维修服务。除此之外，OEM 带来的其他优势还包括它们可以获得更多的市场以及使用 OEM 的售后服务支持网络。

■表 11.4　航空公司所有的服务公司的竞争优势/弱势以及 OEM 服务公司的互补性优势

航空公司所有的服务的优势	航空公司所有的服务公司的弱势	OEM 服务公司的互补性优势
来自机群经验的实力	缺乏工程的专业知识	引擎设计者的技术知识
零部件的大量库存	由于"以防万一"的理念导致库存的高储备成本	提供引擎性能保修服务的能力
从垄断市场中获得的规模经济	缺乏创业精神的推动力	用于新的合适的维修和程序开发的技术和经济资源
OEM 作为客户的影响力	由于大多数系统在设计上都是为了迎合母航空公司的需要，导致缺乏灵活性	零配件和库存管理程序的可用性
		销售点杠杆
		售后支持以减低所有权成本

航空公司为了降低采购成本，在选择供应商时变得越来越理性。这使得一些小型的独立经营者为增加竞争力，不得不通过合并等方式寻求规模化经济。另外一些独立经营者则抓主市场缝隙，为有特别要求的客户提供服务，并且不断投资，加大内部产品的开发力度。

引擎 OEM 公司为自己在这个领域提出了新的目标。即以从零部件的销售和引擎的维修和大检修业务中获得的经济利润去投资开发新一代引擎。它们通过收购独立经营的零配件和引擎维修商，以及同航空公司合作建立合资公司的垂直整合方式来寻求和获得在后继市场中的主导地位。由于航空公司不再将引擎维修视作核心项目，对 OEM 来说，来自大型航空公司的竞争压力也随之变小。独立的经营者不论是技术上还是资金上，都没有充足的资源和 OEM 公司竞争。而 OEM 公司则抓住这个机会迅速整合引擎维修的后继市场。OEM 也因此接替了原来大型航空公司所扮演的，提供一站式服务的角色。

引擎维修行业中的各个参与者都在进行不同程度的重组，其中的一些趋势也日趋明显。首先，为了应对日益全球化的航空业，不论是航空业还是引擎维修行业，都出现了越来越多的合并与联盟。这是由于全球范围内，这些产业的公司生产能力过剩导致的。不过，这两个产业在对待新参与者时有很大不同。随着管制的不断放松以及自由化的深入，航空业的进入门槛越来越低，新进入者已经成为航空业中的主力军。而在 MRO 产业中，进入的门槛（投资，技术能力和名声)仍然很高,那些竞争性的扩张都是由早已站稳脚跟的参与者,主要是那些航空公司和引擎生产商发起的。

第二,引擎维修行业的焦点已经从技术转到了客户。这种转变基于这样一个营销理念,即公司提供的任何服务都以客户为中心,力争提高顾客满意度。一旦公司了解了顾客提出的要求,就会尽全力为顾客提供服务并期望能够与顾客建立起长期的关系。不管对于航空公司旗下的服务公司还是OEM服务公司,将维修部门重组为一个利润中心,并最终将其发展成为一个独立子公司都是有效提升客户满意度,消除不必要的官僚作风的有效方法。

第三,所有引擎维修服务商都希望自己的效率比竞争者更高,而高质量的服务则能够为客户提供更多的增值服务。

然而,尽管各个竞争者之间存在这些相同点,但是不同的竞争者所采用的策略也存在着明显的差别。这些差别源于公司各自具有的优势(表11.3和表11.4)。想要在MRO这个产业生存下去,有两点很重要。一个是公司从事这个行业的"经验",而另一个是建立规模化经济。很显然,在航空公司维修服务这个产业,飞机的安全和可靠性是至高无上的。这就意味着将自己维修功能外包出去的航空公司必须对自己的供应商充满信心。维修商的质量只能从公司的飞行记录中反映出来。然而,在这个行业中,一旦维修出现问题,所付出的代价将会是非常昂贵的。因此对于没有维修历史的新进入者来说,它们将面临着很高的进入门槛。也正因如此,那些早已站稳脚跟的承包商享有巨大的经验优势。这种对维修商证明自己能力的需求也促使这个行业对于高水平,专业化的要求(因为对客户们来说评估较少的服务要容易得多)(Enderwick, 1989)。同时,这种高代价的进入门槛,也促使这个行业倾向于选择内部供应的方式,或至少是和其他公司签订供应和约。因此MRO服务在传统上一直是由主要的航空公司(如SIA)或者是站稳脚跟的专业独立经营服务公司来进行提供(如GAS),这样可以更加有效地对这些公司进行监管,并能从一定程度上节约成本。这一特点也解释了为什么OEM公司在后继市场中能够比较容易地进行扩张。这是因为它们在这个行业中具备先进的技术,同时它们的服务通常也是高保证的代名词。实际上,随着OEM生产的引擎的可靠性越来越高,引擎需要维修的频率也随之降低。这意味着想要进一步发展的话,它们必须迅速地占领整个服务市场。OEM拥有丰富的资源和技术知识,但它们缺乏航空公司所具有的运营经验。因此,OEM跟主要航空公司发展合作伙伴关系,弥补了它们在这方面知识的不足。

航空服务公司的全球化使得规模经济在MRO产业中的重要性日益突出。一方面航空公司通过联盟的方式使自己的资产优势,包括飞机,得到更充分的发挥。另一方面,它们飞行的地理涵盖范围也有了大幅度的增长。这一切都基于政府对航空管制的放松,以及"开放领空"(Open Sky)协议的增长和竞争者联盟的形成。航空业内的竞争压力使得航空公司不得不追求成本最小化,而这种压力也不可避免地被带到了MRO产业中来。形成规模经济是节约成本的一种方式。规模经济面对的另一个挑战是航空机群越来越多样化的引擎型号以及引擎越来越长的寿命。在MRO产业中各种各样的竞争者已经开始寻求通过集中方式来拓宽自己的服务涵盖范围。独立维修商通过收购的方式来扩大自己修理不同型号引擎的能力。同时,它们也成为了OEM公司所青睐的收购目标,因为这些公司希望通过收购来掌握修理非自己生产的引擎的能力。而提供维修服务的航空公司则发现在争取获得第三方业务的努力中将维修业务分离出来是一种很好的方式。对于引擎维修业的所有类型的参与者来说,收购或组建战略性联盟都是首选的策略;这某种程度上反映了收购是享有市场认可度的独立经营者的优势。同时,也正因如此,那些作为OEM(寻求新的专业知识类型和不同的地理分布)和航空公司(寻求第三方客户)潜在收购目标的较小独立经营者其实很难永久地保持自己的独立性。

11.8 竞争者的重组活动

从产业分析和个案研究,可以很明显地看出,激烈的竞争已经从四个方面在这个行业掀起了改革的巨浪:全球化,价格竞争,合并和联合。

11.8.1 全球化

航空业作为MRO服务的主要购买者,全球化的速度从20世纪70年代晚期放松管制以来已经越来越快,其结果是航空业形成了两大全球性航空公司联盟,大大加强了航空业的全球覆盖性。同时,航空公司也越来越专注于自己的核心竞争力的发展:即运送旅客和货物。为了适应航空业全球化的要求,飞机维护,修理和大检修产业也面临着巨大的改革压力。已经建立起全球售后支持服务的原始设备生产商面对的压力就相对较小。它们通过跟客户(航空公司)结成合作关系来应对航空业的全球化。提供MRO服务的航空公司也已经对自己的业务进行重组,提高了维修业务的独立性,以及服务外部客户和维修新型引擎的能力。航空公司还通过结成合作关系来提高它们的全球覆盖范围,确保自己的业务至少涵盖欧洲、北美和东亚这三大区域。

11.8.2 价格竞争

随着MRO产业越来越成熟,维修商们为了获取竞争优势,不得不想方设法降低成本。国际竞争的结果之一就是一切产品(包括服务)的竞争以其质量为基础。这就需要我们重新定义质量与价格的关系。激烈的价格竞争,再加上对高质量的追求,大大减少了维修商们的利润空间。为了保持竞争力,MRO服务供应商将不得不努力进一步削减成本,通过提高灵活性来提高自己的生产力,或者制定更专一的战略,以提高服务的可靠性,并使自己的经济回报最大化。较为成功的公司正在向灵活的价格结构,与客户签订期限更长的合同,参与零部件共用项目,坚持"目标成本计算"等方面努力。

11.8.3　合并

随着价格竞争日趋激烈,合并、联合已经成为在服务供应商和市场机会之间获得平衡点的重要方式之一。

随着航空公司更加理性地选择供应商,降低自己的采购成本,供应商们被迫进行合并,以便使自己在能力、容量和收入方面有足够的灵活性以及竞争力。另外一个导致合并的因素是维修公司不断地寻求缝隙间收购,以求巩固自己的市场地位,弥补内部产品开发的盲区。合并和收购的一个最重要原因便是为客户提供增值服务。

在可见的未来,公司间的合作将进一步加深,而这些合作最终将决定这个产业中服务商的数量以及公司之间垂直合作的深度。对于能够留下来的维修商来说,合并将会催生一个在经济上更加健康的产业,将更大的市场份额集中到更少的竞争者手中。但是,一些航空公司,如德国汉莎航空公司,担心 OEM 公司最终可能垄断和控制整个后继市场,进而导致维修价格不断地上涨。全球化带来的一个问题在于可能催生拥有巨大市场支配能力的垄断公司。而对于希望将 MRO 服务外包出去的航空公司来说,它们更愿意看到一个竞争激烈的引擎维修市场。同样,它们也害怕随着 OEM 公司在 MRO 市场中所占比例越来越大,它们对零部件和维修技术程序的控制将可能会损害航空公司的利益。不过,航空公司联盟拥有巨大的市场支配能力,这足以保证它们不受维修公司的控制和制约。

11.8.4　联合

虽然合并使得引擎维修市场看起来有着光明的前景,它合并也不是"万能药"。随着越来越多的航空公司结成联盟并对它们的运营进行重组,MRO 服务供应商试图用同样的方法建立合作关系并借此来提高自己的竞争力。各个维修公司纷纷跟供应商、客户、其他承包商,有时甚至是竞争对手合作,努力使业务关系更加明确,成本更容易评估,投资更加有效。

在许多产业中,包括航空业,原有的企业优势和固定的经营模式已经被不断地创新,各种合作协议和其他形式的联合经营所取代。在这些行业中,要想与大型或者具有竞争力的公司一起达成一些具体目标,建立战略联盟是尤其重要。由于要将增值链整合到航空业中去,所以 MRO 产业的整合正日趋复杂。OEM 也在大规模地联合,以确保它们的服务能够继续低成本地运营,并维持较低所有权的成本,这对在该产业中保持活力是非常重要的。

总的说来,我们的研究发现表明,在未来十年,最成功的竞争者将是那些占领购买市场份额,或保住所有的服务,并降低客户对于引擎所有权成本的公司。随着市场不断整合,全球化成为现实,对于维修商来说,当务之急是建立一个世界范围内战略性分布的子公司和的服务资源网络。从目前在维修市场中发生的合并趋势来看,OEM 公司将逐步跻身成为真正全球化的 MRO 组织。

为了更好地了解地区市场,服务供应商正努力和客户之间建立更紧密的联系从而确认和满足客户的需求。因此,越来越多由服务商和客户共同出资建立的合资公司出现在整个市场当中。它们有助于降低双方合作的风险,并且能够确保服务商占据一定的市场份额。除此之外,这些公司的建立还有助于双方建立稳定、有效、长期的供求关系。

11.9 结论

本文主要讨论了飞机维护、修理和大检修这个产业未来发展的趋势。随着这个产业的日趋成熟与全球化,产业中公司的生产力也越来越高,这导致了整个行业的生产能力过剩。正如其他许多中间服务产业一样,MRO 服务的全球化,某种程度上是为了应对它们的主要客户,那些航空公司的全球化战略。因此,航空公司和服务供应商两者之间的全球化有着密不可分的联系。

研究 MRO 产业战略变化的特点对于研究其他许多越来越全球化的产业也有借鉴意义:公司之间日益显著的相互依靠性,顾客和市场导向,高质量的增值服务供应,严格的成本控制,以及逐渐成为趋势的合并。MRO 产业中的服务商纷纷根据自身资源优势、能力和预期,寻求最适合自己的战略,增强自己的竞争力。航空公司则正在对自己的 MRO 业务进行重组,希望将它们从核心业务中分离出去,变为独立的行业。由于航空公司希望将主要精力放在运输等核心业务上,它们会因此寻求第三方去承担引擎维修工作。独立经营的维修商则借机占有市场中的缝隙,并以为顾客提供量身打造的业务为策略寻求发展。它们为了实现这个目标,不断地进行合并或者收购。然而,由于航空服务公司的日益全球化,它们所使用的引擎也越来越多样化,这意味着那些只能修理特定引擎的公司已经很难再生存下去。未来专业化的方向将是沿着服务增值的链条进行产业整合,如有维修商承担起飞机外场维修,引擎管理和记录,库存管理和保修管理等业务。引擎维修行业中最有竞争力的竞争者是那些引擎的制造商,它们已经将自己的战略方向从提供保修转向通过收购独立维修商,建立合资公司以及对产业进行垂直整合来控制引擎的所有权成本。那些拥有技术和资金的引擎生产商正在积极地寻求引擎维修服务的全球化。也许在不久的将来,随着它们不断地收购独立经营者,以及通过跟航空公司合作进行优势互补,这些 OEM 公司将成为引擎维修行业的主导者。

参考文献

Donoghue, J. A. (1996) 'Outsourcing and the Cycle', *Air Transport World*, September: 7.

Enderwick, P. (1989) 'Some Economics of Service-Sector Multinational Enterprises', in P. Enderwick (ed.) *Multinational Service Firms*, 3–34, London: Routledge.

McKenna, J. T. and Scott, W. B. (1997) 'MRO's Challenge: Quality vs Cost', *Aviation Week and Space Technology*, 14 April: 44–5.

Smith, B. A. (1997) 'Engine Makers Develop New Service Strategies', *Aviation Week and Space Technology*, 17 March: 59–62.

The Canaan Group (1996) 'Airline Outsourcing: Implications for Airline Suppliers', *Overhaul and Maintenance*, March–April: 19–22.

Thorne, V. A. (1996) 'Heavy Maintenance: Around the World' *Air Transport World*, July: 75–103.

Todhunter, A. (1997) 'Outlook for the Engine Aftermarket', *The Fifth Annual AeroEngine Cost Management Conference*, Aviation Industry Conferences.

12 服务行业中的国际联盟：航空业个例研究

汉努·塞里斯托（Hannu Seristö）

12.1 引言

正如 20 世纪 80 年代是合并和收购的十年一样，20 世纪 90 年代成为了联盟的十年。人们早在 80 年代就已经预见到，公司要想在日益激烈的全球竞争中生存发展，结成战略联盟对它们来说将是非常必要的（Ohmae，1989）。20 世纪 90 年代各行业中联盟数量的增长是相当惊人的；研究表明，商业联盟的数量年增长率超过了 100%（Pekar and Allio，1994；Luo，1996）。一些研究还发现，一般来说，战略性联盟大多缺乏稳定性很少有真正取得成功的（Gant，199；Brouthers et al.，1995）。研究者从不同的视角来研究战略联盟；这些视角包括战略联盟的特点（Borys and Jemison，1989），联盟的复杂性（Killing，1988），联盟的原因（Contractor and Lorange，1988），交易成本（Parkhe，1993），竞争者之间的联盟（Hamel et al.，1989；Hamel，1991；Doz，1996），联盟中的协议与信任（Gulati，1995），联盟中的经验学习（Parkhe，1991；Lei et al.，1997；Inkpen，1998），联盟中的创造价值（Chan et al.，1997；Doz and Hamel，1998），以及联盟绩效的评估（Dussauge and Garrette，1995；Gleister and Buckley，1998）。这些研究中很多都会涉及跨国合作研究，但是大多数研究的共同之处在于它们关注的主要是制造业,而服务行业却很少成为研究的对象。然而,服务业中联盟变得越来越常见,因此服务业中的战略性联盟背后的意义值得更加仔细地研究。在所有服务业中,航空业中的联盟最为常见,某种程度上来说,这是受到权威部门监管和政府所有制影响的结果,因为在这个产业中合并和收购常常是无法实现的。因此,本章将以航空业为例,来集中研究服务业中的国际联盟,并试图探求下列问题的答案:

(1) 国际航空联盟的驱动力是什么?

(2) 国际联盟的目标是什么?

本研究的主要目标是构建一个模型,用以对航空业战略体系中国际航空联盟的驱动力和主要变量进行描述。同时,我们还将讨论这些发现对于其他服务行业是否具有借鉴作用。即使航空业通常被看作是一个具有相当独特特征的产业,但它所反映的问题和其他行业,比如通信业,是很相似的。最后,本文还将从特定角度对服务行业和制造业进行比较,并提出一些进一步研究的建议。

与本文研究不同的是,早期关于航空联盟的一些研究都着眼于具体的视角(Youssef, 1992; Ott and Sparaco, 1997; Park and Cho, 1997; Park and Zhang, 1997, 1998)。

12.1.1 航空联盟的简史

航空业在过去几十年里发展十分迅速。举例来说,定期航班的运载量,用客运公里数来计算的话,从 1980 年到 1998 年翻了一番多。对于未来,很多预测者表示运输量的年增长率大概在 4%—5%左右,这意味着航空业的运输量每 15 年就将翻一番。

航空业的运营环境在过去 20 年里发生了巨大的变化。自由化,以及政府管制的放松,已经彻底改变了世界上多数主要市场的竞争规则。在 20 世纪 90 年代,航空业遭受了一次以波斯湾危机作为导火索的严重衰退。但是随着主要经济体的复苏以及公众对空运业需求的强劲增长,在最近十年,航空业的元气已经慢慢恢复了。事实上,在 1997 年,世界上的 100 大航空公司的销售额总和达到了 2 880 亿美元,营业利润高达 186 亿美元,净利润达 95 亿美元。而在这个产业有史以来最糟糕的财政年度 1992 年,相应的净亏损是 80 亿美元。尽管航空业看起来已经十分繁荣昌盛,但它仍有余地变得更好,因为 1997 年 100 大航空公司的净利仅为 3.3%(Gallacher, 1998)。

航空业中现有的大多数联盟是在 20 世纪 90 年代形成的,但是还有一些联盟,它们的起源可以追溯到 20 世纪 40 年代。比如,法国航空公司曾经帮助许多非洲国家建立航空公司——像非洲航空公司,摩洛哥皇家航空公司和突尼斯航空公司。而现在法航仍然持有这些航空公司的部分股权。同样,西班牙航空公司于 1948 年对南美的西班牙商业航空公司进行过投资。然而,那时的联盟活动极少。一直到 20 世纪 80 年代后期,航空业中基于股权分配的部署才越来越多。

20 世纪 90 年代,联盟的数量逐年稳步增长,航空业变得很不稳定。在 1990 年航空业的权威人士列举了 172 个联盟,其中有 82 家涉及股权投资(Airline Business, 1990)。由《航空运输情报》(Air Transport Intelligence)(1998)所做的最新调查显示,1999 年,航空业中的 204 家航空公司中组建了 513 个联盟,这一数字比 1997 年增加了 40%。大多数航空联盟只有两个公司组成,但是最近开始出现由多个航空公司共同组建的联盟。世界上的航空公司似乎正在成群结队的结盟,为更加激烈的全球化竞争做着准备:联盟中最大的两家——星空联盟和寰宇一家——大约各占有国际旅客市场的 20%。大多数联盟是在来自不同国家的航空公司之间建立的,但是也有的联盟是由同一个国家的航空公司组成的。大多数航空公司都会加入好几个联盟,包括国内和国际的联盟;1999 年拥有最多联盟的是法国航空公司,它们共参加了 23 个联盟组织,而这其中只有一个是和国内伙伴共同建立的。

1998 年,513 个联盟中只有 53 个联盟涉及了股权(10%)。涉及股权的联盟在 90 年代初一度盛行,但到了 90 年代中期,慢慢就失去了吸引力。必须指出的是,政府当局在建立涉及股权安排的联盟时扮演了重要的角色,我们将会在之后的章节里详细讨论这一点。

2000 年在全球航空业中有四个主要的联盟。它们全都在不断地演变和发展,其中一些甚至没有得到竞争管理局关于同意协同运作的许可。在这些联盟中,合作伙伴至少可以分为两个等级:核心合作伙伴和附属合作伙伴。而且,这种核心和附属合作伙伴的划分似乎也在不停地变化着。这其中只有星空联盟能被看作是一个真正的跨国多边联盟。它由联合航空公司,德国汉莎航空公司,斯堪的纳维亚航空公司,加拿大航空公司,泰国航空公司,巴西航空公司等公司组成。在这个联盟中,每个合作伙伴与其他任何一个合作伙伴均形成联盟关系。而 1999 年,所有联盟中最大的当属围绕美国航空公司和英国航空公司的合作关系而建立的寰宇一家联盟。

12.1.2 航空联盟的性质

一般来说,航空业中极少发生合并和收购现象。不过在 20 世纪 80 年代,美国的许多航空公司都参与了合并和收购活动,但是总体上,国际间航空合并和收购的现象几乎为零,这是因为世界各国的政府禁止航空公司间的国际合并。为了应对这种状况,航空公司被迫利用除合并和收购外的其他方法来增强自身的竞争力。

随着一个航空公司加入到越来越多的联盟中,航空公司间利益冲突也可能随之而来,因此航空业间的联盟并不十分稳定,随时都会有旧联盟的瓦解或者新联盟的形成。20 世纪 90 年代的这种联盟热后来发展到这样一种境地,即有时很难区分一家航空公司到底是自己的竞争对手还是自己的合作伙伴。

另外一个值得研究的问题是当局在航空业中所扮演的角色。本文之前已经提到过,航空业在其大部分历史阶受到的政府管制都是相当严格的。真正的航空自由化始于 1978 年,其标志是美国航空业管制的放松。即使在 1997 年欧盟航空业自由化已经进入最终阶段,政府当局仍然对航空的运营和竞争设置了很多规定和限制。事实上,这种情形已经发展到了一个近乎矛盾的境地:一方面政府当局通过减少管制希望航空业中能有更多的竞争,但是另一方面,当较强的航空公司以获取更大竞争力为名,运营合理化时,政府当局就会横加干预,对这样的努力施加限制甚至予以否认。正是美国以及欧盟的当权者们决定了航空业是否能够真正发展成为全球化产业,并让全球顾客享受到优质的服务以及或许更低廉的价格。总体而言,这个特殊的服务行业受到的政府监管远远超过了其他行业。

12.1.3 挑战和开放性问题

航空业中的联盟和其他大多数产业中的战略联盟一样,成功的例子少得可怜。有研究表明,航空业中的国际联盟获得成功的还不到 30%(Lindquist,1996)。

简单地说,航空公司通过联盟增加国际竞争力。人们普遍认为经济——不管规模,范围还是密度经济——是刺激航空业发展的重要因素。不过航空业联盟形成背后的各种驱动力到底是什么尚不太清楚。同时,联盟的最终目标也不确定。况且,在对联盟的价值和绩效进行评价时,没有很好的模型可以拿来作为工具使用。

航空公司之所以组建国际航空联盟有很多层次的原因。有些联盟是单纯为了降低运营成本而建立的,比如几家航空公司整合它们所拥有的机场的地面工作。还有一些是属于公司市场支配力的范畴,如代码共享以及顾客航程累计共享。另一些则具有战略意义,其目标是让航空公司在竞争中生存下来。航空公司建立国际航空联盟的目标可以分为短期目标和长期目标。公司之间通常为了短期目标而形成联盟;比如,一家航空公司可以在另外一家航空公司预定座位,这样可以确保公司的运输量。但是,更长期的,战略性级别更高的目标,例如,企业增长,市场扩张,形象提升,技术学习等等,就不那么明确了。

本研究以过去关于航空业中的竞争和关于战略性联盟的研究为基础,对该产业中的联盟进行纵向分析。我们研究的依据主要来源于自己收集的数据以及第三方的一些研究结果。主要信息来源有下列航空公司 1988 年到 1997 年或 1998 年之间的年度报告:加拿大航空公司,美国航空公司,英国航空公司,加拿大航空公司(太平洋西岸航空集团),三角洲航空公司,芬兰航空公司,德国汉莎航空公司,澳洲航空公司,斯堪的纳维亚航空公司,瑞士航空公司,泰国国际航空公司和联合航空公司。

12.2 航空业的特征

在开始探讨航空业中的跨国公司之前,我们先简要地介绍一下航空公司中的所有权安排问题。在欧洲,非洲,南美洲,以及大多数亚洲国家中,主要的航空公司大多数是国有的。但是,在美国这个世界上最大的空运市场,从一开始航空公司就是私有企业。而在欧洲,第一家完全私有化的大型航空公司是英国航空公司,它的私有化发生在 20 世纪 80 年代。在这之后,其他一些航空公司也接二连三地发生了所有权私有化的转变。

从很多方面来看,航空业是服务业中最国际化的一个。国际航班是空运的主要部分,即便是国内航班也会和国际航班服务有着紧密的联系。那么,跨国公司是否在这个高度国际化的产业中也和它们在其他产业中一样处于主导地位呢?

在这个高度国际化的行业里,没有航空公司是真正的全球化公司,也没有人能在这个行业里占据统治地位。人们经常会问一个问题,航空公司里是否存在真正的跨国公司呢? 从定义来看,跨国公司应该符合以下几个标准(Bartlett and Ghoshal, 1995):首先在国外有大量的对外直接投资;其次,它们应该积极致力海外资产管理,而不是单纯的持有股份。国际化的管理标准对于大多数在国际间运行的航空公司来说不难实现。但是,很少有航空公司能在其他国家拥有大量的有形投资,它们最多是在国外拥有很小的用于市场营销的附属机构。巴特莱特和古绍尔(Bartlett and Ghoshal, 1995)将这些对外直接投资不仅视为生产机构,而且将它们看作是同外国公司发生的经济上,法律上或者合同上的关系。另外,他们还认为在不同国家拥有运营管理的业务是跨国公司和一般公司最主要的区别。这样来看的话,我们可以认为许多在国际间运营的大型航空公司都是跨国公司。不过,这又会产生新的问题。航空公司是否是超越国界的公司呢? 超越国界这个术语的使用常常相当不严谨,而巴特莱特和古绍尔所认为的"超越国界",指的是公司虽然运作于不同国家的市场中,但仍能保持其自身全球基础上的同步反应效率。这一定义表明,高度专业化但其资源和运营活动又十分分散的公司,若通过互为依靠的世界范围内的网络形式来实现运营,则既可取得较高的效率,又有相当的灵活性。目前,航空公司是否是按照超越国界的标准来运营的呢? 这个问题还很难确定。或许当下回答这个问题的最好答案是有一些航空公司确实是超越国界的,但大多数不是。

12.2.1 政府和工会的角色

国际航空业会受到政府间所签订的双边协议的影响,这些协议决定了航空业的运输权利与运输量。所谓的"五项自由"规定了航空业的运输权利。范围从在不着陆的情况下飞过另外一个国家的权利(第一项自由)到来自 A 国的航班在 B 国和其他非 A 国家之间进行有偿运输的权利(第五项自由)。后来,在五项自由的基础上,各国又同意添上两项新的自由。其中第七项自由是 A 国的航班能够在 B 国的两个地方之间进行有偿运输的权利;这也就是所谓的国际代运。这些双边协议慢慢发展成为了自由多边协议。但是广泛的多边协议,以及所谓的"开放天空"协议的真正实施并不容易,距离航空业真正的自由还有很长的路要走。政府之间的双边协议很多时候是他们实行保护主义的工具,这对航空公司来说是阻碍它们增长的壁垒。研究航空公司的外国所有权时,双边协议一直都是一个重要的变量;这个系统从诞生以来就建立在这样一个假设之上,即一家航空公司的基地在哪里,它就属于哪个国家。

一般来说,政府早在 20 世纪 70 年代就已经开始放松对航空业的管制,但是它们在这个产业中依然扮演着重要的角色。这个产业的自由化也好,管制放松也好,其目标都是为了把竞争引入市场,促使航空公司提高自己的效率,并且给消费者带来益处,使他们能以更低的价格得到更好的服务。这一现象在其他产业中十分普遍,其结果是那些行业中出现了大规模的公司合并与并购。但是,对于航空业,当局的管理一向十分严格,不轻易批准公司间的合并或者收购,尤其是跨国公司间的合并或者收购,因为这两种行为都会给航空管理带来麻烦。政府在审查国有的航空公司的行为时更为谨慎,而且十分保守,不论政府是否持该航空公司的股份。

针对航空公司间想要合并的趋势,政府持有这样的意见:航空业的合并将会给消费者带来不利:一旦几家大型航空公司形成市场割据,那么行业里的竞争将变少,消费者的选择也更少了,相反机票将变得更贵而且航空公司也没有了提高服务质量的动力。换句话说,20 世纪 70 年代晚期美国开始对航空业放松管制时所面临的正是这些问题。虽然当局的看法很有道理,但是它们可能会导致这个行业重新成为一个被政府时刻监管的行业,这就会使得航空公司缺乏足够的动力去改善自己的运营以及效率。

工会在国际航空业中的角色也很值得研究。飞行员工会致力于通过跨国界的劳工运动来保护其成员的利益。它们反对合并和收购——并且似乎也反对航空公司组建大规模的联盟——这是因为这些行为将导致航空公司运营效率的提高从而减少人事的需求。然而,考虑到航空业运营 4%—5% 的年增长量,这种担忧就是没有根据的。相反,航空业对人事的需求会缓慢地增长而非下降。

12.3 国际联盟的驱动力

一般地说,早期研究已经将航空业联盟的原因归为以下几类:

(1) 分担风险;

(2) 规模经济;

(3) 市场介入;

（4）技术介入；

（5）市场融合。

至于航空联盟，有人提出（Alamdari and Morrell，1997）促使联盟出现的两大驱动力：寻求更广泛市场，以及追求更低的运营成本。这两个宽泛的分类涵盖了航空公司组建联盟的两大基本原因，但是也还有待进一步细化。

过去对航空业联盟的研究发现，政府对这个行业的管制本身就值得作为航空业组建联盟的一个原因来进行探讨。航空业联盟的各种原因和下面的三个因素是密不可分的：

（1）在航空业中合并和收购一般都受到严格的管制；

（2）航空公司的外国所有权一直都是被政府所限制；

（3）国家之间的双边协议使得航空公司的外国所有权问题重重。

关于政府对航空公司间合并和收购的管制的例子数不胜数；仅在美国就有好几个当局干预已经计划好的合并和收购的案例。在国际上，其中之一便是1987年斯堪的纳维亚航空公司试图收购英国金狮航空公司1/4的股份；然而收购最终未能成行，其中部分原因是英国政府的反对（英国金狮航空公司最终被英国航空公司接管）。

最让政府担心的事情莫过于外国航空公司对于国内航空公司所有权的控制。为防止出现这样的情况，美国已经出台政策，规定外国航空公司在美国航空公司中所有权和投票权的比例不得超过25％。正因如此，在20世纪90年代早期，当荷兰航空公司和英国航空公司分别在西北航空公司和美国合众航空公司参与投资时，投资额度不能超过这个限制。除了所有权的限制外，政府还通过其他方式限制外国投资者对航空公司的控制权，如限制外国航空公司入选本国航空公司董事会的成员数。

由于受到诸多限制，航空公司想要达到创造规模经济，范围经济或者密度经济，它们别无选择，要么依靠自身缓慢增长，要么组建联盟。在结成联盟时，航空公司由于受到政府的管制，可选择结盟的方面很少，大多数公司也只是和其他公司进行代码共享。然而，就算是代码共享也被有些官员看成是某种程度上的合并，并将这种做法划作航空公司避开反垄断法的一种方式。

12.3.1 联盟的目标

早期针对战略性联盟的研究一般都将焦点放在制造业上。这些研究将联盟的目标归为两类：生产目标和知识目标。在生产目标领域，联盟看上去有两个主要的目的：改良产品供应或降低生产成本。而对于知识目标领域，其目的一般是从合作伙伴那里学到一些新技术或新工序；而且看起来以知识转移为的目的的联盟通常会明确哪些知识需要转移。

早期的研究已经为航空联盟在具体合作安排方面列出了一些目标。这些目标可以被划分为战略性和技术性两个层次。本研究所讨论的不是技术上或者操作上的目标，如共用休息室或呈流水线式的登记程序，而是战略性的目标。我们希望这种新的划分方式可以被航空管理用作评价是否值得结成战略联盟的参照工具之一。

12.3.2 关于航空联盟驱动力和目标的证据

我们将要简述一下世界上的主要航空公司的联盟史。我们所用的信息有这样几个来源：新闻，出版社以及航空公司自己的出版物。为了更加详细地描述这个产业中联盟的发展，并为下文的产业分析提供背景，我们将选取几家主要的航空公司的联盟发展情况进行概述。由于本章的目的是找出国际航空联盟的驱动力和目标，因此下面的总结就只限于所研究的航空公司的国际联盟活动，而不考虑他们涉及的国内联盟。这些航空公司大多数的联盟活动都发生在 1988—1998 年期间。

我们将引用航空公司的年度报告来对这个产业中的联盟历史进行简述。选择航空公司的年度报告有助于提高公司之间的可比性；也就是说，对于每家航空公司来说，年度报告是它们向投资者，政府当局以及公众提供信息的主要媒介，并且这些信息必须是真实可靠的。当然在年度报告中没有提到的东西也很多，比如对其他竞争者的评论。但是不管使用哪种当代的出版材料，这都无法避免。我们所介绍的航空公司包括美国航空公司，三角洲航空公司，荷兰航空公司，以及斯堪的纳维亚航空公司。它们都是当今大型多边联盟的主要合作伙伴，以各自的方式在通往大型航空集团的发展道路上扮演着重要的角色。它们的发展史某种程度上也反映出了航空公司进行联盟的目的。

1. 斯堪的纳维亚航空公司（SAS）

SAS 或许是航空业中发展联盟中的先驱。早在 1985 年，SAS 当时的首席执行官卡尔森（Carlzon）就预言，到 1995 年为止在欧洲将只有五个主要的航空公司，并宣称 SAS 将立志成为"1995 年五大中的一大"。20 世纪 80 年代后期，SAS 努力寻求跟其他航空公司建立各种各样的合作关系，但是其他公司的兴趣并不大。用 SAS 自己的话说就是"由于时下经济繁荣，所以人们就不去考虑长期远景"。卡尔森在为 1986 年的年度报告中写道：

> 我们的所有努力都基于两个主要的策略：第一，通过在欧洲地区的合作扩大我们的客源，并且在其他大陆上建立新的通道。第二，通过跟这些地区的航空公司建立联盟，可以使我们的顾客在他们接下来的旅程中同样享用我们经过整合的系统。

在 20 世纪 80 年代晚期，SAS 千方百计地想要收购英国金狮航空公司的部分股权，但是在这场战斗中它们最终输给了英国航空公司。SAS 在美国地区的合作是从跟大陆航空公司的合作开始的，时间是 1988 年。在 20 世纪 90 年代早期，SAS 加快了自己的联盟步伐。在 1992 年的年度报告中，卡尔森写道：

> SAS一直都致力于寻找合作伙伴并加入一个盈利的全球性的运输系统。这个系统的中心要设立在欧洲，并能帮助我们完成自己的使命，即以斯堪的纳维亚半岛为基地向内向外发展运输业务。或者就是跟至少两家中型的公司或一家大型航空公司建立广泛的战略合作关系。在我们看来，让我们的股东和SAS的国内市场成为在欧洲的"第四支力量"的平等合作伙伴，要比成为三大主要的航空公司中的一小部分，其优势要明显得多。

在这份报告中，卡尔森还指出公司需要建立起防御性战略：

> 将来，那些只知道盲目拥护国家利益，不参与航空业重组的公司，将会被市场淘汰。即便它们侥幸生存下来，顶多只能成为地方性空运运营商，或者为其他产业中的大公司提供专职运输服务。

而且，在同一份年度报告还有这样的话：

> 但是长期的生存要求稳定的平台。想要创造一个稳定的平台，公司需要进行结构上，经济上或者商业上的融合才能实现。除此以外，公司还可以选择实行交叉所有权或者与其他公司进行合并。

长期以来，SAS的国际合作的重要支柱一直是于1990年与奥地利航空公司和瑞士航空公司建立的欧洲质量联盟（EQA）。后来芬兰航空公司也加入了这个联盟，不过不久它们就选择了退出。除了市场表现方面，在EQA里SAS还极力强调通过航空维修合作来降低成本。SAS和其他EQA的合作伙伴同西班牙航空公司在1991年开始了广泛的战略合作，即阿尔卡乍（Alcazar）联盟项目的谈判，但是这个项目在1993年宣告失败。到1992年为止，SAS还跟一些公司签订合作协议，其中包括全日本航空公司，智利航空公司，澳洲航空公司，巴西航空公司和泰国国际航空公司。

20世纪90年代早期的衰退迫使SAS开始重新考虑自己的策略。1995年的新任首席执行官斯坦伯格（Stenberg）在年度报告中写道：

> SAS制定战略对斯堪的纳维亚地区额外重视。作为一个独立经营的公司，SAS的主要任务就是以有效的、在每个方面都很吸引人的空运产品来服务这一地区。我们将致力寻找可靠的合作伙伴，以及能够与SAS进行互补的航空公司共同为我们的顾客服务。但是我们不再把寻找合作伙伴当成关乎企业生存的头等大事来看待。

1995年SAS又跟德国汉莎航空公司，泰国国际航空公司和美国航空公司建立了战略性联盟。SAS的目标是在五年时间内，借助这个联盟带来的优势，使自己的运营收入提高5个百分点。1997年SAS估计仅从与德国汉莎航空公司的联盟中就获得高达2 000万美元的额外收入。1997年，涵盖更多航空公司的星空联盟出现了，其中也包括了加拿大航空公司和巴西航空公司。这个联盟的合作远非代码共享那么简单。1998 年,SAS 研究人员估计,仅仅 1997 年一年,星空联盟就为 SAS 带来了将近 5 000 万美元的收入。

SAS 从 20 世纪 80 年代开始就积极跟规模比自己小或差不多的航空公司建立联盟关系。而到了 20 世纪 90 年代,在新的领导下,SAS 又开始和大型航空公司建立合作关系。从 SAS 的经验来看,涉及股权的合作很难管理,因此 SAS 之后建立的联盟关系都不再涉及所有权的问题。同时,SAS 也重新调整策略,将主要精力放在提供区域服务而非国际运营上并且力图成为斯堪的纳维亚地区的主要运营商。另一方面,星空联盟在市场营销领域为 SAS 带来了巨大的短期以及中期收益。从更长远的方面来看,星空联盟带来的额外收益将主要来自各个方面的成本削减。

2. 荷兰航空公司(KLM)

在其 1989 年年度报告中,荷兰航空公司指出,欧洲航天航空业的自由化是航空公司寻求跟其他航空公司建立合作关系的动机。这些合作关系为 KLM 在旅客运输以及货物运输市场提供了更多的机会,帮助他们巩固了自己的市场地位。KLM 在选择合作伙伴时会遵循以下原则:

(1) 可以提高 KLM 网络的市场渗透和地理涵盖范围;

(2) 确保史基浦机场(Schiphol,阿姆斯特丹市郊机场)机场欧洲门户的地位;

(3) 拓宽欧洲地区的支线和欧洲内部的航线;

(4) 提高跨大陆的补给线。

除了几个较小的合作伙伴关系,KLM 在 1989 年对铁翼控股公司(Wings Holdings, Inc.)的投资,使他拥有了美国第四大航空公司,西北航空公司的部分股权,并巩固了 KLM 在北大西洋市场中的地位。另外,KLM 跟加鲁达印尼航空公司建立的合作关系旨在巩固 KLM 在东南亚市场中的地位。KLM 还打算对比利时的萨比那航空公司进行投资,用以在欧洲开辟新的业务。但是这些努力都并不成功。1991 年,公司认为巩固自己在欧洲的大本营才是当务之急。1992 年 KLM 在荷兰与美国签订"开放天空"协议后,加强了同西北航空公司的合作关系;同年在美国,政府给予了他们反垄断豁免权利。然而,由于投资西北航空公司造成了损失,KLM 在 1993 年写下了自己投资的账面价值(最初为 4 亿美元)。1994 年 KLM 的报告这样说道:

> KLM 将来在合适的时候,也会考虑在欧洲地区建立联盟关系,以获得所需的规模经济,巩固 KLM 的竞争地位。随着跟奥地利航空公司,SAS 和瑞士航空公司的阿尔卡乍联盟谈判的终止,我们将主要集中力量巩固 KLM 作为一个全球航空公司的地位。

1993 年,阿尔卡乍联盟项目被迫告吹,其原因是它们无法使这个联盟在美国合法化,进而就无法选择美国方面的合作伙伴。1995 年 KLM 在自己的年度报告上这样写道:

> KLM 一直致力于跟合作伙伴一起发展全球航空系统。我们的目标是组建一个强劲的,全

球竞争的阵地,即使在不利的经济环境中也能够生存……KLM 必须和其他公司结成联盟,并进一步巩固自己在欧洲的市场基础,降低自己在欧洲的运营成本。

1995 年,KLM 发现自己需要在迅速发展的亚洲市场寻找新的合作伙伴。

1995 年,KLM 将它跟西北航空公司组成的联盟进一步扩张。新的领域不仅涉及以前的联合运营,还包括了地面工作、预定协调、飞机销售以及维修。KLM 在 1996 年的年度计划中提出了四大承诺,其中之一便是"通过跟其他航空公司建立联盟关系来巩固自己的市场地位"。1997 年,KLM 又对自己的战略的焦点做出了轻微的调整,正如在其年度报告中写道:

> 我们的策略以与合作伙伴建立的,高效的,世界范围的网络为基础……我们将采用更加重点突出的方法开展我们的业务。我们将继续加强自己的网络,并将寻求深度而并非广度的合作。

1997 年 KLM 将自己的合作伙伴归为五类,用以对不同种类的联盟进行区分。这五大类分别是:全球性伙伴,网络化伙伴,航线伙伴,休闲航线伙伴(leisure flight partners),以及货运伙伴。同年,公司重组了跟西北航空公司的合作伙伴关系;1998 年两家航空公司重组了它们在北美和欧洲地区的销售和合同组织,从而减少机构间的重叠。

1998 年 KLM 在报告中展示了自己的雄心,即"成为国际航空联盟中不可或缺的关键成员,并致力于开发和运营一个横跨世界上三大贸易区:美国、欧洲和亚洲的航空系统"。而且,在 1998 年的报告中该公司还这样写道:

> 我们的发展战略是由这样一个信念支撑着,即我们相信 KLM 将来会成为全球联盟中的一个独立的航空公司并且成为其他航空公司强大的合作伙伴。我们在规模上的增长将降低单位运营成本,并从根本上提高我们的盈利能力……同西北航空公司建立的联盟是我们走向全球联盟系统的第一步,这个联盟将为实现这个目标提供所需的杠杆。

1998 年 KLM 就意大利航空公司和大陆航空公司欲加入 KLM—西北联盟,与这两家公司进行谈判;这两家公司同时也希望在不久的将来找到一个亚洲的合作伙伴。

总的说来,KLM 对联盟的看法代表了一种相当普遍的看待联盟的方式。首先,航空交通政治和政府当局的管制对航空联盟来说既是动因也是制约因素。其次,市场地位和有效的资源利用根据经济的变化而变化:在经济状况好的时候市场扩张是联盟的主要动因,而在经济不好的时候联盟是为了降低生产成本。KLM 的公司报告中并未提到结成联盟是为了应对行业竞争或学习先进技术。

3. 美国航空公司

1997 年,美国航空公司从许多指标来衡量都是当时世界上最大的航空公司,这些标准包括运营收入,运营利润,以及雇佣员工的数量。但他们在国际运营建设这方面的发展速度却相当缓慢,主要是在美国境内运营。美国航空公司的国际运营一直以来都局限于加勒比海,中美洲以及南美洲。甚至到 1990 年,该公司在欧洲的航线也只通往八个国家。20 世纪 90 年代,航空公司的国际扩张正进行得如火如荼。那时候美国航空公司的国际增长主要还是依靠内部挖潜,尽管他们也会向其他航空公司,如东航(Eastern)和环球航空公司(TWA)购买一些国际航线的运营权利。美国航空公司或许是那时候参与国际航空政治争论最积极的航空公司,他们迫切需要更多参与国际运营的机遇用以提升自己的竞争力。1990 年,随着美国航空公司跟新西兰航空公司,匈牙利航空公司和总部设在中国香港地区的国泰航空公司建立代码共享,该公司的联盟速度开始加快。20 世纪 90 年代早期的经济衰退,对美国航空公司的战略思想产生了重要影响。1991 年美国航空公司的年度报告中这样写道:

> 在 90 年代我们将不以成长为目标,而将积极寻找各种方法,来控制成本,提高生产力,增加收入。

尽管如此,1991 年公司还是与德国汉莎航空公司签订了代码共享的协议。1994 年美国航空公司又与加拿大航空公司签订了长期的合作和市场营销协议,并同英国米德兰航空公司,澳洲航空公司,南非航空公司和海湾航空公司进行服务合作。除此之外,公司还跟意大利航空公司和日本航空公司签订市场营销联盟协议。1996 年公司又宣布了一系列的代码共享协议以及同英国航空公司建立了更广泛的战略联盟。美国航空公司与英国航空公司的联盟的完全实现花费了好几年的时间。1997 年美国航空公司的首席执行官,克兰德尔(Crandall),在年度报告中写道:

> 航空业越来越全球化,要想保持竞争力,我们要在世界范围内服务尽可能多的起源—目的地市场。1996 年对我们来说,最重要的国际联盟就是同英国航空公司的联盟。这个联盟关系一旦开始实行,将使美国航空公司能够在上千个新市场中参与竞争。再加上我们现有的同美国其他主要航空公司的联盟关系,我们就更加具有竞争力。美国航空公司与英国航空公司的联盟是我们正在不断发展的联盟关系模型的中心,这是我们根据国际竞争变化的特点进行调整的结果之一。

1997 年,美国航空公司又与其他许多航空公司签订了联盟协议,或者至少达成了合作的意向。建立联盟的对象包括西班牙航空公司,阿根廷航空公司,日本航空公司,智利航空公司,墨西哥加利福尼亚航空公司,大韩航空公司,中国东方航空公司,以及菲律宾航空公司。

1998 年美国航空公司的年度报告中这样写道:

> 通过给予美国和外国航空公司间的联盟关系反垄断条例的免疫力,美国已经使国际联盟成为了一种实实在在的必需品。美国航空公司已经通过着手组建一系列重要的联盟关系对不断变化的国际环境做出了反应。

4. 三角洲航空公司

三角洲航空公司收购了破产的泛美航空公司几乎所有的跨大西洋的航线,它的焦点也从成为主要在美国国内运营的航空公司转向成为一个全球化的航空公司。20世纪90年代早期,三角洲指出它的国际化战略之一,就是利用同其他优质的航空公司建立代码共享来支持三角洲的国际服务。这可以使三角洲继续留在某些原本无法盈利的市场中。另外,三角洲航空公司还可以在新的市场中无需投入大量资本就可进行运营。在三角洲1995年的年度报告中有这样一段话:

> 代码共享的安排让三角洲得以建立、保持或提高它在主要国际市场中的份额,同时更加有效地管理自身的资源。

1996年,三角洲航空公司一共有13个代码共享的合作伙伴,三角洲跟其中的三个从美国运输部获得反垄断豁免权,可以组建全球市场营销联盟。这个市场营销联盟被称为大西洋卓越联盟。它由三角洲航空公司,奥地利航空公司,萨比那航空公司和瑞士航空公司组成。除了代码共享,这些公司还协同定价,统一建立飞行时刻表,并参与其他多方的运营合作;对这个联盟来说,联合销售和市场营销仍然被看做是"机会"。1997年三角洲宣布同法国航空公司,中国南方航空公司和巴西航空公司进行代码共享。1998年三角洲航空公司和美国联合航空公司签订协议,建立起了广泛的市场营销关系;然而,由于飞行员工会的反对,三角洲无法实施跟联合航空公司的代码共享,从而不得不通过互惠的飞机常客项目来继续它们的合作。在1998年的年度报告中,三角洲强调了战略联盟的作用:

> 三角洲在将来将积极地推进国际化联盟。尽管从一个商业角度来看,联盟很有吸引力,但我们这么做并非商业原因,而是因为我们必须这么做。航空联盟正在彻底改变着世界竞争的特点,而在这些变化中三角洲想要成为一个领军人。

在大约7年时间内,三角洲航空公司已经从一个区域性航空公司成长为一个很大的全球化航空公司。其中的功劳主要归于公司积极进行联盟活动,尤其是和欧洲地区的航空公司组建联盟。自1997年以来,三角洲航空公司就是北大西洋市场这个世界上最大的,最具有竞争力的国际市场上最大的运营商。在三角洲的国际联盟的历史上,扩大市场和规避政府管制是它们联盟的主要动因,而提高资源利用则主要是三角洲的内部尝试。

5. 国际航空联盟动力的模型

基于我们对航空业内部的研究,我们建立了一个关于航空业国际联盟背后动因的模型(图12.1)。从该模型所在的框架中,可以看到最近航空业中相关的变化,以及航空公司的战略选择和备选策略。该模型以之前提到的策略框架为基础衍生而来(Seristö, 1993)。

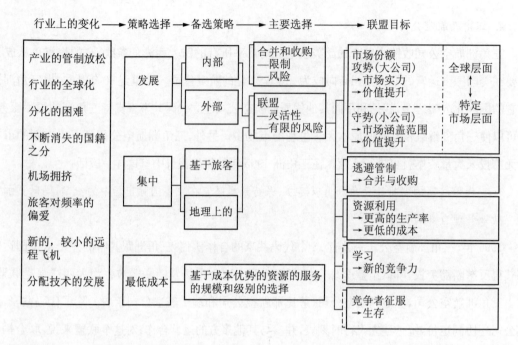

行业上的变化 ──→ 策略选择 ──→ 备选策略 ──→ 主要选择 ──────→ 联盟目标

产业的管制放松

行业的全球化

分化的困难

不断消失的国籍之分

机场拥挤

旅客对频率的偏爱

新的,较小的远程飞机

分配技术的发展

发展 → 内部 / 外部

合并和收购 ──限制 ──风险

联盟 ──灵活性 ──有限的风险

集中 → 基于旅客 / 地理上的

最低成本 → 基于成本优势的资源的服务的规模和级别的选择

市场份额 攻势(大公司) →市场实力 →价值提升 守势(小公司) →市场涵盖范围 →价值提升 | 全球层面 / 特定市场层面

逃避管制 →合并与收购

资源利用 →更高的生产率 →更低的成本

学习 →新的竞争力

竞争者征服 →生存

资料来源:Hannu Seristö,1999。

图 12.1　策略框架中的航空联盟的目标

　　航空公司组建联盟的原因有很多,这些因素中有很多我们之前已经提到过。在此,我们将这些基本策略分为三种:发展策略,集中策略和最低成本策略。发展可以由内部(增长)或外部获得。由于内部增长通常十分缓慢,因此在目前的形势下很多航空公司会选择在公司外部寻求发展;那么合并,收购,或者联盟就是最好的选择。由于政府对航空公司的合并和收购有着诸多限制,因此选择联盟成为了航空公司发展中一个相对简单的方法。跟直接合并和收购相比,联盟可以提供更多的灵活性,而且它们比前者的风险要更小。

　　即使一家航空公司选择使用集中策略作为它们的基本策略,它们仍然需要通过联盟来应对竞争环境施加的压力。不管航空公司是侧重于服务不同的客户群体(如商务出差人员)或者是服务特定的地理区域(如欧洲和南美之间的交通),都可能从跟其他航空公司的某种合作关系中获益。这背后的原理很简单,即不管在什么样的市场中,航空公司都有可能从一个更广阔的下游产业链或者更好的联系中获益。

　　对于选择最低成本策略的航空公司来说,至少从当今的经验来看,由于低成本航空公司的运营本身的特点,联盟可能就不是那么重要了。在欧洲,低成本的航空公司实际上就是租赁航空公司。这些公司通常为旅游业服务。在这类航线中,飞行只是提供了有限的附加价值。而在世界的其他地方,比如美国,低成本的航空公司还为商务旅行提供服务,但是到目前为止,商务旅行的大部分业务针对的都是国内的点对点市场,而由良好的连接所提供的附加值对这些航空公司来说并不重要。这里有必要区分一下低成本航空公司,如西南航空公司,和支线航空公司,如美国之鹰。后者拥有的一般是相对较小的飞机,航线也较短。它们的主要目标是为较大航空公司的网络提供连接。然而,尽管目前低成本航空公司的联盟并不常见,但这绝不意味着就没有为越来越重要的休闲旅游这块建立一个低成本航空公司的国际联盟的可能。事实上,这可能为将来的全球旅游市场带来新的机会。

航空公司进行国际联盟的动因大致可以分为三点。首先,这个产业中的变化已经迫使大多数航空公司必须寻求发展,在全球化的市场中生存下来;其次,该产业中的各种管制使得联盟成为发展以及生存的唯一办法;最后,巨大的竞争压力迫使航空公司需要更好地利用资源,即降低运营成本。

对于大型航空公司的联盟来说,他们要竭尽所能从其他航空公司那里抢到市场份额,而对于中型和小型航空公司的联盟来说,它们要守住自己原有的市场份额。大型航空公司,通过建立更大的网络涵盖范围,安排更多的班次,推出涵盖更广的客户忠诚方案,以及通过联盟建立枢纽机场来增加自己在行业中的竞争力。中型和小型航空公司似乎将更多的精力放在扩大市场覆盖的范围,而不是完全的提升竞争力,用以回应不断扩张的大型航空公司带来的挑战;较小的航空公司似乎认为参与联盟,对避免萎缩成一个单纯的地方性运营商是非常重要的。不过即便参与了联盟,小航空公司也难逃这种宿命。航空联盟的目标可以分为两个层面,全球层面和特定市场层面,这两种目标之间有时会产生利益冲突。举例来说,由于多种原因,SAS 和其他星空联盟伙伴的合作为自己在全球市场中带来了巨大的收益,但是在北欧国家的特定市场,SAS 可能不愿采用最有利于星空联盟发展的战略,因为它需要果断地对它所在的国内市场中的主要竞争对手——芬兰航空公司的挑战作出反应。

绕过航空业中各种形式的管制是航空公司组建联盟的另一个动因。首先,政府仍是许多在国际间运营的航空公司的主要所有者,这使得航空公司间的收购和合并困难重重:国家所有的航空公司在许多国家仍然被看做是国家财产和国家形象的一部分,因此外国资本并不被允许参与收购它的股权。其次,政府经常对本国航空公司中的外国所有权份额作出具体的限制;例如,在美国,外国公司在一家航空公司中的股权和投票权所占的比例最多不得超过 25%。第三,在一些国家,反垄断法律使得合并和收购面临许多挑战,因为这些合并和收购经常可能使得这个联合公司占据垄断地位,就算不是垄断,至少在一些市场中也将占据主导地位。之所以存在这些管制,是由于在很多市场中存在着双头垄断的情况。最后,国家之间的双边协议仍然是国际空运的基础,然而这给航空公司的并购造成了许多麻烦。

联盟的第三种动因是对资源更好利用的需要。这点可以通过提高生产力或降低生产成本来实现。想要更高层次的改善生产力可以通过，比如说，共用飞机和机务人员，利用合作伙伴的地面作业或者其在国外站点的机场旅客服务等外部资源获得，而不是由航空公司自身来提供。航空公司可以利用合作伙伴过剩的维修能力来维修自己的飞机。而这种共用还可以专职化，由不同航空公司负责不同的项目。至于直接成本节省，比如共同采购燃料、饮食、飞机、零部件、或信息和市场营销服务，比起由每个合作伙伴单独采购更为经济划算。

从这三个动因的重要程度来看，对更广阔的市场的追求很显然占主导地位，而更好地利用资源紧随其后，也更具长期特点。关于管制的角色和绕开管制的需要，我们很难进行评估。它似乎经常是联盟建立的一个因素，但是它很少被看成是主要的原因：它可以被看成是一种普遍存在的因素，因为对世界上的航空公司来说都无法脱离政府管制。

航空联盟的不同动因在不同的航空公司中具有不同的性质或者说存在理由。航空公司大致可以分为大型航空公司和小型航空公司。而联盟的动因根据其相关性质可以被分为战术对战略或者是守势对攻势。图 12.2 以二维空间展示了大型航空公司联盟的动因。

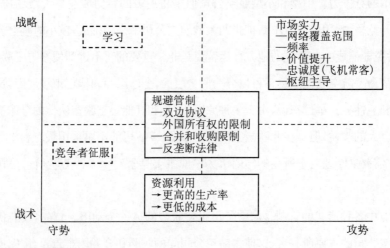

资料来源：Hannu Seristö，1999。

图 12.2　航空业中国际联盟的驱动力：大型航空公司

在制造业中，向一个更加有经验或更优秀的合作伙伴学习经常是建立联盟的理由之一，但与制造业不同，本研究中，向合作伙伴学习并不构成一个原因。即使它真的存在，一些航空公司也并不愿意公开承认自己需要向其他航空公司学习。因为这样一来就将暴露自己的劣势。不过从实际来看，一般航空公司也没有利用联盟的机会来进行学习。早期的研究（Seristö，1995；Seristö and Vepsalainen，1997）已经表明，不同的航空公司擅长运作不同的业务，这说明有很大一些航空公司仍然存在着巨大的改进潜力。

最后值得一提的是，在当今航空业中，将竞争者变作合作伙伴也是一个航空联盟的动因之一。但是，本研究并未着眼于此。在这样一个动荡不定的产业中，各个公司并不迫切想要确定自己的对手，今天的对手可能是明天的朋友，反之亦然。然而令人不解的是，航空公司从来没有提到过对竞争对手的"化敌为友"。早期一些针对制造业的研究已经表明，在敌人中结交朋友将是许多联盟的动因。从"化敌为友"一词这里所指的意思来看，很接近多兹和哈默（Doz and Hamel，1998）提到的"互相选择"。这个动因和规避政府管制在所有动因中所处的位置有些相似。航空公司最看重的是对市场的占有，其次是对资源的利用，然后或许才是化敌为友。作为联盟的一个潜在动因，它很可能是在许多联盟中形成的一个隐含因素。

本研究的一个结果是证明了市场占有在航空公司为了生存和发展的战略规划中扮演着重要的角色：拥有全球化的业务覆盖似乎是大多数航空公司战略计划的核心。除此之外，提升资源利用效率也是联盟的重要因素之一，只不过这一点公司也可以通过挖掘自身潜力慢慢获得。这一过程之所以缓慢是由于工会组织的反对以及政府当局严格的管制。总体上来说，航空公司联盟主要还是想保住各自在市场中的地位，而向联盟中伙伴学习这一点体现的则并不明显。航空公司有时被看作是一个国家的标志，至少在欧洲是这样的。这种企业文化使得公司不能轻易参与到合并或收购的行为当中去。20世纪90年代早期，这个产业面临的危机迫使政府给予了航空公司更多的灵活性。但是跟其他产业横向比较的话，可以看出，航空业全球化的道路还很长，但是这条路是一条充满潜力的道路。

12.3.3 管理上的挑战

建立联盟是航空业变革中十分重要的一部分，因此大多数航空公司都应该参与。如果不曾参与其中并因此失去了发展的机会，那代价将十分昂贵。想要使联盟起作用，航空公司需要有合理的管理措施来应对联盟带来的巨大挑战：有来自当局的压力，工会的要求，政府和私人的混合所有权问题，不同国家不同公司的文化差异，航空公司不同的组织安排，以及航空公司管理人员的个性差异。

为了使联盟起到应有的作用，有人提出建议（Phatak，1997：296），公司间应该一步一步地建立信任，选择互信的合作伙伴，创造和维持权利平均分配的联盟关系。这些道理同样适用于航空业。不过鉴于航空业联盟不稳定的特性，这个提议在航空公司管理层看来有些过于理想化了。

航空公司管理层面临的最大挑战是向其他航空公司学习更先进的东西。航空业互相学习的潜力是巨大的。早期研究（Inkpen，1998：225）指出，合作伙伴之间的信任有助于成功的学习。然而，正是由于航空公司间存在信任问题,使得航空联盟跟其他产业的联盟是不一样的:迄今为止在航空业的联盟要么很快就解散,要么范围很狭窄,抑或是二者兼而有之。因此合作伙伴之间很难建立真正的信任关系。由于缺乏信任,各合作伙伴就会小心提防联盟中的其他公司,最终导致航空业缺乏真正可以进行学习的机会。正因如此,航空联盟更应该重视旗下航空公司的互相学习,而这就需要:首先,联盟的最高管理层具有绝对的权威和主动性;其次,将有远见卓识的人才纳入管理层,并为航空公司间的互相学习创造条件。

12.4 归纳与总结

航空业大环境的改变使得大多数航空公司为寻求进一步发展做出改变。另外,该行业中各种类型的政府约束使得联盟成为航空公司在全球化市场中发展和存活的唯一可行之路。除此之外,航空公司还面临巨大的竞争压力,它们需要通过更好地利用现有资源来降低运营成本。

扩大市场份额是航空公司生存和发展的战略规划中最重要的部分:将运输业务扩大到全球范围似乎成为大多数航空公司战略计划中必不可少的一项。因此,确保现有的市场以及扩大航空公司的关系网络成为了目前航空业国际联盟的主要动因。

航空公司在通向国际化的道路上面临着政府部门的诸多限制,这使得他们很难真正地成为大型跨国集团。这一点可以从维京大西洋航空公司发言人保罗·摩尔(Paul Moore)的评论中看出。这一评论针对的是美国政府禁止外国航空公司收购美国的航空公司或在美国建立自己的附属公司。他说道:"这是公然的保护主义。联盟只能解决表面的问题,并不能作出实质性的改变。那些规定没有理由不做些改变"(Airline Business,October,1998:76)。

对于政府来说,一方面要给予航空公司足够的自由,使它们能有效促进航空业全球化的发展,另一方面要适当的管制以保证在航空业市场中或者至少在大部分市场中有足够的竞争,要想把握好这两者之间的平衡并不容易。

总体而言,对于更大的市场份额的追求已经成为航空公司组成联盟最主要的因素。提高资源利用与共享则排在第二位,而且这还需要一个长期的过程。政府管制是否是促使航空公司组建联盟的原因之一则很难评判。对于航空联盟来说,有些因素看起来是显而易见的,但它们很少被当作形成联盟的主要动因。

提升资源利用率是航空业联盟的动因之一。但事实上,航空公司的速度十分迟缓,它们在做这些改变时似乎很刻板,因此目前资源利用尚未成为能与扩大市场份额同样重要的联盟动因。

至于联盟的其他动因,比如,同行之间的互相学习,则不被航空公司所重视。在这方面,航空业可以借鉴他产业的经验,比如制造业。关于"化敌为友",它或许是一些联盟的潜在动因,很确定的是,这一点并没有明确。和制造业的公司一样,航空公司想要获得全球层面的竞争力,难免也需要放弃一些东西,这一事实可能在制造业中体现地更为明显。如何互相学习,这种类似婚姻的关系还需要航空公司自己去慢慢体会。

12.4.1 这些发现对其他产业的有效性

本研究中的这些发现对其他产业的有效性评估,可通过将航空业竞争的关键特征与其他产业的进行比较。关键特征如下所述:

1. 产业竞争的性质

航空业原本是受政府严格监管的。但是在过去十年中,政府允许航空业部分的自由化。然而,即使通过撤销管制而增添更多可能性的竞争,航空市场仍然主要集中在个别的对应城市(city-pairs)中(比如汉堡飞巴黎),而这就是一个双头垄断。航空业中有时也存在着垄断现象,还有时候——特别是在两个主要城市之间——可能存在垄断竞争的局面,而完全竞争则很少出现。

2. 竞争中的差异

航空运输的核心是将乘客或者货物从 A 点送到 B 点。因此对这个行业来说进行产品区分几乎没有可能;可以进行区分的领域或许是网络的连接与范围,服务水平,以及公司或者产品形象,但可区分的范围也不大。举例来说,现今大多数飞机都是来自两大制造商,所以每个航空公司的飞机队伍都非常相似。

另外,机场是空中旅行的关键组成部分,而且对机场进行区分的可能性也不大。不过,航空公司的服务能力体现在其是否具有超远程运输的能力上,而这种能力则需要通过联盟来获得。

3. 运营中的成本结构

固定资产的份额在航空公司运营中占很大比重。主要运营花销项目为员工(大约 30%),燃料(大约 10%),以及资本成本(一般大概 10%)。联盟有可能降低运营成本,它对成本的影响主要是在员工的部分,然后是在资本成本的部分,换句话说,也就是飞机的使用效率。

4. 成功的决定性因素

想要在航空业取得成功,有一些因素是决定性因素。其中最重要的几个是航班日程、航线覆盖、可靠性、安全、费用以及服务水平。

为了评估该研究中的一些发现对其他行业的有效性,我们建立了一个矩阵(参见图 12.3)。在这个矩阵中,以上列出的关键特点将逐个与其他产业进行对比,这些产业与航空业有一些共同的特点。我们选择的对比产业有:电信业、航运、酒店业和汽车租赁业。这一矩阵的目的只是为测试这些发现的普适性:航空业的联盟和其他行业中的联盟,尤其是服务行业的联盟之间是否有相似的类比关系,这是一个值得独立研究的课题。

	关键产业特点			
	竞争本质	区别化可能性	成本结构	关键成功因素
航空公司	垄断性的	小	固定成本较高	网络化,服务质量,分布
航运	通常为垄断性的	小	固定成本较高	网络化,服务组合,成本低
酒店业	根据市场不同有很大差别	广泛	固定成本较高	地点,服务质量,分布
电信业	垄断性的	小	固定成本较高	网络覆盖账目总数
汽车租赁业	通常为垄断性的	小	固定成本较高	服务质量,分布

资料来源:©Hannu Seristö, 1999。

图 12.3 普遍性评估关键特点比较,选择的服务行业

这一矩阵中服务行业的特点还有待商榷,从表中可以看出该研究中的这些发现或许可以适用于电信业和汽车租赁业,以及具有相似特点的其他服务行业。未来的研究应当从联盟的角度更加详细地研究这些行业。

总而言之,服务行业的国际合作运营与制造业似乎有着很大的不同,或许有需要将现有模式进行修正以更好地分析服务业。在服务行业中,知识,诀窍以及学习的角色在未来值得更加全面的研究。

参考文献

Air Transport Intelligence (1998) Survey on Airline Alliances, reported in *Airline Business*, June: 42–81.

Airline Business (1990) 'Strategic Illusions': 24–30.

Alamdari, F. and Morrell, P. (1997) 'Airline Alliances: a Catalyst for Regulatory Change in Key Markets?', *Journal of Air Transport Management* 3 (1): 1–2.

Annual Reports for 1988–97/98 from the following airlines: Air Canada, American Airlines, British Airways, Canadian Airlines (PWA Corp.), Delta Air Lines, Finnair, KLM, Lufthansa, Qantas Airways, SAS, Swissair, Thai Airways International, and United Airlines.

Antoniou, A. (1998) 'The Status of the core in the Airline Industry: the Case of the European Market', *Managerial and Decision Economics* 19: 43–54.

Bartlett, A. and Ghoshal, S. (1995) *Transnational Management: Texts, Cases, and Readings in Cross-border Management*, second edn, Chicago: Irwin.

Bissessur, A. (1996) 'The Identification and Analysis of the Critical Success Factors of Strategic Airline Alliances', Ph.D. dissertation, Cranfield University.

Borys, B. and Jemison, D. (1989) 'Hybrid Arrangements as Strategic Alliances: Theoretical Issues in Organisational Combinations', *Academy of Management Review* 14 (2): 234–49.

Brouthers, K., Brouthers, L. and Wilkinson, T. (1995) 'Strategic Alliances: Choose Your Alliances', *Long Range Planning* 28 (3): 18–25.

Chan, S., Kensinger, J., Keown, A. and Martin, J. (1997) 'Do Strategic Alliances Really Create Value?' *Journal of Financial Economics* 46: 199–221.

Contractor, F. and Lorange, P. (eds) (1988) *Co-operative Strategies and International Business*, Lexington, Mass.: Lexington Books.

Doz, Y. (1996) 'The Evolution of Co-operation in Strategic Alliances: Initial Conditions or Learning Processes?' *Strategic Management Journal*, special issue 17, summer: 55–84.

Doz, Y. and Hamel, G. (1998) *Alliance Advantage: the Art of Creating Value through Partnering*, Boston: Harvard Business School Press.

Dussauge, P. and Garrette, B. (1995) 'Determinants of Success in International Strategic Alliances: Evidence from the Global Aerospace Industry', *Journal of International Business* 26 (3): 505–30.

Gallacher, J. (1998) 'A Time for Celebration', *Airline Business*, September: 29–58.

Gant, J. (1995) 'The Science of Alliance', *Euro Business*, September: 70–3.

Gleister, K. and Buckley, P. (1998) 'Measures of Performance in UK International Alliances', *Organization Studies* 19 (1): 89–118.

Gulati, R. (1995) 'Does Familiarity Breed Trust? The Implications of Repeated Ties for Contractual Choice in Alliances', *Academy of Management Journal* 38: 85–112.

Hamel, G. (1991) 'Competition for Competence and Interpartner Learning within International Strategic Alliances', *Strategic Management Journal* 12: 83–103.

Hamel, G., Doz, Y. and Prahalad, C. (1989) 'Collaborate with your Competitors – and Win', *Harvard Business Review* 67: 133–139.

Inkpen, A. (1998) 'Learning, Knowledge Acquisition, and Strategic Alliances', *European Management Journal* 16 (2) April: 223–9.

Killing, J. (1988) 'Understanding Alliances: the Role of Task and Organizational Complexity', in Contractor, F. and Lorange, P. (eds), *Co-operative Strategies and International Business*, 55–67, Lexington, Mass: Lexington Books.

Lei, D., Slocum. J. and Pitts, R. (1997) 'Building Cooperative Advantage: Managing Strategic Alliances to Promote Organisational Learning', *Journal of World Business* 32 (3): 203–23.

Lindquist, J. (1996) 'Marriages Made in Heaven?' *The Avmark Aviation Economist* 13 (1): 12–13.

Luo, Y. (1996) 'Evaluating Performance of Strategic Alliances in China', *Long Range Planning* 29 (4): 534–42.

Ohmae, K. (1989) 'The Global Logic of Strategic Alliances', *Harvard Business Review*, March/April 1989.

Ott, J. and Sparaco, P. (1997) 'Unique Industry Facets Shape Europe's Alliances', *Aviation Week and Space Technology*, 17 November: 63–5.

Park, J. and Zhang, A. (1997) Effects of Intercontinental Alliances: Cases in the North Atlantic Market, conference proceedings of the 1997 Air Transport Research Group of the WCTR Society, vol. 3, no. 1, University of Nebraska at Omaha.

—— (1998) 'Strategic Alliance and Firm Value: a Case Study of the British Airways/USAir Alliance', paper presented at the 1998 Air Transport Research Group of the WCTR Society Conference.

Park, N. and Cho, D. (1997) 'The Effect of Strategic Alliance on Performance: a Study of International Airline Performance', conference proceedings of the 1997 Air Transport Research Group of the WCTR Society, vol. 1, no. 1, University of Nebraska at Omaha.

Parkhe, A. (1991) 'Interfirm Diversity, Organizational Learning and Longevity in Global Strategic Alliances', *Journal of International Business Studies* 22 (5): 579–601.

—— (1993) 'Strategic Alliance Structuring: a Game Theoretic and Transaction Cost Examination of Interfirm Cooperation', *Academy of Management Journal* 36 (4): 794–829.

Pekar, P. and Allio, R. (1994) 'Making Alliances Work: Guidelines for Success', *Long Range Planning* 27 (4): 54–65.

Phatak, A. (1997) *International Management*, Cincinnati: South-Western College Publishing.

Seristö, H. (1993) *Strategies of Airlines in the Deregulated European Competitive Environment*, Helsinki School of Economics and Business Administration Press, B–136, 213 pp.

—— (1995) 'Airline Performance and Costs: an Analysis of Performance Measurement and Cost Reduction in Major Airlines', doctorate thesis, Helsinki School of Economics and Business Administration Press, A–107, 254 pp.

—— (1996) 'An Executive View on the Cost Problem of European Airlines', *European Business Review* 96 (4): 14–17.

Seristö, H. and Vepsäläinen, A. (1997) 'Airline Cost Drivers: Cost Implications of Fleet, Routes, and Personnel Policies', *Journal of Air Transport Management* 3 (1): 11–22.

Youssef, W. (1992) 'Causes and Effects of International Airline Equity Alliances', Ph.D. dissertation, series UCB–ITS–DS–92–1, Institute of Transportation Studies, University of California, Berkeley.

13　敦豪(DHL)全球速递：中东欧地区的准时跨国投递业务

迈克尔·考斯特奇(Michel Kostecki)

13.1　敦豪服务与海关

很少有公司能够比国际快递公司更熟悉海关的法规和程序，以及那些海关检查中效率低下的"繁文缛节"。本文将介绍敦豪公司在为客户提供跨国服务时所碰到的困难，尤其是它们在中东欧地区遇到的一些问题。在贸易公司面临的诸多问题中，海关职能的效率低下，缺乏规范化的管理远甚于其他对贸易的阻碍（例如货币价格波动或者关税）。管理不善，过时陈旧的海关，对于视准时供应，电子贸易和全球化为生命的投递行业来说是一种高昂的成本。

敦豪是世界上最大的国际快递公司，其业务每年约占该行业世界总额的40%。敦豪公司成立于1969年，从成立之初起就迅速发展，现如今在全世界220多个国家和地区建立了超过2 300个服务中心，雇佣了55 000人。这样的扩张得益于国际贸易的快速成长，以及时间管理在物流配送和世界范围内供应网络中日益显著的重要性。

拥有迅捷的速度和一套可靠的配送系统在当今的国际贸易中必不可少，因为时间已经成为了一个主要的竞争力。主要的贸易公司对于自己跨国供应链在时间上的管理，已经成为其竞争优势的强大来源(Kostecki, 1996)。如何有效地与海关打交道,施加压力以促进合理高效的海关作业是主要贸易公司对时间的管理技巧中重要的一部分。

敦豪每年配送 1 亿多件货物。除了运送档案外,敦豪还处理大量的包裹和大型货物运输,敦豪还会为某些货物量身定制服务以便保证快速高效的配送。敦豪最有名的是它那由飞机,卡车和地面设施等组成的"辐射状"网络。这个网络是现代信息技术网络模拟神经系统角色的实体网络的典范。为了扩大自身核心产品的范围,使得业务更加依靠现代技术支持,敦豪在全球范围内向客户量身定制物流方案,以满足即使是最苛求的配送要求(DHL, 1997)。

对敦豪速递来说,速度和可靠性是至关重要的。为了在竞争激烈的市场中保持领先地位,敦豪非常重视配送的质量和速度。最近,由英国市场研究所"数据+决定"所制定的快递公司排行榜中,就配送速度方面来说,敦豪位居第一。

敦豪快递的服务是一个复杂的过程。构成敦豪服务链的核心和辅助服务的范围包括:接收订单,提货,备案,提供追踪货物的信息,记账,打包,运输和配送,问题解决,以及为客户和合作伙伴提供建议和信息。

敦豪的目标是确保准时配送,减少由各种可能的失误给客户带来的不便。很显然,在快递公司所要处理的所有问题中有一个时间先后关系:诸如未接通的电话和忘记提货之类的失误(有时)会导致客户的抱怨;滞留货物和航班晚点均会导致延期交货,进而导致货物追踪,调整发票的要求和额外的抱怨。包裹受损,档案遗失也可能导致更多的抱怨。

敦豪密切监控其工作绩效,以便不断改善工作质量从而更好地满足客户的要求。关于配送失误的百分比看起来极小,但是当交易量很大的时候,失误的绝对数字也会变得很大。比如说,一家公司一天配送 80—150 万包裹,即使准时配送占 99.9%,也意味着每天有 800—1 500 个包裹会延期配送。

从激怒客户程度的角度来看,有些失误比其他失误要更严重。配送推迟 30 分钟客户可能不会察觉,但是如果推迟一天的话,对一个承诺准时配送(特别是"即日配送"服务)的公司来说,那就是一个严重的失误了。有时候,重要的建筑工事将因此不得不中止,又或者如果有一个对工作设备来说必不可少的化学成分或零部件不能按时送到的话,流水线生产就不得不暂停生产。在一些例子中,配送延期将提高公司的成本,并且会被顾客认为缺乏即时配送的能力,而这对于快递公司来说正是在当今国际贸易中竞争优势的主要来源。

在世界范围内对敦豪公司来说最严重的内部失误就是运输延误和货物滞留(包裹被滞留在机场或站点)。然而,在延误配送的外部原因列表中排在第一位的则是低效的海关检查程序。

在监控和分析海关检查及其对各种客户公司的影响这方面,很少有公司能够比敦豪做得更好。

敦豪服务链的一个重要元素是能及时提供海关所需的文件并迅速使所有包裹成功通过出入境检查。敦豪在速度上的战略优势直接取决于海关管理的效率，敦豪公司在达到海关要求方面的技巧对敦豪快递的成功来说也是必不可少的。正是出于这个原因，敦豪密切关注所有阻碍自己的客户进行全球贸易或者会增加国际贸易运营成本的来自海关方面的困难，并且十分关注世界范围内海关服务的效率。

拥有一支积极向上，训练有素的工作队伍，对保持公司所拥有的竞争优势来说是最重要的。不仅在整个公司层面，在每个国家的附属公司或甚至在小组的层面上，都需要领导。前台和幕后的团队必须共同努力以确保包裹按时通过海关检查。想要完成好这样的任务，拥有一个得力的公司组织是非常必要的。

敦豪在主要的国家都设有一个当地的海关服务部门。这些当地的部门是由位于公司布鲁塞尔总部的国际海关服务部门领导的。每个地方部门的任务就是要使当地的货物能够绕过一切可能的障碍，尽快地通过海关。敦豪海关服务同样还负责包裹的追踪，而且应该来说在任何时候都能够确定每个包裹的确切位置。地方部门执行公司所制定的应对海关或者贸易管制当局的策略，并且需要每天向上级汇报关于产品海关出入的详细信息，然后再通过布鲁塞尔的国际总部发布到全世界（Lorange，1998）。

为了使过海关时遇到的麻烦最小化，敦豪公司在离港装运前都仔细地检查和办清寄件人所在的国家所需要的文件。正如敦豪某海关服务部经理斯威科夫斯基（Svikovsky）所解释的那样，在操作层面最基本的做法便是"遵循海关的规定和程序，不管这些东西看起来有多么地不合理，否则任何包裹都将无法运送"。敦豪的管理部门很清楚这个事实，即在有些国家要用特殊的方式与海关打交道。在这些国家里，货物须经过层层授权，这些授权获得的难易主要取决于谁在海关工作。通常情况下，海关官员对敦豪的工作人员，敦豪公司，或者装运起点的国家的态度是不同的。

敦豪海关服务部门所要执行的公关工作既要在基层开展（针对海关官员），还要在国家，地区或国际机构这样的宏观层面中开展。在基层，与海关当局维持持久信任的关系非常重要。那些因诚实守信，员工正直而获得好名声的公司一般能够更好地通过海关。与当地海关的良好关系也是建立在这个理解的基础之上的，即任何国家都不可能严格地按照规定来执行所有的海关法规和规章。完全按照规定来办事的话，其结果就是终止所有的贸易，正如当海关官员表达自己的不满时会以"按照规定办事"为借口一样。

13.2　中东欧的快递服务空白

在 1989 年以前的中东欧和前苏联国家，是没有任何的航空快运服务的。在中央集权式计划经济下,这样的服务不仅被忽视,而且实际上是被歧视的。在中央集权的年代,邮政局垄断了信件和包裹的投递,所以也就不需要国际快递服务了(即使存在这样的需求,由于严格的出入境检查以及对印刷材料,胶卷,盒式录音带或信件的检查制度,这些需求也是无法得到满足的)。

在中东欧的国家发生转变的"第一次大潮"中,一些服务业,如电信,金融服务,会计和无数其他的商业服务已经摆到了经济转变的显著位置。如果经济要发展,那么这些"服务业空白"就一定要迅速地得到填补。国有资产的私有化和重组,迫切需要其他商业服务的协助,如管理咨询,私人银行业务或金融报告。而这就需要国际快递服务来快速地跨国界运送文件,出版物,计算机磁盘或者其他物品。

敦豪公司是进军中欧地区和独联体国家的首家快递公司。这些地方现有的运输基础设施非常落后,但是对快速有效的运输服务的需求却与日俱增。敦豪同时也是首批致力于东欧地区贸易发展的服务公司之一。

公司的管理层也很清楚地意识到,要想在转型国家里成功地进行服务运作的话,需要在从技术到管理的一系列活动中进行根本地变革和提高。组织的形式,以及管理风格和思路必须随着市场经济的要求不断地调整。敦豪计划在中东欧地区聘用当地人来取代原来的外派经理,这一计划是敦豪公司对当地作出的许诺之一。目前当地的经理在罗马尼亚,保加利亚,捷克共和国,匈牙利,斯洛文尼亚,克罗地亚,塞尔维亚,黑山共和国,阿尔巴尼亚,波斯尼亚,以及乌克兰,还有独联体的中亚地区的部分国家开展敦豪业务。

由于服务业是管理密集型而非设备密集型产业,而在中东欧地区管理技能很明显远落后于技术技能,因此外商直接投资(FDI)可能是加速当地服务业发展运作最好的方式。像敦豪公司这样的外国投资者有助于本国新兴产业的发展(在百废待兴时引进必需的国外资本和专业知识),提升管理技能以及引进作为成功必要条件的全球化网络。自从1989年起,随着人们越来越意识到物流产业所发挥的重要作用,国外投资者在中东欧地区对于物流业的投资额已经达5 000万美元。这其中有一半是用于发展和投资飞机,运载工具,员工培训和现代计算机技术。

1995年,由于贸易额的增长,布拉格、华沙和布达佩斯在运输服务上都经历了一次显著的升级和改善,引进了通往布加勒斯特和索菲亚的一套新的专用长途运输系统。在为东欧地区经济快速发展的国家和选择在那里投资的西方贸易国家发展一个高效的航空快递网络的过程中中,敦豪公司遥遥领先。到了1998年,敦豪已经成为中东欧各国快递配送市场的领军人。在这个地区的41个主要机场,每个晚上都会有敦豪的航班起飞降落。敦豪的客户既包括发达国家的大型公司,如IBM,微软,葛兰素史克股份有限公司,以及花旗银行,还包括当地的公司,如斯柯达(Skoda),巴塔(Bata),汉洛威银行(Bank Handlowy)。

目前仅在中东欧地区,敦豪就经营着 165 个站点,雇佣人数达 3 000 人。敦豪公司仍继续地在该地区不断设立新的分公司,并增加基础设施。1997 年敦豪在卡托维兹地区(Katowice)设立了一个分公司,向波兰南部直接提供服务,确保在该地区的业务更加具有竞争力。四年之后,敦豪重开了萨拉热窝地区的分公司,这是萨格勒布地区的一个新站点,也是布达佩斯地区的地面配送中心。

处在经济转型期的国家,如捷克共和国,匈牙利,或者波兰,其发展变化是相当迅速的。在很多地方,过去人们想找个吃饭或者逛街的地方都困难,而现在大街上遍布着银行以及货源充足的商店。除此之外,还有许多新型商业服务,以及车库、餐馆、贸易公司和旅行机构等。但是,这些个人服务部门生机勃勃的发展,与大多数经济转型国家的公共服务和管理的长期效率低下的状况形成了强烈的反差。

海关部门是经常受到舆论抨击的公共服务部门中的一个典型的例子。在过去三年里,尽管海关的效率有所改善,具体表现在对文档控制方面的要求减少,以及处理货物的速度加快。然而,假定运输和贸易流量继续增长,那么现有的提高还远远不够。改善海关服务不光在中东欧国家是必需的,在世界范围内大多数贸易国家也是必需的。

13.3 敦豪在波兰的业务

创立于 1990 年的敦豪全球快递(波兰)是一家合资企业。其中敦豪占据了大多数的股份(85%),而当地投资占其中的 15%。因此波兰公司是敦豪公司全球快递业务的一个组成部分,它们的快递业务包括包裹提取,运输和投递服务。1997 年敦豪波兰分公司雇佣了 300 名员工,设立了17 个分公司和 8 个代表处。总体说来,敦豪的拓展策略在波兰的经验习得就是好运总是青睐勇敢者。波兰对快递服务的需求以每年 50% 的速度增长,1996 年敦豪公司的周转额度就已经达到了2 400 万美元。因此,只要波兰的国家经济不断快速增长,这个国家的快递业务增长和发展的前景就一片光明。

从波兰到西欧或美国的快递服务的价格大约要比敦豪在西欧定的价格低 50%。这是成本结构和公司定价政策的结果。在西欧,快递服务的运营成本显然要比在波兰的高。敦豪在波兰相对低廉的定价政策还有一个目标就是想要在波兰商业界促进快递服务业的发展,并且提高需求和公司在波兰的市场份额。

敦豪波兰分公司的配送服务目的地主要为西欧和美国。但是,也有 15%—20% 的配送,其目的地是独联体的市场或其他处于经济转型期的国家。在这些地区,敦豪的客户经常受到海关的刁难,即不得不服从那些阻碍快速配送的"繁文缛节",以及其他规章性问题。

13.4 敦豪客户和海关管理

到目前为止,海关法规和规章中的问题似乎已经成为来自发达国家以及大多数发展中国家大小公司在同中东欧国家进行贸易时所要面对的最大问题。敦豪最近进行的一次调查结果显示,十有八九的跨国公司都受到过中东欧地区海关问题的困扰,而海关问题则被列为同该地区进行贸易的最大阻碍(DHL,1997)。

让我们从头说起:敦豪波兰分公司的副总裁克日什托夫·格拉尔斯基(Krzysztof Goralski)说道:"国际贸易不欢迎海关。"很显然,海关费用或者进口费的支付者和执行国家立法(并不总是符合贸易公司的利益)的海关官员之间存在着固有的利益冲突。

海关一直以来都被视作提高入口关税,执行国家进口定额,禁运,以及进行健康标准检查等等管理要求的最佳地点。从社会的角度来看,这样的检查和程序通常被视为提高国家财政收入,实行贸易政策,减少不法和违规行为的一种努力。但是,从企业的角度来看的话,跟海关工作有关的检查和程序多被视作是不方便,或者麻烦的,甚至是官僚的或者是腐败的。贸易公司对海关的批评主要有以下两项:

(1) 当今海关的运行模式趋于陈旧,与现代贸易方法不匹配,并且很难适应全球化经济的要求;

(2) 不管是在高收入国家还是在低收入国家,海关管理经常处在效率低,缺乏规范或者腐败的状态下,从而增加了国际贸易成本。

我们与敦豪管理人员进行的小组讨论和位于伦敦的 RED 咨询公司最近出台的问卷调查表明了在中东欧地区提供速递业务的西欧跨国公司面临以下几个来自海关的问题。

13.4.1 关于包裹和文件编制各国规定的多样性

关于快递公司能够装运的包裹的大小和重量,各国都有不同的限制。关于包装和文件编制的规定的多样性不仅在东欧国家或发展中国家中很常见,在发达国家也同样存在。比如,美国的要求就跟欧盟所实施的规定是不一样的,这意味着相当一部分国际贸易往来受到这种法规和程序多样性的影响。然而,中东欧政府对于这些在包装和文件编制方面要求的多样性给出的解释是管理上的需要,而这最终导致敦豪客户大量的额外销售成本。

一家葡萄酒出口公司报告说,我们的葡萄酒瓶子所用的木塞虽然在欧盟很常见,但是不符合俄罗斯的技术要求,仅仅因为如此,我们运送葡萄酒的船只就被拒之门外。在另外一个例子中,巧克力包装上所标明的日期跟大盒子上所给的日期相差两天,导致货运船只被扣留了三周。有一家英国公司回忆说,它们销往东欧的苹果酒被海关扣留,因为该国海关还没有一个相应的产品编码,并以此为由拒绝将之标为苹果饮料(DHL，1997)。

关于包裹的附带文件，不同国家海关的规定也不同。这样的差异对敦豪公司来说并不是主要的问题，因为敦豪很清楚各国不同的法律规定，但是却对敦豪的客户频频造成问题。

1997年一份涉及俄罗斯的敦豪内部报告中包含这么一段话：

> 海关已经按照OPS补充参考13.08.97-1中的规定，完成装运，以及相应的文书工作，还有舱单信息的对账审核，并且所有的清算工作都已经回到了先前的水平；但是，文书原样的糟糕质量和不一致的要求在清算过程中占用了额外步骤。按照MOW进行编制的WPX继续要求在附属于船运的窗口另提交一份航空提单。

> 航空提单，收据和证明数据之间出入的信息是业务运作要面临的麻烦之一。如果能对这些地方关于收据的下列说明进行特别关注的话，或许可以避免延误情况的发生。

> 所有收据必须是原件，并且要附上公司抬头以及原印章和签名。要准确地描述所有货物的("零部件"，"软件"，"文具"，"个人财物"这样的描述是不够的)，目录参考编号，连同每种商品的单价和总价。描述好货币，INCO要求和出口理由。商业收据应该包含收据编号，合同编号和日期；对于非商业交易，在预开发票上应该写明"对收货人不收费，无任何商业价值——申报仅用于海关目的的价值"。写明实际价值：如果少报的话将被扣留。对于媒介载体(已冲洗的胶卷，磁带，磁盘，等等)，要分别写明材料及程序或数据的价值。如果发票上所用的语言不是英文，也经常会导致货物滞留。对于正式的清算，要求有收货人的准许，因此请写明收货人的联系方式和电话号码。

> (敦豪内部运作更新文档，参考编号：08.09.97-2)

像这样对敦豪货运方面要求的更新，即使是最强硬的出口经理看了也会为之胆颤三分。

13.4.2 繁文缛节

对于许多处于经济转型的国家如匈牙利，波兰和斯洛伐克，来说，快递公司并没有从海关程序或者文件编制要求的任何简化中获益。同样的文件，不光要求敦豪在包裹装运时提交一次，而且要求进入关税区域的卡车或船只再提交一次。这样的手续是麻烦和昂贵的。而且，即便在发达国家的海关使用复印件是一种标准的运作程序，但在这些国家的海关经过验证的复印件也经常被拒绝接受。

但是海关管理中的繁文缛节很少作为一种单独的因素存在于一个国家。它们的出现往往伴随了其他的现象，这一点在那些经济和政治环境已经被污染的国家尤为明显。政府在这种环境下倾向于进口管制，而这些行为则违背了世界海关组织"京都大会"(Kyoto Convention)所提出的既定目标。也许这种现象出现的原因是过时的海关系统,它们仍然使用纸质的记录,而这则为海关官员擅自篡改记录提供了基础。即使在那些已经引进计算机化海关程序(例如,联合国贸易和发展会议"海关数据自动系统/SIDONIA"系统)的国家,由这种系统很少被使用,因此它并未能给海关带来实质性的发展。很多海关仍然使用纸质文件的系统,而海关的效率也因此一直低下。独联体的几个国家海关的繁文缛节被西欧贸易公司视为这方面的代表。

有些国家的海关拒绝文件,仅仅因为它们的签字用的是黑色墨水,而不是蓝色墨水(后者被看作是证明某个文件是原件的标志),或者因为在文件上的橡皮图章盖的时候力度不够或者盖错了地方。遇到这样的情形,一个经验丰富的运输商认为——"便利钱"是当前的惯例——(付了钱)任何东西都可以通过。海关对贸易公司施加压力的方法有很多。比如,它们可以扬言推迟货物的放行,或者扬言对货物收取比实际应收的更高的海关费用。

而且,中东欧地区的海关当局经常对商人采取一种负面的态度,或者根本就不理解贸易运作的途径。它们倾向于以警察自居,经常缺少帮助贸易运营商顺利完成物流、存储方面的标准任务或者做好货物的检查工作等所必需的灵活度。那些第一批准备加入欧盟的国家,如捷克共和国,匈牙利或波兰,比起其他国家,如保加利亚,哈萨克斯坦,罗马尼亚,乌克兰,摩尔多瓦或俄罗斯来说,其海关要好得多。

13.4.3　模糊的海关规章制度

在中东欧地区经常可以遇到这种情况,即海关规定缺乏精确性。像这样对海关法规模棱两可的应用意味着负责海关检查的官员可以给出完全相反的解释,这些要求甚至可能在一夜之间完全改变,或者在不同的海关官员有不同的海关法规,又或者对这些法规有着完全不同的解释。海关还可以帮助政府设立非关税壁垒,很多时候官员会将货物归到适用更高关税的分类或者认定货物具有高于实际价值的价值。这样松散的海关程序就可以被政府(或海关官员)利用来攫取更多的财政收入,而这就违背了之前宣布的海关税则。

这个问题在前苏联及一些亚洲国家中尤为严重。在中东欧地区,海关管理相对较好的国家是捷克共和国,匈牙利,波兰和斯洛文尼亚(DHL, 1997)。

在中东欧地区进行跨国界贸易的大多数大企业都认为,海关延误、吹毛求疵或者繁文缛节给它们的贸易收益带来了很大损失。在一些案例中,由于配送延误而丢掉了合同。而在另外一些例子中,它们不得不对期待按时配送的客户支付赔偿。还有时候贸易关系会因此受到负面的影响,从而导致公司同客户关系的恶化,或者给客户留下服务质量低劣的不良印象。

13.4.4 "便利费"和腐败

海关作业效率低下和违反规定的做法的一个重要原因是海关官员工资低,而且政府缺乏用于投资升级海关管理和培训的资金来源。在东欧的一些国家中,一个中层官员的基本薪金还不够支付其家庭在首都每个月的房租以及基本的暖气费和电费。要想养家糊口,海关官员没有别的选择,只能加入他的同伴,通过征收便利费来获得"维持生活的工资"。当这种情况存在时,海关离严重的腐败就不远了。

13.5 如何将海关变成一个现代的机构

中东欧地区或其他地方存在的这些问题该如何解决呢?一些敦豪的经理和专家就这个问题给出了一些见解。但是事情真的会很快地有所好转吗?

从传统意义上看,国际贸易是由海关和无条件地接受海关检查程序的贸易公司组成的。但是在这个风云变化的贸易环境里,越来越多人感觉到很多国家的海关检查程序并没有跟上这些变化。虽然海关看起来是国际化的机构,但它实际上仍然是一个国家机构(Black 1997)。如今,全世界的贸易领域中已经形成这样一个统一的观点,即海关几乎从不关心其他的国际贸易事务,以及技术上,或者管理方法上潜在的可以改进的地方(例如按时配送)。而这些发展要求海关具备更新海关清理程序以及将海关检查整合到出口管理链上。用快递业内一个重要代言人——约翰·瑞文的话来说就是:"海关管理部门是21世纪世界中一个19世纪的机构"(Raven,1997)。

敦豪的管理人员认为,出现这种情形的原因之一是海关的权力局限于它们的主权领土之上。在这样的一个结构中,国家的需要和关注点高于全球利益,或者在全球市场中运作业务的贸易公司的利益。另外一个原因就是,贸易商在国际贸易环境中应用新技术的速度比海关要快得多。

技术上的成熟使得贸易商能够通过"一站式"数据捕捉设备来开发成本效益更高的国际化系统。在贸易方,如银行、保险公司、运输公司、进口商和出口商、代运人等之间的数据交易通过电子手段传送,这使得它们之间可以建立一个综合的交易数据库。这些文件查看起来很容易,并且能够为改进传统海关检查程序提供新的机会。技术驱动的贸易系统使得传统的基于纸质文件的进出口报关单成为多余的东西,而就收入评估和数据收集相关的事务来看,海关有可能成为多余的机构。

用通用标准服务技术有限公司(SGS)一个重要海关专家的话来说就是,现代海关会日益成为一个拥有强力手段的预防性机构。对托运数据的研究使得海关能够利用"归档"技巧(这种技术可以轻易识别"高风险"的托运货物)工作并且可以专注于解决问题,而不是常规的边境管制点。

不管是在发达国家还是在低收入国家,欺诈和违法行为的发生都在逐年增长。例如,欧盟的反欺诈小组UNCLAF的成员已经从20世纪90年代早期的20来个人增加到1999年的300来个。各国海关尝试在世界海关组织(WCO)范围内进行相互合作,而这个组织的前身正是海关合作委员会。WCO非常关注海关日益突出的违法行为,以及效率低下和腐败等问题,该组织在1993年的阿鲁沙宣言(Arusha Declaration)就是针对这些问题进行的。在打击海关玩忽职守方面,WCO已经作出了大量的努力。但是国际贸易界有一种新兴观点,即只有发生一次彻底的变革并对海关在国际贸易中的角色完全重新定位,才能够从根本上解决海关的问题。敦豪快递也持有同样的观点。

注释

由衷感谢瑞士国家科学基金(批准号:PLPJO 48243)和世贸组织的支持。本研究在世贸组织和瑞士国家科学基金的许可下出版。

参考文献

Black, R. (1997) *Business Concerns with Customs Controls and Procedures*, presentation at the Fifth International Conference on Marketing Strategies, University of Neuchâtel, Switzerland, 20 May.

DHL (1997) *Customs Report for Central and Eastern Europe*, London, prepared by D. Singer and R. Kanareck of the RED Consultancy.

Kim Kyung Won (1998) *Regulatory Barriers to Exports: a Marketing Analysis*, Neuchâtel, the Enterprise Institute of the University of Neuchâtel (manuscript of a diploma thesis).

Kostecki, M. (1995) 'Business Options in the Service Sector of the Transition Economies: a Framework for Inquiry', in M. Kostecki and A. Fehérvary, (eds), *Services in the Transition Economies*, 3–27, Oxford: Pergamon Press.

Kostecki, M. (1996) 'Waiting Line as a Marketing Issues', *European Management Journal*, 14 (3): 295–303.

Lorange, C. (1998) *Corporate Structure, Procedures and Responses Relating to Trade Policy: Case Studies of Four Multinational Corporations*, Neuchâtel: the Enterprise Institute of the University of Neuchâtel (manuscript of a diploma thesis).

Raven, J. (1997) *Managerial views of the Customs*, paper presented at the Fifth International Conference on Marketing Strategies, University of Neuchâtel, Switzerland, 20 May.

14　酒店服务的全球化：对日渐成熟的服务行业的所有权和联盟形式的一项调查

法罗克·孔切莱特(Farok J. Contractor)　萨米特·孔都(Sumit K. Kundu)

14.1　该研究的目标

本研究将着眼于以下三个方面：

为什么一些公司比另外一些公司更加国际化？由于国际化程度常被用来衡量企业是否成功，那么我们有必要问这样一个问题，即在同一服务行业中的公司为什么会在这一方面有如此大的差别？

为什么不同的组织形式(模式选择)能同时存在于一个企业当中？经营国际业务的酒店采用多项组织形式，包括独资，合资，特许经营，以及管理服务协议。这些组织形式不仅存在于不同公司之中，甚至在一个公司的各国经营中也同时存在。是什么决定了某个国际酒店最佳的组织模式？

是什么促进了特许经营并且能够解释其全球的覆盖率？非股权基础国际进入模式(non-equity based international entry modes)已经引起了学术界和业界极大的兴趣。我们也许会问，"假如公司要在独立运营和特许经营中作出选择，是什么样的因素会导致酒店的战略选择倾向于特许经营？"

14.2 国际酒店业的综述

由于国际连锁酒店的品牌并不多,因此我们可以认为这个产业是高度集中的。包含了全球90%酒店房间目录的《国际酒店集团目录,1992》(*The International Hotels Group Directory*,1992)中只有 110 家酒店与其所属国之外的一个或多个酒店有管理上的或股权上的联系。(当然,如果国内公司也包括在内的话,这个数字会变得更大。)

表 14.1 列出了这 110 家酒店国际业务(只有国际业务)的分布,这些公司的总部设在 15 个主要国家。目前,美国、英国和法国为跨国酒店总部所在地的主要国家,占全世界总数的 55%。值得注意的一点是亚洲作为酒店总部的增长,从唐宁和迈克奎恩(Dunning and McQueen,1981)研究中的 7.4% 增长到 1991 年的 17.28%。

■表 14.1 110 家酒店跨国公司的特点:全体 110 家公司

来源国或地区	占所有公司(%)	北美洲	欧洲	中东	非洲	亚洲	大洋洲	南美洲	加勒比地区	全球总额
位于总部所在国或地区之外的目的地客房数,1991										
北美洲										
美 国	22.73	43 333	34 104	3 095	10 532	57 057	12 793	20 431	13 842	195 187
加拿大	2.72	7 477	228						419	8 124
	25.45	50 810	34 332	3 095	10 532	57 057	12 793	20 431	14 261	203 311
欧 洲										
英 国	21.82	18 954	39 650	775	9 738	21 178	3 130	6 692	3 520	103 637
法 国	10.90	8 763	32 707	863	14 225	12 896	742	3 071	2 011	75 278
德 国	7.27	1 613	6 673			1 718		313	1 270	11 587
意大利	1.82	314	2 953							3 267
西班牙	2.73	6 192	10 369		508	3 344		777	997	22 187
瑞 典	2.73	1 241	12 166			900				14 307
瑞 士	2.73	2 640	3 530	965		4 432				11 567
其 他	5.44		7 452							7 452
	55.45	39 717	115 500	1 638	25 436	44 468	3 872	11 053	7 798	249 282
大洋洲										
澳大利亚	1.82					873	4 558			5 431
	1.82					873	4 558			5 431
亚 洲										
日 本	4.55	6 418	1 567			6 246	1 566		1 571	17 368
中国香港	7.27	16 405	6 461	125	171	24 496	1 951	395	2 805	52 809
新加坡	1.82					3 431				3 431
印 度	1.82	1 850	600	1 310	1 189	1 761	200			6 910
马来西亚	0.91					600				600
其他国家	0.91	164							918	1 082
	17.28	24 837	8 628	1 435	1 360	36 534	3 717	395	5 294	82 200
总 计	100.00	115 364	158 460	6 168	37 328	138 932	24 940	31 679	27 353	540 224
		(21.36%)	(29.33%)	(1.14%)	(6.91%)	(25.72%)	(4.62%)	(5.86%)	(5.06%)	(100.00%)

注:110 家全体,只包括国际酒店,不包括仅在本国范围内经营的酒店或者连锁店。
资料来源:《国际酒店名录,1992》。

258

如表 14.1 所示,这 110 家公司在全球共有 1 913 081 间客房。不过,本研究只关注那些在国际间运营的酒店。这些酒店拥有的客房一共有 540 224 间。表 14.1 中其他栏列出了这 540 224 间客房在各个地区的分布,其中大部分位于欧洲和亚洲,其次为北美洲。总部在欧洲的酒店在其他国家拥有的酒店客房占当地的 46%。而这 110 家公司中 55.45% 的酒店总部设在欧洲国家。

14.2.1 数据和样本

我们的数据是向《国际酒店集团名录,1992》(即列出的至少拥有一份海外资产的公司)中所有的 110 家公司发放的问卷中得出的。该问卷的回复率为 31%,也就是说总共有 34 家酒店回答了我们的问卷。这些酒店共拥有包括在 112 个国家的 1 131 家外国酒店资产,涉及 306 810 间客房(在公司总部所在地国家之外),并且略微超过统计总体(总部所在国以外的酒店资产)的 60%。这一数据通过向有国际业务的所有酒店邮寄的问卷获得的。样本的分布十分广泛,颇具代表性。只不过我们的发放问卷的对象都是大型企业,这可能会产生一些偏差。在 15 个产生跨国酒店(表 14.1)的主要国家之外,样本中还包括了其他 13 个总部所在国。在总数量上,这 110 家公司在其总部所在国以外拥有 540 224 间客房;其中 203 311 间客房(占 37.63%)分布在北美洲;249 282 间(46.14%)在欧洲;还有 82 200 间(占 15.21)在亚洲。

样本与统计总体在公司总部所在国之内与之外的客房比例方面非常相符。大约 3/4 的酒店所属国为发达国家,1/4 为发展中国家。

14.2.2 全球酒店产业的特质

酒店业和其他的服务行业有明显不同,我们将在之后的段落中详细列出酒店业的不同之处。不过由于没有相关的研究证明,我们在此仅对这些作一些不同的假设,以便进行研究:

(1) 酒店业有较长的全球扩张史。该行业的跨国投资可追溯到一百年前,这可能是酒店业品牌较其他行业更为集中的原因。

(2) 各个连锁酒店涉及的外国市场数量十分庞大。

(3) 拥有许多被全世界所认可的全球化品牌。

(4) 相比于其他大多数服务业,在设计、运营程序、知识汇编、品牌、预定系统和规模经济方面的全球标准化程度较高。

(5) 资本投资风险高。想要提供酒店服务就必须对房地产进行大量的投资,这其中有些投资甚至超过一亿美元。

(6) 这个产业极有可能形成国际联盟。外商独资经营的数量很少,而特许经营和管理服务协议则十分普遍。许多联盟战略将尝试分离风险投资与酒店的管理经营,并将制定标准化的经营策略。

很少有研究专门针对酒店业。除过唐宁和迈克奎恩(Dunning and McQueen,1981)的研究之外,几乎没有其他涉及全球范围的研究。

首先我们将依次列出本文之前所提出的问题,并对其进行讨论和分析。

> **第一个研究问题:**
> 为什么一些公司比其他公司更加国际化
> 我们的研究以公司为单位

第一个研究问题是为什么一些公司相比于其他公司具有更加国际化的经营? 我们发现在不同产业中,"跨国经营/全球总经营"的比例各不相同。但是在酒店业中,按照总部所在国之外房间与全球房间总数的比例计算,本研究中酒店的国际化经营程度有高有低(从 3%到 96%)(正如表 14.2 中"国际经营比率"这个变量所示)。我们将从数据上寻找原因解释这种显著的变化程度。

■表 14.2 样本中 34 家酒店的特点

	总部所在国之外的房间数	在发达国家的(%)	在发展中国家的(%)	国际经营比率(全球)
雷迪森(Radisson)	6 313	41	59	0.14
凯悦(Hyatt)	21 866	32	68	0.24
喜来登(Sheraton)	47 500	43	57	0.35
Choice	13 892	78	22	0.07
假日酒店(Holiday Inn)	54 104	55	45	0.24
Small Luxury	526	38	62	0.36
Nendels	120	100	—	0.03
温德姆(Wyndhams)	1 566	—	100	0.17
威斯汀(Westin)	11 514	28	72	0.36
Journeys End	1 595	100		0.13
Delta	923	76	24	0.53
希尔顿国际(Hilton In'l)	40 210	50	50	0.92
Friendly	90	100	—	0.06
European	54	100	—	0.47
斯泰根伯格(Steigenberger)	1 421	65	35	0.24
凯宾斯基(Kempinski)	2 364	34	66	0.66
喜达屋(Ciga)	2 227	100		0.42
Le Meridian	15 892	50	50	0.87
莫文彼克(Movenpick)	3 971	38	62	0.66
伊贝罗特尔(Iberotel)	1 648	—	100	0.23

	总部所在国之外的房间数	在发达国家的（%）	在发展中国家的（%）	国际经营比率（全球）
Southern Pac.	5 038	61	39	0.50
日航(Nikko)	8 633	51	49	0.75
全日空(ANA Hotels)	3 006	54	46	0.30
明工中国餐厅(Ming Court)	600	—	100	0.37
Oberois	3 194	6	94	0.58
泰姬酒店集团(Taj Group)	3 716	66	34	0.42
Regent Int'l	4 258	35	65	0.88
华美达(Ramada Int'l)	26 322	69	31	0.96
Mandarin	2 432	7	93	0.63
半岛集团(Peninsula Group)	1 553	29	71	0.62
Lee Gardens	2 632	—	100	0.78
香格里拉(Shrangi La)	4 376	5	95	0.86
新世界大酒店(New World Hotel)	7 648	6	94	0.69
共计	306 810			

资料来源:问卷。

第二个研究问题：
酒店可采用的模式以及对于联盟模式的偏好
分析单位为(模式选择的)酒店每一处分店

第二个问题研究的是国际酒店经营中的不同组织形式或者经营模式。竞争优势同样可以从公司之间合作产生的非股份基础协议,如管理服务合同和特许经营权中获取。这种方式在服务业如酒店业中,表现地更加突出。因为在这一行业中由资本密集型因素带来的竞争优势(比如房地产)可与由知识基础或者管理专业技术因素带来的竞争优势相分离。在酒店业中,管理服务合同(在有形资产或者房地产所有者和提供管理专业技术的全球酒店公司之间)几乎是唯一也是最普遍的管理模式。

正如表14.3所示,非股权模式在全球境外经营的地产占有65.4%,而涉及两家公司的地产总数则占全球酒店总数的81.2%。总的说来,酒店业在全世界拥有数量众多的联盟(合资,特许经营权,管理合同)。表14.3显示,在全世界所有酒店行业所属的地产中,37%的国外地产是以管理服务合同为经营依据的,而这种方式就成为国际酒店业最普遍的组织模式。完全和部分所有地产的百分比合计为35.6,特许经营权则为28.4。

■表 14.3 公司总部所在国之外的酒店地产和客房的分布,使用模式类型(数据和百分比)

模式选择	地产数量	客房数量
股份		
一全资(m = 4)	213(19.8%)	60 376(17.0%)
一部分所有(m = 3)		
(合资)	179(15.8%)	62 202(17.5%)
非股份		
一管理服务(m = 2)		
合同	418(37.0%)	135 660(38.2%)
一特许经营协议(m = 1)	321(28.4%)	96 924(27.3%)
共计	1 131(100.0%)	355 162(100.0%)

目的地国主要地区模式类型的分布(%)

	主要目的地国(东道国市场)地区		
模式选择	北美洲	欧洲	亚洲
全资	9.46	28.60	22.40
部分所有	11.46	6.20	22.93
特许经营协议	38.31	28.66	12.45
管理服务合同	40.76	36.53	42.21

资料来源:《国际酒店集团名录》和问卷。

　　酒店业中公司之间的合作是该产业重要的战略之一。和其他服务行业相比,酒店更倾向于和其他酒店组成联盟并且进行非股权模式的联合。我们的数据涉及了许多酒店的国际经营,这样的数据使我们能够研究外部环境(即市场或者国家特殊性)这一变量对于酒店组织模式的影响并将这一变量与公司特殊性分开研究。

　　由于第二个研究问题关注的是影响酒店国际战略的决定性因素,因此,这些数据只与各个公司总部所在国之外的酒店地产相关,并且包括各个酒店所拥有的地产的组织模式。该研究以地产为单位。研究中自变量的选取为那些有用国际经营的酒店以及这些酒店所属国家的特点。

　　在不同地区,酒店中股份所有权和特许经营权的比例有所不同,但以管理服务合同为基础的酒店在哪里都有。(见表 14.3)。在北美地区,股份所有权酒店占的比例较低,而特许经营更为普遍。与之相反,在亚洲地区以股份所有权为基础的酒店比较普遍,而特许经营则相对较少。

第三个研究问题:
解释酒店为什么倾向特许经营
研究单位为各酒店的分店

　　第三个问题研究的是为什么特许经营会被国际酒店业广泛的使用。在国际扩张的过程中,公

司可能会通过在国外的分公司里使用自己的职员和进行股份投资来复制其组织结构。在另一些地方,公司可能与当地投资者订立合同,允许他们以特许经营人的身份使用自己的品牌名称、公司形象和商业系统,并从他们那里收取费用和专利税,而不是以对外直接投资的方式获取当地企业的股份权利。那么在什么样的情况下,公司更愿意以特许经营的方式,而不是自己进行运营呢? 这是我们将要研究的第三个问题。

过去 20 年间,国际特许经营的发展十分迅速,这在一些研究中有所记载(Fladmoe-Lindquist and Jacque, 1995; Shane, 1996; Kedia et al. , 1994; Huszagh et al. , 1992)讨论了在何种情况下酒店业对于特许经营将有着不同于其他方式的偏好。尽管国际特许经营是从发达国家开始的,但由于地理上的相邻以及语言和文化上的相似(Steinberg, 1991; Aydin and Kacker, 1989),特许经营现在已经广泛存在于诸如印度尼西亚、菲律宾、泰国和墨西哥等新兴市场。近期的一些研究认为:不同的服务业所采用的组织类型和战略手段会有所不同(Lovelock and Yip, 1996; Domke, 1997)。

为了解释酒店业国际特许经营的发展,我们必须明确来自公司内部(公司特点和战略)以及外部(国家或者地区)的因素,这些因素影响着公司的组织形式。这三种影响的共同作用将决定某酒店公司,对于旗下某位于外国的地产,是否采取特许经营的方式进行运营。早期的一些研究(Dunning, 1980; Hill et al. , 1990; Contractor, 1990; Erramilli and Rao, 1993)指出,使用一种统一的或者折中的经营模式或许有助于酒店经营。

早在很久以前就有人以交易成本问题和代理问题为基础提出一些假设,用来解释为什么酒店倾向于特许经营。这些假设中有些可以应用在不同的服务业中,而有些只能应用在酒店行业。

酒店所在国的特点是否会在酒店决定特许经营时产生影响(与酒店自己经营相对)? 要回答这个问题,我们需要确定四个因素:

(1) 国家风险;

(2) 酒店总部所在国家与酒店所在国家之间的文化差异;

(3) 酒店所在国家的经济发展水平;

(4) 以及酒店所在国家的国际贸易开放程度。

即便是在同一服务领域,不同公司之间对于特许经营的看法也不同,这取决于公司的全球化战略以及他们各自的能力。为了更好地解释每个公司所采用的策略,我们会将交易成本理论和代理理论与公司的战略以及组织能力相结合进行讨论。那些拥有自主知识的酒店,不论采取哪种经营方式,都可以在国外使用自己拥有的知识。对它们来说,如果以下三个条件都满足,那么它们将采用特许经营的方式进行运营。第一,交易成本足够低。第二,知识的转移成本较低并且不会因知识转移而增加成本(Winter,1987;Contractor,1985)。第三,特许经营的收益很可观(或甚至优于风险调整基础上的产权投资)。

从全球酒店业来看,有 28.38% 的酒店以特许经营的方式进行运营。如表 14.4 所示,起源于不同地方的酒店对于特许经营的使用比例也有不同。起源于北美的酒店集团很明显是国际特许经营的带头人,亚洲公司紧随其后,最后则是欧洲的酒店集团。

■表 14.4 特许经营酒店地产的分布

按照酒店公司起源地区	按照目的地(东道国市场)地区			
	北美洲	欧洲	亚洲	其他
北美洲	33.95	24.61	8.09	17.45
欧洲	1.56	0.62	1.56	0.93
亚洲	2.80	3.43	2.80	1.25
其他				0.93
全球特许经营方式下的酒店地产平均值				28.38%

14.3 本研究中使用的自变量

对于本研究中的提出的三个问题,我们已经使用三组变量进行研究,分别是:公司化变量,国家化变量,以及与酒店战略相关的变量。在这三组变量中,我们已经用与酒店战略相关的变量解释了公司如何选择自身经营模式。表 14.5 总结了用于这三个研究问题的自变量。我们的研究数据主要采集自我们发放的问卷,还有一些数据则来自于其他地方公布的数据。我们将列举并简单讨论用于该研究的自变量。

■表 14.5 本研究中使用的解释性变量列表

解释性变量(EV)	定 义	EV 号	研究 1	研究 2	研究 3
公司规模或者 SIZE	全球收入以美元计算	EV1	√	√	√
预定系统	归属于预定或转介系统的收入百分比	EV2	√		
国际经验或者 IEX_i	最初的国外直接投资至今年数	EV3	√	√	√
对培训的投资	在培训方面的花费占全球销售的百分比	EV4	√		
地理相邻性	指标变量:如果总部所在国之外的 50% 甚至更多与总部所在国在同一地区,变量=1,反之=0	EV5	√		
贸易与 GDP 比例	(出口 + 进口)/ GDP * 2	EV6	√		
FDI 与 GFCF 比例	[(对内+对外投资)/2]/固定资本形成总值	EV7	√		
文化距离[①]	与公司总部所在国的文化距离,由每个东道主国家客房比例来衡量	EV8	√		

264

解释性变量(EV)		定　　义	EV 号	研究 1	研究 2	研究 3
国家化因素	CRI_i ②	地产所在国家 i 的综合风险指数(最高风险＝0,最低风险＝100)	EV9		✓	✓
	CUL_{ij}	$CUL_{ij}=[(I_{ih}-I_{ihk})^2/v_h]^{1/3}$,当 I_h,h＝1—4 时,等于 Hofstede(1980)的四个文化指数且依据 Kogut 和 Singh(1988),V_h 为 h^{th} 指数的变量	EV10		✓	✓
	$GDPGAP_i$	酒店地产所在国 i 的人均 GDP	EV11		✓	✓
	$FDITOGDP_i$	国家 i 的 FDI/GDP 之比	EV12		✓	✓
公司化因素	结构 $SIZE_j$	公司 j 的全球收入以美元表示	EV13	✓	✓	✓
	IEX_j	公司 j 第一次国外直接投资至今年数	EV14	✓	✓	✓
	$GLOP_j$	该公司在总部所在国之外地产的数量除以全球地产的总数之比	EV15	✓	✓	✓
	战略③ (P)FS④	全球经营中所需的规模	EV16	✓	✓	✓
	(P)RES	预定系统和品牌	EV17	✓	✓	✓
	(P)INV	对培训的投资	EV18	✓	✓	✓
	(P)SCA	经济规模	EV19	✓	✓	✓
	CQ	公司进行管理控制和保持质量的能力	EV20	✓	✓	✓

注:"①"表示 $CD_j = \dfrac{\sum\limits_{k=1}^{k=m_j}[(r_{jhk})*(1/4\sum\limits_{i=1}^{j=4}(I_{ih}-I_{ihk})^2/v)]}{\underset{k=1}{\overset{k=m_j}{S}} r_{jhk}}$

当 $I_{ih}=$ 第 i 个总部所在国文化方面的指数。

i＝1,2,…,4 文化属性。

$I_{ik}=$ 在东道主国家 k 的第 i 个文化方面的指数。

$V_i=$ 第 i 个文化方面的变量,i＝1,2,3,4。

$m_j=$ 公司 j 东道主国家的数量。

$r_{jhk}=$ 与位于东道主国家 h 的公司 j 相关的国家 k 的客房总数。

CD＝公司 j 的加权平均数文化距离指数

j＝1,2,…,34 个公司。

"②"表示 Frost 和 Sullivan,全球国家风险指导,1991。

"③"表示领会战略因素的重要性,其中 5 代表非常重要……1 代表不重要。

"④"表示(P)代表战略因素的前缀,用在第二和第三个研究问题。

资料来源:Hofstede(1980)。

对于第一个问题,我们使用的自变量的包括八个公司化和国家化的因素。这些自变量中有四个只与公司特点相关,分别是:公司规模,国际经验,公司里的独有知识和培训水平,以及在酒店对于全球预定系统的使用程度。关于这些变量的数据都是从问卷中收集得来的。而其他变量如公司文化差异以及与目标市场的地理相邻性,贸易与生产总值之比,以及对外直接投资与固定资本之比都是从一些出版资料中收集而来的。

为了研究第二个问题,我们使用了孔切莱特(Contractor,1990)所提到的方法,将交易成本,代理理论,以及一些公司化和国家化的变量进行综合的处理。这种折中的方法在早期一些研究中(Kim and Hwang,1992;Erramilli and Rao,1993)就曾被使用过。公司规模,国际经验,以及国外地产所占比例决定了公司的特点。我们使用的国家化变量包括国家风险,文化差异,人均本地生产总值,以及国外直接投资与本地生产总值之比。最终,我们将使用表 14.5 中列举出的这些变量来衡量公司战略的重要性。

用于衡量第三个研究问题的自变量与前面研究第二个问题时所用的相差无几,不过其中六个自变量与因变量的正负关系和预期的关系相反。

14.4 因变量列表以及在该研究中与自变量的关系

在国际贸易的文献中一些同业比较分析指出,公司的全球化程度可以从许多方面来衡量。虽然方法很多,但我们只采用其中的十种方法进行衡量,即我们选取的自变量,来研究第一个问题。测试多重概念通常有助于找到更正确,稳定的结果。我们所采用的数据是从问卷反馈和酒店名录中获得的。

第二个研究问题的因变量是酒店每处地产的模式选择。表 14.6 揭示了因变量 M 作为多分类方法详细描述了产权所有权和全面控制的水平:

(1) 特许经营 M = 1;

(2) 管理服务合同 M = 2;

(3) 部分所有(合资)M = 3;

(4) 全资 M = 4。

在第三个研究问题中,因变量公司经营方式的两种取值分别是特许经营(F = 1)模式和公司自己经营(F = 0)。

■表 14.6　所有因变量列表及其与解释性变量的预期关系

研究问题	因变量		解释性变量和预期符号
	变量名称	定　　义	1　2　3　4　5　6　7　8　9　10 11 12 13 14 15 16 17 18 19 20
一	GLOBAL	由总部所在国以外客房数除以全球客房总数之比衡量的国外倾向比例	＋＋＋＋－＋＋－
	GLOBAP	由总部所在国以外地产数量除以全球地产总数之比衡量的国外倾向比例	＋＋＋＋－＋＋－

266

研究问题	因变量		解释性变量和预期符号
	变量名称	定 义	1 2 3 4 5 6 7 8 9 10 11 12 13 14 15 16 17 18 19 20
	COUNTRIES	该公司地产所在国的数量	+ + + + - + + -
	FSALES	国外销售额与全球销售总额之比(用美元表示)	+ + + + - + + -
	GLOBAPFD	国外地产数量除以东道主国地产数量	+ + + + - + + -
	GLOBALFD	国外客房数量除以东道主国客房数量	+ + + + - + + -
	FSALESFD	国外销售额除以本地销售额(用美元表示)	+ + + + - + + -
	SMI	地理分散指数通过销售额①	+ + + + + - + -
	RMI	地理分散指数通过客房②	+ + + + + - + -
	PMI	地理分散指数通过地产③	+ + + + + - + -
二	M	M是多分类方法描述了产权所有权和控制的上升水平: 特许经营 M=1; 管理服务合同 M=2; 部分所有(合资)M=3; 以及全资 M=4	+ - - + + + + + - - + + +
三	F	特许经营的倾向(F=1 如果酒店地产为特许经营,或 0,如果地产为公司运营)	- + + + - + - - + - + + +

注:① 由 $\dfrac{a_1 m_1 + a_2 m_2 + \cdots + a_0 m_0}{a_1 + a_2 + \cdots + a_0}$ 来衡量,此处 a_i 为销售额,m_i 为国家 i 到总部的英里数。

② 由 $\dfrac{a_1 m_1 + a_2 m_2 + \cdots + a_0 m_0}{a_1 + a_2 + \cdots + a_0}$ 来衡量,此处 a_i 为客房数,m_i 为国家 i 到总部的英里数。

③ 由 $\dfrac{a_1 m_1 + a_2 m_2 + \cdots + a_0 m_0}{a_1 + a_2 + \cdots + a_0}$ 来衡量,此处 a_i 为地产,m_i 为国家 i 到总部的英里数。

14.5 回归分析结果

为了研究第一个问题,我们采用前向选择逐步回归(stepwise regression using a forward procedure)来解释酒店业中不同酒店国际化程度的不同。按照表 14.7 决定系数在 0.22 到 0.68 范围内变化。总的来看,酒店规模、国际经验与国外市场的地理相邻性这三个自变量对于因变量的影响最为显著。尽管我们有十个不同的因变量可以用来做回归分析,但无论使用哪一个,电脑程序据此选出的八个自变量都是完全一致的。回归结果中,酒店规模这个变量的符号(负号)与我们的预期相反,不过这种情况在其他研究中也时有发生,这背后的原因或许也可以成为新的研究项目。负号的

■ 表 14.7 解释酒店跨国公司中全球化程度有所不同的复归结果

因变量	截距	规模	国际经验	预定系统	对培训的投资	地理相邻性	贸易额与GDP之比	FDI与GRCF之比	文化距离	总F值	R^2
GLOBAL	0.29728	-0.00019 (0.0011) [3]+++	0.01879 (0.0008) [2]+++	**	**	-0.24511 (0.0187) [4]+++	0.00508 (0.1613) [3]	**	**	7.97	0.6392
GLOBAP	0.3396	-0.00021 (0.0004) [3]+++	0.01893 (0.0008) [2]+++	**	**	-2.27508 (0.0097) [4]+++	0.00470 (0.1947) [3]	**	**	8.65	0.6578
CNTRYS	-3.1868	0.00988 (0.0001) [1]+++	**	**	728.7028 (0.0913) [2]+	**	**	**	**	21.83	0.6858
FSALES	0.0342	-0.00009 (0.0841) [3]+	0.01511 (0.0205) [2]+	**	**	**	**	**	0.11758 (0.0462) [1]++	4.76	0.4289
GLOBAPFD	1.0721	**	**	**	**	-2.73179 (0.0808) [1]+	0.10004 (0.1290) [2]	**	**	2.86	0.2221
GLOBALFD	-0.2883	-0.00119 (0.0562) [3]+	0.14921 (0.0131) [2]++	**	***	-2.0024 (0.0844) [4]+	-.0676 (0.1103) [1]	**	***	4.66	0.5087
FSALESFD	-1.99320	**	0.08846 (0.051) [2]	**	**	**	**	0.28121 (0.0485) [1]++	**	4.67	0.3181

包含七项独立变量的回归（删去了地理相邻性变量）

因变量	截距	规模	国际经验	预定系统	对培训的投资	地理相邻性	贸易额与GDP之比	FDI与GFCF之比	文化距离	总F值	R^2
SMI	−14 142.4	**	16 103.618	**	**		**	**	**	24.00	0.533 2
			(0.000 1)								
			[1]+++						**	+++	
RMI	198.29	−0.434 0	80.736	**	**		**	**	**	5.18	0.349 1
		(0.099 5)	(0.007)								
		[1]+	[2]+++						**	++	
PMI	−1 760.569	**	217.434	**	**			**	**	20.02	0.488 0
			(0.000 2)								
			[1]+++						**	+++	

注：括号内为F值的概率；双侧检验。

"+++"表示相关显著性水平大于 0.01。

"++"表示相关显著性水平大于 0.05。

"+"表示相关显著性水平大于 0.10。

"**"表示该变量相关不显著而未列入表中。

产生也许是由于这些酒店拥有庞大的国内市场,比如美国和加拿大。在这些国家中,地产的总值相比较于一些欧洲小国要大得多。另一方面,那些源于英国,法国,意大利,荷兰,以及西班牙的公司可能会聚焦于国际市场,因为它们的本地市场规模较小。地理相邻性这一变量的回归结果和我们的预期一样都是负值,这表明在全球化早期,公司首先扩张其与发源地相邻的区域。这同样支持渐进式扩张这一理论,至少就地理相邻性而言是这样的。假使其他条件不变,全球化程度较低的酒店更愿意先去拓展与其现有市场在地理上相邻近的市场。

国际经验这一变量在这 10 个回归方程中的 8 个里面表达都十分显著,并且它的符号也和预期相符。这可以看出过去较早开拓海外市场的公司在总部所在国之外的业务具有较高的比例。相比之下,文化差异这个变量的假设不被支持。文化差异只在 10 个等式中的一个里面表达显著。不过,这样的结果并不意味着文化学习不重要。首先,导致这种结果也许是因为我们在这方面的数据不足。其次,它或许只是由于我们所选择的公司中大多数已经在全球化方面相当成熟(即样本中大多数酒店已经拥有长期而稳固的全球文化经验),因此文化差异作为自变量的代表性不足。在我们的样本中,酒店所拥有的全球化运营经验平均时间为 17.44 年,这已经是一段相当长的时间了。

唐宁和迈克奎恩(Dunning and McQueen,1981)在他们的研究中强调了所有权或者公司化因素的重要性,如对全球预定系统,或者对培训的投资。他们认为这是酒店获取全球竞争力的方式,但是这些假设并未能得到统计数据的强烈支持。(我们稍后将看,它们与其他因变量有显著的联系。)这可能是因为,当 12 年前唐宁和迈克奎恩在做研究时这些因素的确影响了公司的国际化进程,但是在这个行业日益成熟的今天,这种方式或许已经不再适用。早期一些使自己公司能够区别于一般公司的做法也许随着竞争者的模仿以及在管理经验上的进步变得大众化,因此它们不再构成公司竞争力的来源。现如今公司用于创造竞争的因素可能是一些环境因素,如公司的地理位置和或者发源国特点。当然,这样的统计结果也可能仅仅是因为我们所收集数据的局限性,毕竟我们的样本只有 34 家公司而已。

假设自变量[也被称作"发生比"(proportional-odds)模型]具有公共的斜率,那么我们可以使用分类评定模型对第二个问题进行回归分析。从表 14.8 的总体 χ 值(380.27),和 Somers' D 值(0.61)我们可以看出,这些自变量非常显著。对于整体模型,一致性的可能性高达 79.6%。

11 个自变量中的 7 个在 0.05 水平是显著的,这其中的 5 个在 0.01 水平下仍然显著。

国家独立变量国家政治和经济风险(CRI),和人均 GDP(GDPCAP),这两项都与假设中变量的符号一致。GDPCAP 变量的负号肯定了在其他条件不变这一前提下,高收入国家更偏向非股权模式,低收入国家更偏向股权投资的假设。CRI 协同因素的正号肯定了当政治和经济风险较高时,非股权模式,例如特许经营和管理服务合同在较高风险环境中更受欢迎。

■表 14.8 使用 LOGIT 模式解释跨国酒店切入方式的普通逻辑回归

变　量	描　　述	参数估计值	标准误差	瓦尔德卡方	显著 $p>\chi^2$
截距 1		−1.633	1.188	1.892	0.17
截距 2		−0.979	1.186	0.681	0.41
截距 3		1.515	1.187	1.628	0.20
CRI	国家风险指数	0.027	0.014	3.722**	0.05
CUL	文化距离	−0.049	0.078	0.390	0.53
GDPCAP	人均 GDP	−0.068	0.020	11.277*	0.000 8
FDITOGDP	外国地产比例	−0.000	0.001	0.453	0.50
IEX	国际经验	0.046	0.009	28.180*	0.000 1
GLOP	外国地产比例	2.867	0.402	51.002*	0.000 1
PSCA	规模经济	0.168	0.188	0.806	0.37
CQ	管理和质量控制	0.189	0.049	14.742*	0.000 1
PFS	规模重要性	−0.695	0.166	17.543*	0.000 1
PRES	预定系统和品牌	−0.334	0.131	6.460**	0.01
PINV	培训投资	−0.185	0.208	0.791	0.37
*	大于 0.01				
**	大于 0.05				

Log L	χ^2	自由度	P	C 指数	Somers' D
−2	380.27	11	0.000 1	0.81	0.61

预期可能		因变量 M			
一致	79.6%	M−1	M−2	M−3	M−4
不一致	18.4%	特许经营	管理	部分拥有	全资
相等	2.0%	服务	占有		
			合同		

文化差异(CUL)和东道主国家对外直接投资与国内生产总值之比(FDITOGDP)的假设不被支持。对于文化差异来说,数据的局限性可能是导致缺乏显著性的原因,因为霍夫斯德(Hofstede,1980)的数据涉及不到 50 个国家,而我们样本中的国家数是 112 个。

公司化变量如国际运营经验(IEX)以及公司在国际上的酒店与其在国内酒店数量之比(GLOP)与我们的假设相一致。这说明具有国际运营经验的公司更倾向于在其可及的地理范围内使用股权模式来经营旗下酒店。管理和质量控制(CQ)这一变量的回归结果支持了这样一个假设,即在公司管理者更注重日常管理和质量控制的公司中,假如其他条件均相同,地产组织模式受到管理者影响并朝着股份所有制的方向发展。酒店规模(PFS)这一变量的符号与假设相反(并且非常显著)。这表明作为一种战略因素,规模的大小并不一定与使用高比例的股权所有制有关。预定系统和品牌(PRES)的符号与假设是一致的。这说明全球预定系统和品牌名称是非常重要的战略资产,可以使全球酒店公司建立并控制契约同盟网。最后,横向规模(PSCA)和培训投资(PINV)这两个变量的回归结果并不显著。

第二个问题研究了3组自变量,即公司化,国家化和战略变量对于公司经营模式的影响。回归分析的结果表明,这三组自变量都很显著。特别是国家风险指数和人均GDP这两个国家化变量十分显著;而国际经验和国外倾向在公司化类别的变量中很显著;管理和质量控制,以及公司规模和预定系统在战略相关因素中表达显著。

对于最后一个研究问题,我们使用了二元逻辑回归来解释公司采用特许经营的倾向($F = 1$ 或0)。表14.9的数据表明特许经营的倾向受公司特点和公司全球战略的影响,其程度至少与受市场情况的影响一样强烈。总而言之,两个逻辑回归不等式都很显著,对数据的拟合度很高,同时-2 Log L的值(近似卡方分布)在0.01水平也十分显著,而且Somers' D值也很能说明问题。

■表14.9　用以解释酒店跨国公司特许经营倾向的逻辑回归

	模式1	模式2		模式1	模式2
案例总数(N)	517	721	质量控制	0.01	0.18
其中使用特许经营的	227	320			(＊＊＊)
自由度	11	10	预定系统	1.18	1.28
截距	−8.21	−10.04		(＊＊＊)	(＊＊＊)
	(＊＊＊)	(＊＊＊)	培训投资	.87	1.35
解释性变量:				(＊＊＊)	(＊＊＊)
规模	—	—	人均GDP	.10	0.06
国际经验	−0.09	−0.13		(＊＊＊)	(＊＊＊)
	(＊＊＊)	(＊＊＊)	FDI与FDP之比	−0.00	0.00
国外地产与总地产之比	−5.02	−6.60	复合风险指数	−0.03	
	(＊＊＊)	(＊＊＊)	文化距离	0.058	−0.06
公司规模	1.17	1.50	−2 Log L	275.01	407.60
	(＊＊＊)	(＊＊＊)		(＊＊＊)	(＊＊＊)
规模经济	−0.25	0.73	Somers'D	0.75	0.76

注:"＊＊＊"表示显著性好于0.01;
"＊＊"表示显著性好于0.05;
"＊"表示显著性好于0.10。

在国家化变量中,唯一有统计显著性的是人均GDP,这表明特许经营倾向随着经济发展水平的上升而增加。对于酒店来说,更多的国际经验和更大程度的国际扩张(外国地产与全部地产的比例)与特许经营倾向呈负相关。也就是说公司的国际运营经验越丰富,他们就越倾向于自己经营在国外的酒店。对于来自公司战略方面的因素,对于经营质量的看重与特许经营的倾向呈负相关,而特许经营与追求自身在全球的规模、培训投资和公司品牌等变量则呈正相关。

总而言之,回归的总体结果令人满意。我们提出的 12 项假设中的 7 项得到了很好的数据,而其他一些假设也得到了部分的支持。我们进行研究的回归分析的拟合度比较高,另外 Somers' D 值为 0.75。

旧时人们认为酒店亲自经营其国外资产是最优秀的全球战略,但这一论点已被颠覆。与国外酒店股份投资相比,特许经营是一种"回报率低但风险率更低"的战略。几乎所有的特许经营都能获得较低的回报。但是全球特许经营网通过加速全球扩张和扩大全世界区域覆盖或许能够在总数上提供给公司和股权战略同样高的全球回报。在过去的几年里,大量的国际连锁酒店都积极地进军国际酒店业的非股份领域。比如凯悦酒店公司(Morris,1994),和国际假日酒店之类的公司,它们不再以股份所有权作为主导战略,而是采取特许经营为基础的战略,并因此得以抽资脱身。

14.6 结论

本文研究了全球化扩张,酒店战略,以及酒店的国际运营模式。正如对三个研究问题逐一讨论所揭示的那样,我们所使用的公司化,国家化以及公司战略等变量在解释酒店国际化程度,酒店经营模式以及酒店选址上有很多共同之处。与对制造业的研究相比,国际研究才刚刚开始专注于服务行业全球化的问题。在这个行业中,不管是发达国家还是发展中国家,它们迅速发展的服务业都是十分值得研究的。

本研究及其数据中很有意思的一方面是各个公司在其全球化程度上存在着显著的差异,同时这些公司间又存在着建立联盟的倾向。特许经营在国民收入(其原因也许是市场规模和对依法强制实施产权的考虑)水平较高的国家出现的可能性较高。

本研究得出的结论是联盟在国际酒店业中十分普遍。("联盟"这一术语在这里很宽泛,包括一切形式的地方合作,无论它们是股权投资伙伴,或是当地酒店地产的房地产所有者,或是特许经营者。)以联盟为基础的模式是大多数国际酒店连锁经营的方式。因此,酒店业是大规模采用联盟方式经营的产业的很好例证,因为该行业有能力分散关键战略资产并降低风险。这些目标是通过以下的方式来实现的:

(1) 在设计,运营程序和组织结构方面,进行国际化的知识汇编使其能够在任意国家复制并应用(无论通过特许经营或是通过管理服务合同);

(2) 维持对全球品牌名称(由此减轻机会主义者进行投机并保留对联盟伙伴的影响)的控制;

(3) 维持对全球预定系统的控制(并且由此挣取增量收入);

(4) 将通过管理服务合同建立的联系,以及其他专利模式中可能存在的商业风险与伙伴的房地产或国家风险相分离;

（5）网络规模优势。这种优势不仅存在于连锁店的知识转移，同样也存在于全球物流供应系统。

本研究所找出的一个普遍的可适用于其他产业的结论为，当关键战略变量能够纳入回归方程中，并且公司能够通过对关键战略资产不间断的控制来降低投机者行为时，合同关系就可以有效地代替股份所有权关系。

管理者们面临的重要任务之一，是如何从现有的各种各样的组织形式中选择正确的组织类型，或者说进入模式。一般可供选择的模式包括不同程度的股权所有，以及之前提到的各种联盟方式。就像酒店业所展示的那样，管理者可拥有的选择将会越来越多。

注释

本章节部分基于以下文章中的内容：

《公司全球化程度中的自变量：以酒店业为例》，《全球管理杂志》，1995 年春；《联盟世界的模式选择：分析全球酒店业的组织形式》，《全球商业研究杂志》，1998 年第二季；

以及《特许经营与公司运营经营：全球酒店业的模式选择》，《全球市场杂志》，第 6 期，第 2 号，1998 年。在准备这份原稿之时，美国圣路易斯大学国际商务专业博士生 Mary Aita，提供了协助。

参考文献

Agarwal, J. P. (1980) 'Determinants of Foreign Direct Investment: a survey', *Weltwirtschaftliches Archiv* 4: 733–39.

Andersen, O. (1993) 'On the Internationalization Process of Firms: a Critical Analysis', *Journal of International Business Studies* 24 (2): 209–32.

Aydin, N. and Kacker, M. (1989) 'International outlook of US based franchisers', *International Marketing Review* 7 (2): 43–53.

Ball, C. A. and Tschoegl, A. E. (1982) 'The Decision to Establish a Foreign Bank Branch or Subsidiary', *Journal of Financial and Quantitative Analysis*, September: 411–24.

Contractor, F. J. (1985) 'A Generalized Theorem for Joint Venture and Licensing Negotiations', *Journal of International Business Studies* 16 (3): 23–50.

—— (1990) 'Contractual and Cooperative Forms of International Business: Towards a Unified Theory of Modal Choice', *Management International Review* 30: 31–54.

Culem, C. G. (1988) 'The Locational Determinants of Direct Investments among Industrialized Countries', *European Economic Review* 32: 885–904.

Davidson, W. H. (1980) *Experience Effects in International Investment and Technology Transfer*, Ann Arbor: UMI.

Domke, D. J. (1997) 'International Entry Mode Choice for Service Firms: the Role of International Strategy and Service Throughput Technology', paper presented at the Academy of Management, Boston, August.

Dunning, J. H. (1977) 'Trade Location of Economic Activity and MNE: a Search for an Eclectic Approach', in B. Ohlin, P. O. Hesselborn, and P. J. Wijkman (eds) *The International Allocation of Economic Activity*, London: Macmillan.

—— (1980) 'Towards an Eclectic Theory of International Production: Some Empirical Tests', *Journal of International Business Studies* 11 (1): 9–31.

—— (1981) *International Production and the Multinational Enterprise*, London: Allen and Unwin.

—— (1988) *Explaining International Production*, London: Unwin and Hyman.

Dunning, J. H. and McQueen, M. (1981) *Transnational Corporations in International Tourism*, New York: UNCTC.

Dunning, J. H. and Norman, G. (1983) 'The Theory of the Multinational Enterprise: an Application to Multinational Office Location', *Environment and Planning* 15: 675–92.

Erramilli, M. K. and Rao, C. P. (1990) 'Choice of Foreign Market Entry Modes by Service Firms: Role of Market Knowledge', *Management International Review* 30 (2): 135–50.

—— (1993) 'Service Firms' International Entry Mode Choice: a Modified Transaction Cost Analysis Approach', *Journal of Marketing* 57: 19–38.

Fladmoe-Lindquist, K. and Jacque, L. L. (1995) 'Control Modes in International Service Operations: the Propensity to Franchise', *Management Science* 41 (7): 1238–49.

Goldberg, L. G. and Johnson, D. (1990) 'The Determinants of US Banking Activity Abroad', *Journal of International Money and Finance* 9: 123–37.

Goldberg, L. G., Johnson, D. and Saunders, A. (1980) 'The Causes of US Bank Expansion Overseas', *Journal of Money, Credit and Banking*, November: 630–43.

Grubaugh, S. G. (1987) 'Determinants of Direct Foreign Investment', *The Review of Economics and Statistics* 69 (1): 149–52.

Hill, C. W., Hwang, P. and Kim, W. C. (1990) 'An Eclectic Theory of the Choice of International Entry Mode', *Strategic Management Journal* 11 (2): 117–28.

Hirsch, S. (1967) *The Location of Industry and International Competitiveness*, Oxford: Oxford University Press.

Hofstede, G. (1980) *Cultures Consequences: International Differences in Work-related Values*, Beverly Hills, Calif.: Sage.

Hollander, A. (1984) 'Foreign Location Decision by US Transnational Firms: an Empirical Study', *Managerial and Decision Economics* 5 (1): 7–18.

Huszagh, S. M., Huszagh, F. W. and McIntyre, F. S. (1992) 'International Franchising in the Context of Competitive Strategy and Theory of the Firm', *International Marketing Review* 9 (5): 5–18.

Johanson, J. and J.E. Vahlne (1977) 'The Internationalization Process of the Firm', *Journal of International Business Studies*, spring.

Kim, W. C. and Hwang, P. (1992) 'Global Strategy and Multinationals Entry Mode Choice', *Journal of International Business Studies* 23 (1): 29–53.

Kedia, B. L., Ackerman, D. J., Bush, D. E. and Justis, R. T. (1994) 'Determinants of Internationalization of Franchsing Operations by US Franchisors', *International Marketing Review* 11 (4): 56–68.

Khoury, S. J. (1979) 'International Banking: a Special Look at Foreign Banks in the United States', *Journal of International Business Studies* 10 (4): 36–52.

Li, J. and Guisinger, S. (1992) 'The Globalization of Service Multinationals in the "Triad" Regions: Japan, Western Europe and North America', *Journal of International Business Studies* 23 (4): 675–96.

Lovelock, C. H. and Yip, G. S. (1996) 'Developing Global Strategies for Service Business', *California Management Review* 38 (2): 64–86.

Morris, Steven. (1994) 'Hyatt is Opening the Door for Hotel Franchising', *Chicago Tribune*, 25 June.

Morrison, A. J. (1990) *Strategies in Global Industries*, Westport, Conn.: Quorum.

Nigh, D., Cho, K. R., and S. Krishnan (1986) 'The Role of Location-related Factors in US Banking Involvement Abroad', *Journal of International Business Studies* 17 (3): 59–72.

Pearce, R. D. (1991) *The Determinants of Foreign Direct Investment: a Survey of the Evidence*, New York: United Nations.

Schollhammer, H. (1974) *Locational Strategies of International Firms*, Studies in International Economics and Business, no. 1, Los Angeles: Center for International Business, Pepperdine University.

Shane, S. A. (1996) 'Explaining why Franchise Companies Expand Overseas', *Journal of Business Venturing* 11 (2): 73–88.

Steinberg, C. (1991) 'Franchising: in our own Backyard', *World Trade* 4 (3): 52–59.

Terpstra, V. and Yu, C. M. (1988) 'Determinants of foreign investment of United States advertising agencies', *Journal of International Business Studies* 19 (2): 33–47.

Weinstein, A. K. (1974) 'The International Expansion of US Multinational Advertising Agencies', *MSU Business Topics* 10 (3): 29–35.

—— (1977) 'Foreign Investments by Service Firms: the Case of the Multinational Advertising Agency', *Journal of International Business Studies*: 83–92.

Winter, S. (1987) 'Knowledge and Competence as Strategic Assets', in David Teece (ed.), *The Competitive Challenge: Strategies for Industrial Innovation and Renewal*, 159–84, Cambridge, Mass.: Ballinger.

World Bank (1992) *World Development Report*, Oxford: Oxford University Press.

Yip, G. (1989) 'Global Strategy. . . . in a World of Nations?', *Sloan Management Review* fall: 29–41.

15 跨国服务行业核心竞争力调查：以法国诺福特酒店为例

苏珊·赛格尔·霍恩(Susan Segal-Horn)

15.1 引言

在战略管理中,公司以资源为基础这一观点已经逐渐发展成为一种战略途径,即公司根据自己所有的资源以及自身竞争力来制定竞争战略(Prahalad and Hamel, 1990；Grant, 1991；Peteraf, 1993)。这与公司根据市场来制定战略这一观点相反。根据市场定位这一观点认为公司的战略由公司所处的市场和产业所决定(Porter, 1980)。不同公司具有不同的竞争力所在,而这些竞争力正是公司生存的基础。用管理学的术语来说,企业竞争力的获取是靠培养先进的企业管理理念以及对于各种所需资源的开发。本章将探索跨国服务公司核心竞争力的本质。

15.2 核心竞争力管理

在公司资源基础理论中,内部资源被视作决定公司战略形成和选择,以及解释经济表现的关键因素(Penrose, 1959；Wernerfelt, 1984；Barney, 1991；Peteraf, 1993)。这些内部资源包括有形和无形的技能,包括人际技能,比如管理能力。对于每家公司来说,它们都有一批特殊的资源,这其中一部分将会转化成为公司核心竞争力的基础并使公司从中获得竞争优势。公司的核心竞争力是由它们自己的各种资源通过不同的组织方式产生的,因而每家公司的资源组合方式都是独一无二的。正是这种独特性使得公司的竞争优势更加宝贵,同时其他公司也难以进行模仿(Barney, 1991; Amit and Schoemaker, 1993)。即便是拥有相同或者相似的资源的两家公司,它们的竞争力所在也不尽相同。由于知识创新,技术创新或者其他任何竞争优势最终都会被模仿或者超越,所以在现有竞争优势上不断投资开发新的竞争力对于维持企业经营和长期生存来说至关重要。法国诺福特酒店(Novotel)正是这种为与不断发展的酒店业保持同步而"开发和建立新竞争力"的例证。

公司竞争力可以来源于员工个人也可以来源于公司中的团队,但不管是哪种,它们需要接受正式或非正式的培养和管理。为了更好地理解核心竞争力管理,我们采用伯格特等人(Bogaert et al.,1994)对"拥有"和"有效"的定义。当公司"拥有"了某种资源,那么很快相应的竞争力就会"有效"。资源是有形的,而竞争力是无形的,并且需要通过公司内部管理过程来被发掘。"生产活动需要不同资源之间的合作和协调"(Grant, 1991:118)。我们将通过诺福特酒店的案例讨论它们的竞争力为什么"有效",以及它们如何在不同历史阶段挖掘"有效"的竞争力。

核心竞争力管理过程有一系列步骤,这些步骤从建立到逐步使之有效再到不断发展共分为三个阶段。建立和继续发展核心竞争力只能在整合与协调过程中产生,这可以使员工个人所拥有的知识在公司内部进行共享。核心竞争力管理是公司内部的一系列运作过程,主要在公司里传播关于商业背景、产业,以及自己内部机能等方面的知识。对于诺福特来说,外部商业背景从20世纪80年代到90年代已经发生了巨大的变化。同时,这也改变了整个国际酒店行业竞争力的基础。作为回应,各个跨国连锁酒店被迫进行内部的改革和创新。

15.2.1　服务业的跨国公司的应用

服务业公司为我们提供了各种各样的背景,使我们能够更好地研究核心竞争力的某些方面。服务业公司拥有的资源与竞争力和制造业公司不同(Zeithaml and Bitner, 1996)。服务业最显著的特点是"服务接触",这是许多服务管理的文献中都曾提到过的(Normann, 1984; Czepiel et al.,1985; Bowen et al., 1990)。具体来说,"服务接触"指的是服务行业中常见的雇员与客户之间的互动。对于服务业来说,重要的并不在于它是资金密集型还是劳动力密集型(而且服务业可能是其一或者两者兼有)。事实上,诺曼(Normann, 1984)已经证明,服务业是"个人密集型"产业。对于顾客来说,最重要的是提供服务者在工作中表现出的责任感,而不是该公司是否拥有先进的信息技术或者其他硬件设施。这种情况加剧了服务业公司对于拥有强有力的核心竞争管理过程的需求。它们需要通过核心竞争力管理在各种战略中寻找平衡,并且借此运营以及向顾客提供服务。而有效的服务交付还以公司内部学习以及竞争力管理为基础,因为这种管理能帮助公司更好地理解外部环境并找出顾客真正的需求。

竞争力管理程序在跨国服务业公司的角色要求非常高。尤其对于那些提供复杂服务的公司来说,由于它们的服务中很大一部分是无形的东西,所以想要在不同国家、文化或者语言环境中提供质量如一的服务并不容易,因此它们对于竞争力管理程序的需求也更大。服务行业的跨度很大,包含各种各样的"硬"服务和"软"服务,每种服务中有形部分和无形部分的比例都不相同(Erramilli,1990)。"硬"服务等有形元素逐渐变得与制造业的相同,而"软"(服务接触)服务元素则是保持服务管理和服务交付特殊的要求。酒店业的具体案例可以解释"硬"/"软"元素的区别。"硬件"(比如床或者电视)相对比较简单,与"软件"相比它更易于跨国协调和交付(比如酒店的类型和氛围,或者工作人员在与客人处理事情的时候如何表现)。全世界酒店中床或者电视的选择和供应是非常标准化的流程。但是,相比之下公司的"软件"经常会出现问题。因此,对于跨国服务公司来的管理来说,它们的主要目的就是要有效将企业的"硬件"与"软件"组织起来。

通过对法国连锁酒店诺福特的管理进行分析,我们有机会了解跨国公司的管理过程,并且看看国际化服务行业公司如何增强自身竞争力。

15.3 诺福特酒店案例

第一家诺福特酒店于 1967 年开始营业,它位于法国里尔机场,而第一家法国以外的诺福特于1973 年开业。截止到 1998 年,诺福特连锁酒店已经增加到全球 46 个国家的 280 家酒店。该酒店拥有 43 000 间客房,员工 33 000 人。诺福特酒店只是属于法国雅高(Accor Group)集团的一个连锁酒店,而诺福特酒店的两个创始人是该集团的联合主席。雅高在全球经营着 2 000 多家酒店,提供多于 200 万间不同等级和服务水准的客房。雅高集团的其他连锁酒店还包括索菲特(Sofitel),美居(Mercure),宜必思(Ibis),和弗慕勒 1(Formule 1)。这些酒店的等级从四星级(索菲特酒店)到一星级(弗慕勒 1 酒店)不等。

15.3.1 诺福特酒店经营理念:1973—1987

诺福特酒店是第一家三星级全球连锁酒店。在这一战略创新之前,全球连锁酒店只有四星级和五星级的。诺福特酒店观念背后的商业理念是以三星级的水平提供全球标准化服务。为了达到这样的标准化,诺福特酒店在所有地方都提供一致的服务。标准化是全球化进程中特别容易出现问题的一个环节。它需要跨国公司的服务系统能在任何地方环境,任何地方文化以及无论具备任何地方基础设施的情况下为顾客提供一致的服务。因此,在诺福特酒店的早期发展过程中,它们所需要和看重的是那些能够将酒店服务中有形和无形的元素进行标准化转移的因素。

有形元素的标准化很容易实现。酒店的设计,风格和布局很容易就可以得到复制。比如,诺福特酒店卧室的大小在全欧洲的统一标准为 24 平方米。由于诺福特连锁酒店的定位是全球三星级连锁酒店,因此,特定规格的设备比如卧室家具,固定装置和配件或者外部便利设施比如游泳池和免费停车空间(以前是现在仍是)在所有诺福特酒店中都有。对于无形的服务,诺福特酒店将这些元素概念化,并推广到全世界所有的分店当中。无形服务的概念化以及标准化是通过酒店的中心设计和控制得以实施的。

15.3.2 国际标准:1987—1992

连锁酒店业在过去 25 年里飞速发展。对于连锁酒店来说,想要在如此长的时间里维持全球酒店的服务标准变得越来越困难。考虑到它们招入的新员工中,很多都有在不同酒店工作的背景和经验,想要维持统一的标准就更加困难了。因此在 1987 年,诺福特酒店引入了用于标准化监督的管理程序,这个程序后来被称为"95 Bolts"。这一方式正如公司预期的那样,成为了公司常规组织中不可缺少的一部分。"95 Bolts"是一个分层系统,由中央总部设计和控制并从概念和模式上对于公司自上而下的各个环节进行规定。"95 Bolts"对 13 个大类做出了 95 点规定,主要用于指导员工/客户间的互动。13 个大类的互动包括:预定,到达/入住,停车,登记,酒店大堂,卧室,卫生间/厕所,晚餐,早餐,商店,酒吧,户外游戏/游泳池,以及结账离开。"95 Bolts"对这 13 个重要的服务接触互动点中的每一个都做出了一系列强制性规定,包括如何布置卧室;如何安排餐厅的餐位、餐具;如何欢迎客人等。公司将一本包含"95 Bolts"的小册子发放给所有员工,而这个册子也成为了新员工的就职"圣经"。公司的内部检查小组会跟进并推动整个程序的进行。他们大概每年参观每个酒店两次,监督该酒店的标准化执行水平。他们和普通客人一样,预定,到达,入住,然后离开。在完成入住之后他们会向酒店总经理表明身份,给予评论并进行讨论。最终他们会给出百分制的评分并且提出建议。

贯彻执行"95 Bolts"是一个严格的过程,而该过程确实帮助诺福特实现了全球的一致化。标准化的实行是以清晰明确的公司规定和价值观为基础的,通过入职和培训项目发展并得到巩固。诺福特酒店的价值观和项目培训是十分严格的,其目的在于防止独创性或反应性的出现并且最大化地执行统一标准。

这种的标准化给诺福特酒店提供了许多商业上的收益。这些收益包括由规模化的招聘,设备使用或者培训带来的成本削减,以及共享市场或者酒店设计带来的范围经济效应。诺福特酒店和客人卧室的标准化设计使得顾客可以进行基本的家政操作,此外酒店维护的业务同样也被标准化。

这些标准化的结果使得对于员工所需的基本能力的培训也可以实行标准化。雅高集团的部门之一就是1985年提出的"雅高学院",它是雅高集团的员工培训中心。它的"校园"位于巴黎郊外的集团公司总部。在那里,所有培训都经过统一设计并统一实施以巩固标准化的实行。雅高集团的目标是在世界范围内提供完全一致的服务。

为了更进一步推动酒店的全球标准化,诺福特酒店的高级管理人员采用了一项方法,这种方法被员工描述为"多技能"("多竞争力")。"多竞争力"的含义是将酒店员工培训为全能的员工,每个人可以负责许多工作,这样一来他们就具有了广泛的适应性,并且拥有能转移使用的能力,可以在世界任何地方为顾客提供服务。这种方法后来得到进一步发展,成为诺福特酒店的"进步的诺福特"系统。

之前提到的两种关键的管理方式在这一时期被诺福特管理层认为是核心竞争力的来源。它们分别是提供全球统一标准的服务和建立更节约成本,更有效率的运营方式。然而,对于整个公司来说,他们并没有去外部市场寻求提升竞争力。

15.3.3 一成不变的规定以及不合适的竞争力:20世纪90年代早期

随着时间的飞逝,诺福特酒店标准化的监管制度和全球化一致性的服务过于僵化,不再为顾客所看重。不像20世纪70年代到80年代那样,三星级全球连锁酒店还是一项创新理念。到了20世纪90年代早期,世界上也出现了其他许多三星级连锁酒店(比如万豪"Courtyard"),这些酒店模仿的正是诺福特的原创理念和定位。早期为了标准化的那些做法在这个时候已经变成了制约公司商业发展的因素,因为它们无法满足顾客更加多元化的要求。"95 Bolts"为诺福特提供竞争力的方式在于它使得公司达到了全球标准化的程度。但由于外部环境的改变,到了1992年,它被更加适合的系统所代替。

诺福特酒店从1992年开始,通过放弃全球标准化,并转型成为拥有地方特色和决定力的全球接待酒店,建立起了新的核心竞争力。这一转变的起因是酒店越来越糟糕的经营以及产业界的批评。这些批评使得诺福特酒店管理层认识到需要改变公司现有的全球战略和经营模式。从1967年到1987年企业创建,这一时期酒店业的迅速发展得益于顾客对于三星级酒店("了解该行业")市场的巨大需求。而在公司内部,诺福特通过建立共享的企业文化("了解我们的组织")来获得竞争力。1987年引进的"95 Bolts"是对现有竞争力的巩固,它以现有的商业概念和对产业缝隙的分析为基础。诺福特酒店在1987年和1992年的两次改变都涉及了新元素的添加,即通过分析"商业背景"和判断市场需求作出反应。

1992年,业界对于诺福特酒店的重新评估使得它们放弃了原有的竞争力来源,即在全球范围内提供标准化服务,而转向为发展成为以创业精神和顾客为核心的酒店网络。从组织上看,这种变化是公司内部的战略变化而不是公司文化的改变。它标志着诺福特酒店回归其原创企业文化。从这时开始,诺福特提出了一个新的企业使命:"回归未来",这标志着它们正式放弃了原有的标准化战略并回归企业自身文化。公司新的核心价值观,即"热情接待"的理念,是这一文化复兴和商业理念转变的基础。我们将在下一节具体分析这些转变。

15.3.4 国际反应性:1992 年之后

为了重新熟悉日渐陌生的酒店业,诺福特以"热情接待"作为新的商业理念中心来应对外部商业和行业背景的变化。"热情接待"是诺福特潜在的竞争力优势来源,它依靠于员工与顾客的服务接触。它本身并不是公司的资源,而是一种竞争力,因为它是指导酒店如何做事("有效")而不是指出酒店具有哪些资源("拥有")(Bogaert et al., 1994)。它导致了公司所需的竞争力的变化。"热情接待"这一核心价值观同时深刻影响了诺福特的母公司,雅高集团的理念:"'热情接待'不仅仅是一个词,一个概念。它是一种思维方式……因为你给予的就是你得到的"(Accor Annual Report, 1992)。为了贯彻"热情接待"这一理念,诺福特酒店需要新的组织形式和新的工作经验。于是,公司利用首创精神尝试建立新的核心竞争力。它们的具体方式是将可转移的地方知识进行公司内部分享,并且制定了一套新的公司文化,重新定义了公司的经营方式和员工之间的权利义务。

比如,从 1992 年开始,酒店总经理与他的小组员工的关系被重新定义为互相协调而非上下级关系。诺福特还在各个酒店和各个国家之间设立了内部职能小组。除此以外,公司还建立跨国的经理小组来分享公司理念,创新或者进行实践。这些经理小组一般位于诺福特连锁店内,比如高速公路,机场,或者城市中心等地方的酒店。公司决策也由以前的等级制变为各个服务单位(酒店)自主决策。诺福特还设立了一系列即时小组,他们负责处理各个酒店或区域之间的某些具体任务。这些小组或者团队大部分都是基于员工自愿加入的,并非正式的公司组织。他们负责处理多种任务,并且广泛存在于公司内部以及外部。这些小组的目标是在团体内部储存并分享知识。知识分享和灵活经营逐渐成为了诺福特酒店新价值观的一部分。公司管理的等级阶层中大部分已经被废除,只在总经理和诺福特的(当时)两名共同董事之间保留了一个直接报告层。总经理的职能被重新定义为一个互动的角色,这和船长的社会角色有些相似。所有总经理都会被进行表现评估,其中包括他们处理与下属或顾客之间矛盾时的表现,因为这正是这个角色所必需具备的能力。诺福特酒店改变了其战略方向,从旨在统一的中央控制组织转向一个较不正式,更加具有创新性的系统。

15.3.5 诺福特酒店培养竞争力的过程

诺福特酒店对其自身的竞争力看法来自于它们经营的连续性以及不断的改变。连续性来自所有权历史,管理,和战略意图;而改变表现在其愿意适应市场和竞争压力并进入一个松紧结合的组织(Peters and Waterman,1982)。1992年"该酒店面临着重组或者继续衰退的岔路口"[1]。从那之后,诺福特酒店重新定义了并提出了新的商业概念:"热情接待"和"欢迎"。总经理们或其他高级管理者对此使用了诸如"发自内心"和"付出自我"等词语来解释这两个商业概念。

然而,任何服务理念必须扎根于共同的价值观,以及暗含的知识和灵活的程序。1992年之后,诺福特采用的方法是横向整合,而不是垂直控制。这一松紧结合的系统要求公司"不依赖于公司结构,而依靠各公司内部的彼此联系。这正是该系统的强大之处。"在这一服务理念的形成过程中,"风格很重要",同时还要强调公司内所有员工"贯彻和发扬(此种风格)的能力"。公司的团队则需要具有高度的一致性,但同时还要有所区分并具有一定程度的灵活性。一致性是由"进步的诺福特"这一系统进行衡量的,它为酒店里每一项任务设置了最低的标准和等级。每项任务在各个阶段或者等级都会被进行竞争力的评估。任何员工都可从一个等级进步到另一个等级,进步的个人将获得物质上的奖励。另外"进步的诺福特"还为公司提供了进行员工知识全球转移的基础。"'进步的诺福特'将为我们提供巨大竞争优势,因为它对每个人的任务都给出了详细而明确的规定……,比如,要求酒店前台成为具有多种技术和多种能力的员工。"

诺福特酒店的管理程序为它们提供了新的竞争力,这个管理程序不仅影响了公司总部的结构,也对诺福特连锁店中每家酒店的运营都产生了影响。这种转变标志着诺福特酒店将主动开发新的竞争能力,并且改变了诺福特酒店服务三角(即管理,雇员和客户之间的关系)三方面的关系。这些改变的主要元素将在图15.1诺福特的"新服务三角"中详细描述。

"热情接待"的理念包含一些无形元素,如"问候","欢迎"等温暖顾客的互动活动。因此公司必须有相应的方式将这些无形元素准确无误地传达给顾客。诺福特酒店还将对无形元素的支持融入对有形元素的设计当中去。例如,酒店的布局(服务设计的一部分)意在使客人能够很轻松地到达吧台或者餐厅等公共空间,因此这些地方一般设在进门处与接待台相邻的地方。除此之外,公司还制定了一些其他政策,服务于热情接待这一理念,比如工作人员的交换(国家、地点和客户种类之间)保证了酒店员工的多样化,以便于不同国家的客户沟通并为其提供服务。这种方式在这样一个职工流动率较高的产业中还能够激励员工,使员工能够更好地为顾客提供服务。

图15.1展示了贯彻这一过程的一些途径。图15.1中列出的有:员工"进步团体";雅高学院开设的正式的培训项目;"快速短会"(之所以有这样的名字是因为它们持续不超过五分钟,并且可由任何工作人员或者管理者召开以讨论事务);经理小组,由诺福特集团内部相似种类酒店的总经理组成;公司上下及集团任何部分均适用的最佳管理实践——"导向案例",并将该类案例以"飞行员手提箱"(pilot case)形式命名;国际员工交流系统;董事之间的信息交流,这些信息被及时地贴在公

司各分总部的"战争房间"墙壁上,上面贴满了全世界每一家诺福特酒店的动态数据。这些途径中有许多我们之前已经讨论过。"热情接待"服务理念中特别值得注意的是价值观"osez",这一点在图15.1的"一对一贴心服务"中轴上有所展示。该词来自法国的动词"oser",意思是勇敢,诺福特酒店借用它的意思:"前进,勇敢去做",以此来激励员工。"osez"已成为公司重要的价值观导向,鼓励员工们打破束缚,直接面对并勇于创新。

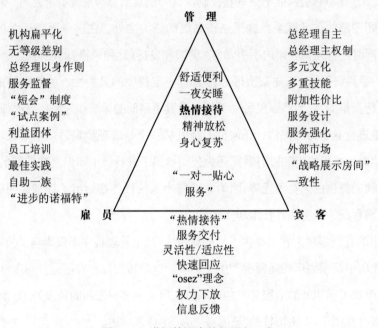

管理

机构扁平化　　　　　　　　　　　　　　　　　　　　　总经理自主
无等级差别　　　　　　　　　　　　　　　　　　　　　总经理主权制
总经理以身则　　　　　　　　舒适便利　　　　　　　　多元文化
服务监督　　　　　　　　　　一夜安睡　　　　　　　　多重技能
"短会"制度　　　　　　　　　**热情接待**　　　　　　附加性价比
"试点案例"　　　　　　　　　精神放松　　　　　　　　服务设计
利益团体　　　　　　　　　　身心复苏　　　　　　　　服务强化
员工培训　　　　　　　　　　　　　　　　　　　　　　外部市场
最佳实践　　　　　　　　　　"一对一贴心　　　　　　"战略展示房间"
自助一族　　　　　　　　　　服务"　　　　　　　　　一致性
"进步的诺福特"

雇员　　　　　　　　　　　　"热情接待"　　　　　　宾客
　　　　　　　　　　　　　　服务交付
　　　　　　　　　　　　灵活性/适应性
　　　　　　　　　　　　　　快速回应
　　　　　　　　　　　　　"osez"理念
　　　　　　　　　　　　　　权力下放
　　　　　　　　　　　　　　信息反馈

图 15.1　诺福特酒店的新服务三角

诺福特酒店在内部和外部市场启用的新战略,体现了它们鼓励灵活变通这一宗旨的另一个例子。诺福特酒店的运营涉及个人市场,公司市场以及旅游市场。它们的广告促销活动也面向这些市场。比如公司拥有的吉祥物 Dolphi 就是一只小海豚,它为公司开拓全球儿童市场做出了贡献。然而,尽管诺福特在全球所有的地点都使用这一同样的标志和其拥有的无形市场资源,公司也鼓励不同地点和不同国家的酒店总经理为当地的假日和生活方式量身打造促销活动。这是全球整合与地方特色相结合的一个经典案例(Bartlett and Ghoshal,1989、1993),不同于以往公司的等级制结构。

接下来,我们将对诺福特酒店组织结构上的变化,以及这些变化带来的新的竞争力作一个更为广泛的总结性介绍。

(1) 管理层的删减大大改变了内部组织结构。这导致管理工作人员人数的减少(这样也节省了成本)并且使得各酒店总经理拥有更大的自主权利。

（2）公司的去等级化改变了公司内部的信息流动。这使得相关信息可以更快传递给相关人员。对于公司来说，也更容易建立适合于外部环境的内部结构组织。

（3）诺福特酒店总部的角色有所改变。它开始成为公司各部门沟通的渠道并负责它们之间的信息协调。现在，公司总部挑选有用的信息，并将其进行共享储存。这一改变是许多其他改变的基础。由于公司不再以标准化为战略，因此公司总部将转变为竞争力的提供者。

（4）各部门之间的合作变得更加密切。总经理将有自己的管理范围；公司培训则统一进行；一些酒店员工自创了"反应俱乐部"（Clubs de Reflection）。这个非正式的组织会不定期地举行会议，会议讨论有助于公司进行创新。组织成员包括酒店里所有服务领域的员工，而讨论内容则围绕酒店整体的建设，不是任何员工（俱乐部）个人的具体职责。这些合作方式都反映并加强了公司的理念，即建立一个灵活的、知识共享的公司结构。

（5）总经理的角色变为和球队教练一样。他将主要负责开发团队的竞争力，使下属贯彻热情接待理念。总经理也不再需要投入大量时间用于和员工或者客户进行沟通。

（6）公司所有员工都享有更高的自主权，这使得他们更加具有责任感以及团队精神。而且这种自主化还能鼓励并加强各个部门之间的联系。日常运营问题得以在五分钟的"快速"会议中得到解决。这些会议可以是提前安排，也可以即时召开。这些做法将使得员工可以有更多的精力去为顾客服务。

这六点改变涵盖了诺福特酒店所有重要的改变。它们当中有一些改变产生了预料之外的负面后果。比如，公司管理的去等级化使得高级管理者的职业道路变短并且减少了升迁的机会，针对这一点，诺福特酒店还在努力寻找解决办法。

15.4 诺福特酒店核心竞争力的分析

接下来我们将讨论这些改变是否使诺福特酒店更加具有竞争力，以及它们的市场是否因此变得更加稳固。诺福特酒店新的竞争力只有符合本文之前描述过的那些要求，才能成为使得公司独树一帜的竞争优势。由于诺福特酒店新的竞争力有着其独特的发展方式，因此它很难被其他酒店模仿，所以理论上来说这应该给诺福特酒店带来了一些好处。就像其他一些主流文献（Barney，1986；Grant，1991；Peteraf，1993)中的说法，想要使自身的竞争力变得独特，就应具备以下几个条件：

（1）难以模仿；

（2）有效利用各种资源；

（3）将各个员工职能进行整合；

（4）将"硬"元素和"软"元素进行混合。

下一节我们将讨论诺福特是否达到了以上的这几条要求。不过,除了上面这四条标准,或许我们还应该再加上第五条：

（5）公司有办法将核心竞争力转变为核心竞争优势。

公司不仅要有核心竞争力,而且该竞争力还必须是独一无二的,这样竞争力才能转化成为公司的竞争优势。

让我们回顾前一节中列举的诺福特酒店做出的六大改变,看看他们从多大程度上符合这五条核心竞争力的标准：

（1）去等级化；

（2）信息流动的改变；

（3）公司总部角色的转变；

（4）增加了各个部门之间横向和纵向的合作；

（5）总经理角色的重新定义（指导者）；

（6）灵活的工作方式（对于任何员工来说,包括管理者）。

去等级化这一改变很容易被其他公司模仿,不过这是其他几条改变的基础。如果不进行去等级化,那么其他许多改变如职能整合,合作与反馈等将变得难以实施。其他的五条改变涉及一些复杂的整合:功能和角色的整合；有效进行资源整合；将"硬"元素和"软"元素相结合。重新调整企业内部的信息交流系统,并且进行纵向的合作。提倡合作,要求员工具有团队精神,敢于承担责任并且在公司里树立新的企业文化。总部的角色变成各部门之间的协调者。公司还打破了工作方式的局限性,培养员工的多重技术和并使他们具有多种能力。以上的这些改变,无论是在团队工作,还是内部学习或者个人行为上都有一定的复杂性。这使得公司能够更好地将"硬"元素与"软"元素相混合,从而建立起新的,联系更加紧密的竞争力。

按照定义,第2—6个因素是难以模仿的,这个因为它们都需要综合使用公司的各种资源。通常情况下,核心竞争力标准的第1—4条在实际中会变得难以区分,人们很难分清它们之间的因果关系（Reed and DeFillippi, 1990）。公司的各种资源,竞争力和绩效之间的关系也是间接的。它们之间的联系以及复杂的关系只能由特定的背景孕育而出。因此这些联系以及公司的历史还有经验都将为公司所特有。诺福特酒店是这样,其他公司也是这样。

尽管追求标准化的服务就要求公司制定出明确的标准,但在实际中,服务是一个动态的行为。因此这就需要服务公司的能力与时俱进。从1992年开始,像"进步的诺福特"这样具有首创精神的方式为诺福特酒店开辟了新的天地。公司的服务也以更加复杂的细节操作作为基础,而这些复杂的细节来自于公司的整合行为,公司的整合行为使得其员工各自有能力服务于不同领域,并且具有更高的团队精神。除此以外,公司位于巴黎城郊埃夫里(Evry)总部的"飞行员手提箱"和"战争房间"这两项创举也推动了公司的整合。它们见证了公司将自身竞争力与外部行业背景相结合的过程。公司的管理变得更加松散,各个部门自身也将负起更多的责任,这和以前那种公司为每个员工明确分配所应承担的责任的组织形式形成了鲜明的对比。公司之所以这样做,意在为员工提供独特的服务环境,并且借此在整个市场中为顾客提供来自诺福特的独一无二的服务。

从诺福特酒店内部评论以及后续行为中可以看出,这些为了建立新竞争力所做的改变,意在确保酒店在市场中的地位并且提高酒店的收入。从第五条标准判断(即这些改变将带来竞争优势),这些竞争力比起酒店过去的战略更适应当今全球酒店产业的发展,因为现今对于酒店的需求已经趋于饱和,而且顾客对于酒店服务的期望也越来越难以满足。自从 1992 年以来,公司发生的这些变化可以说是以市场为导向而进行的尝试,其目的是为了获得比过去更多的收益,同时也要增加酒店经营的灵活性。诺福特酒店新的目标是更好地响应顾客的需求,并借此进一步扩大自己的市场占有率。对于诺福特酒店来说,至少从其 20 世纪 90 年代的发展来看,它们的市场并不是非常稳固。这表明这些变化虽然带来了发展所需的核心竞争力,但这些竞争力未必是独特的。换句话说,诺福特酒店具备的竞争力或许只能够使它们得以在这个行业中生存,但还不足以使它们变得鹤立鸡群。

15.5 结论:服务业跨国公司的核心竞争力管理过程

在本章中我们通过分析一家服务性公司,阐述了企业是如何开发自身竞争能力的。起初,诺福特酒店在其行业内是一个创新者,但它没能保持住这个地位。酒店服务行业的特点,决定了酒店要持续经营下去,必须由单纯的酒店管理向不断自我提升经营管理能力的观念转化,而提升自身的经营管理能力是一个长期和不间断的过程。诺福特酒店为了找回竞争力,确实从管理上对公司进行了影响深远的内部改革并成功引入了新的公司战略和公司结构。然而,这些改革措施仅仅使得诺福特酒店能够在酒店业中生存下去,并不足以使他们借此在竞争中超越对手。这表明诺福特酒店具有的竞争力只是该行业的相关核心竞争力,但不是它们所独有的。不管怎样,诺福特酒店不断地自我反省,自我挖掘以及寻找新的竞争力的精神还是值得我们学习的。这同时也表明,公司具有的竞争力并非永远不变,它们也需要良好的管理并且要不断发展。

服务业跨国公司的核心竞争力要建立在共同的价值观和知识共享之上,只有这样,公司的管理者和员工才能够更好地进行工作。从这种意义上看,特定公司的服务三角取决于其核心竞争力。想要建立一个动态(即不断演变的)的服务三角,公司必须从自身核心竞争力出发,也只有这样,公司才能有效地回应客户的要求，并且建立起一个联系紧密的组织结构。在诺福特酒店案例中，对新价值观和新核心竞争力的探求，以及松紧结合结构的建立来自对行业动态和商业背景的解读。在它们的奋斗过程中，诺福特酒店的努力为我们提供了不甚完美但却有价值的参考。

注释

笔者希望感谢欧洲和美国诺福特公司（Novotel Corporation）的经理和员工，感谢他们抽出时间协助进行本研究。特别感谢 Michael Flaxman 先生和 Dominique Colliat 女士。

[1] 本节中的直接和间接的引用摘自对说话人的采访录像（BBC/OU，1996），以及作者对诺福特酒店管理人员和员工的采访。

参考文献

Amit, R. and Schoemaker, P. (1993) 'Strategic Assets and Organisational Rents', *Strategic Management Journal* 14: 33–46.

Barney, J. (1986) 'Strategic Factor Markets: Expectations, Luck and Business Strategy', *Management Science* 32: 1231–41.

—— (1991) 'Firm Resources and Sustained Competitive Advantage', *Journal of Management* 17: 99–120.

Bartlett, C. A. and Ghoshal, S. (1989) *Managing Across Borders*, London: Hutchinson.

—— (1993) 'Beyond the M-Form: Toward a Managerial Theory of the Firm', *Strategic Management Journal* 14, special issue, winter: 23–46

BBC Open University (1996) 'The Passion for Distinctiveness', video, OUB039H, B820/TV1.

Bogaert, I., Martens, A. and Van Cauwenbergh, A. (1994) 'Strategy as a Situational Puzzle: the Fit of Components', in G. Hamel and A. Heene (eds) *Competence Based Competition*, Chichester: Wiley.

Bowen, D. E., Chase, R. B. and Cummings, T. G. (1990) *Service Management Effectiveness*, Oxford: Jossey-Bass.

Czepiel, J. A., Solomon, M. R. and Suprenant, C. (eds) (1985) *The Service Encounter*, Lexington, Mass.: Heath Publishing.

Erramilli, M. K. (1990) 'Entry Mode Choice in Service Industries', *International Marketing Review* 7 (5): 50–62.

Grant, R. M. (1991) 'The Resource-Based Theory of Competitive Advantage: Implications for Strategy Formulation', *California Management Review*, spring: 114–35.

Normann, R. (1984) *Service Management*, Chichester: Wiley.

Penrose, E. (1959) *The Theory of the Growth of the Firm*, Oxford: Basil Blackwell.

Peteraf, M. (1993) 'The Cornerstones of Competitive Advantage: a Resource-Based View', *Strategic Management Journal* 14: 179–91.

Peters, T. J. and Waterman, R. H. (1982) *In Search of Excellence*, New York: Harper and Row.

Porter, M. (1980) *Competitive Strategy*, New York: Free Press.

Prahalad, C. K. and Hamel, G. (1990) 'The Core Competence of the Corporation', *Harvard Business Review*, May–June: 71–91.

Reed, R. and DeFillippi, R. (1990) 'Causal Ambiguity, Barriers to Imitation, and Sustainable Competitive Advantage', *Academy of Management Review* 15: 88–102.

Wernerfelt, B. (1984) 'A Resource-Based View of the Firm', *Strategic Management Journal* 5: 171–80.

Zeithaml, V. A. and Bitner, M. J. (1996) *Services Marketing*, New York: McGraw-Hill.

图书在版编目(CIP)数据

服务业全球化:理论与实践启示/(以)阿哈罗尼,
(英)纳查姆主编;康昕昱译. —上海:格致出版社:
上海人民出版社,2013
(服务经济译丛)
ISBN 978 - 7 - 5432 - 2231 - 1

Ⅰ. ①服… Ⅱ. ①阿… ②纳… ③康… Ⅲ. ①服务业-
全球化-研究 Ⅳ. ①F719

中国版本图书馆 CIP 数据核字(2013)第 033973 号

责任编辑 钱 敏
装帧设计 陈 楠

服务经济译丛
服务业全球化
——理论与实践启示

[以]耶尔·阿哈罗尼
[英]里拉齐·纳查姆 主编

康昕昱 译
康慕谊 校译

出	版	世纪出版集团 www.ewen.cc / 格致出版社 www.hibooks.cn / 上海人民出版社

(200001 上海福建中路193号24层)

编辑部热线 021-63914988
市场部热线 021-63914081

发 行 世纪出版集团发行中心
印 刷 苏州望电印刷有限公司
开 本 787×1092毫米 1/16
印 张 18.75
插 页 4
字 数 298,000
版 次 2013年5月第1版
印 次 2013年5月第1次印刷
ISBN 978 - 7 - 5432 - 2231 - 1/F · 624
定 价 48.00元